U0945092

中国商务管理创新研究（2017）

廖进球◎主　编
孙　锐　吕庆华◎副主编

九州出版社
JIUZHOUPRESS

图书在版编目（CIP）数据

中国商务管理创新研究．2017／廖进球主编．—北京：九州出版社，2017.5
ISBN 978-7-5108-5627-3

Ⅰ．①中… Ⅱ．①廖… Ⅲ．①企业管理－中国－2017－文集 Ⅳ．①F279.23－53

中国版本图书馆 CIP 数据核字（2017）第 158520 号

中国商务管理创新研究（2017）

作　　者	廖进球　主编
出版发行	九州出版社
地　　址	北京市西城区阜外大街甲 35 号（100037）
发行电话	（010）68992190/3/5/6
网　　址	www.jiuzhoupress.com
电子信箱	jiuzhou@jiuzhoupress.com
印　　刷	北京市金星印务有限公司
开　　本	710 毫米×1000 毫米　16 开
印　　张	28.5
字　　数	575 千字
版　　次	2017 年 7 月第 1 版
印　　次	2017 年 7 月第 1 次印刷
书　　号	ISBN 978-7-5108-5627-3
定　　价	85.00

序　言

“一带一路”战略是以习近平同志为核心的党中央主动应对当今全球形势深刻变化，深度参与世界经济格局变动，赢得发展战略机遇，统筹国际国内两个大局做出的重大战略决策。“一带一路”战略的内涵是在我国宏观经济运行呈现出结构性减速，进入经济新常态的背景下，通过对外直接投资，向“一带一路”沿线国家提供基础设施所需要的投资，推动我国对外贸易实现从商品输出到资本输出的升级，并将有力带动国内过剩产能的消化与产业结构的优化，进而构建全方位对外开放的新格局。

全国高校商务管理研究会长期致力于研究我国商务活动的运行机制、体制变革、结构调整、现代化及国际化问题，并取得一系列丰硕的成果。当前，如何把握“一带一路”战略机遇，创新商务管理发展，成为亟待解决的问题。“一带一路”战略将为商务管理研究提供更多新的研究方向和视角。因此，全国高校商务管理研究会将2017年年会（第32次年会）的主题定为：中国“一带一路”战略与商务管理创新。

全国高校商务管理研究会倡议各理事单位开展多种形式的专题研究，撰写高质量的论文，努力推动我国商务管理理论与实务的改革与创新。我们将本次年会的优秀论文结集成书并出版。本书共选取优秀论文38篇，命名为《中国商务管理创新研究（2017）》。该书设有六个板块，其中，“一带一路战略与商贸合作”板块收录论文6篇，“文化产业与创意城市建设”板块收录论文6篇，“新型商业模式与流通创新”板块收录论文7篇，“哲学思维与新营销”板块收录论文9篇，“投融资与风险管理”板块收录论文4篇，“商务管理学科建设”板块收录论文6篇。我相信这些研究成果一定能够对商务管理创新与实践起到必要的促进作用。

是为序。

廖进球
2017年5月于江西财经大学蛟桥园

目　　录

第一篇　一带一路战略与商贸合作

第二篇　文化产业与创意城市建设

第三篇 新型商业模式与流通创新

第四篇 哲学思维与新营销

第五篇 投融资与风险管理

第六篇 商务管理学科建设

第一篇

一带一路战略与商贸合作

略论宋代福建海外贸易

方宝璋[①]

（江西财经大学 会计学院 江西 南昌 330013）

摘 要： 宋代北方人口大量入闽，朝廷重视经营福建，农业、手工业的发展，为福建海外贸易的繁荣创造了有利的条件。宋代福建海外贸易的繁荣主要表现在3个方面：一是民间商人热衷于海外贸易；二是海外贸易的范围相当广阔；三是海外贸易的商品种类繁多，数量很大。福建海外贸易的影响主要有3个方面：一是拉动本地区经济的增长；二是促进城市繁荣，出现了一批富商巨贾；三是促生了新的商品经济关系。宋代福建海外贸易有鲜明的历史特质，对当代海上丝绸之路倡议有一定的启迪。

关键词： 宋代；福建；海外贸易

综观福建地方史，宋代是福建经济、文化发展的重要时期，其在海外贸易方面尤其突出。当前，我们对宋代福建海外贸易繁荣的历史背景、具体表现及影响做一整体性探讨，不仅会加深丰富福建区域经济史的研究，而且对当代海上丝绸之路也有一定的历史启迪作用。

一、宋代福建海外贸易繁荣的历史背景

（一）北方人口大量入闽

宋代北方宋辽、宋金长期对峙，大规模战争不断发生，中原涂炭，衣冠人物、平民百姓无家可归者大批涌入福建。如南宋初年，金兵大举南下，迫使中原地区

① 作者简介：方宝璋，江西财经大学二级教授、博士生导师，莆田学院商学院特聘教授。

民众为躲避战乱，大量南迁，一时“江、浙、湖、湘、闽、广，西北流寓之人遍满”[1]。“福建号为乐区，负戴而之者，谓之反淮南……自开禧兵变，淮民稍徙入于浙于闽”[2]。宋代，福建作为大后方，长期安定和社会经济的发展，使本地的人口也自然有了较大幅度的增加。唐元和年间（806—820 年），福建仅有 74467 户[3]，到北宋太平兴国五年至端拱二年（980—989 年），增至 467815 户[4]，增长了 528%；元丰初福建户数已增至 1054227 户[5]，比太平兴国年间又增长了 125%。南宋初年，福建人口增长又出现了一个高峰，绍兴三十二年（1162 年），福建户数为 1390566，口数为 2808851[6]，分别比元丰初年增加了近 33% 和 37%；至嘉定十六年（1223 年），福建户数和口数分别达到了 1599214 和 3230578[7]，又比绍兴三十二年（1162 年）增长了 15%。总之，从唐元和年间至南宋嘉定年间的 300 余年内，福建的户口数增长了大约 22 倍。这种增长速度是冠盖江南各路的。福建人口在宋代增长如此迅速，显然仅依靠人口的自然繁衍是不可能达到的，其大多应是北人的移入。

（二）宋廷重视经营福建

唐代政治中心在西北长安，北方人视福建为蛮荒之地，闽人也难以入京宦游。北宋建都开封，政治中心东移；南宋偏安杭州，“天旋地转，闽浙却是天地之中”[8]。这种政治中心的东南方向转移，为福建自身的飞速发展创造了有利的条件。首先，宋代福建接近政治中心，政治地位的提高，使不少历史名人来福建任地方官。如张浚、辛弃疾任安抚史；蔡襄知福州、泉州，任福建转运使；朱熹知漳州；王十朋、叶适、真德秀知泉州；陈傅良为福州通判。他们之中不少人勤于吏治，重视发展生产，兴学重教，造福一方，推动了福建经济、文化的繁荣兴旺。其次，宋代福建作为大后方的区位优势使朝廷重视经营这一地区。宋代，辽、西夏、金曾先后在我国北部、西北部建立了民族政权，这使唐代繁盛的陆上丝绸之路中断。宋廷为了开展对外贸易，遂将注意力转移到开辟东南沿海的海上丝绸之路。北宋初期，泉州港的海外贸易已有一定的规模，逐渐发展为一个“有蕃舶之饶、杂货山积”[9]的繁荣港口。宋哲宗元祐二年（1087 年），朝廷在泉州设置市舶司。泉州市舶司的设立、标志着泉州正式成为全国重要的海外贸易港口，大大促进了福建海外贸易的开展。尔后，泉州市舶司与两浙路市舶司、广南路市舶司一起，并称为宋代三路市舶司。

南宋定都临安，大大缩短了福建与宋政治中心的距离。当时从广州纲运上供临安限“六月程”，泉州纲运上供临安只限“三月程”。由此可见，从泉州上供比从广州上供朝廷节省了一半的时间和大量的费用。时局的变化与区位优势的突显使南宋朝廷更加注重经营福建海外贸易。如宋孝宗淳熙元年（1174 年）之前，宋廷规定：蕃舶只能于市舶司所在地进行贸易，这大大限制了外商的贸易范围。淳熙元年之后，朝廷放宽政策，允许外国商船只要经过市舶司征榷之后，“疏其名件，给据付之，许令就福建路州军兴贩”[10]，即打破了原来只允许在泉州港贸易的限制，而允许外商在福建各地贸易，这样使外商的贸易范围有所扩大。开禧三年（1207年），宋廷又一次放宽政策，允许外商舶货除按规定抽解和买入官后，其余舶货允许外商“从便货卖”[11]。可见，外商贸易范围没有了区域限制，更有利于吸引外商来华贸易，从而大大促进了福建海外贸易的繁荣。

南宋时期宋金长期对峙，迫使宋廷更加重视经营福建大后方，把福建作为安置皇亲国戚的好去处。南宋高宗朝初年，皇帝的两大宗支——南外宗正司和西外宗正司分别迁到泉州和福州。其中迁往泉州的南外宗正司人数多达2300余人[12]。绍兴四年（1134年）十月，宋高宗又“命六宫自温州泛海往泉州”[13]，大批皇亲国戚和中原人士来到泉州。南宋皇帝两大宗支迁往福建，自然会影响到朝廷对这一地区的发展投入更多的财力、物力和人力。如为了方便首都临安与福建地方的联系以及更好地开展商业贸易活动，朝廷十分重视在福建沿海铺路建桥。宋代，福建掀起了建桥高潮，据不完全统计，共建有桥梁236座，其中福州18座，兴化军46座，泉州122座，漳州50座。而且，不少地方又以修建于南宋的桥梁居多。如晋江县有宋桥43座，建于南宋的就达35座；永春县有宋桥19座，则全部为南宋时兴修，其中13座又集中于南宋绍兴年间[14]。由此可见，南宋福建建桥之风盛行与朝廷重视经营福建不无关系。

（三）福建农业、手工业的发展

宋代北方人口的大量入闽，不仅为农业、手工业生产带来大量的劳动力，而且也为福建引进了先进的生产技术。时局的变化使福建接近了当时的政治中心，区位优势突显，朝廷重视经营这一地区。这些因素的合力使宋代福建经济呈现出跨越式的发展，达到空前的繁荣。在农业方面，福建山地梯田大面积地得到开发，史载“土地陿迫，生籍繁夥；虽硗确之地，耕耨殆尽”[15]。据冀朝鼎统计，唐代福建兴修的水利只有29处，其成就居全国第四位；至宋代达402处，跃居全国第一[16]。耕地的不足使人们致力于在有限的耕地上增加单位面积产量，宋代福建农业上的精耕细作仅次于江浙。当时，整地、插秧、耘草、施肥、收获等环节，都有了一套接近现代农艺科学的技术措施。水稻复种制在福建路始自唐代九龙江平原，入宋后普及到闽江口等地区[17]。农业的发展，尤其是劳动生产率的提高，为更多的人脱离农业而从事工商业提供了条件。

宋代福建经济作物十分丰富，其中水果、甘蔗、棉花、茶叶都是闻名全国的重要产品。这些经济作物中绝大多数已不是满足自己消费的自给自足的产品，而是为供应市场交易需要的商品。如在水果中，福建荔枝闻名中外，“闽中所产，比巴蜀、南海，尤为殊绝”[18]。由于品质优异，其销量很大，甚至供不应求，经济效益很好，因此，出现了不少栽种荔枝的专业户。如福州栽种荔枝农户，“一家之有，至于万株”，“初著花时，商人计林断之以立券”[19]。可见，荔枝专业户不仅拥有数量庞大的荔枝树，而且其果实仍然相当畅销，以至于商人必须在荔枝树开花时就得事先立契约预定承买。由于当时福建的许多水果驰名全国，很受消费者欢迎，因此连首都临安也设置“五间楼泉福糖蜜及荔枝圆眼汤等物”的专卖店[20]。宋代福建的甘蔗在全国也有相当的地位，产量很大，运销全国各地。人们“榨其汁以为沙糖，皆用竹蔗，泉、福、吉、广多作之”[21]。因为砂糖是当时颇受欢迎的甜食品，故需求量不断增加，福建不少地区弃稻种蔗。如“仙游县田耗于蔗糖，岁运入浙淮者不知其几万亿”[22]。惠安县种蔗榨糖出售也盛行，“王孙走马埭及斗门诸村皆种蔗煮糖，商贩辐辏，官置监收其税”[23]。宋代福建农家还竞相种植棉花，多者有种达数千株者。由于闽棉质量好，“尤为丽密”，因此深受广大消费者喜爱，给种植者带来不小的收益。时人称：“嘉树种木棉，天何厚八闽”；“木棉收千株，八口不忧贫”[24]。

福建境内山岭耸峙，丘陵起伏。山地和丘陵约占全省总面积的90%以上，其中海拔200至500米的丘陵约占一半以上。自宋代开始，福建人口的迅速增加，人口密度增大，对耕地的压力逐渐显现。北宋元丰间，福建人口占南方四路19.9%，而耕地仅占8.2%，每户平均占地不足11亩，为两浙路户均耕地的1/2，江南东、西两路的2/7，从而形成“地狭人稠，为生艰难，非他处比”[25]。这种情况使愈来愈多的人口从农业生产中游离出来，进入工商业领域。“闽地偏，不足以衣食之也。于是散而之四方……所在阛阓有闽之技艺”[26]，或者“多以海商为业”[27]。另一方面，南宋政治中心靠近福建，人口大量麇集东南沿海，增加了对福建手工业产品的需求。海运业的发展，既解决了福建地狭人多缺粮的问题，又为福建手工业品开辟了更广阔的海外市场。

宋代福建手工业的发展主要体现在陶瓷业、雕版印刷业、造船业、丝棉纺织业、制茶业、盐业、采矿业等方面，其中对福建海外贸易影响较大的是陶瓷业和造船业。如宋代福建生产的瓷器主要有黑瓷、青白瓷、青瓷3种，其中烧制规模最大、产量最高、分布最广、持续时间最长的当为青瓷；水平最高的是建窑黑瓷的兔毫盏，这是世界上最早的“结晶釉”制品。宋代福建的瓷器销路很广，其中不少远销海外。据陈信雄的《澎湖宋元陶瓷》所载，1979年，台湾大学人类学系师生曾组成“澎湖宋元陶瓷考古队”对澎湖各岛的陶瓷遗迹进行调查和发掘，所得宋元陶瓷标本达一万件以上，内含四千余件青瓷。其中福建窑口的陶瓷最多，包括宋元时期晋江磁灶窑、同安汀溪窑、龙溪东溪窑、兴化徐州窑的陶瓷。澎湖是宋元时期福建陶瓷外销菲律宾、印尼、马来西亚诸国的中转站。宋代，“海舟以福建为上”[28]。福建所造海船，船头船尾尖高，上平如衡，下侧如刃，便于破浪而行；构造坚固，隔舱防水，载重量大。1973年泉州后渚港发现的南宋海船正是这种海船。造船业的发达促进了福建海上交通和贸易的繁荣。

总之，宋代福建海上交通和贸易的繁荣，并非偶然，而有其深刻的历史背景。两宋北方、西北方宋辽、宋金、宋西夏的长期对峙，使中国北方、西北方处于战乱之中，广大民众为躲避战争的破坏，纷纷南迁，其中不少人进入福建，为福建的经济发展带来了充裕的劳动力和先进的生产技术。福建人口的迅速大量增加，给耕地带来巨大的压力，地狭人稠的状况迫使一些人脱离农业生产，从事手工业和海外贸易。宋金、宋西夏的长期对峙，使唐朝盛极一时的陆上丝绸之路中断，迫使宋朝重视开辟海上丝绸之路，

二、宋代福建海外贸易繁荣的历史表现

（一）民间商人热衷于海外贸易

福建海岸线曲折，形成许多天然良港。海上航线顺着海岸北上至日本，南下到东南亚地区。自宋代开始，福建地狭人稠，许多人以海为生，或捕鱼制盐，或从事海上贸易。《宋会要辑稿》刑法2载："漳、泉、福、兴化，凡滨海之民所造舟船，乃自备财力，兴贩牟利。"

当时民间商人经营的海外贸易，需要自己建造海船，购置货物，招聘船员，因此往往要有雄厚的资金，非一般中小商人所能办到。正如《宋史·食货下八》所云："海舶之利，颛于富豪大姓"。如北宋徽宗崇宁四年（1105年），泉州商人李充以自己的船一艘，雇请水手和各色人等60多人，载运生绢、白绫等物前往日本贸易[29]。南宋时泉州富商王元懋，"尝随海舶诣占城，国王嘉其兼通番汉书，延为馆客，仍嫁以女，留十年而归。所蓄奁具百万缗……遂主舶船贸易，其富不赀……淳熙五年，使行钱吴大作纲首，凡火长之属一图帐者三十八人，同舟泛洋，一去十载，以十五年七月还，次惠州罗浮山南，获息数十倍"[30]。

由于海外贸易获利很大，致使一些中小商人也千方百计想跻身其中。他们资金有限，就采取数人合资，同置一条船，前往海外进行贩卖。如洪迈《夷坚三志》己卷2《余观音》载："泉州商客七人，曰陈、曰刘、曰吴、曰张、曰李、曰余、曰蔡，绍熙元年六月，同乘一舟浮海。"有的甚至连合资的资金都难以筹措，就只能携带货物，搭上别人的舶船前往海外从事小本买卖；或者本身不亲自出海经商，"以钱附搭其船，转相结托，以买番货而归，少或十贯，多或百贯，常获数倍之货"[31]。

（二）海外贸易的范围相当广阔

宋代，福建商人海外贸易的范围相当广阔，东从朝鲜半岛、日本，南至南洋群岛、东南亚诸国，西到阿拉伯半岛乃至东非海岸。据成书于南宋宁宗开禧年间（1205—1207年）的赵彦卫《云麓漫钞》卷5"福建市舶司常到诸国舶船"所载，当时福建市舶司常到诸国舶船有32国：大食、嘉令、麻辣、新条、甘秠、三佛齐、真腊、三泊、缘洋、登流眉、西棚、罗斛、蒲甘、渤泥、阇婆、占城、目丽、

木力千、胡麻、巴洞、宾达浓、新洲、佛罗安、明丰、达罗啼、达磨、波斯兰、麻逸、三屿　蒲里唤、白蒲迩、高丽。尔后，据成书于南宋理宗宝庆元年（1225年），泉州市舶提举赵汝适撰写的《诸蕃志》一书所记载，当时与福建有通商关系的国家和地区竟达58个之多！

宋代，福建商人往东亚贸易的国家主要是高丽和日本。如《宋史》卷487《外国三》载：当时高丽“王城有华人数百，多闽人因贾舶至者”。苏轼在《论高丽进奉状》中也称：“泉州多有海舶入高丽往来买卖。”[32]据朝鲜史书《高丽史》所载，从宋真宗大中祥符六年（1013年）至哲宗元祐四年（1089年）短短的70多年中，福建商人到高丽贸易的有16批，约500人左右，每批少则数人，多则百人。他们名义上是“献土物”、“献方物”、“献珍宝”，事实上是以此作为敲门砖，载去大批中国货物，开展贸易活动。宋代，福建与日本也有民间贸易往来。如日本文献《小右记》、《朝野群载》都有记载福建商人到日本从事贸易活动[33]。

宋代，福建商人往东南亚贸易的国家较多，主要有占城、真腊、罗斛、三佛齐、阇婆、兰无里、渤泥、麻逸、三屿等国。如上引南宋泉州商人王元懋就是因为附舶赴占城贸易而致富。南宋时福建商人赴三佛齐经商的也不少。如“泉州纲首朱纺舟至三佛齐国……往返不期年，获利百倍”[34]。又如阇婆与福建的经济贸易往来也比较密切，北宋初期，福建建溪人“主舶大商毛旭”多次到阇婆贸易[35]。

阿拉伯诸国在宋代称为“大食”。尽管福建与大食距离遥远，但是，在宋代大食诸国的商人沿着海路到福建做生意仍然很多。阿拉伯“番客”、“舶主”经常贩运各种商品到福建交易，其中不少人还定居在泉州城南，最后终老于斯。泉州目前尚存的许多“蕃客”墓遗址，就是福建商人与阿拉伯“蕃客”、“舶主”进行友好贸易的最好历史见证。

（三）海外贸易的商品种类繁多，数量很大

宋代，福建海外贸易的进出口商品种类繁多，数量很大，以下简略介绍一些最主要的出口和进口商品：

陶瓷是中国最受海外欢迎的特产，也是福建出口的重要贸易品。据南宋《诸蕃志》所载，宋代由福建出口的陶瓷器主要销往占城、真腊、麻逸、渤泥、凌牙斯、佛罗安、细兰、阇婆、南毗、三屿、单马令、三佛齐、层拔等。现代东南亚一些国家的考古发掘证实了《诸蕃志》的记载是准确的。如1957年在印尼的苏拉威西岛南部发现宋代福建德化窑生产的白瓷盒[36]。近二三十年来在菲律宾也发现不少宋代泉州磁灶窑生产的龙瓮。在马来西亚，宋代福建陶瓷也多有发现。在这些国家的博物馆里，陈列着很多当地出土的福建宋窑的军持、瓶、盘、盒等陶瓷器。

除《诸蕃志》所载国家外，东亚、西亚甚至非洲一些国家也有发现宋代福建

瓷器，从而说明宋代福建瓷器曾销往这些国家。如在日本，宋代同安汀溪窑的青釉划花篦纹碗被称为“珠光青瓷”，深受人们喜爱。而据日本东京国立博物馆所编的《日本出土的中国陶瓷》称，在福冈、松州等地出土有晋江磁灶窑生产的“黄釉铁绘花纹盘”和德化窑生产的“白瓷盒子”。许清泉《宋元泉州陶瓷生产与外销》一文介绍，在西亚的土耳其伊斯坦布尔博物馆里收藏有宋代福建青瓷器，在非洲的肯尼亚也发现有安溪窑的宋代瓷瓶[37]。

中国的纺织品历来也深受各国人民的青睐。其中丝织品销售的范围也很广，据《诸蕃志》记载，泉州织、锦、绫、缬绢、丝帛等远售占城、真腊、三佛齐、阇婆、故临、层拔、三屿、新罗等13个国家或地区。北宋崇宁四年（1105年），泉州客商李充运往日本的5种货物中，就有3种是精美的丝织品：“象眼（丝织品的一种）肆拾匹、生绢拾匹、白绫贰拾匹。”[38]还有泉州生产的木棉布，染成各种颜色，织成各种花纹，销售国外。

宋代，生铁、铁块、铁鼎、铁锅以及铜制品等是东南亚及西亚一带人民生产和生活的日用品。据《诸蕃志》记载，泉州的生铁、铜鼎、铁鼎、铁钉等，行销三佛齐、佛罗安等地。南宋孝宗乾道年间（1165—1173年），“三佛齐请就郡铸铜瓦三万片。舶司得旨，令泉、广二州守臣监造付之”[39]。尽管朝廷屡次下令严禁铜钱出口，但由于走私铜钱获利大，故屡禁不止，铜钱、铁钱还是大量流往海外，其中福建沿海是重要的铜钱、铁钱走私海外的地区。

宋代，福建的许多农副产品，如糖、茶叶、水果等也是重要的出口物资。如前所述，宋代福建大面积种植甘蔗，制糖业兴盛。据《诸蕃志》记载，占城、真腊、三佛齐、单马令等国都进口中国的糖。其中很多产品就是从福建“泛海售商”[40]，成为外贸商品。福建的茶叶在宋代亦很闻名，尤其是建瓯北苑专设宋室皇家御园，所产茶叶名闻遐迩。东南亚各国都很喜欢从中国泉州、广州来的茶叶，于是南宋“国家置舶官于泉、广，招徕岛夷，阜通货贿，彼之所阙者，如瓷器、茗（茶）、醴（酒）之属，皆所愿得”[41]。当时高丽人特别以建瓯北苑茶为珍贵物品，“惟贵中国腊茶并龙凤赐团”[42]。宋代福建出口水果以荔枝最为著名，留待下文论及，兹略。

除此之外，福建许多日常生活用品也出口海外各国，如雨伞、草席、漆器、木梳、帘子、绢扇等。此外，一些中药材，如大黄、川芎、白芷、樟脑等，以及朱砂等染料，还有纸、笔、书籍等文化用品，也常远销海外。兹限于篇幅，就不一一举例论证了。

宋代，从海外输入的货物主要有香料：乳香、沉香、速香、降香、乌香、檀香、蔷薇水等；药物：没药、芦荟、血碣、豆蔻、硫黄、荜拔、荜澄茄、苏木等；宝货：犀角、象牙、珍珠、玳瑁、珊瑚、玛瑙、金银等；纺织品：白番布、花蕃布、越诺布、驼毛段、鹤顶、翠羽等；其他物品如鲨鱼皮、黄腊、藤席、孔雀毛、鹦鹉、菠萝蜜、椰子、胡椒等等。

当时福建进口的商品以香料和药物为最多。南宋建炎四年（1130 年），泉州抽买的乳香就达 86780 斤[43]。1974 年，泉州后渚港发掘的宋代海船，是从东南亚一带回航时沉没的，出土的遗物有乳香、龙涎香、降真香、檀香、沉香等各种香料 4700 余斤[44]。

三、宋代福建海外贸易繁荣的影响

（一）海外贸易拉动本地区经济的增长

在整个福建古代商业史中，宋代福建海外贸易居于十分显著的地位。宋代泉州成为当时全国海外贸易三大港口之一，促进了福建海外贸易的空前繁荣，在全国名列前茅。唐五代时期，福建的海外贸易在全国仍然是默默无闻，当时的海外贸易最重要港口是广州。直至北宋哲宗元祐二年（1087 年），朝廷在泉州设立市舶司，标志着福建的海外贸易崭露头角，正式受到政府的重视。南宋时期，泉州港进一步迅速崛起。据傅宗文研究，南宋高宗初期，泉州已拥有比广州多一倍以上的本钱，泉州港已超过广州港，居国内首位的明证[45]。据推测，绍兴末年，泉州市舶司的收入已超出广州和两浙市舶司。李心传《建炎以来系年要录》卷 183 载："三舶司岁抽及和买，约可得二百万缗。"其时两浙路市舶司已被朝廷视为"冗蠹"可罢，自然不能与"物货浩瀚"的泉、广二司拮抗[46]，其收入肯定大大少于泉、广二司。而就泉、广二司来说，泉州市舶司收入应当超过广州市舶司，理由有二：一是从建炎元年（1127 年）至绍兴四年（1134 年）8 年间，泉州"蕃舶纲首"蔡景芳一人即招诱到使朝廷净赚利钱多达 98 万贯的舶货来港，可见泉州市舶司的收入之庞大。二是当时泉州市舶本钱比广州市舶司多一倍以上，其收入理应也较多。总之，南宋高宗时期，泉州港海外贸易如日中天，在全国居于首位。

福建海外贸易的兴盛拉动本地区经济的增长。如前所述，宋代泉州港的大宗出口品，居于前 4 位的是陶瓷、锦绢、酒类和蔗糖，而宋代福建的龙头手工业正是陶瓷、纺织业以及榨糖业等。这不可能是巧合，而是有必然的内在联系，即海上对外贸易的需求拉动了相关手工业的不断扩大再生产。又如海上贸易最重要的交通工具是船，因此，福建海上贸易的兴盛也大大刺激了造船业的发展。宋代，福建造船业从数量、质量上在全国都是居于前列的。有关海上贸易需求拉动福建经济发展最具体典型的事例是蔡襄有关福州荔枝包购包销的记载，正是由于宋代福州荔枝受到海内外的欢迎，十分畅销，所以使"商人贩益广，而乡人种益多"，最终出现"一岁之出，不知几千万亿"，极大地带动了福州荔枝种植销售经济的大规模经营，一家种植"至于万株"，商人包购包销，"断林鬻之"[47]。

宋代福建的海外贸易，主要的进口商品是奢侈品，即香料、宝货等，不言而喻，其消费对象是贵族官僚、大地主大商人等。这种奢侈品的消费，在一定程度上会促进货币在社会上的流通，刺激生产的发展。因为少数贵族官僚、大地主大商人掌握着社会上绝大部分的货币和财富，通过销售进口奢侈品给他们，刺激他们消费，是使他们拥有的大量货币投入流通的一个重要途径。当时福建在国内贸易中进口的商品最主要的是粮食。大量粮食的进口解决了宋代福建地狭人稠、粮食不能自给的问题，使更多的人脱离农业而从事工商业，从而促进了宋代福建商品经济的繁荣。

（二）海外贸易促进城市繁荣，出现了一批富商巨贾

宋代福建海外贸易的繁荣，带来了城市的发展。沿海的福州、泉州、兴化等就相当兴旺。福州在宋代就是福建的交通枢纽和商品集散地。正如时人所云：福州是“东闽盛府，百货所聚”[48]。当时福州社会经济的繁盛在宋诗中有生动的反映：“苍烟巷陌青榕老，向露园林紫蔗甜；百货随潮船入市，万家沽酒户垂帘”，“两信潮生海接天，鱼虾入市不论钱；户无酒禁人争醉，地少冬霜花正然”[49]。

泉州是以海上贸易为基础发展起来的港口城市，“有蕃舶之饶、杂货山积”[50]，其富庶繁盛程度又超过福州。泉州作为当时国际性的港口，“苍官影里三州路，涨海声中万国商”[51]，一派“风樯鳞集，舶计骤增”的盛况。从前文所引可知，福建的富商大贾绝大多数是经营海外贸易而发财起家的。当时泉州城内，“珍珠、玳瑁、犀象、齿角、丹砂、水银、沉檀等香、稀奇难得之宝，其至如委。巨商大贾，摩肩接足，相刃于道”[52]。泉州的豪商住宅，庭院里的“怪石远从商舶至，名花多自别州移”。“番货远物异宝奇玩之所渊薮；殊方别域，富商巨贾之所窟宅，号为天下最”[53]。当时的泉州，城市规模已很宏大，人口众多，“城里画坊八十，生齿无虑五十万”[54]。

宋代兴化军城市商品经济也较繁荣。由于兴化一带“土荒耕老少，海近贩人多”[55]。由于海外经商之人多，发财致富者不少，城市社会生活富庶。南宋兴化著名文学家刘克庄曾在诗中云：“黄亭瓮闻酒美，白湖船至籴平；朱袚丽人出郭，银钗村姑入城。”[56]。空气中飘着美酒的香味，市场上的粮价便宜，穿着红衣裳的漂亮女人出城去，而戴着银钗的乡下村姑则进城来，好一派富庶祥和的景象。

宋代福建在福州、泉州、兴化等城市经济的带动下，形成了一大批地方初级市场，即乡村集镇墟市等，从而构建了福建庞大的区域性市场网络体系。如当时环绕着福州城，涌现出众多的集镇墟市。据不完全统计，当时福州周边的集镇有闽安镇、峡口镇、侯官镇、南北镇、黄崎镇、烽火镇、莆门镇、连江镇、三砂镇、北茭镇、关棣镇、飞泉镇、鸡菜镇、海口镇、水口镇、永泰镇等。镇之下往往还有许多草市，如闽县城外就有草市 10 余处。又如围绕着泉州城也有一批的集镇草市，据不完全统计，泉州周边的集镇有：石井镇、溜石镇、潘山镇、海口镇、涵头镇、宁海镇、黄石镇、太平镇、龙华镇、石碧潭镇、安德镇、峡口镇、敦照镇等；草市有：洛阳市、法石市、瓷市、濠市、五店市、后渚市、围头市、迎仙市、

白湖市、中岳市、沙溪市、耕园市、司德市、赤店、康店、池店、畲店、新店、刘店、陈店、杨店、吴店、林店、石店等[57]。这些集镇的商业繁华程度甚至不亚于城市。如宋代兴化军仙游县枫亭镇的荔枝、蔗糖、食盐、海产等，使船舶云集，招来“遐珍远货，不可殚名者，无不辐辏于南北之贾客”。“一哄之市，百货骈集；五达之逵，四方会通”。太平港上，“舳舻衔尾，风涛驾空”[58]。

宋代福建在海外贸易兴盛中出现了一批在全国有影响的富商巨贾。海外贸易虽然风险大，但收益很高，其产出往往是投入的数倍，甚至数十倍。宋代福建见于史籍记载的大商人，如林昭庆、佛莲、杨客、王元懋等均是经营海外贸易而发家致富的。如秦观《淮海集》卷33《庆禅师塔铭》载：北宋时泉州晋江人林昭庆“尝与乡里数人相结为贾，自闽粤航海道，直抵山东，往来海中者十数年，资用甚饶”。周密《癸辛杂识》续集下《佛莲家赀》也载：泉州回族商人佛莲北宋绍圣年间已发展到拥有80艘海船，可见其资本之雄厚。据当时朝廷规定，海商“财本必及三十万贯，船不许过两只”，可见佛莲拥有的资本已是相当可观的。到了南宋，福建富商巨贾的资产又有大幅度的增加。如绍兴年间泉州著名海商杨客通过海上贩运福建及东南亚的布匹、苏木、香药、珍异到临安销售，遂成大贾，资产达“二万万”[59]。淳熙年间泉州人王元懋，“主舶船贸易，其富不赀”。与人“同舟泛洋，一去十载……获息数十倍”[60]。

宋代从事海外贸易致富者对后世影响很大，吸引着许多人冒风涛蹈覆溺而不顾，历尽千辛万苦，出海渡洋，到远隔万水千山的异国他乡从事贸易，甚至久居不返，经商发财。正如《明史·外国传》载：“吕宋居南海中，去漳州甚远……先是，闽人以其地近且饶富，商贩者至数万人，往往久居不返，至长子孙。”这些人就是近现代福建华侨华人的先驱者。从古至今，福建籍的富商巨贾中，华侨华人占了很大一部分，抑或是在经营海外贸易中发财致富的。总之，闽商的这种特点，似可追溯到宋代。

（三）海外贸易促生新的商品经济关系

宋代福建在海外贸易中出现了一些新的商品经济关系。福建商人对于荔枝之类的国内外畅销商品，则采取包购包销的方式进行大规模“断林鬻之”经营，预示着商业资本向生产领域的转移。随着宋代福建商业资本的迅速扩张，当时出现了大商人凭借雄厚的资本对一些畅销商品进行包购包销式的垄断经营，以此牟取超额收益。北宋福建人蔡襄在《荔枝谱》记载了仁宗时福州荔枝被大商人包购包销的情况：

> 福州……一家之有，至于万株……初著花时，商人计林断之，以立券。若后丰寡，商人知之。不计美恶，悉为红盐者。水浮陆转，以入京师，外至北戎、西夏；其东南舟行新罗、日本、流球、大食之属，莫不爱好，重利以酬之。故商人贩益广，而乡人种益多。一岁之出，不知几千万亿。而乡人得

饫食者，盖鲜！以其断林鬻之也。

蔡襄的这段记载反映了宋代福建商品经济出现了一些新的现象：一是由于荔枝在当时深受国内外消费者的欢迎，供不应求，使大商人采取预先大宗包购包销的方式，即在荔枝开花之时，就大面积地整片果林预先承买下来，这与原先待荔枝成熟之时，论斤论株的零购显然不同。二是由于是预先大宗包购，故存在着很大的不确定，即等到荔枝结果时“丰寡”较难预料。为了防止双方反悔，所以必须“立券”，即买卖双方在交易成功后就要签订购销合同书，载明成交果林的具体数目或果林地亩四至、价钱等。从宋代四川茶商向茶园户定购茶叶预先“放定钱”[61]推测，福建商人预先包购荔枝应该也是要预付给荔枝园主定金。从荔枝畅销的情况推测，商人甚至预先一次性付清所有包购钱款。三是由于商人是“不计美恶”，预先大宗统统包购，价格昂贵。这种市场需求大大刺激了生产的扩大，即“商人贩益广，而乡人种益多”。荔枝园主凭借丰厚的收益，迅速扩大荔枝种植规模，“至于万株”，使福州一年之内出口荔枝，“不知几千万亿!”四是荔枝的供不应求和价格昂贵，使其完全商品化种植，“不计美恶，悉为红盐者”外销，近者销往首都、北戎、西夏，远者销往朝鲜、日本，甚至遥远的阿拉伯国家，所以使得福州本地乡人，都难以品尝到荔枝美味了。总之，宋代福建商人对荔枝的预先包购包销与14、15世纪意大利包买商商业资本向生产领域的转移已是十分相似了。

海外贸易需要大量的资金购买海船、置备货物和雇佣船工等，而且海外贸易历时较长，少则数月，多则一二年，资金回笼慢。当时福建有雄厚资本单独从事海外贸易的大商人毕竟不是多数，因此对于缺乏资金的大多数中小商人来说，要想经营海外贸易，只得采取合资、集资、入股分利或借贷经营的形式。如：

> 海上人户之中、下者，虽不能大有所泄，而亦有带泄之患，而人多有不察者，盖因有海商，或者乡人，或是知识，海上之民，无不与之相熟。所谓带泄者，乃以钱附搭其船，转相结托，以买番货而归，少或十贯，多或百贯，常获数倍之货。愚民但知贪利，何惮而不为者[62]。

这里所谓“带泄者”，实际上就是中小商人，因缺少从事大笔交易的资本，所以只能将其有限的资金，“少或十贯，多或百贯”，“附搭”在同乡、熟人等大商人船上，“转相结托”到海外购买番货倒卖，常常可以获取数倍的收益。可见，这种“带泄”就是一种原始的集资形式，中小商人通过入股大商人股东，从而达到分红的目的。秦九韶《数学九章》卷9下《均货推本》就有对海舶的货主所取份额之外的舶货按各股东及各投资商人，即所谓“带泄者”的出资额分配的例子。当然，这种“带泄”集资贸易虽然获利大，但风险也很高，因为没有什么有效的保障机制，经常也可能血本无归。在这种情况下，许多人在高利润的诱惑下，仍然乐于冒险一搏，因此，包恢才会发出这样感叹：“愚民但知贪利，何惮而不为者。”

由于“带泄”这种原始集资贸易形式风险较大，因此，有的闽商就采用典当借贷的方式。如“化州以典质为业者，十户而闽人居其九，闽人奋空拳，过岭者往往致富”[63]。这种典当借贷的方式，由于有相当价值的物品、财产作为借贷的抵押，不言而喻，其风险是较少的，而且赢利也相当可观，因此“以典质为业”的闽商，“往往致富”。

总之，无论是包购包销，还是合资、集资、入股，其目的是一样的，即为了更好适应商业贸易的大规模化经营，获取从事商业的最大化收益。在中国古代封建社会，商业资本比起农业、手工业资本来说是一个更易变不稳定的因素，更容易由此引起社会的变革，宋代福建商业中出现的这些新的商品经济关系，正是中国古代社会变革前黎明的曙光。恩格斯曾指出：“商人对于以前一切都停滞不变、可以说由于世袭而停滞不变的社会来说，是一个革命的要素”，“现在商人来到了这个世界，他应当是这个世界发生变革的起点”[64]。

四、对当代的启示

宋代的福建海外贸易距今虽然已约有一千年左右，其发展状况与当代已不可同日而语，但是不同时期的历史却也有惊人的相似之处，因此，如果把今天的福建海上丝绸之路发展进程与宋代的福建海外贸易发展做一比较，或许能从中得到一些启迪。

其一，宋代福建海外贸易飞跃式的发展得益于“天时”，即北方的战乱使大批人口入闽以及政治中心的东南移。今天，福建海上丝绸之路的发展也有千载难逢的“天时”，即祖国和平统一大业使闽台关系突显，发展海西经济圈是促进祖国和平统一的重要步骤，这是两岸人民的共识。因此，福建应积极稳妥地发展对台贸易，并把福建作为大陆发展对台贸易的前沿。在海上丝绸之路倡议中，台湾海峡是重要的海上通道，福建应该利用这种区位优势拉动全省经济的飞速发展。

其二，自宋代开始，福建已是地狭人稠，其拉动福建经济发展的一个重要动力是海外贸易。福建至今仍然是地狭人稠，因此必须发展外向型经济，积极开拓海上丝绸之路，鼓励闽商向海外投资。与此同时，福建应重视在本地区根据自身特点调整产业结构，重点发展特色产业，在全国甚至全世界形成一些特色产业，如同宋代的福州荔枝水果业和麻沙、崇化雕版印刷业这样的品牌产业，作为福建经济发展的龙头产业。

其三，福建是著名的侨乡，其渊源可追溯到宋代的海外贸易。据不完全统计，祖籍福建的华侨、华人有八九百万人。福建人有特别深挚的家乡情结，即使走到天涯海角，对家乡仍寄托着无穷的眷恋。出洋发家致富的侨胞，许多人都慷慨解囊在家乡投资办工业、农业、交通运输业、商业、金融业、服务业以及房地产业等。他们还捐款修建宗祠、寺庙、祖坟，为乡里架桥铺路，兴办学校、医院、图书馆、影剧院、科技馆、体育场等。这些爱国华侨华人是繁荣侨乡经济，推动福建经济飞速发展不可忽视的力量。我们必须重视善于发挥他们的作用，努力为他们创造良好的投资环境，积极引导鼓励他们为开拓海上丝绸之路为家乡建设贡献力量。

其四，宋代福建海外贸易出现的新的商品经济关系，是促进经济发展的积极因素。当前福建在深化改革开放在海上丝绸之路倡议中，沿海一些市县首先进入开放城市或自贸区之列，得风气之先。福建的经济建设必须与时俱进，勇于不断探索新的管理理念和管理模式，进一步深化改革，让福建经济更加健康有序快速地发展。

其五，宋代福建海外贸易是民间自发的，依据商品经济规律进行平等自愿交换，互通有无，没受政治、军事因素的干预，其主旋律的基调是和平友好往来。当时中国社会生产力、经济水平高于海外诸国，主要为海外诸国提供质高价廉的日常生活用品，而向海外诸国输入香料、奢侈品等，供上层社会消费。当代，我们在海上丝绸之路倡议中，要继承这一优秀传统，在同海上丝绸之路各国各地区的经济文化交往中，一定要坚持平等互利、和平友好的原则，让海上丝绸之路给世界带来和平与繁荣。

注释

[1] [宋] 庄绰. 鸡肋篇：卷上 [M]. 北京：中华书局，1983：36.

[2] [宋] 叶绍翁. 四朝闻见录：戊集，宋会要辑稿淮民浆枣 [M]. 北京：中华书局，1989：197.

[3] [唐] 李吉甫. 元和郡县志：卷30，江南道五 [M]. 台北：台湾商务印书馆，1986：468册，491-496.

[4] [6] [7] 梁方仲. 中国历代户口、田地、田赋统计 [M]. 上海：上海人民出版社，1980：甲表三五.

[5] 王存等. 元丰九域志：卷9，福建路 [M]. 台北：台湾商务印书馆，1986：471册，192-199.

[8] [宋] 朱熹. 晦庵集：续集卷2，答蔡季通 [M]. 台北：台湾商务印书馆，1986：1146册，448.

[9] [50] [元] 脱脱. 宋史：卷330，杜纯传 [M]. 北京：中华书局，1985：10632.

[10] [清] 徐松. 宋会要辑稿：职官 [M]. 北京：中华书局，1957：44之30-31.

[11] [清] 徐松. 宋会要辑稿：职官 [M]. 北京：中华书局，1957：44之33-34.

[12] [元] 脱脱. 宋史：卷437，真德秀传 [M]. 北京：中华书局，1985：12963.

[13] [宋] 李心传. 建炎以来系年要录：卷81 [M]. 北京：中华书局，

1956：1337.
[14] 唐文基．福建古代经济史［M］．福州：福建教育出版社，1995：341.
[15]［元］脱脱．宋史：卷89，地理五［M］．北京：中华书局，1985：2210.
[16] 冀朝鼎．中国历史上的基本经济区与水利事业的发展［M］．北京：中国社会科学出版社，1981：36.
[17] 陈梦雷．古今图书集成：卷1106，漳州艺文［M］．成都：巴蜀书社，1985：15册，17634.
[18]［宋］梁克家．淳熙三山志：卷41，物产［M］．台北：台湾商务印书馆，1986：484册，587.
[19]［宋］蔡襄．荔枝谱［M］．北京：中国书店，1990：977.
[20]［宋］吴自牧．梦粱录：卷13，团行［M］．台北：台湾商务印书馆，1986：590册，105.
[21]［宋］苏颂．图经本草［M］．福州：福建科学技术出版社，1988：487.
[22]［宋］方大琮．铁庵集：卷21，项卿守［M］．台北：台湾商务印书馆，1986：1178册，248.
[23]［明］张岳．嘉靖惠安县志：卷5，物产［M］．上海：上海古籍书店，1963：20.
[24]［宋］谢枋得．叠山集：卷1，谢刘纯父惠布［M］．台北：台湾商务印书馆，1986：1184册，845.
[25]［宋］廖刚．高峰文集：卷1，投省论和买银札子［M］．台北：台湾商务印书馆，1986：1142册，315.
[26]［宋］曾丰．缘督集：卷17，送缪帐干解任诣铨改秩序［M］．台北：台湾商务印书馆，1986：1156册，193.
[27]［宋］苏轼．苏轼文集：卷30，论高丽进奉状［M］．北京：中华书局，1986：847.
[28]［宋］徐梦莘．三朝北盟会编：卷176［M］．台北：台湾商务印书馆，1986：351册，557.
[29][38]［日］朝野群载：卷20，大宰府附异国大宋商客事，转自陈高华，吴泰．宋元时期的海外贸易［M］.，天津：天津人民出版社，1981：75－78.
[30]［宋］洪迈．夷坚三志：己卷6，王元懋巨恶［M］．北京：中华书局，1981：1345.
[31]［宋］包恢．敝帚稿略：卷1，禁铜钱申省状［M］．台北：台湾商务印书馆，1986：1178册，714.
[32]［宋］苏轼．苏轼文集：卷30，乞令高丽僧从泉州归国状［M］．北京：中华书局，1986：859.
[33] 唐文基．福建古代经济史［M］．福州：福建教育出版社，1995：366.

[34] 国家文物局、福建莆田祥应庙碑记 [J]. 文物参考资料，1957 (9).

[35] [元] 脱脱. 宋史：卷489，阇婆传 [M]. 北京：中华书局，1985：14092.

[36] 陈万里. 调查闽南古代窑址小记 [J]. 文物参考资料，1957 (9).

[37] 许清泉. 宋元泉州陶瓷生产与外销 [C]. 古陶瓷研究第一辑，1982：80-87.

[39] [宋] 楼钥. 攻媿集：卷88，敷文阁学士宣奉大夫致仕赠特进汪公行状 [M]. 台北：台湾商务印书馆，1986：1153册，363.

[40] [明] 张岳. 嘉靖惠安县志：卷5，物产 [M]. 上海：上海古籍书店，1963：20.

[41] [清] 徐松. 宋会要辑稿：刑法 [M]. 北京：中华书局，1957：2之144。

[42] [宋] 徐兢. 宣和奉使高丽图经：卷32，器皿三 [M]. 台北：台湾商务印书馆，1986：593册，556. "龙凤赐团"是宋代北苑著名的茶产品。

[43] [元] 脱脱. 宋史：卷185，食货下七 [M]. 北京：中华书局，1985：4537.

[44] 泉州湾宋代海船发掘简报 [J]. 文物，1975 (10).

[45] 傅宗文. 宋代草市镇研究 [M]. 福州：福建人民出版社，1989：274.

[46] [清] 徐松. 宋会要辑稿：职官 [M]. 北京：中华书局，1957：44之28。

[47] [宋] 蔡襄. 荔枝谱 [M]. 北京：中华书局，1985：2.

[48] 陈梦雷. 古今图书集成：卷1044，福州府杂录 [M]. 成都：巴蜀书社，1985：14册，17037.

[49] [宋] 祝穆. 方舆胜览：卷10，福州 [M]. 台北：台湾商务印书馆，1986：471册，648.

[51] [宋] 祝穆. 方舆胜览：卷12，泉州 [M]. 台北：台湾商务印书，1986：471册，668.

[52] 何乔远. 闽书：卷55，文莅志 [M]. 福州：福建人民出版社，1994：1489.

[53] [元] 吴澄. 吴文正集：卷28，送姜曼卿赴泉州路录事序 [M]. 台北：台湾商务印书馆，1986：1197册，299.

[54] [宋] 王象之. 舆地纪胜：卷130，泉州 [M]. 北京：中华书局，1992：3733.

[55] [宋] 刘克庄. 后村先生大全集：卷46，送王南海二首 [M]. 上海：商务印书馆，1929：四部丛刊本，212册，7B.

[56] [宋] 刘克庄. 后村先生大全集：卷38，春日六言十二首 [M]. 上海：商务印书馆，1929：四部丛刊本，212册，7A.

[57] 唐文基. 福建古代经济史 [M]. 福州：福建教育出版社，1995：323-324.

[58] 周瑛. 弘治兴化府志：卷32，艺文志 [M]. 福州：福建人民出版社，2007：841. 林亨虽为元代人，但赋中所写多为宋代人与物。

[59] [宋] 洪迈. 夷坚志：丁卷6，泉州杨客 [M]. 北京：中华书局，1981：

588－589.

[60]［宋］洪迈. 夷坚三志：己卷6，王元懋巨恶［M］. 北京：中华书局，1981：1345.

[61]［宋］吕陶. 净德集：卷1，奏具置场买茶旋行出卖远方不便事状［M］. 台北：台湾商务印书馆，1986：1098册，6.

[62]［宋］包恢. 敝帚稿略：卷1，禁铜钱申省状［M］. 台北：台湾商务印书馆，1986：1178册，714.

[63]［宋］王象之. 舆地纪要：卷116，化州［M］. 北京：中华书局，1992：3417.

[64] 马克思. 资本论：3卷［M］. 北京：人民出版社，1975：1019.

揭示中国与“丝路”贸易增长之谜
——基于商品生存时间视角①

魏昀妍 樊秀峰②

（西安交通大学 经济与金融学院 陕西 西安 710061）

摘 要：在中国出口贸易整体增速渐缓下，为什么与丝路国家贸易却呈逆势增长？本文基于商品生存时间视角，利用 HS6 分位商品贸易数据和 K－M 生存分析法从微观动态角度揭示了中国与“丝路”国家出口贸易增长方式和特征及其影响因素。结果表明：商品生存时间短、持续出口商品过于单一依然是中国对“丝路”沿线国家贸易的主要特征；进一步划分 7 个区域的研究发现，东盟商品生存时间最长，其他区域相对生存时间较短、生存率较低；从影响因素来看，反映“丝路”特征的经济自由度、每百人上网人数等变量对不同区域商品生存时间影响显著。因此，为促进出口贸易持续、平稳的增长，政府或企业应针对不同区域影响因素的差异性，采取不同的措施，有针对性地进行商品出口，提高出口商品生存时间。

关键词：中国与“丝路”国家；贸易增长；商品生存时间；区域特征；影响因素

一、引言

2008 年国际金融危机以来，全球贸易增长持续低迷，中国出口贸易增速也逐渐放缓，这将是中国商品出口的“新常态”吗？但深入分析可见，中国与“一带

---

① 基金项目：教育部国别和区域研究 2016－2017 年度指向性课题（17GBQY114）；国家自然科学基金项目（71441039）；陕西省社会科学基金项目（2016D053）。

② 作者简介：魏昀妍（1985－），女，河北涞源人，西安交通大学经济与金融学院博士研究生；樊秀峰（1955－），女，陕西镇安人，博士，西安交通大学经济与金融学院教授，博士生导师。

一路”（以下简称“丝路”）沿线国家贸易一枝独秀，正逆势增长。1998 到 2014 年间，中国对“丝路”沿线国家商品出口贸易总额，从 238.26 亿美元增长到 6413.36 亿美元，增长了近 27 倍。与同期中国对欧盟、美国和日本的出口增长 9.52、10.33 和 4.85 倍，形成鲜明对比。人们不禁要问，掩盖在中国与“丝路”沿线国家贸易增长之下的谜底是什么?

就现有文献来看，中国与“丝路”沿线国家贸易问题研究并不鲜见，但主要集中于有关贸易的便利化、成本测算及其影响因素（李豫新等，2013；孔庆峰等，2015；刘洪铎等，2016；孙瑾等，2016；谭秀杰，2015）等方面，基于商品生存时间的相关研究尚未见到。所谓出口商品生存时间，是指商品从开始出口到停止出口所经历的时间。它是对商品频繁进出市场的动态行为测度，它能有效地反映一国产品在国际市场上的生存能力，也是一国产品综合竞争力及应对外部冲击能力的集中体现。因此，基于商品生存时间来分析贸易增长的相关研究在国外较早。Besedeš 和 Prusa（2006a）首先提出用 Kaplan – Meier（以下简称“K – M”）生存分析法，并对美国 1972 –2001 年进口商品生存时间进行了分析。随后，商品生存时间作为贸易增长中集约边际的重要组成部分，逐渐受到学者们的重视。如，Nitsch（2009）研究了德国产品层面的进口商品生存时间，得出多数贸易持续时间仅维持 1 –3 年的结论。Hess 和 Persson（2010b）用欧盟进口商品的数据也得出了持续时间较短的结论。类似的研究还见于 Besedeš 和 Prusa（2006b）、Volpe 和 Carballo（2009）、Besedeš 和 Prusa（2010）、Esteve – Pěrez et al.（2013）等。中国的相关研究起步较晚，发展却较快。学者们在西方学者研究的基础上，对中国商品生存时间分别从以下三方面做了拓展：一是在产品层面（邵军，2011；舒杏，2015，等），二是在企业层面（陈勇兵等，2012，等），三是在企业产品层面（蒋灵多等，2105，等）。并都得出了中国商品生存时间普遍较短的结论。但从中国学者的现有研究及其结论来看，若简单套用来解释中国与“丝路”国家贸易增长之谜，则失之牵强和粗略。这是因为，一方面，现有研究所用数据时间一般较短，大多为 5 年左右，因而据此所做的研究结论对于刻画贸易增长的趋势性问题显然有一定局限性。另一方面，由于“丝路”沿线国家众多、国情复杂多样，本身就存在着区域发展的不平衡性。因此，基于商品生存时间，对中国与“丝路”国家贸易增长问题进行深入系统的剖析，揭示其贸易增长的区域特征及其影响因素，无疑具有极为重要的理论与实践意义。

相对于现有研究，本文的主要贡献在于：（1）运用 K – M 生存分析法，通过 1998 –2014 年 HS6 分位商品贸易数据，从微观产品层面刻画中国对“丝路”沿线 60 个国家商品生存时间的动态特征，包括对生存 17 年的商品进行特征归类。（2）按照地理位置将“丝路”沿线国家划分为 7 个区域进行商品生存时间测算，揭示不同区域间的动态差异及其特征；（3）通过加入“丝路”国家特征和贸易特征变量以拓展引力模型，揭示影响“丝路”商品生存时间的主要因素。

二、中国对“丝路”国家商品出口数据的统计特征与商品生存时间分析

（一）中国对“丝路”国家商品出口数据的统计特征

我们定义出口商品生存时间为某一商品从一国出口到某一外国市场开始计算，直到退出该市场的时间（中间没有时间间隔），根据贸易进出口统计的特征，商品生存时间通常以年为单位进行统计。本文使用的是 CEPⅡ - BACI 数据库中的 HS6 分位商品贸易数据，由于在数据库中巴勒斯坦、摩尔多瓦、黑山、塞尔维亚和马其顿这 5 个国家的数据缺失，本文仅对 1998 - 2014 年，中国出口到 60 个“丝路”国家的商品贸易数据进行分析。如果中国在某年停止某项商品的出口则称为“失败”。通过整理得到了 2110887 个观测值。

本文在数据处理过程中有两点需要说明：一是数据“归并”问题，所谓“归并”就是在研究的时间范围内，不能确切的统计出商品生存时间。为了保证分析的有效性，我们假设数据满足“独立归并”的情况，即“归并”时间的分布不包含任何有关个体寿命分析的信息。二是在商品出口中存在多个持续时间段的问题。根据 Besedeš 和 Prusa（2006b）得出的结论，无论把多个持续时间段分别当作单独的时间段对待或者只把多个持续时间段中的第一段作为唯一时间段的处理办法，商品生存时间的分布情况基本保持相同。为了不损失较多数据，本文采用将多个持续时间段分别当作单独的时间段进行处理的方法。

对数据进行处理后得到 5103 种商品和 345681 个时间段。如表 1 所示，其中有 111860 个贸易联系在 1 年之后就失败了，占到了贸易总关系的 32.36%，其贸易额占到了总贸易额的 23.93%；有 3.6% 的贸易联系持续了 5 年后失败，贸易额占到了 3.25%；能够持续 17 年的贸易联系为 36197 个，仅占到贸易总关系的 10.47%，其贸易额占到了 25.54%。说明短时间的商品出口占据了主要地位；从贸易额占比的情况看，出口 1 年商品的总贸易额基本和持续出口 17 年的商品贸易额持平；从贸易额累计占比的情况看，出口 5 年的商品贸易总额占到了总贸易额的 50% 以上。可见，短时间的商品出口是促进贸易额飞速增长的主要原因。

表1 中国对“丝路”沿线国家出口商品生存时间的类型

贸易联系持续时间（年）	贸易联系数量（个）	百分比（%）	累计百分比（%）	贸易额占比（%）	贸易额累计百分比（%）
1	111860	32.36	32.36	23.92	23.92
5	12579	3.60	62.95	3.25	53.78
10	8807	2.55	75.69	1.69	66.62
15	8276	2.39	87.64	1.58	73.65
17	36197	10.92	100	25.54	100

数据来源：CEPⅡ－BACI数据库整理得到

我们将60个“丝路”国家按照所处的地理位置不同划分成为7个区域进行估计，如图2所示。从商品生存时间上看，在维持1年的商品贸易联系中，中国与中亚国家的占比最多达到了39.76%，在维持17年的商品贸易联系中，中国与东盟国家的占比最多达到了17.85%，但是通过图2可以看出，在7个区域中维持17年的贸易联系均少于维持1年的贸易联系；从商品出口贸易额占比上看，中亚、西亚、南亚和东亚持续1年商品出口额均高于持续17年商品出口额，中东欧、独联体、东盟持续1年商品出口额虽然低于持续17年商品出口额，但是差距较小；从7个区域上看，中国与东盟的商品贸易关系较为稳定；总体看来，图2同样说明中国对7个区域的出口贸易增长主要也是由短时间的商品出口带来的数量增加。

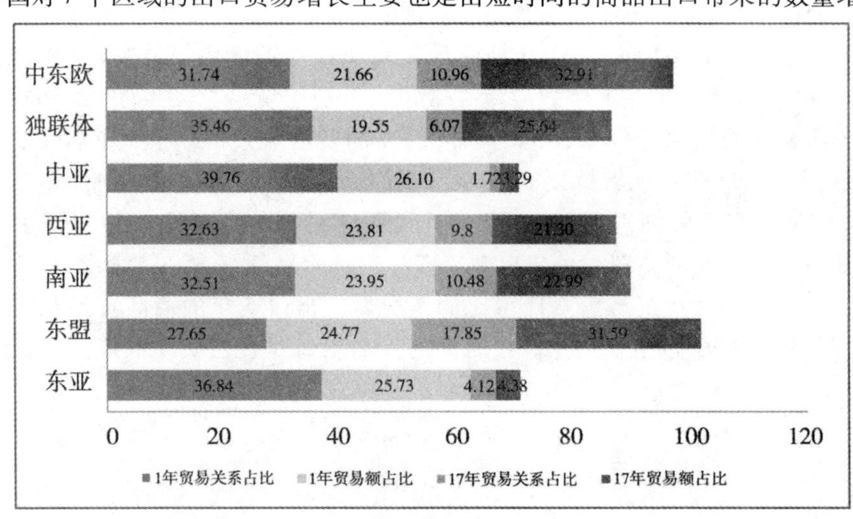

图2 分区域商品生存时间及贸易额占比统计

注：东亚国家为蒙古国；东盟国家为新加坡、马来西亚、印度尼西亚、缅甸、泰国、老挝、柬埔寨、越南、文莱、菲律宾；南亚国家为尼泊尔、不丹、巴基斯坦、斯里兰卡、

马尔代夫、孟加拉国、印度；西亚国家为伊朗、伊拉克、土耳其、叙利亚、约旦、黎巴嫩、以色列、沙特、也门、阿曼、阿联酋、卡塔尔、科威特、巴林、希腊、塞浦路斯、埃及、阿富汗；中亚国家为哈萨克斯坦、乌兹别克斯坦、土库曼斯坦、塔吉克斯坦、吉尔吉斯斯坦；独联体为俄罗斯、乌克兰、白俄罗斯、格鲁吉亚、阿塞拜疆、亚美尼亚；中东欧为波兰、立陶宛、爱沙尼亚、拉脱维亚、捷克、斯洛伐克、匈牙利、斯洛文尼亚、克罗地亚、波黑、阿尔巴尼亚、罗马尼亚、保加利亚。

数据来源：CEPⅡ－BACI 数据库整理得到。

通过以上分析我们得出，在微观产品层面上中国对“丝路”沿线国家出口贸易增长主要是由短时间商品出口所带来的贸易总额的增加。可见，贸易总额增长的背后，隐藏着商品生存时间较短的事实，要进一步揭开贸易增长之谜，分析商品生存时间的特征和影响因素成为关键性的问题。

（二）中国对“丝路”国家出口商品生存时间分析

在实证研究中，当被解释变量为某种活动的持续时间时，这类数据称为久期数据，其相应的分析方法则称为久期分析（生存时间分析）。风险函数、生存函数和累计风险函数是持续时间分析中描述持续时间特征时常用的三个函数。我们把 T 定义为中国出口商品 x 到 j 国的生存时间，也可以叫作商品的出口寿命。其中 T 的取值为 t_i，$i=1$，2，3…n，显然 T 为离散随机变量。生存函数 $S(t)$ 为出口商品生存时间超过 t 的概率。

$$S(t)=pr(T_i>t) \tag{1}$$

一般生存函数的非参数估计由 K－M“连乘估计量”给出：

$$\hat{S}(t)\equiv\prod_{j\mid t_j\leq t}\left(\frac{n_j-m_j}{n_j}\right) \tag{2}$$

在公式（2）中 n_j 表示到了时间 t_j 依然保持商品贸易联系的数量，m_j 表示到了 t_j 时期失败的商品贸易联系的数量。

风险函数也是危险函数表示的是商品在 $t-1$ 时期保持出口，而在 t 时期停止出口的概率。

$$h(t_i)=\Pr(T=t_i\mid T\geq t_i)=\frac{p(t_i)}{S(t_{i-1})},i=1,2,3...n \tag{3}$$

风险函数的 K－M 估计量为：

$$\hat{h}(t)=\frac{m_j}{n_j} \tag{4}$$

累计风险函数表示了局部风险率的加总：

$$(t)=\sum_{j\mid t_j\leq t}\left(\frac{m_j}{n_j}\right) \tag{5}$$

1. 中国对“丝路”沿线国家商品出口总体的 K－M 估计

表2 中国对“丝路”沿线国家商品生存时间的 K－M 估计

		生存时间		K－M 生存率			持续时间段数量
		均值	中位数	5 年	10 年	15 年	
总体估计	全样本	6	3	0. 371	0. 243	0. 124	345681
分区域估计	东亚	4	2	0. 272	0. 121	0. 047	6892
	东盟	7	4	0. 440	0. 333	0. 212	63910
	南亚	6	3	0. 379	0. 251	0. 126	37717
	西亚	5	3	0. 358	0. 229	0. 115	111391
	中亚	4	2	0. 272	0. 112	0. 021	24076
	独联体	5	3	0. 339	0. 188	0. 072	29803
	中东欧	6	3	0. 384	0. 259	0. 120	73068

注：同图 2

表 2 给出由（2）式计算得出的结果。全样本中商品生存时间保持 5 年的占到了 37. 1%。商品生存时间达到 10 年的商品贸易联系比出口持续 5 年的商品贸易联系减少了 12. 8%。能够保持出口 15 年的仅仅剩下了 12. 4%，也就是说有 87. 6%的商品贸易联系在 15 年的时候就失败了。图 3 用更为直观的方法呈现出公式（2）、（5）和（4）的结果。从图 3（a）中可以看出，生存曲线总体上呈现出下降的趋势，下降的幅度也由快到慢，逐渐趋于稳定，也这说明大部分商品持续出口 5 年后就失败了。进一步说明，随着时间越长，出口商品生存率就越低，虽然从总体上看贸易额增长较快，但是商品频繁出口导致商品生存寿命过短，反而不利于贸易持续稳定增长。图 3（b）呈现出来的情况和图 3（a）相反，即随着生存率的下降，累计风险会增加。可以看出，1－5 年出口累计风险率较高，曲线相对较陡峭，随后慢慢变缓。图 3（c）的风险率曲线表明出口时间在 5 年到 10 年之间的风险逐渐减小，10 年之后风险出现了大幅度的增加，商品生存时间和出口风险呈现出 U 型依赖的关系，从某种程度上说明，商品生存时间超过 10 年后可能存在出口品种单一，逐渐被进口国淘汰的风险增大。这与钱学峰、熊平（2010）提出的中国在出口商品上要实施出口多元化战略相吻合。

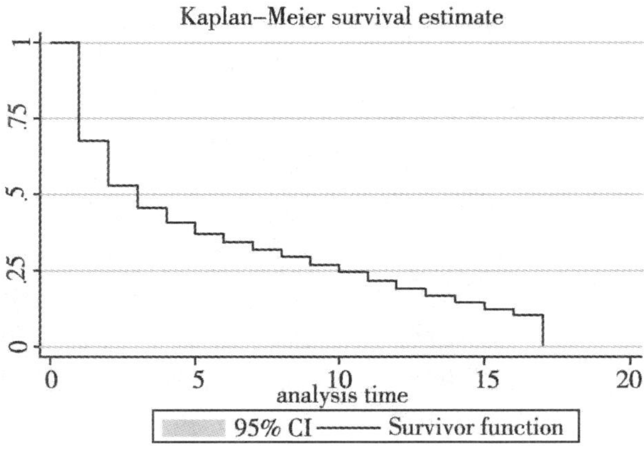

图 3（a）全样本的生存曲线

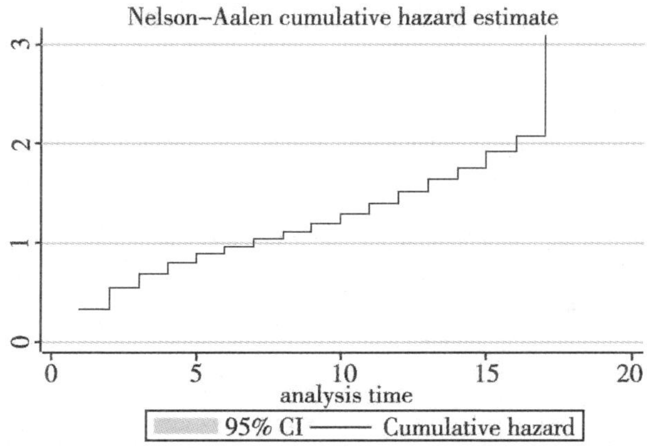

图 3（b）全样本的累积风险曲线

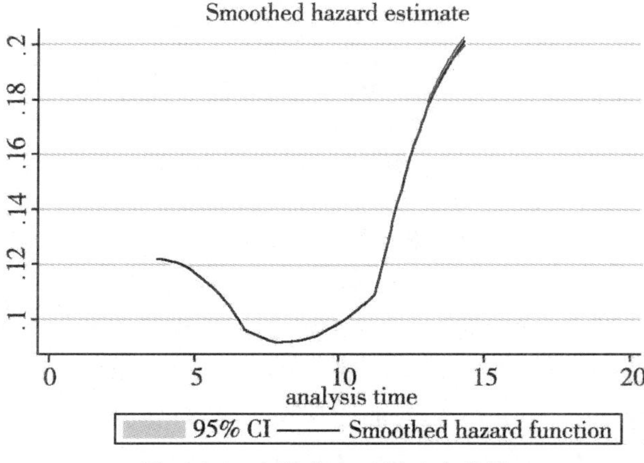

图 3（c）全样本出口风险率曲线

2. 中国对“丝路”沿线国家商品出口分区域的 K－M 估计

通过对表 2 的分析发现，中国同 7 个区域进行对外贸易时存在着不平衡，7 个区域的商品生存率差异较大，东盟国家商品生存率明显高于其他区域，平均商品生存时间为 7 年，中位数为 4 年，高于全样本均值 6 年和中位数 3 年。同时，东盟、南亚和中东欧商品生存率保持在 5 年的分别达到了 44.0%、37.9% 和 38.4% 均高于全样本的 37.1%。这说明中国对这 3 个区域的出口较为稳定。东盟、南亚生存率保持在 15 年的比重达到了 21.2% 和 12.6%，且均高于全样本的 12.4%，其余 5 个区域均低于全样本的比重，其中中亚和东亚有 97.9%、东亚有 95.3% 的商品贸易关系在 15 年之后就失败了。分区域的结果显示，商品生存时间较短，生存率较低的现象普遍存在。图 4 用更直接方法显示出生存曲线的差异，其中东盟的商品生存时间较稳定，生存曲线位于图形最上端。中亚和东亚位于最下端。可能是由于历史上东盟与中国一直有着良好的贸易关系，所以商品生存时间较为稳定。中国虽与中亚和东亚国家相邻，但可能由于历史上存在领土争端等问题，导致贸易往来较少，所以商品生存时间也较短。

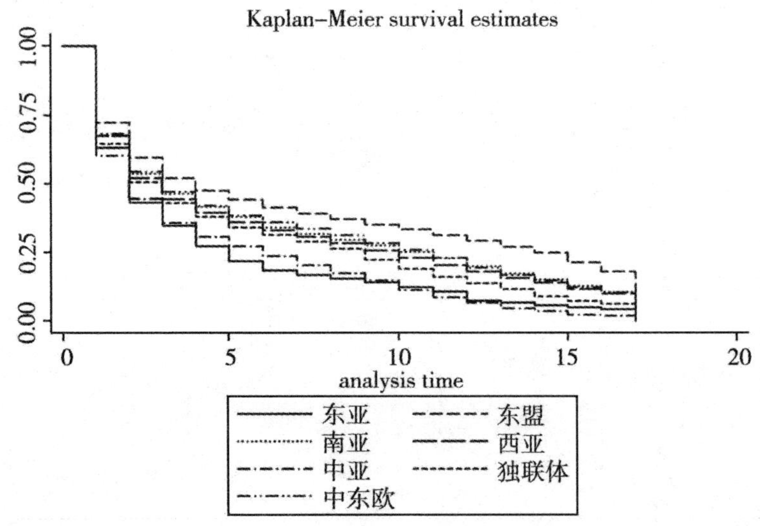

图 4　7 个区域的生存函数曲线

3. 中国对“丝路”国家出口商品种类的统计分析

中国对 7 个区域出口时，仅有 36197 个商品贸易联系保持了 17 年，占到总贸易额的 25.54%，近 86% 的商品在 17 年的出口过程中都失败了。图 5 详细呈现了保持出口 17 年的 3 类商品，分别为机器、机械器具等（84－85），贱金属及其制品（72－83），化学工业及相关工业的产品（28－38），数据标签表示的是 HS6 商品编码的分类。随着中国商品生存时间的增加，存活下来的种类逐渐变少，主要集中于工业制成品和能源型商品。可见，仅依靠 3 类主要产品持续出口带动贸易总量增长的状况依然不容乐观。

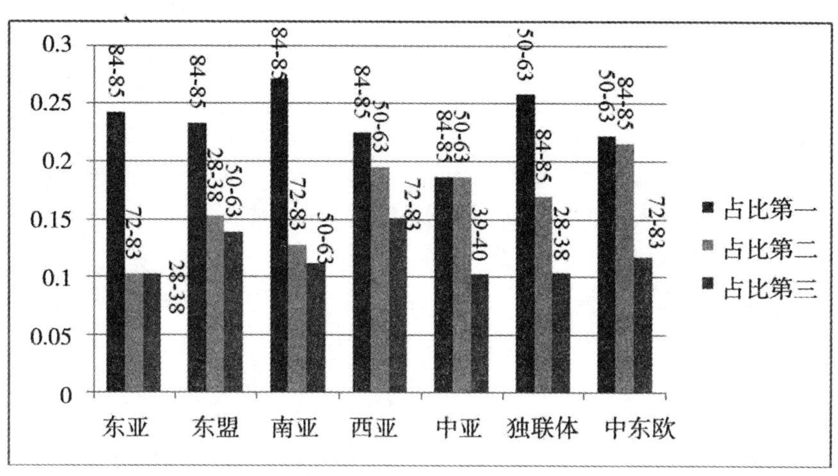

图 5　生存 17 年商品的统计

三、中国对“丝路”沿线国家出口商品生存时间的影响因素分析

（一）离散时间模型的设定

本文采用 Hess 和 Persson（2010）提出的离散时间模型进行分析。其基本形式为：

$$h_{ik} = p(T < t_{k+1} \mid T \geq t_k, x_{ik}) = F(x'_{ik}\beta + \gamma_k) \quad (6)$$

T_i表示某一商品生存的时间，h_{ik}是离散时间危险概率，表示某个贸易联系在给定的时间区域［t_k，t_{k+1}）内停止的概率，其中 $k=1$，2，3…，k^{max}，且 $t_1=0$。i 表示某个特定的商品贸易联系的生存时间，x_{ik}为时间依存协变量的向量，γ_k是随着时间而变化的基准风险函数。F（·）为危险率的分布函数。我们可以引入一个二分类的变量 y_{ik}，如果某一出口商品生存时间停止在 k 年，其取值为 1，反之取值为 0。下面我们根据危险函数可能的不同分别选取 Probit 模型、Logit 模型、Complementary log－log（Cloglog）模型进行估计。模型构建如下：

$$\ln[h_v(t,X)] = \gamma_i + \beta'X + u \quad (7)$$

在（7）式中，γ_i 是随时间变化的基准风险函数，X 表示的是所有影响因素的集合，h_v（t，X）是在影响因素共同作用下出口商品贸易关系在 t 时刻的停止的危险率，β 是影响因素的回归系数向量。

（二）变量选取与研究假设

本文在变量的选取时，不仅保留了传统引力模型中的国家之间的距离（*dist*）、两国之间是否有共同语言（*language*）、人均 GDP（*pergdp*）、两国是否有共同边界（*border*）作为影响因素，而且根据“丝路”沿线国家的发展程度、经济制度以及国内信息网络发展的差异状况，加入国内单位劳动产出（*output*）、经济自由度（*free*）、每百人上网人数（*net*）作为影响因素，同时，加入可能影响持续时间的劳动力产出（*output*）、本地企业在一定时间内需要缴纳的税费（*paying taxes*）、出口到目的国的时间和成本花费（*Trading Across Borders*）、是否有自由贸易区（*relation*）、商品单位价值（v_q）、商品的初始贸易额（*q*）作为影响因素，对出口商品生存时间进行分析。根据解释变量的不同特征将其划分为三类：国家特征变量、贸易特征变量和商品特征变量。

1. 国家特征变量与研究假设

本文选取的国家特征变量包括：中国与 60 个“丝路”国家之间的距离，用 *dist* 表示；单位劳动力产出，用 *output* 表示；每百人上网人数，用 *net* 表示；两国是否有共同边界，用 *border* 表示；两国人均 GDP 是国家规模的代理变量，用 *pergdp* 表示；两国之间是否有共同语言，用 *language* 表示；经济自由度，用 *free* 表示。

这是因为，两国之间的距离越远，所需要的运输时间和成本就越高，进而影响到商品生存时间。进口国的单位劳动产出越高，说明进口国国内的劳动生产效率越高，由于在 60 个国家中，大部分国家经济发展程度、劳动力生产成本低于中国，生产的很多商品还属于劳动密集型产品，因而提高本国的劳动生产率，在进口国生产成本低于中国时，可以减少从中国进口同样产品的数量和时间。每百人上网人数越多说明获取商品信息的渠道增加，可挑选的商品范围扩大，将会减少单一品种商品生存时间。两国拥有共同的边界说明运输距离短，将会减少出口的风险。进口国人均 GDP 越高说明进口国的购买力越强。两国之间拥有共同语言，能够减少两国的沟通成本。国家经济自由度越高，说明国家开放程度越高，能够减少出口障碍。

提出假设 1：距离变量（*dist*）、每单位劳动力的产出（*output*）、每百人上网人（*net*）与出口商品生存时间负相关；是否有共同边界（*border*）、进口国人均 GDP（*pergdp*）、两国之间是否有共同语言（*language*）、济自由度（*free*）与出口商品生存时间正相关。

以上的变量数据，*dist* 来源于 indo 距离计算器①，计算的是中国的首都北京到 60 国首都的距离；*border* 来源于 World Factbook（世界实情报告），如果存在共同边界，设为“1”，反之为“0”；*output* 来源于 ILO 数据库；*net* 来自于 World Bank（世界银行）数据库；*language* 来自法国国际经济研究中心数据库（CEPII）中的通用语言（common spoken language），本文通过对比各国的官方语言以及通用语言后，把是否说英语作为共同语言的标准，有共同语言的设为“1”，反之为“0”；

① http：//www. indo. com/distance/index. html

free 来自于美国遗产基金会（Heritage Foundation）。

2. 贸易特征变量与研究假设

paying taxes 是对本地企业在一段时间需要强制性交纳的税费的统计，包括利润和合作所得税、社会保险费用、用人单位支付的劳动税、财产税、财产转移税、纯益税、资本利得税、垃圾收集税、车辆道路税等；*Trading Across Borders*（*TAB*）是出口到目的国的时间和成本中除了关税之外的花费，其中包括文书单据传递的时间和费用、边境合规的时间和费用、国内运输的时间和费用；*relation* 表示两国是否成立自由贸易区。

因为进口国本地企业缴纳的税费越高说明生产成本越高，企业减少生产，反而增加商品的进口，从而增加出口商品生存时间。两国成立自由贸易区，说明有更多贸易优惠条件将会促进双边贸易从而增加商品生存时间。中国与一些国家成立自由贸易区时间较长，拥有丰富的自贸区发展经验，这对加强中国与“丝路”沿线国家经济联系，促进贸易合作提供有益意见。出口到目的地国家的时间和成本越高，出口企业面临的风险越大，所以预期会减少商品生存时间。

提出假设 2：本地企业在一段时间需要交纳的税费（*paying taxes*）、两国是否成立自由贸易区（*relation*）与出口商品生存时间正相关；出口到目的国的时间以及成本花费（*TAB*）与出口商品生存时间负相关。

paying taxes 和 *TAB* 主要来源于 Doing Business 数据库中提供的贸易相关数据，*relation* 来源于中国自由贸易区服务网，如果两国签署了自由贸易协定该变量取“1”，否则取“0”。

3. 商品特征变量与研究假设

商品特征的变量包括：商品的单位价值 v_q 和商品的初始贸易额 q，作为商品特征的解释变量。以对数形式加入到模型中去。

考虑到保持出口 17 年的三类商品分别为机器、机械器具等，贱金属及其制品，化学工业及相关工业的产品，商品的单位价值普遍较高，参考已有文献（Nitsch，2009；邵军，2011；陈勇兵等，2012；蒋灵多等，2015）将商品的单位价值作为商品特征的代理变量。因此本文预期商品的单位价值越大，可能在其生产过程中使用了更好的加工设备、附加值更高的中间产品、更高级的人力资本以及更多的创新因素和技术复杂度，从而不容易被很快模仿，所以会增加出口商品生存时间。同时，商品的初始贸易额越大，说明两国对于此贸易的信心越大，相应的出口商品生存时间越长（Besedeš 和 Prusa，2006a）。

提出假设 3：商品的单位价值（v_q）、商品的初始贸易额（q）与出口商品生存时间正相关。数据来源于 CEPⅡ－BACI 数据库。

（三）计量结果分析

基于（7）式中的离散生存函数模型，我们对上述影响因素进行分析。

1. 全样本总体检验

表4中的3列分别运用了Cloglog、Probit和Logit计量模型去检验各个因素对危险率的影响。通过对比，三个模型中变量系数和显著性是一致的，所以我们主要对Probit模型的结果进行分析。

从表4可以看出，国家特征变量中的两国之间的距离（*dist*）会减少出口商品生存时间。两国之间的距离越远意味着两国之间的运输成本越高，从而提高商品在进口国内的售价，降低商品竞争力，随之影响商品生存时间。进口国的人均GDP（*pergdp*）越高，出口商品生存时间越长。进口国的人均GDP能在一定水平说明进口国的消费水平，人均GDP越高说明需求越多，也意味着有更强的购买能力，进而延长出口商品生存时间。进口国的人均产出（*output*）影响不显著。每百人上网人数（*net*）越高，通过网络能够更好地和出口方联系，减少沟通成本，从而增加商品生存时间。经济自由度（*free*）越高带来越开放的市场环境，能促进商品的流通，增加出口商品生存时间。有共同的语言（*language*），说明彼此交流会更顺畅，能够减少彼此的沟通成本，从而增加出口商品生存时间。以上结果都与假设1相符。但是，两国相邻（*border*）反而减少出口商品生存时间，这与假设1的预期相反。其原因可能是，由于历史上我国与大多数接壤国家在一定程度存在领土争端问题，从而导致双方贸易难以持续发展（聂宏毅，2009）。

表4中的贸易特征变量对危险率的影响也非常显著。进口国本地企业需要交纳的税费（*paying taxes*）越高，说明进口国企业生产成本越高，所以进口国更多地选择进口商品，进而延长商品生存时间。两国之间建立自贸区（*relation*）能有效延长出口商品生存时间，说明两国之间有着良好的经贸合作基础，会有更多优惠的商品贸易安排促进双边贸易发展，从而增加商品生存时间。进口国的进口贸易成本（*TAB*）越高，会增加出口商品的成本，不利于延长出口商品生存时间。假设2成立。

商品特征变量对于商品出口危险率的影响同样显著，商品的单位价值（v_q）越大说明商品单位价值中包含附加值更高的中间产品、更高级的人力资本以及更多的创新因素和技术复杂度，商品难于模仿，所以会增加出口商品生存时间。商品的初始贸易额q越高说明两国开始进行商品贸易的信心越强，从而会增加出口商品生存时间。这些与Nitsch（2009）与Besedeš and Prusa（2006a）的结果一致，假设3成立。

2. 稳健性检验

表4中同时对1－16年中的1173974个出口时间段进行了Probit模型的估计。结果显示进口国人均GDP（*pergdp*）与进口国的进口贸易成本（*TAB*）显著性降低，其余变量的符号以及显著性与表4中的前3列一致。这表明估计结果较为稳健。

表4　出口商品生存时间的因素决定：基于全样本的检验

	全样本			持续1－16年样本
	cloglog	probit	logit	probit
dist	0.078 ***	0.062 ***	0.103 ***	0.059 ***
	(0.01)	(0.01)	(0.01)	(0.01)
border	0.138 ***	0.106 ***	0.174 ***	0.078 ***
	(0.01)	(0.01)	(0.01)	(0.01)
pergdp	－0.010 ***	－0.008 ***	－0.013 ***	－0.004 ***
	(0.00)	(0.00)	(0.00)	(0.00)
output	－0.000	－0.008	－0.010	0.012
	(0.02)	(0.01)	(0.02)	(0.01)
net	－0.039 ***	－0.029 ***	－0.048 ***	－0.031 ***
	(0.00)	(0.00)	(0.00)	(0.00)
language	－0.108 ***	－0.083 ***	－0.137 ***	－0.056 ***
	(0.01)	(0.01)	(0.01)	(0.01)
free	－0.076 ***	－0.063 ***	－0.102 ***	－0.058 ***
	(0.00)	(0.00)	(0.00)	(0.00)
taxes	－0.012 ***	－0.008 ***	－0.014 ***	－0.010 ***
	(0.00)	(0.00)	(0.00)	(0.00)
relation	－0.122 ***	－0.092 ***	－0.153 ***	－0.090 ***
	(0.01)	(0.01)	(0.02)	(0.01)
TAB	0.022 ***	0.017 ***	0.028 ***	0.011 ***
	(0.00)	(0.00)	(0.00)	(0.00)
v_q	－0.179 ***	－0.131 ***	－0.219 ***	－0.112 ***
	(0.00)	(0.00)	(0.00)	(0.00)
q	－0.179 ***	－0.131 ***	－0.219 ***	－0.111 ***
	(0.00)	(0.00)	(0.00)	(0.00)
_ cons	－1.150 ***	－0.584 ***	－0.958 ***	0.025
	(0.12)	(0.09)	(0.15)	(0.09)
year	Yes	Yes	Yes	Yes
N	345681	345681	345681	309484
Log likelihood	－209400.69	－209138.81	－209214.93	－197444.71

注：***、**、*表示参数估计值的显著性，分别为在1%、5%和10%的统计水平上显著，“Yes”表示对时间因素进行了控制。

3. 不同地区的检验

表5给出了分区域检验的结果。由于东亚地区只有内蒙古一个国家，样本量较少，结果不具有普遍性，所以表5中只报告了其余6个区域统计的结果。可以看出在国家特征变量中，两国国家之间的距离（*dist*）对东盟、南亚影响显著为负，可能是由于中国与东盟和南亚距离较远的国家贸易基础较好，反而会增加出口商品生存时间，其余4个区域都显著为正，说明距离越远，商品的运输成本越高，出口商品生存时间越短。是否有共同边界（*border*）对西亚影响显著为正，可能是由于西亚一些国家长期处于战乱之下，边界安全堪忧，所以商品贸易往来较少，以至于影响到出口商品生存时间，对其他区域影响为负，说明拥有共同边界的地区，贸易往来较为便利，能够促进商品持续的交流。进口国人均GDP（*pergdp*）对于独联体的影响为正，可能是由于独联体国家经济发展程度相对较高，其消费需求水平较高，生活习惯与中国有较大差异，所以需要从其他国家进口商品，从而减少从中国进口商品生存时间；对东盟和中亚显著为负，说明进口国与中国消费、生活习惯较为类似，人均GDP越高对进口需求越多，从而延长出口商品生存时间。进口国的人均产出（*output*）对东盟、西亚和独联体影响显著为负，说明这些地区的人均产出越高，出口商品生存时间越长，由于与这些地区中间产品贸易较多，如果提高这些国家的人均产出也就意味着生产效率变高，从而需要提供更多的中间产品，所以会延长出口商品生存时间；对南亚和中亚都显著为正，说明人均产出越高，国内的生产就能满足本国的需求，出口商品生存时间就会变短。每百人上网人数（*net*）对南亚、中亚和中东欧都是显著负相关，说明这些地区国内的基础设施建设正处在完善或升级之中，通过网络能减少沟通成本，所以对稳定贸易，增加出口商品生存时间有一定的帮助；对独联体影响显著为正，说明中国与独联体国家的生活和消费习惯有较大不同，通过网络可以了解到更多能够满足自己需求的产品，从而减少从中国进口商品。是否有共同语言（*language*）对南亚有显著负影响，说明语言越相通，沟通成本越低，随着南亚和中国的贸易往来逐渐增强，出口商品生存时间就越长；其他区域影响不显著。经济自由度（*free*）对中亚和中东欧影响显著为正，说明中亚和中东欧很多国家正在从内向型经济逐渐过渡到外向型经济，虽然市场在开放，但是更多注重的是本国商品的出口增长，对国内市场保护并没有减弱，所以反而会减少进口商品生存时间；对西亚和东盟显著为负，由于西亚部分国家经济发展缓慢，开放程度较低，市场较为封闭，随着市场逐渐开放，中国物美价廉的商品将有更大的出口市场，从而增加出口商品生存时间；东盟市场的开放程度较高，由于和中国的消费习惯较为相似，所以从中国持续进口商品的可能性就越大。以上变量对不同的区域影响程度差异较大，这与不同区域的经济发展、文化背景以及政治制度有较大的关系。

在贸易特征变量中，进口国本地企业需要交纳的税费（*paying taxes*）对所有区域影响显著为负，表明对本地企业增加成本后，企业会减少生产利润较低的产品，本国就会增加进口商品，从而促进商品生存时间增加。进口国的进口贸易成本（*TAB*）对西亚和中东欧影响不显著，对东盟、南亚和独联体影响显著为正，与全样本检验得出结论相符；对中亚影响显著为负，可能是由于这些区域的进口贸易手续较为复杂，一旦商品顺利出口之后，后续的交易费用会降低，从而增加出口商品生存时间。两国之间是否建立自贸区（*relation*）对南亚影响显著为正，说明自贸区的优势并没有完全显现，商品出口依然存在较大障碍。

在商品特征变量中，商品的单位价值（v_q）和商品的初始贸易额（q）对所有地区的影响都显著为负，与全样本检验得出结论相符，说明越高的商品单位价值包含了附加值更高的中间产品、更高级的人力资本以及更多的创新因素和技术复杂度，越高的商品初始贸易额包含了更多进行贸易的信心，这些都会增加出口商品生存时间。

表5　出口商品生存时间的因素决定：基于不同地区的检验

	东盟	南亚	西亚	中亚	独联体	中东欧
dist	−0.195 ***	−24.317 ***	0.304 ***	2.433 ***	5.358 ***	0.465 ***
	(0.05)	(1.76)	(0.03)	(0.39)	(0.83)	(0.15)
border	−0.103 **	−10.367 ***	0.048 **	−0.284 ***	−1.315 ***	\
	(0.04)	(0.73)	(0.02)	(0.07)	(0.11)	\
pergdp	−0.132 ***	−0.107	−0.005	−0.398 ***	0.481 ***	−0.013
	(0.03)	(0.11)	(0.01)	(0.09)	(0.08)	(0.03)
output	−0.279 ***	0.831 ***	−0.073 **	0.388 **	−1.051 ***	−0.076
	(0.05)	(0.12)	(0.03)	(0.18)	(0.13)	(0.08)
net	0.001	−0.073 ***	0.002	−0.050 ***	0.195 ***	−0.097 ***
	(0.01)	(0.02)	(0.01)	(0.02)	(0.02)	(0.01)
language	−0.019	21.533 ***	−0.015	\	\	−0.037
	(0.03)	(1.38)	(0.01)	\	\	(0.03)
free	−0.395 ***	−0.090	−0.550 ***	1.188 ***	−0.139	0.518 ***
	(0.11)	(0.21)	(0.04)	(0.19)	(0.15)	(0.07)
taxes	−0.234 ***	−6.380 ***	−0.025 ***	−0.267 ***	−1.158 ***	−0.083 ***
	(0.03)	(0.38)	(0.01)	(0.10)	(0.11)	(0.02)
TAB	0.217 ***	6.757 ***	0.015	−0.369 **	0.161 ***	0.007
	(0.06)	(0.44)	(0.01)	(0.16)	(0.04)	(0.01)
relation	0.012	0.286 ***	\	\	\	\
	(0.09)	(0.03)	\	\	\	\

续表

	东盟	南亚	西亚	中亚	独联体	中东欧
v_q	-0.111 ***	-0.116 ***	-0.147 ***	-0.118 ***	-0.113 ***	-0.152 ***
	(0.00)	(0.01)	(0.00)	(0.01)	(0.01)	(0.01)
q	-0.117 ***	-0.108 ***	-0.136 ***	-0.131 ***	-0.120 ***	-0.124 ***
	(0.00)	(0.00)	(0.00)	(0.01)	(0.00)	(0.00)
_ *cons*	4.809 ***	184.913 ***	-0.408	-20.235 ***	-40.069 ***	-5.830 ***
	(0.77)	(13.05)	(0.36)	(2.80)	(6.98)	(1.44)
year	Yes	Yes	Yes	Yes	Yes	Yes
N	50541	30750	103031	23435	29770	65786
Log likelihood	-26634.64	-18271.167	-62091.239	-15034.797	-18128.767	-39437.492

注：***、**、* 表示参数估计值的显著性，分别为在 1%、5% 和 10% 的统计水平上显著，"\"表示分区域统计的变量存在共线性，没有统计值。"Yes"表示对时间因素进行了控制。

四、结论与启示

本文在出口贸易动态分析的基础上，以"丝路"沿线 60 个国家为研究重点，从微观动态角度揭示了中国对"丝路"沿线国家贸易增长之谜。

从理论上看，本文运用 K－M 生存分析法从产品层面客观分析了中国对"丝路"国家出口商品生存时间的动态特征。同时，构建符合"丝路"国家特征的影响因素，通过离散生存模型对不同的区域进行分析，得出以下研究结论。

（1）从出口商品生存时间特征来看，中国对"丝路"沿线 60 个国家的平均出口生存时间为 6 年，持续出口 17 年的出口商品较为单一，且贸易额仅占到了总贸易额的 25.54%。短时间的商品出口成为贸易总额飞速增长的主要原因，同时仅依靠 3 类主要产品持续出口带动贸易总量增长的状况，依然不容乐观。

（2）从出口商品生存时间的总体和区域分布特征来看，中国对"丝路"沿线 60 个国家的平均出口生存时间较短，仅为 6 年；分区域来看，中国与东盟的商品生存时间明显高于其他区域；中国与东亚和中亚地区的商品生存率最低，商品生存时间最短。可见，虽然东盟商品贸易联系较为稳定，但是商品出口时间短、生存率低的事实依然普遍存在于其他区域，成为出口总量增长背后隐藏的较大风险。

（5）从影响出口商品生存时间的因素来看，假设 1 中除了两国相邻变量，假设 2、假设 3 均与预测相符。在引力模型变量的影响之外，反映"丝路"特征的经济自由度、每百人上网人数等变量对不同区域商品生存时间影响显著。

从实践上看，出口商品生存时间是从动态角度揭示贸易增长的真实情况。针对影响因素对不同区域的作用，采取不同的措施，有针对性地进行商品出口，提高出口商品生存时间。可见，能否保障出口持续稳定发展，关键点并不完全在于构建新的贸易联系，重要的是如何提高目的国市场上已有出口商品的生存时间，从而推动中国出口贸易持续、平稳和常态增长。

本文将从提高我国对“丝路”沿线国家出口商品生存时间的角度，提出以下相应政策建议。

（1）深入了解不同目的国的特点。本文发现商品在东盟国家的生存时间较长，通过借鉴中国与东盟较为成功的经验，积极运用政府外交或民间团体的互访等手段促进与“丝路”沿线其他国家的政治、经济、文化的交流和互动，建立稳固的贸易伙伴关系，进而针对不同区域的特点制定不同的贸易发展方案。从而降低中国与“丝路”沿线国家交易的不确定性，在“一带一路”的背景下，保持商品生存时间的稳定性和持久性，共享贸易带来的福利。

（2）积极发挥中国驻外机构的作用。中国驻外领馆、商会机构应进一步发挥信息沟通和传递的桥梁纽带作用，及时了解“丝路”沿线各个国家的生活习俗和消费偏好，正确引导多样化的商品进入有需求的“丝路”国家市场，给国内出口企业提供更多更准确的商品信息，解决出口商品较为单一的问题。

（3）充分发挥影响因素的重要性。政府可以从经济自由度和每百人上网人数等指标了解进口国特征，通过建立自贸区、提高商品出口的初始贸易额等方法来缩短商品进入目的国市场的时间，延长商品退出市场的时间，从而稳定中国商品出口贸易的发展。

注释

[1] 陈勇兵，李燕，周世民．中国企业出口持续时间及其决定因素［J］．经济研究，2012，(7)：48－61.

[2] 蒋灵多，陈勇兵．出口企业的产品异质性与出口持续时间［J］．世界经济，2015，(07)：3－26.

[3] 孔庆峰，董虹蔚．“一带一路”国家的贸易便利化水平测算与贸易潜力研究［J］．国际贸易问题，2015，(12)：158－168.

[4] 李豫新，郭颖慧．边境贸易便利化水平对中国新疆维吾尔自治区边境贸易流量的影响——基于贸易引力模型的实证分析［J］．国际贸易问题，2013，(10)：120－128.

[5] 刘洪铎，李文宇，陈和．文化交融如何影响中国与“一带一路”沿线国家的双边贸易往来——基于1995－2013年微观贸易数据的实证检验［J］．国际贸易问题，2016，(2)：3－13.

[6] 林常青. 中国对美国出口贸易持续时间及影响因素的研究 [J]. 国际贸易问题，2014，(01)：61 - 70.

[7] 聂宏毅. 中国与陆地邻国领土争端问题研究（1949 - 2007）[D]. 北京：清华大学，2008：1 - 273.

[8] 钱学峰，熊平. 中国出口增长的二元边际及其因素决定 [J]. 经济研究，2010，(1)：4 - 15.

[9] 邵军. 中国出口贸易联系持续期及影响因素分析—出口贸易稳定发展的新视角 [J]. 管理世界，2011，(6)：24 - 33.

[10] 孙瑾，杨英俊. 中国与"一带一路"主要国家贸易成本的测度与影响因素研究 [J]. 国际贸易问题，2016，(5)：94 - 103.

[11] 施炳展. 互联网与国际贸易——基于双边双向网址链接数据的经验分析 [J]. 经济研究，2016，(5)：172 - 187.

[12] 舒杏，霍伟东，王佳. 中国对新兴经济体国家出口持续时间及影响因素研究 [J]. 经济学家，2015，(2)：16 - 26.

[13] 谭秀杰，周茂荣. 21 世纪"海上丝绸之路"贸易潜力及其影响因素——基于随机前沿引力模型的实证研究 [J]. 国际贸易问题，2015，(2)：3 - 12.

[14] Besedeš, T., Blyde, J. What drivers export survival? an analysis of export duration in Latin America, Inter - America Development Bank, mimeo, 2010.

[15] Besedeš. T., Prusa, T. J., Ins, outs, and the duration of trade [J]. Canadian Journal of Economics, 2006, 39 (1): 266 - 295.

[16] Besedeš, T., Prusa, T. J. Product differentiation and duration of US import trade [J]. Journal of International Economics, 2006, 70 (2): 339 - 358.

[17] Besedeš, T., Prusa, T. J. The role of extensive and intensive margins and export growth [J]. Journal of Development Economics, 2010, 96 (2): 371 - 379.

[18] Besedeš, T., Prusa, T. J. Antidumping and the death of trade. Tibor Besedes, 2013.

[19] Besedeš, T., Nair - Reichert. Firm heterogeneity, trade liberalization, and duration of trade and production: the case of India. Working Paper, 2009.

[20] Esteve - Pérez, Silviano, Vicente Pallardó - López, Francisco Requena - Silvente. The duration of firm - destination export relationships: evidence from Spain, 1997 - 2006 [J]. Economic Inquiry, 2013, 51 (1): 159 - 182.

[21] Fugazza, M., Molina, A. C. The determinants of trade survival [R]. HEID Working Papers, 2011.

[22] Hess, W., M. Persson. The duration of trade revisited: continuous - time hazards. Working Paper, 2011, 52 (1): 62 - 154.

[23] Hess, W., M. Persson. Exploring the duration of EU import [J]. Review of

World Economic, 2011, 147: 665 – 692.

[24] Rauch. Networks versus market in international trade [J]. Journal of International Economics , 1999, 48: 7 – 35.

[25] Majune Kraido Socrates. A discrete time analysis of export duration in Kenya: 1995 – 2014 [D]. University of Nairobi Digital Repository, 2015.

[26] Nitsch, Volker. Die another day: duration in German import trade [J]. Review of World Economics, 2009, 145 (1): 133 – 154.

[27] Melitz, M. The impact of trade on intra – industry reallocations and aggregate industry productivity [J]. Econometrica, 2003, 71 (6): 1695 – 1725.

[28] Volpe, C. , Carballo. J. Survival of new exporters in developing countries: does it matter how they diversify? . Inter – American Development Bank Working Paper No. 140, 2009.

各个自贸区差异化实施“一带一路”战略研究[①]

许培源　陈乘风[②]

（华侨大学 海上丝绸之路研究院　福建 厦门　362021）

摘　要：自贸区作为“一带一路”战略的国内重要支点，在功能上承接着设施联通、贸易畅通、资金融通等“一带一路”建设的核心任务，各个自贸区的区位、港口、产业等条件不同，差异化地实施“一带一路”战略。上海自贸区以制度创新为核心，推动以服务贸易、投资、知识产权、金融规则等为主的国际经贸规则的融合和重构，是“一带一路”经贸合作规则的先行先试者；天津自贸区发挥天津港的优势，打造“一带”和“一路”双向开放新平台、新通道，既建设联通中亚、蒙俄、欧洲的陆路通道，又加强与日韩的海上互联互通；福建自贸区对接台湾自由经济示范区，携手两岸共建“海上丝路”，同时依托东南国际航运中心，拓展海洋合作，打造海上战略支点；广东自贸区打造粤港澳大湾区，依托港口和机场群及香港金融服务优势，成为海上丝绸之路的贸易、金融和航运中心。

关键词：自贸区；“一带一路”战略；功能承接

自贸区建设和“一带一路”战略是中国打造对外开放 2.0 版，在境内、境外同步推进的一体化大战略。从对外开放全局来看，自贸区建设服务于“一带一路”战略，是“一带一路”战略的国内支点和先行先试。

---

① 基金项目：福建省科技计划重点项目（2016R0058）；福建自贸区功能承接“一带一路”战略研究。

② 作者简介：许培源（1970 -），男，福建安溪人，华侨大学海上丝绸之路研究院常务副院长，教授，博士，博士生导师；陈乘风（1983 -），男，福建南安人，华侨大学经济与金融学院博士研究生。

一、“一带一路”与自贸区

（一）“一带一路”

2013年9月，习近平访问中亚时提出共建“丝绸之路经济带”，同年10月访问东南亚时提出愿同东盟国家加强海上合作，共建“21世纪海上丝绸之路”。“丝绸之路经济带”与“21世纪海上丝绸之路”简称“一带一路”，涵盖了东亚、中亚，东南亚、南亚、西亚、非洲及欧洲的部分区域，是跨度非常大的经济合作带，牵动着亚太经济圈和欧洲经济圈。“一带一路”建设的核心内容包括政策沟通、设施联通、贸易畅通、资金融通和民心相通，旨在通过交通、口岸、能源、信息等基础设施将“一带一路”沿线的重点港口、中心城市、资源区块、产业园区串联起来，推动投资贸易自由化，逐步形成立足周边、辐射“一带一路”沿线区域、最终面向全球的自由贸易区网络。

“一带一路”建设为中国提供了一个更加开放的平台，通过秉持“和平合作、开放包容、互学互鉴、互利共赢”的丝绸之路精神，加强亚欧非大陆及附近海洋的互联互通，与“一带一路”沿线国家和地区打造命运和利益共同体，达到完善互利共赢、多元平衡、安全高效的开放型经济体系，构筑全方位对外开放新格局的目标。

（二）自贸区

也是2013年9月，上海自贸区正式成立，之后，上海自贸区的范围进一步扩展，天津、福建、广东自贸区正式挂牌。自贸区建设是我国面对国际投资贸易新规则、新格局提出的又一重要战略，一方面以“开放”倒逼“改革”，另一方面对高标准的贸易新规则进行先行先试，积累经验，以在对外开放和国际合作中进行推广，使我国在国际经贸投资规则上掌握主动权。

当前，WTO多边贸易体制裹足不前，美国主导并推动TPP、TTIP和TISA① 谈判，重构国际贸易和投资规则，塑造“21世纪高标准自由贸易规则的范本”，中国参与全球贸易和投资面临严峻的考验。设立自贸区是我国主动适应全球投资贸易规则新要求，加快构建我国开放型经济新体制的战略选择。目标就是要先行先试，逐步积累参与国际多边和区域合作的经验，推动中国参与国际经贸规则制定和全球经济治理。

自贸区建设的核心内容是投资自由化、贸易便利化、金融国际化和行政法制

---

① TPP指“跨太平洋战略经济伙伴协议”，TTIP指“跨大西洋贸易与投资伙伴关系协定”，TISA指“国际服务贸易协定”。

化，旨在推动制度创新，构建我国开放型经济新体制，同时打造参与“一带一路”国际经贸合作、培育和引领国际经济合作竞争新优势、构筑全方位对外开放新格局的战略支点和平台。

（三）“一带一路”下的自贸区

古人云：“善弈者谋势，不善弈者谋子”。“一带一路”是对外开放和经济发展的宏观大战略，是面、是势、是纲，自贸区是“一带一路”的国内战略支点，承载着实施“一带一路”战略的重任，是点、是子、是目，自贸区与“一带一路”互为子、势①，因此，自贸区建设要与“一带一路”战略进行对接。

1. 自贸区与“一带一路”的契合

四大自贸区都是“一带一路”的核心区，上海、广东、天津、福建是我国的经济重镇，且都有重要的港口，是连接“一带一路”的桥头堡和重要支点，四大自贸区的布局对“一带一路”的国内核心区域和相关国家均具有较强的经济辐射与联动作用[1]。从地理位置来看，上海、广东、福建三大自贸区与21世纪海上丝绸之路的关系最为密切，而天津自贸区则地处北方的国际航运中心、经济中心以及新亚欧大陆桥东端起点。从深化对外开放角度看，如果说“一带一路”从构建对外开放新格局的战略高度出发，那么，自贸区则是在投资自由化、贸易便利化、金融国际化、行政精简化等方面先行先试，为中国参与国际贸易谈判积累经验，为进一步倒逼国内改革和对外开放提供动力[2]。习近平总书记针对“一带一路”提出的“五通”（政策沟通、设施联通、贸易畅通、资金融通和民心相通），与自贸区的“四化”（投资自由化、贸易便利化、金融国际化、行政法制化）在精神上相通[3]，两者高度契合。

从总体上看，“一带一路”战略与自贸区建设互为补充，共同构筑我国对外开放新格局。前者主要依托基础设施建设率先实现沿线国家或经济体的互联互通；后者则通过建立自贸区来破除贸易壁垒、降低贸易门槛、提升贸易便利从而加快区域经济一体化，为“一带一路”提供战略支撑。“一带一路”战略和自贸区建设是我国对外开放的一体两翼，共同构成我国全方位对外开放新格局的重要内容②。

2. 自贸区与“一带一路”的对接

自贸区建设应该对接“一带一路”战略：（1）自贸区的体制机制创新要符合

① 习近平在中央政治局第十九次集体学习讲话中指出，中国的自贸区战略“既要谋子又要谋势”。

② 习近平在中央政治局第十九次集体学习讲话中指出，加快实施自由贸易区战略是一项复杂的系统工程。要加强顶层设计、谋划大棋局，既要谋子更要谋势，逐步构筑起立足周边、辐射“一带一路”、面向全球的自由贸易区网络，积极同“一带一路”沿线国家和地区商建自由贸易区，使我国与沿线国家合作更加紧密、往来更加便利、利益更加融合。

"一带一路"经贸合作规则和方向。自贸区建设侧重投资管理体制改革、金融服务业开放等的体制机制创新，这与"一带一路"建设中"贸易畅通"、"资金融通"等合作重点、规则和指向不谋而合。(2) 各个自贸区利用自身的比较优势，差异化地实施"一带一路"战略。上海可进一步推动制度创新、扩大金融服务开放；广东、福建可利用毗邻港澳台和作为海外华侨华人祖籍地的优势，着力与东南亚国家的互联互通；天津则是新亚欧大陆桥东端的起点。(3) 各个自贸区以设施联通为突破口，以自贸区为支点，建立铁路、公路、航空、航运、集疏港体系、油气、电力、通信等全方位、多层次的互联互通网络，实现与"一带一路"沿线国家互联互通，为建设"高标准自由贸易区网络"奠定基础。(4) 自贸区孵化本土跨国公司，利用优势产能形成"一带一路"投资辐射效应。自贸区先行先试为中国企业参与国际投资积累经验，孵化本土国际化跨国公司，利用中国在基础设施建设领域的技术和成本优势及制造业优势产能，通过对外投资向"一带一路"沿线辐射，既为国家争取重大利益，又为"一带一路"沿线争取更大的发展空间。(5) 四大自贸区分别探索与"一带一路"重点国家的经济合作模式，甚至可以考虑在自贸区为"一带一路"沿线重要国家的企业与我国企业的深度合作开拓空间(周汉民，2015)。

"一带一路"和自贸区建设是中国争取全球化主动权的重要平台，是构建与国际接轨的营商环境、培育和引领国际经济合作竞争新优势的重要载体，自贸区功能承接"一带一路"。

二、各个自贸区在"一带一路"中的战略定位

(一) 上海自贸区在"一带一路"中的战略定位

2013 年 9 月，上海自贸区正式成立，涵盖上海市外高桥保税区、外高桥保税物流园区、洋山保税港区和上海浦东机场综合保税区。2014 年 12 月，上海自贸区将区域进一步扩展到陆家嘴金融片区、金桥开发片区和张江高科技片区，总面积达到 120.72 平方公里。

上海自贸区地处国际化大都市的核心区，在人才、资本、市场等方面有明显优势，改革创新能力强；作为境内批准成立的第一个自贸区，上海自贸区在投资自由化、贸易便利化等体制机制创新上已经积累了一定的经验，具有先行者优势；上海是中国的金融中心，自贸区又涵盖了上海重要的金融区域，金融市场要素全面，金融创新优势显著。同时，自贸区内拥有洋山深水港及浦东国际机场，为实现与"一带一路"沿线国家和地区的互通互联提供了优越条件。此外，上海合作组织的成立，加强了成员国的政治互信，通过成员国之间的政策沟通对外发表共同立场，这对于加强与"丝绸之路经济带"沿线国家和地区的互联互通非常有利。

基于上述优势，上海自贸区的战略定位是体制机制创新，继续探索建立国际通行的金融制度体系，继续推进投资自由化、贸易便利化、金融国际化、监管法制化，同时，打造“一带一路”国际航运和航空枢纽港。这些定位与“一带一路”提出的“贸易畅通”、“资金融通”和“设施联通”不谋而合，着力拓展与“一带一路”沿线国家和地区的互联互通、经贸合作和人文交流。

（二）天津自贸区在“一带一路”中的战略定位

天津自贸区于2015年4月正式挂牌，涵盖了天津港东疆片区、天津机场片区和滨海新区中心商务片区，总面积达119.9平方公里。

天津自贸区依托天津港建立，天津港是连接“一带”和“一路”的重要战略支点，可以打造海向和陆向双向开放平台。作为“一路”节点，天津港是世界上等级最高的人工深水港、中国北方最大的综合性港口，是我国广大中西部地区和中亚国家（哈萨克斯坦、土库曼斯坦、蒙古等）最便捷的出海口，通过密集的航线网络与世界上180多个国家和地区的500多个港口互为往来。作为“一带”节点，天津港是国内唯一同时拥有四条铁路通往欧洲大陆桥的港口，新亚欧大陆桥的东部最近起点①。同时，天津港与日本、韩国隔海相望，是东向海上丝绸之路的重要支点城市，有很强的区位优势。此外，天津是全国所有沿海大城市中唯一将现代制造业作为主要定位的城市，天津自贸区应该发挥天津实体经济的优势，发展高端制造和国际物流业。天津自贸区还吸引大量融资租赁公司在天津注册和发展，融资租赁成为天津金融创新的亮点②，可能成为“一带一路”设施联通的融资平台。

由此，天津自贸区在“一带一路”中的战略定位是打造“一带一路”双向开放新平台、新通道，成为面向世界的高水平自由贸易园区。重点发展国际航运、国际贸易和高端制造，推动融资租赁创新，对接“一带一路”战略的“设施联通”、“贸易畅通”和“资金融通”，推动与中亚、蒙俄、日韩的互联互通、经贸合作。

（三）福建自贸区在“一带一路”中的战略定位

2015年4月，福建自贸区正式挂牌，包括福州片区、厦门片区和平潭片区，总面积是118.04平方公里。

福建与台湾隔海相望，对台贸易成为福建自贸区的最大特色，据统计，2015

---

① 天津港通往满洲里、二连浩特、阿拉山口、霍尔果斯的运距分别为2165公里、976公里、3966公里、3912公里，其中除去大连离满洲里较近外，天津港至四个口岸的运距全部为最短。

② 据中国租赁联盟和天津滨海融资租赁研究院统计，截至2016年3月总部设在天津市的各类融资租赁公司达到810家，占全国的16.1%，http：//www.zgzllm.com/。

年福建省对台贸易额达到693.59亿元。相比于台湾，福建还拥有土地和劳动力资源的优势，为福建自贸区对接台湾产业园区、加快两岸产业融合提供了条件。同时，福建是海上丝绸之路的重要起点、东南亚华侨华人最重要的祖籍地。基于华侨华人在21世纪海上丝绸之路建设中的战略重要性，国家将福建定位为21世纪海上丝绸之路核心区、泉州为定位为21世纪海上丝绸之路先行区。此外，福建海岸线长度居全国第二，拥有丰富的海洋资源，福建自贸区内拥有天然良港，厦门港被定位为东南国际航运中心、面向亚太地区的重要窗口，这为与东南亚国家开展海洋经济合作、促进航路联通提供了良好的条件。

基于上述优势，福建自贸区在“一带一路”中的战略定位是：贸易对接台湾，功能承接“一带一路”，建设21世纪海上丝绸之路核心区，成为21世纪海上丝绸之路沿线国家和地区交流合作的重要枢纽。根据各自特点，三个片区又有不同的战略定位，福州片区重点发展制造业，并且创新金融，实现货币流通；平潭片区重点发展旅游业、共创两岸家园，促进投资自由化、贸易便利化；厦门片区建设两岸区域性金融中心、贸易中心，两岸新兴产业和现代服务业示范区，同时，着力建设东南国际航运中心，加强海上互联互通。

福建是海上丝绸之路的重要起点和发祥地，历史渊源深厚，人文优势突出，基础条件扎实。作为中国面向亚太地区的主要窗口之一，福建与东南亚国家之间经贸关系稳固，自贸区功能承接“一带一路”，应以东南亚为重点，融合通道建设和经贸合作，推动福建与东盟港口、产业深度融合，扩大与东盟各国的利益汇合点，并以此为契机，延伸到与南亚、中东和非洲相关国家和地区。

（四）广东自贸区在“一带一路”中的战略定位

广东自贸区于2015年4月正式挂牌，包括广州南沙新区片区、深圳前海蛇口片区以及珠海横琴新区片区，实施范围116.2平方公里。

广东自贸区毗邻港澳，在与港澳合作方面有天然的区位优势。深圳一直是中国改革开放的前沿，市场经济完善，开放型经济显著，已初步形成全方位、多层次、宽领域的对外开放格局；前海是中国唯一的跨境人民币业务创新试验区，在国家金融开放方面有重要地位，且又靠近香港，可以借力香港在金融服务和体系方面的优势；此外，广东自贸区地处珠江三角洲，地理位置优越，拥有两个世界级的港口群和机场群，港口和机场等基础设施建设比较完善，有可能成为21世纪海上丝绸之路最具影响力的经济中心、贸易中心和航运中心。

基于此，广东自贸区的总体定位是依托港澳、服务内地、面向世界，着力打造粤港澳深度合作的示范区、21世纪海上丝绸之路的重要枢纽和全国新一轮改革开放的先行地。发挥广东省构建对外开放新格局的龙头引领作用，有效对接国家“一带一路”战略，建设21世纪海上丝绸之路的贸易中心、金融中心和航运中心。同时，依托成熟、开放的市场经济，以制度创新为核心，探索更开放、更便利的国际投资贸易规则。具体地，三个片区的战略定位上又有所不同，广州南沙新区片区主要是发展航运物流、国际金融等产业，实现设施联通、货币流通；深圳前海蛇口片区主要建设金融开放的示范窗口，打造国际性枢纽港，实现贸易便利化和金融国际化；珠海横琴新区片区重点发展旅游休闲健康、商务金融服务等产业。

三、各个自贸区差异化实施“一带一路”战略的重要举措

上述分析表明，四大自贸区在“一带一路”中的战略定位有所不同，因此，各个自贸区应根据自身优势及战略定位，差异化实施“一带一路”战略。

（一）上海自贸区先行先试，探索“一带一路”经贸合作规则和制度

上海自贸区作为境内批准成立的第一个自贸区，在体制机制创新上具有先行者优势，是构建开放型经济新体制、打造中国对外开放 2.0 版的核心力量。徐静等（2016）对上海对接“一带一路”战略的定位进行阐述，提出“一带一路”战略要与自贸试验区建设协同推进，包括发挥上海自贸试验区金融创新和服务业的优势，推动“一带一路”资金融通，利用贸易便利化的优势，促进与沿线国家自由贸易园区合作[4]。目前上海自贸区的制度创新主要包括：负面清单为核心的投资管理制度、贸易便利化为重点的贸易监管制度、资本项目可兑换和金融服务开放、政府职能转变和事中事后监管制度。这些创新都是“一带一路”经贸合作规则和制度的先行先试，旨在实现以服务贸易、投资、知识产权、金融规则等为主的国际经贸规则融合与重构。

1. “负面清单”投资管理模式。上海自贸区探索对外商实行“准入前国民待遇 + 负面清单”的管理模式①，与国际高标准投资贸易规则体系接轨，为中国参与双边、多边国际经贸合作谈判、为中国企业“走出去”的投资权益保护奠定基础。龚柏华（2014）认为，上海自贸区的“负面清单”模式推动了全国性政府职能转变的变革。“负面清单”模式直接衍生了投资备案制、事中事后监管、提高行政透明度等制度创新。上海自贸区的设立和建设为正确树立改革和守法关系提供了经验，改变了“违法改革”模式，为改革走上“法制化”提供了先行先试的路径选择[5]。负面清单不仅瞄准 TPP 等一些国际高标准的贸易规则，而且符合发展中国家和转轨国家的一些具体情况，对于“一带一路”国家和地区有较强的适应性，经过了三版的更迭。因此，上海自贸区应继续完善负面清单模式，推进体制机制创新，并通过向其他三个自贸区推广、向全国推广，最终接轨“一带一路”沿线国家和地区。

---

① 负面清单管理模式的重点并不在于“负面”，而在于国家对于国民待遇等“正面”义务的承担，在于将非歧视、市场化、贸易投资自由化等确立为基本原则。

2. 贸易便利化。依托“一带一路”战略安排，探索与海上丝绸之路沿线国家和地区在货物通关、商品检验检疫、质量标准、电子商务等领域建立合作机制，推进物流、人流、资金流的便利化，消除生产要素跨境流动的障碍，提高贸易便利化水平。建立面向海上丝绸之路国家和地区的商品展示、销售、采购中心。

3. 金融国际化。自贸区扩大金融服务等对外开放①，实施资本项目可自由兑换，实现离岸人民币闭环回流，为“一带一路”通过亚洲基础设施投资银行、金砖国家银行、上海合作组织银行等推动人民币国际化、支撑基础设施互联互通，达到产能和货币双双走出去的重要目标创造条件。贺小勇（2015）认为，目前上海自贸区的制度创新仍然以货物贸易、边境管理、直接投资为主，远远没有达到以服务贸易、投资、知识产权、金融规则等为主的国际贸易规则重构的目标[6]。上海自贸区应着力跨境金融服务，在“一带一路”沿线国家和地区设立金融分支机构，建立人民币国际支付清算系统，推动人民币跨境支付、结算。将境外产业投资与丝路基金、国内资本市场等有机结合，设立自贸区本外币海外投贷基金，鼓励境外股权投资公司积极拓展海上丝绸之路沿线国家业务。

4. 海上互联互通。以自贸区和洋山深水港为依托，建立海上丝绸之路沿线国家和地区的港口、城市联盟，增加海丝沿线国家、港口的班轮线路及频次，利用长三角制造业的优势，打造21世纪海上丝绸之路的航运枢纽、战略支点，融合通道建设和经贸合作，打造利益和命运共同体。

（二）天津自贸区打造“一带一路”双向开放新平台、新通道

1. 打造“一带一路”双向开放新平台

天津自贸区依托天津港建立。如前所述，天津港是中国东北、西北和华北对外贸易的重要港口，靠近新亚欧大陆桥，是同时拥有四条铁路通往欧洲大陆桥的港口。因此，天津自贸区应依托天津港，大力拓展国际中转功能，吸引中亚、蒙俄、日韩的货物到天津港中转，搭建“一带一路”双向开放新平台。即，以天津港为“点”，以海陆交通为“线”，带动整个“面”的发展，并通过“一带一路”基础设施网络扩大辐射范围，串联起我国中西部、中亚、西亚、欧洲等经济板块的陆上经济走廊，形成面向环渤海地区和日韩的海上经济走廊，打造“一带一路”双向开放新平台。

2. 构建基于天津港大陆桥运输的新型贸易通道

依托天津自贸区天津港东疆片区，优化航线网络布局，推进“一带一路”海上互联互通建设，开辟并加密能够通过天津港大陆桥中转的海上航线，逐步完善天津港至全球的航线网络。探索基于天津港大陆桥运输的贸易通道设计，将北美、

① 上海自贸区服务业开放涉及金融服务、航运服务、商贸服务、专业服务、文化服务、社会服务等六大领域18个行业。

日韩、东南亚与中亚、欧洲地区的传统海运贸易模式转为经天津港大陆桥进行中转运输，积极开发日韩、中亚、蒙俄、东南亚等主要地区的货源市场，建成以天津港为中转港、以大陆桥为纽带、连通亚欧的新型贸易大通道。李文增等（2015）分析了“一带一路”战略对天津产生的影响，认为天津自贸区可以沿着“一带一路”进行延伸辐射，获得新一轮的发展机遇，并对扩展国际港口经济功能提出建议[7]。同时，依托天津港邮轮母港资源，大力发展邮轮经济，积极开辟日韩等旅游市场，将天津港打造成日韩等游客进入我国旅游的中转港口，并依托天津港距离腹地近的优势，将天津港打造成我国游客出境游的重要节点港口[8]。

3. 建设“一带一路”物流新通道

通过共建无水港、物流园区等建设“一带一路”物流新通道。探索在中亚建立境外无水港，把物流网络延伸到“丝绸之路经济带”沿线；加强与中亚或蒙俄等国合作，在天津港谋划建立物流中转基地，完善跨境物流服务体系。同时，在天津港专属区域与韩国企业合作建设中韩物流园区，积极吸引中韩物流企业入驻；加强天津与新疆合作，共同打造“津新欧”物流大通道，打开东西双向两个巨大市场，将其打造成新亚欧大陆桥经济走廊的核心载体。

4. 建立海上战略支点

天津自贸区位于京津冀区域，拥有产业集聚的优势，且港口建设方面比较完善，距离日、韩很近，因此，应充分利用这些优势，推动港口合作，并沿“一带一路”的走向，通过海运航线，加强与日本、韩国的互联互通，建设海上战略支点。

5. 建立融资租赁交易市场

“一带一路”建设的优先领域是设施联通，基础设施建设需要对工程机械进行大量的资本投入，融资租赁业的需求会相应扩大。但是融资租赁企业在资金支持方面面临着困难。一方面，融资租赁企业获得的银行短期贷款无法满足企业的需求；另一方面，国内只有一家融资租赁上市公司，使得融资租赁企业从股票市场获得资金支持受到限制。天津的融资租赁相对发达，是天津金融创新的亮点，对实体产业发展的影响已日益显现。因此，天津应充分发挥融资租赁的优势，利用自贸区金融先行先试的政策，在天津自贸区建立融资租赁交易市场，促进融资租赁业的发展，为“一带一路”战略提供融资支持。

（三）福建自贸区贸易对接台湾，功能承接“一带一路”

福建既是自贸区，又是“海丝”核心区，是两大战略的汇合点。国家给福建自贸区的定位是：贸易对接台湾，功能承接“一带一路”。一方面，要突出对台特色，着力两岸贸易、政策的互联互通，推动两岸共建“海上丝路”；另一方面，面向东南亚，着力海上互联互通，打造海上战略支点，形成海上丝绸之路连通的龙骨。

1. 深化与台湾自由经济示范区对接

对台贸易是福建自贸区的最大特色。要发挥“五缘”优势，突出对台特色，以产业合作为抓手，以三大自贸片区为平台，按照各自不同的战略定位，深化与台湾自由经济示范区对接。福州片区重点承接台湾高新技术产业转移，创新制造技术与制造服务融合模式，打造先进制造业基地；厦门片区重点打造两岸区域性金融服务中心，探索对台贸易新模式，对接台湾主要港口，成为两岸的物流中心；平潭片区重点承接台湾旅游和文化创意等产业，打造国际旅游岛。自贸区建设可以和台湾共同规划，共同洽谈合作项目，讨论产业发展路径和分工方式，在投资方式和营运模式上尽可能先行先试，推动更多政策的延伸，从而达到深度融合，实现与台湾共商、共建、共享。

2. 建设两岸贸易中心

福建自贸区要以“五通”为抓手，创新合作模式，在自贸区功能上体现“海丝”战略要旨，在投资贸易自由化、服务业市场准入等方面先行先试，推动货物、服务和各类要素自由流动，推动闽台经济深度融合，推动全方位开放新格局的形成①。同时，以自贸区的制度创新为契机，把简政放权和对外开放结合起来，加快推进工商、质检、税务“三证三号”合并为“一照一号”的改革，深化试点航运、通关、检验检疫新模式，提高通关时效，推动贸易便利化，建设两岸贸易中心。

3. 建设两岸区域性金融服务中心

两岸跨境人民币业务是福建自贸区金融业发展的一大特色。福建自贸区要创新金融合作，建立与自贸区相适应的账户和管理模式，建设两岸区域性金融服务中心，推动人民币跨境结算业务以及人民币、台币兑换业务，建立两岸货币清算中心[9]，实现货币流通，为两岸投资贸易自由化创造有利条件。

4. 建设两岸新兴产业和现代服务业合作示范区

推进新兴产业和现代服务业对台更深度开放，促进人员、资金、服务要素的自由流动，强化两岸在跨境电商、旅游和医疗服务领域的合作。创新合作机制，多方面、多层次拓展新兴产业和现代服务业深度融合渠道，打造两岸共同参与国际合作竞争的新平台，建设两岸新兴产业和现代服务业合作示范区。

5. 打造东南国际航运中心

福建自贸区要从功能上承接“一带一路”，完善港口类基础设施非常重要，东南国际航运中心则是重中之重。要以东南国际航运中心为载体，一方面完善与台湾主要港口（台中港、花莲港、高雄港、台北港等）和城市合作，推进海上互联

---

① 2015年5月，福建自贸区确立了88项机制创新试验项目，其中对台项目20项；确立了98项扩大开放试验项目，其中62项仅对台开放。“率先推进与台湾地区投资贸易自由”已经写进福建自贸区“任务清单”。

互通，推动两岸共建“海上丝路”①。两岸携手共建“海上丝路”，可以有效扩大国际影响力、提升经济辐射力、创造更大的经济红利，也符合两岸关系和平发展的主旋律及两岸经济合作的大方向[10]；另一方面要完善与东南亚、中东主要港口和城市合作，以连通海上丝路的中心港口和城市为重点，明确主推航线，加快航线和港口合作，打造战略支点，形成海上丝绸之路互联互通的龙骨。

6. 发展海洋经济，建设海上战略支点

福建拥有丰富的海洋资源，福建自贸区应以海洋经济为重点，与“一带一路”沿线国家联合开展海水养殖、渔业捕捞、能源开发、海上旅游等合作，鼓励在印尼、缅甸等战略支点国家建立远洋渔业基地，同时发展与远洋渔业相关的渔业资源调查、渔场探测、远洋渔船检测服务等，扩大与海丝沿线国家的海洋经济合作，发展好海洋合作伙伴关系，为缓解南海争端提供新思路。此外，应推动与东南亚国家主要港口、航线、物流集散和交易设施的互联互通，以中－马“两国双园”模式为样板，在战略支点国家的重要港口和城市建设境外经济合作区，融合通道建设和经济发展，打造海上丝绸之路连通的龙骨。

（四）广东自贸区面向港澳，打造粤港澳大湾区，携手港澳共建海上丝路

广东自贸区面向港澳，以深圳前海、广州南沙和珠海横琴为基地，深化粤港澳合作，打造粤港澳大湾区，与香港、澳门等珠三角主要城市合作，共同组成海上丝绸之路上辐射能力最强、影响力最大的贸易中心、金融中心和航运中心。

1. 建设粤港澳大湾区

广东毗邻港澳，在与港澳合作方面有天然的区位优势。因此，广东自贸区应该在CEPA框架下扩大对港澳地区的开放，消除隐形壁垒，推动与港澳更加深入的合作，并以此建立粤港澳大湾区。同时，在与港澳合作过程中，总结制度创新经验，加快“一带一路”高标准贸易规则的制定，先行先试，按照与国际接轨的方式，开展与“一带一路”沿线国家和地区的贸易、投资和金融合作，建设海上丝绸之路最具影响力的贸易中心、金融中心。

2. 打造海上丝绸之路的金融枢纽和投资中心

深圳前海是广东自贸区的核心区，国家金融开放和人民币走出去的最重要基地，前海应携手香港，依托香港在金融服务、信息资讯、贸易网络、风险管理的优势，共同参与国家21世纪海上丝绸之路建设，联手打造中资企业走出去、外资企业引进来的窗口，成为海上丝绸之路的金融枢纽和投资中心。在21世纪海上丝

---

① 《推动共建丝绸之路经济带和21世纪海上丝绸之路的愿景与行动》明确21世纪海上丝绸之路有西线和南线两大走向，这两条线路的核心区域，除了大家熟悉的穿越南海，牵动我们的海权争端，面向东盟各国，依托中国境外首个自由贸易区外，还连接台湾海峡，关乎国家统一大业。对福建而言，不仅有两岸经贸合作问题，还有两岸共建海上丝绸之路问题。

绸之路建设过程中，香港、澳门的优势应该得到进一步的巩固和发挥①，成为内地与“海丝”沿线国家经济合作和人文交流的中介和枢纽、窗口和平台。前海是国务院批准设立的深港现代服务业合作区，也是我国深化内地与港澳紧密合作的先导区。前海作为新时期改革开放的一个战略平台，在粤港澳大湾区建设当中，同样也是一个战略平台。粤港澳大湾区是国家实施南海战略、21 世纪海上丝绸之路战略的一个枢纽地区，“深圳是一个桥头堡，前海是一个战略支点，特别是在现代服务业合作上，通过前海这个战略支点，可以延伸到 21 世纪海上丝绸之路沿线国家和地区，推动全面合作”[11]。

3. 建设海上丝绸之路国际物流枢纽港。

广东自贸区地处珠江三角洲，拥有优良的港口，地理位置优越，在自贸区附近，有两个世界级的港口群和机场群，港口和机场等基础设施建设比较完善，而在自贸区的规划框架下，蛇口港、赤湾港和前海湾保税港区连成一片，因此，广东自贸区要整合港口资源，将其做大做强，打造国际性枢纽港，与“海丝”沿线国家和地区建立港口联盟，增加班轮及航次，依托珠三角庞大的国际货运量，提升国际航运能级，完善港口物流服务功能。同时，推动启运港退税等制度创新，发展航运金融和保险，成立广州航运交易中心，打造航运交易指数，建设 21 世纪海上丝绸之路国际物流枢纽港。

（五）福建、广东自贸区发挥侨力，携手两岸共建海上丝路

前已述及，福建自贸区“贸易对接台湾”，着力两岸贸易、政策的互联互通，建设闽台自贸区。广东自贸区面向港澳，着力粤港澳互联互通，建设粤港澳大湾区。值得一提的是，闽粤港澳台同属一个中国，同根同源，应该以“闽台自贸区”和“粤港澳大湾区”为基础，携手共建“两岸间自贸区”；同时，闽粤港澳台又是 21 世纪海上丝绸之路的战略支点和核心区域，应该以“两岸间自贸区”为载体，携手共建 21 世纪海上丝绸之路。

此外，福建和广东都是海外华人华侨的主要祖籍地。海外华人华侨是自贸区建设的重要力量，也是两岸交流联系的重要桥梁，更是海上丝绸之路的参与者和建设者，具备推动“两岸间自贸区”、共建海上丝绸之路的独特优势②。

要实现与“一带一路”沿线国家的共商、共建和共享，政策沟通是首要。华人华侨具有融通中外的优势，应该成为“政策沟通”的桥梁，推动与“海丝”沿

---

① 历史上，在香港崛起以前，澳门已经是“海丝”重要枢纽城市。16－18 世纪闽南私商与葡萄牙人联手已经将澳门打造成东亚最具规模的商业帝国，不断向欧洲输出丝绸、青花瓷等商品。澳门成为闽粤两省与“海丝”沿线港口对接的桥头堡、“海丝”重要枢纽城市。

② 《推动共建丝绸之路经济带和 21 世纪海上丝绸之路的愿景与行动》明确提出，要“发挥海外侨胞以及香港、澳门特别行政区的独特优势，积极参与和助力“一带一路”建设，要为台湾地区参与“一带一路”建设做出妥善安排。

线双向沟通，既向相关国家和地区传递“开放包容”的合作理念，又向中国传递对方的诉求。要善于发挥华人华侨意见领袖的人际影响力和公共外交能力，打造“海丝”政策沟通的畅通渠道。当然，华人华侨还可以在设施联通、贸易畅通、资金融通、民心相通等“一带一路”建设的各个领域发挥“不可替代”的重要作用。比如，东南亚是海上丝绸之路主航道的辐射区，也是华商经济金融实力最强的地区，可以发挥华商在港口、船舶、运输、物流、仓储及能源开发等领域的优势，鼓励华商和国内企业在港口建设、交通运输、产业园区、能源开发等领域深度合作，借助华商力量推动海上运输通道和陆上基础设施的互联互通。

海外华人华侨与两岸同胞同属中华儿女，理应为“一带一路”事业穿针引线、铺路搭桥，共建丝绸之路的实质性平台，促进海内外资金、技术、项目的有效对接，推动“一带一路”规划落地实施，助力“中国梦”的实现。

注释

[1] [2] 周汉民．我国四大自贸区的共性分析、战略定位和政策建议［J］．国际商务研究，2015（4）：36－46.

[3] 李扬，张晓晶．“新常态”：经济发展的逻辑与前景［J］．经济研究，2015（5）：4－19.

[4] 徐静，王前锋，许敏，等．“一带一路”国家战略中上海的定位与切入口研究［J］．科学发展，2016（03）：66－72.

[5] 龚柏华．上海自贸区“负面清单”模式是我国深化改革的突破口［J］．中国财政，2014（11）：33－35.

[6] 贺小勇．中国（上海）自由贸易试验区法治建设的评估与展望［J］．海关与经贸研究，2015（02）：1－13.

[7] 李文增，冯攀，李拉．天津参与实施“一带一路”战略的建议［J］．港口经济，2015（02）：45－46.

[8] 张磊，龙磊．天津港融入“一带一路”发展策略研究［J］．港口经济，2015（12）：16－19.

[9] 徐勇．借鉴上海、天津、广东自贸试验区先进经验，全力推进福州自贸试验区建设［J］．科学发展，2015（11）：42－46.

[10] 王敏．台湾参与“21世纪海上丝绸之路”的战略构想与可行路径［J］．亚太经济，2015（01）：140－144.

[11] 张备．前海管理局：携手香港共同参与海上丝绸之路建设［EB/OL］．http：//www.chinanews.com/ga/2015/03－16/7133508.shtml，2015－03－17.

中国零售业“走出去”对接“一带一路”的途径分析①
——基于目标市场选择的视角

朱瑞庭②

（上海建桥学院 商学院　上海　201306）

摘　要：海外目标市场选择是零售业国际化的重要战略决策。基于零售业海外目标市场选择的文献分析，结合“一带一路”以“五通”为主要合作内容的建设，“一带一路”沿线国家和地区是我国零售业“走出去”的重要目标市场。这是中国零售业“走出去”对接“一带一路”国家战略的逻辑起点。为此，必须做好顶层设计，进行精心谋划，在国家战略的宏观层面，推进两个战略之间的对接和联动发展，以实现国家战略的整体最大效应；在企业的微观层面，围绕提高国际竞争力的目标，积极稳妥地推进中国零售业“走出去”。

关键词：中国零售业；走出去；一带一路；目标市场选择

一个零售企业一旦决定实施国际化经营，海外目标市场往往是战略决策的首选。而海外目标市场的选择，首先是目标国/地区的选择，这是零售业迈出国际化经营的第一步。当前，中国零售业正处于对外开放的新阶段，即从“引进来”向“引进来”与“走出去”相结合转变的关键时期，海外目标市场的选择不仅是学术研究的重点，也是零售企业十分关注的问题。本文分析“一带一路”国家战略背景下，中国零售业“走出去”的目标市场选择问题。

一、文献综述

零售业国际化开始于20世纪中叶，80年代以来得到快速发展，有关零售业国

---

①　基金项目：国家社科基金项目（16BGL012）。

②　作者简介：朱瑞庭（1966－），男，浙江诸暨人，德国马堡大学经济学博士，上海建桥学院副校长，商学院教授。

际化的研究一直持续至今，成为西方文献的研究热点。其中，海外目标市场的选择一直是零售业国际化研究的重要内容。大量的实证研究表明，影响企业海外目标市场选择的主要外部因素包括目标国的宏观政治经济环境、社会文化差异、政府管制、市场容量和潜力等[1-2]。从企业自身来看，要保证跨国经营的成功，企业必须拥有独特的竞争优势[3]、零售专业技能[4]、本土化适应性[5-6]、供应链管理[7]、国际化团队[8]以及持续创新[9]等方面的关键能力。Hutchinson 和 Quinn 研究了中小零售企业的国际化经营，认为地理距离和企业规模并不是决定性的因素，中小零售企业可以在海外市场占得先机，前提是拥有在特定细分市场中强大的产品和品牌战略[10]。Lenartowicz 和 Balasubramanian 认为，要对发展中国家零售市场的结构—行为—绩效（SCP）、当地供应商以及目标消费者进行全面的评估[11]。此外，Akhlaq 和 Ahmed 的调查表明，有用、方便和舒适是增强网络购物意愿的主要因素，这对发达国家和发展中国家发展网络零售提出了不同的要求[12]。

归纳起来，大量相关研究从地理、经济、文化这三个基本要素出发，构建了零售商海外目标市场选择的理论框架，这一框架之后逐渐扩展到包括公共政策、零售市场结构等因素在内的理论模型[13]。对于影响零售业海外目标市场选择的因素，总体上可以分为外部因素和内部因素两大类。其中，地理、文化、经济、社会、公共政策及零售结构等属于外部因素。表 1 是在西方文献的实证研究中得到广泛证实的影响零售业海外目标市场选择的影响因素[14]。

表 1　零售业海外目标市场选择的影响因素

类别		因素	影响强度
外部因素	经济因素	目标国市场吸引力	+ + +
		市场成长性	+ + +
		市场潜力	+ + +
		需求水平	+ + +
		市场空隙	+ + +
	零售市场特征	国内外市场的同质性	+ + +
		市场进入成本	+ +
		价格竞争	+ +
		市场渗透率	+ +
		市场退出障碍	+ + +
		价格—成本水平	+ +
		竞争对手的模仿程度	+ +
		投资收益率	+ + +

续表

类别	因素	影响强度
内部因素	国际化经营理念	+ + +
	零售业态的定位	+ + +
	时间优势	+ +
	决策的集中化	+ +
	企业规模	+ + +

注：+ + + 代表得到全部实证研究的验证；+ + 代表得到大部分实证研究的验证。

资料来源：根据 Lingenfelder 第 336、436 页表格整理。

在零售企业国际化初期的海外市场选择中，基于对海外市场机遇的把握和快速响应，外部因素往往在市场评估中受到优先考虑。从零售业跨国经营的实践来看，相对于母国市场而言，东道国市场地理距离的邻近性、文化的相似性一直是跨国零售企业选择目标市场的重要标准。但是，这一标准已经被今天零售业国际化的实践所突破。最新的研究已经拓展到对目标国宏观环境、零售行业和投资风险的全面分析和评估。归纳起来，决定海外目标市场选择的核心因素集中体现在地理距离、市场潜力、行业竞争以及文化差异等四个方面。

当前，我国零售业正处于从“引进来”向“引进来”与“走出去”相结合转变的关键阶段，越来越多的国内零售企业开始瞄准海外市场。但是，欧美国家针对零售业海外目标市场选择的理论和实践是否适用中国零售业“走出去”，尤其是“一带一路”国家战略为我国零售业“走出去”带来了哪些战略机遇，我国零售业应该如何利用这些机遇，这是一个需要深入讨论的问题。下面从我国零售业“走出去”的现状出发，来分析我国零售业进入“一带一路”沿线国家的途径和对策。

二、中国零售业“走出去”的现状

根据商务部《2015 年度中国对外直接投资统计公报》的数据，截至 2015 年末，在我国累计对外直接投资 10978.6 亿美元的存量中，批发和零售业的对外投资总量为 1219.4 亿美元。由于现行统计制度没有对批发和零售业的对外投资作进一步的细分，从散见于媒体的公开报道和企业对外投资的案例来推断，我国批发和零售业的对外投资主要为批发贸易类投资。从投资目的地来看，截至 2015 年末，香港地区在我国批发和零售业对外直接投资存量中的占比最高，达到 73.9%，在东盟地区、欧盟地区、美国的对外直接投资存量分别为 75.4、52.5、34.1 亿美元。2012 - 2015 年间，我国批发和零售业对外直接投资在上述四个地区所占比例从 81.7% 提高到了 87.2%，说明我国批发和零售业的对外投资更为集中。从投资主体看，主要是制造型商贸企业。从经营模式看，主要是单一的批发市场[15]。总体而言，我国零售业对外直接投资无论从项目还是金额来看，和中国作为世界经济和贸易大国的地位不相匹配。

再从中国零售业“走出去”的个案来分析我国零售业的国际化经营。1999 年 8 月 2 日，首创集团旗下的北京天客隆集团位于莫斯科新阿尔巴特大街上占地 6000 多平方米的超市正式开业。这是我国大型零售企业中第一家在境外开业的超市。但是，在苦苦经营了三年多之后，该超市于 2003 年 6 月正式关门。

2006 年 12 月 3 日，北京华联并购了新加坡西友百货，这既是我国第一家进入新加坡市场的零售企业，也是我国零售企业第一次以并购的模式进行国际化经营。当时，北京华联集团计划通过新加坡，进军马来西亚和泰国等东南亚国家市场。

上海联华于 2003 年 6 月在比利时成立了上海联华欧洲公司，既面向欧洲华侨华人，也满足当地人对中国商品的喜好，并为今后进一步进入欧洲市场做准备。2003 年 11 月，联华超市又与日本第八大零售连锁企业 Izumiya 株式会社合作进军日本市场，双方主要是在商品供应及经营技术方面的合作。

苏宁于 2009 年 6 月 25 日，通过股权收购成为日本上市公司 LAOX 的第一大股东。2009 年 12 月 30 日苏宁又收购了香港本土零售商镭射公司。2013 年，苏宁从印尼、马来西亚、新加坡、泰国、越南等东南亚国家开始新一轮的海外扩张，初见成效之后苏宁将启动在欧美成熟市场的扩张，目标是以资本并购的方式奠定在英国、美国、日本等市场同行业的龙头地位。2020 年以后，苏宁的海外扩张将聚焦俄罗斯、中亚、中东、南美、印度等新兴市场。

2014 年 4 月 4 日，三胞集团旗下的南京新百以 2 亿英镑收购了英国弗雷泽百货 89% 的股权，这是有史以来我国最大的零售业海外投资。和弗雷泽的合作致力于推动南京新百向现代百货转型，对弗雷泽来说则可以借此把弗雷泽的品牌带入中国市场，帮助其成为更具影响力的国际品牌。

京东于 2004 年涉足电商领域，2014 年 5 月京东在美国纳斯达克上市。京东在跨境进出口业务方面的规划是，中国消费者可以通过“京东全球购”采购全球商品之外，而京东的多语言全球售跨境贸易平台 en. jd. com 立足全球供应链，面向全球用户需求，以“全球化 + 本地化”模式推动中国商品和商家走出去，其海外业务已在俄罗斯、印度尼西亚展开布局。

阿里巴巴的全球速卖通是面向全球市场的在线交易平台，自 2010 年 4 月上线以来发展迅猛，目前活跃买家覆盖全球 220 多个国家和地区，每天海外买家的流量超过 2 亿，年交易额增速超过 100%，成为全球最大的跨境交易平台之一，其中无线交易额超过 50%，速卖通 APP 在全球 100 多个国家和地区的购物类 APP 中排名第一。在 2015 年“双 11”，速卖通当天成交 2124 万单。速卖通中交易额最高的五个国家是美国、俄罗斯、西班牙、法国、英国，活跃买家还覆盖巴西、白俄罗斯、捷克共和国等国家。

总之，我国零售业在“走出去”的过程中还存在不少问题。主要表现在：我国零售业跨国直接投资还处在起步阶段，虽然近年来跨境 B2C 出口电商发展迅速，但是以实体店的在地商业形式进入海外市场的很少，我国零售业在海外的商业存在和国际影响力十分有限，与我国作为经济与贸易大国的地位不相符合。特别是中国零售企业在“走出去”初期提出的许多海外扩张计划和项目进展并不顺利，很多已经无疾而终，其背后的原因十分复杂。从地理距离来看，我国零售企业比较集中的是中国香港、东南亚、日本等周边市场，既是基于地理相邻、文化相近的考虑，也是以国内作为配送基地构建供应链的结果。从市场潜力和行业特征来看，在英国、日本、中国香港等发达国家和地区，零售行业的结构相对成熟和稳定，但是竞争激烈，对于创新能力不足的中国企业来说，很难找到新的蓝海。此外，中国零售业的目标对象大多是海外华人，主要是在华人聚居区成立小型的零售店，经营业态单一，以单店经营为主，没有形成规模和品牌效应，导致市场容量进一步受限，更难以形成一体化的国际化经营网络。从文化差异来看，中国零售企业往往难以在国际化经营中处理好标准化和本土化的关系，导致企业市场适应性较差，中国商品的价格优势也未能转化为企业的竞争优势，从而影响企业的生存和发展。

如何解决这些问题？“一带一路”国家战略的提出和实施为此提供了一个全新的视角。由于中国零售业的国际化与“一带一路”建设在理念上高度契合、在内容上高度重叠[16]，中国零售业必须抓住机遇，积极探索对接“一带一路”国家战略的途径，加快“走出去”的步伐。在这里，把“一带一路”沿线国家和地区作为我国零售业海外目标市场是实现这一战略对接的起点和依据。

三、中国零售业“走出去”对接“一带一路”的途径

（一）“一带一路”沿线国家/地区作为中国零售业海外目标市场的必要性分析

下文从影响目标市场选择的核心因素分析出发，讨论“一带一路”沿线国家和地区作为我国零售业海外目标市场的必要性和可行性。

1. 地理距离。地理距离作为零售业海外目标市场选择的首要因素，在欧洲零售业早期的国际化实践中表现得非常明显。比如，西欧国家零售业的跨国经营在开始阶段主要集中在欧盟范围内，到了 20 世纪 90 年代初，随着东欧解体和市场化进程的推进，一些西欧的零售企业开始相继进入匈牙利、捷克、波兰等东欧市场。由于零售业的国际化需要以跨国采购网络的构建为前提，出于风险控制的需要，零售商在国际化的初期往往会选择离本国距离并不遥远的国家开展业务。选择地理相邻的国家作为目标市场的另外一个原因是，受目标国当地供应商范围、

数量以及生产能力的制约，完全依靠当地市场的采购无法满足市场需要。尤其是对于食品以及日常消费品的零售商来说，地理相邻的市场更有利于发挥母国市场上商品及服务供应商的可靠和便利优势，以缩短运输距离，降低物流成本，提高合作效率。

2. 市场潜力。跨国零售商在选择海外目标市场时，发达国家和发展中国家在宏观经济指标，以及人口结构、购买力、零售市场竞争强度、业态分布等方面的差异，都会对跨国零售商的市场选择带来很大的影响。根据德勤发布的《2017 全球零售力量》报告，发展中国家尚未完成工业化，对国外技术、资金的需求明显，相应的优惠政策较多，总体上对外资持欢迎态度；消费者对新业态、新模式、新产品的接受程度较高。但是，这些市场处于成长之中，虽然潜力巨大，对外资的阶段性限制仍然较多，加之市场波动性更大，社会保障不足，居民消费能力有限，市场容量较小[17]。此外，在新兴市场面临的挑战还包括市场未成熟、消费者分散、文化差异、政策限制、物流配套不足等。例如，印度政府在 2012 年 1 月统一开放零售业，但是规定任何国际零售商进入印度，需要至少 30% 产品材料采购自本地小厂商[18]。从这个意义来说，跨国零售商目标市场的选择实际上是对目标国市场的机会及其风险进行权衡和评估的结果。毫无疑问，在风险可控的情况下，投资回报率高的发展中国家是重要的目标市场。

3. 行业竞争。从欧洲零售业国际化的实践和经验来看，流通企业的跨国经营会增强或者推进目标市场整个行业的水平竞争，进而影响行业的市场结构。比如，自 20 世纪 80 年代以来，欧洲零售市场的日趋成熟导致流通行业兼并重组的高潮，其结果是零售市场的份额被更具竞争优势的企业获得。考虑到零售业态的生命周期，跨国零售商会优先考虑在目标市场引进迄今为止尚未存在或者竞争强度不大的零售业态，因为这些业态在母国往往处于生命周期中的成长或者成熟期，它们在目标国具有相对于竞争对手的持续的竞争优势。由于零售业态在很大程度上受特定的店铺销售面积所限定，对于百货公司、大型超级市场等业态来说，选择一个理想的店址并不是一件容易的事。零售业在东欧国家早期的国际化经营还表明，新业态在目标国的引进主要集中在首都或主要的大城市，其经营往往需要经过五年的时间才会走上正轨。

4. 文化差异。对于跨国零售企业来说，目标国市场和母国市场的同质性可以减少跨国经营的难度，降低经营风险。所以，前面提到的理论模型也被称为市场邻近性模型。其中，文化邻近被视为与地理邻近同样重要的因素纳入对目标市场的评估。在零售营销中，被零售商和消费者所感知的东道国和母国之间的文化差异会影响不同国家、企业和消费者的商业文化、消费习俗和购物习惯，进而会影响到国际化企业的组织文化、机构设置、决策程序等。一般而言，文化差异越小，母国市场与海外市场的邻近程度越高。对文化差异的理解会直接影响企业对国际化经营中极其重要的标准化和本土化关系的理解及其处理，从而对海外市场包括品类、服务、促销等在内的营销策略产生重大甚至决定性的影响。

基于前面的文献分析，结合我国零售业发展现状，以及国际化经营的经验，目前我国零售企业较为理想的海外市场包括东南亚、中亚、中东欧等国家和地区，这些地区正是“一带一路”沿线的国家和地区。相对于欧美发达市场，“一带一路”沿线的这些国家和地区正是过去一段时间以来世界上发展最快的零售市场，也是最有前景的零售市场之一，而且利好因素继续积极推动增长[17]。

（二）“一带一路”沿线国家零售业的基本状况

泰国是东南亚除了印度尼西亚之外的第二大经济体，在过去十年里，泰国是东盟地区最为活跃的零售市场，批发零售行业以平均7%－8%的速度保持高速增长，到2018年其零售市场规模预计达到968亿美元。2013年泰国互联网的普及率为14.6%，远低于新加坡的88.1%和马来西亚的61.1%，网络零售的潜力巨大，到2018年预计年均增长13%。泰国还是世界上主要的旅游目的地，与此有关的零售业也将长期分享红利。泰国本土零售较为发达，业态较为丰富，但是竞争强度中等，市场处于不断成长之中，远未达到饱和状态，对市场新进入者，包括网络零售而言，仍然具有很强的吸引力。正大集团（CP All）、Central Group是泰国最大的本土零售商，位居2017年全球零售商250强排行榜第81和138位。

印度的零售业发展比较落后，除了在新德里、孟买等城市现代商业较为发达以外，整个国家以小型零售点为主，市场分散，购物非常不便，行业集中度低，没有一家零售商进入全球250强榜单。从2013到2015年印度零售业复合年增长率达到8.8%，年销售额过1万亿美元，主要零售企业有Future、Flip Kart、Shoppers Stop、Pantaloon、RPG、DS等。考虑到印度庞大的人口基数和经济潜力，印度的零售市场是全球有待开发的大市场。但是，印度的基础设施普遍落后，配送体系构建难度大，目前对外资零售业限制较多。

哈萨克斯坦是中亚地区经济发展最快的国家，经济实力占中亚五国总量的三分之二，政治稳定，自然资源丰富。该国不仅是通往欧亚经济联盟市场的大门，也是进入欧盟、中国、东南亚国家以及太平洋国家市场的大门。2015年哈萨克斯坦零售总额为2880亿元人民币，是科尔尼发布的全球零售业发展指数榜单10强之一。得益于互联网覆盖率的增长，配套的法律法规、支付工具以及基础设施等，电子商务是目前增长最快的零售业态之一，网上购物金额占到全部零售金额的26%。近年来，哈萨克斯坦为发展经济，推出了包括“光明之路”在内的一系列建设计划，营商环境大为改善，如税收便利度等多项指标名列世界前茅。

土耳其是“一带一路”沿线重要的支点国家。作为新兴的工业化国家，土耳其的零售业目前正在转型中，是快速发展并持续成长的产业之一。2015年土耳其零售市场规模达12525亿元人民币，年增9%，从业人员380万人，零售商店达45万家。在土耳其，虽然传统的杂货店仍然非常普遍，但连锁超市、大型量贩店及购物中心等现代业态正在快速兴起，并逐渐改变当地人的消费习惯，首都伊斯坦布尔更被全球跨国巨头视为全球最有潜力的零售市场。BIM Birlesik Magazalar A. S. 是土耳其国内最大的零售商，位居全球250强第147位，Hepsiburada是土耳其最大的在线零售商。

阿联酋富产石油，属于高收入国家，在全球竞争力排行榜中位列12，其税收便利度更是位列全球第一。阿联酋零售业发展势头良好，其零售业发展指数名列全球第七位。据科尔尼估测，2015年阿联酋零售业市场总额为690亿美元，年增长率为6%，人均销售额超过7100美元，为海湾地区最高水平，这也是吸引全球零售商青睐阿联酋市场的主要原因。虽然阿联酋零售市场趋于饱和，但成熟的市场体系以及低风险优势仍对零售商充满吸引力，迪拜是世界著名的奢侈品消费市场，现有零售面积约为300万平方米，新建零售商铺仍在增加之中，竞争压力继续加大。Emke、Majid Al Futtaim Holding（LLC）是阿联酋最大的本土零售商，在全球250强中排名第153、160位。

捷克位于欧洲大陆中东部，占据欧洲中心的战略位置，是欧洲经济走廊的天然枢纽，境内有发达的铁路、公路、内河航运以及航空运输，零售分销网络便捷，是“一带一路”沿线重要国家之一，在新亚欧大陆桥经济走廊里占据重要位置，在连通中欧贸易中发挥重要的作用。捷克于2006年被联合国列入发达国家，稳定的政局，较为健全的法律制度，较少的民族和宗教冲突，良好的社会秩序，增加了对外商投资的吸引力。捷克的全球竞争力排名靠前，腐败情况不严重，营商环境优良。

俄罗斯地跨欧亚大陆北部，是世界上面积最大的国家。近年来，受经济制裁的影响，俄罗斯石油出口收入大幅减少，经济大受影响，2015年零售总额暴跌10%，投资重挫8.4%，工业生产减少3.4%。俄罗斯自然资源总量居世界首位，工业、科技基础雄厚，但产业结构不均衡，加工业和机械制造业投入不足，发展缓慢。俄罗斯对外资优惠政策较多，但是法律法规政策多变，缺乏连续性，与外商投资相关的法律还不够完善，而且国内腐败问题严重。截至2015年底，俄罗斯有零售企业27.4万家，个体经营户163.2万人，零售集市2200个，市场摊位62.5万个。零售企业中微型企业占比达67%。近年来，超市、便利店等现代商业逐渐为广大消费者认可，销售份额稳步上升，特别是，俄罗斯消费者对网络购物的兴趣浓厚。PJSC Magnit、X5 Retail和Lenta是俄罗斯最大的零售商，在全球250强中位列第61、71、212位。表2是上述7个“一带一路”沿线重要国家的主要经济贸易指标。

表 2　"一带一路"沿线节点国家主要指标①

指标	泰国	印度	哈萨克斯坦	土耳其	阿联酋	捷克	俄罗斯
人口数（百万）	67.4	1311.0	17.7	76.7	8.7	10.5	143.5
GDP（十亿美元）	395.3	2087.3	182.8	726.2	298.6	180.0	1233.3
GDP 增长率（%）	2.8	7.3	1.2	3.9	3.3	4.4	-3.7
人均 GDP（美元）	5865	1592	10327	9468	34321	17142	8594
零售分销网络风险指数	2	2	2	2	2	1	2
消费价格通胀指数（%）	-0.9	4.9	6.6	7.7	4.1	0.3	15.5
营商环境便利度排名	49	130	41	69	31	36	51
纳税便利度排名	70	157	18	—	1	122	47
全球竞争力排名	30	44	34	40	12	29	45
主权国家信用评级	BBB +	BBB -	BBB +	BB	AA	AAA -	BB +
总体风险水平	48	50	59	51	31	28	59

总的来看，"一带一路"沿线国家和地区大多属于新兴市场和发展中经济体，这些国家和地区零售市场的共同特点是，伴随经济的转型和成长，对外部的开放度越来越高，区域融合加深，国内零售行业的集中度低，市场潜力大，消费者对中国商品的依存度较高。需要指出的是，这些地区国家在政治、经济、法律、文化等宏观环境方面的差异巨大，经济发展受全球经济波动的影响较大，政策不太稳定，基础设施比较落后，互联互通水平较低，当地供应商的能力有限，销售网络的建设困难较大，这些都增加了投资和经营的风险。在大力推进"一带一路"建设的背景下，这些风险可以得到一定程度的缓解和平衡。

（三）"五通"对中国零售业进入"一带一路"沿线国家和地区市场的支撑作用

根据我国政府公布的文件精神，共建"一带一路"的核心是以"五通"为主要内容的合作，其中，政策沟通是重要保障，设施联通是优先领域，贸易畅通是重要内容，资金融通是重要支撑，民心相通是社会根基。从"五通"的内容来看，

① 表中人口数、GDP、GDP 增长率、人均 GDP、零售分销网络风险指数、消费价格通胀指数、总体风险水平等指标来自于 The Economist："One Belt，One Road"：an economic roadmap。其中，零售分销网络风险指数，0 为无风险，4 为高风险；总体风险水平最高值为 100。表中其他数据来自世界银行《2015 - 2016 全球竞争力报告》《2016 年营商环境报告》。

它们之间相互关联，相互影响，是一个密不可分的整体。“一带一路”坚持共商、共建、共享原则，兼顾各方利益和关切，将实现区域基础设施更加完善，投资贸易便利化水平进一步提升，区域经济整合的速度进一步加快。此外，国之交在民相亲，民相亲在心相通。基于民心相通的人文交流可以有效减少、降低文化隔阂和障碍，从而不仅在国家、政府层面提升对中国倡议、中国方案的理解、支持和参与，而且在消费者层面提升对中国制造、中国品牌的认可、认同和满意度。所有这一切，对中国零售业的跨国经营是十分有利的。自 2013 年倡议提出至今，共有 100 多个国家和国际组织表达了支持及参与“一带一路”的意愿，中国与 40 多个国家和国际组织签订了共建“一带一路”的备忘录或协议，通过政策沟通，中国已经或者正在与俄罗斯、韩国、柬埔寨、印度尼西亚、老挝、文莱、越南、孟加拉国等东南亚、南亚国家，巴基斯坦、阿富汗、哈萨克斯坦、白俄罗斯等中亚国家，捷克、匈牙利等中东欧国家，澳大利亚、土耳其、埃及以及西欧等国家和地区各自的发展战略进行对接。在国内，纵横联动，有机协调的“一带一路”建设机制正在形成。

从零售业国际化的文献研究和跨国公司的经营实践来看，无论是从市场邻近性，还是从其市场需求、发展潜力来判断，“一带一路”沿线国家和地区都是中国零售业重要的海外目标市场，东南亚国家和地区更是我国零售业首选的海外市场。随着“一带一路”建设的不断推进，特别是在“五通”建设的强力支撑下，我国零售业进入“一带一路”沿线国家和地区的条件日趋成熟。为了减少国际化经营的风险，中国零售业可以在自身经营能力的前提下，在“一带一路”沿线整体布局和区域集中相结合的市场开发战略下，采取稳健经营的模式，首先开发“一带一路”沿线重要的国家和节点市场，最后将“一带一路”沿线汇聚成为统一的与国内市场一体、内外市场联动的国际化经营网络。这一投资和市场开发的过程体现了中国零售业海外目标市场选择和“一带一路”国家战略的有机融合，其内涵可以用图 1 的路线图来表示。

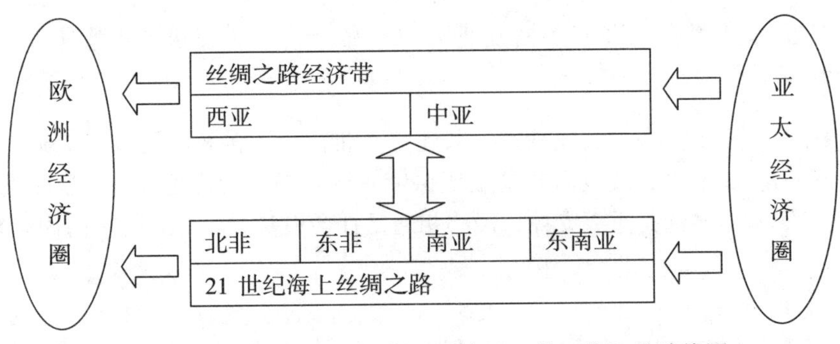

图 1　中国零售业“走出去”对接“一带一路”的路线图

四、中国零售业“走出去”对接“一带一路”的对策建议

从零售业国际化经营战略的内容来看，目标市场的选择与零售业态、进入方式、进入时间、竞争及扩张战略密切相关，也与具体的市场策略有关。尤其是，“一带一路”沿线国家的国别差异显著，零售市场环境各异，我国零售企业又处在国际化经营初级阶段，“走出去”在地点和方式的选择上会有更多的制约。为此，必须对特定的目标市场进行全面审慎的评估。在中国零售业以“一带一路”沿线国家作为海外目标市场的背景下，必须做好顶层设计，进行精心谋划，在国家战略的宏观层面，推进两个战略之间的对接和联动发展，以实现国家战略的整体最大效应；在企业的微观层面，围绕提高国际竞争力的目标，积极稳妥地推进中国零售业“走出去”。

1. 发挥中国产业的整体优势，推动关联产业集群式“走出去”。根据波特的“钻石模型”，国家竞争优势的取得，关键在于生产要素、需求条件、相关与支撑产业、企业战略与同业竞争等四个基本要素，以及政府行为和偶然机会等两个辅助要素的整合作用。在六个要素条件中，政府对零售行业发展的政策支撑和保障，以及零售业与关联产业联动发展的决定性影响尤其值得关注。为了提高我国企业整合全球价值链的能力，必须考虑让有实力的企业利用自己的比较优势，重组“一带一路”沿线国家的产业和企业，以获得市场份额和技术开发能力。在这一过程中，通过推动以零售终端主导的全价值链关联产业集群式“走出去”，特别是可以优先落户在我国与“一带一路”沿边主要国家和地区共同建设的经济贸易合作区，这不仅是中国零售业跨国经营中有关市场进入以及竞争手段的选择，还可以利用中国产业在国际转移中产生的集群优势及其辐射和溢出效应，实现关联企业自身海外经营战略和“一带一路”国家战略之间的联动发展。

2. 积极发展跨境电子商务，建设“网上丝绸之路”。电子商务是我国具有全球竞争力的优势产业，近年来跨境出口电商的增速又远远超过传统外贸出口。作为新兴市场和发展中国家，“一带一路”沿线国家和地区又是重要的潜在市场，大力发展跨境电子商务可以有效拓展与沿线国家的贸易领域，丰富贸易型态，优化贸易结构，从而充实和丰富“一带一路”尤其是“贸易畅通”建设的内涵。为此，要按照“软硬结合、内外并举、纵横协调、政企合作”的方针，抓住机遇，重点推进面向“一带一路”沿线国家的跨境电子商务合作和发展，支持电子商务企业与“一带一路”沿线国家重要节点城市的对点合作，通过共建跨境电子商务交易平台、开展海外物流仓储设施建设及服务，利用现有的跨境支付渠道，以及建设电子商务支撑服务平台等多种形式，拓展电子商务国际市场，让跨境电子商务在中国零售业“走出去”中先行一步，成为我国国际竞争新优势，让“网上丝绸之路”成为全球价值链上亮丽的“中国渠道”。

3. 围绕国际竞争力目标，稳步实施中国零售业“走出去”战略。中国零售企

业以何种方式进入“一带一路”沿线国家，在很大程度取决于目标国市场的贸易政策和市场开放。从欧洲零售业的国际化进程来看，合资企业并不是跨国零售巨头首选的市场进入方式，即使在受政策限制以合资企业方式进入目标市场的案例中，合资企业也通常只在政策规定的期限内存续，一旦过了这一期限，合资企业要么被解散，要么被合资的一方所收购。在欧洲，只有三分之一的企业在合资6年之后仍然存在。基于这样的原因，在政策允许的框架下，跨国零售企业一般偏向于通过绿地投资建立全资企业，或者通过收购兼并进入目标市场。这些做法可以为中国零售企业进入“一带一路”沿线国家提供启示。

最近几年来，尤其是2014年商务部颁布新的《境外投资管理办法》以来，我国对外投资迅猛增长，对“一带一路”沿线国家的投资增长明显高于平均水平。其中，通过海外并购发生的对外投资尤其引人注目。海外并购可以作为国际化程度不高的中国企业的海外市场进入方式，但是，海外并购项目的成功与否往往受到包括政治因素在内的众多因素的影响，不是企业自身的经营能力所能决定，尤其是全球范围内零售业的并购案例败多成少。此外，并购本身能否达成预期效果也是值得关注的问题，前面提及的南京新百收购英国弗雷泽能否在中英两家老牌百货企业之间产生协同效应，实现双方互利共赢，值得持续观察[19]。

国际零售巨头在欧洲的跨国经营，特别是在东欧解体以后的经验表明，目标国市场的进入时间事关把握市场先机、掌握市场主动，从而决定企业经营的成败。所以，跨国零售巨头一方面会尽可能早地进入相对陌生的国家市场，另一方面从一开始就会做好失败的风险防范，把风险限制在可控范围之内。与此同时，进入时间的确定还要密切观察竞争对手的市场反应，分析消费者的接受程度，加强与工会、供应商以及国家机构之间的关系管理。

“一带一路”战略的实施已经取得积极进展，作为“一带一路”的倡导国，中国必须以更加积极的姿态，主动主导、引领和加强与沿线国家的战略对接、政策沟通和商贸对话，为中国零售业“走出去”创造良好的外部环境。

注释

[1] Alexander N. Retailers and international markets：motives for expansion [J]. International Marketing Review，1990，7 (4)：75 – 85.

[2] Dupuis M，Prime N. Business distance and global retailing：a model for analysis of key success/failure factors [J]. International Journal of Retail and Distribution Management，1996，24 (11)：30 – 38.

[3] Vida I，Reardon J，Fairhurst A. Determinants of international retail involvement：the case of large U. S. retail chains [J]. Journal of International Marketing，2000，8 (4)：37 – 60.

[4] Kacker M. Transatlantic trends in retailing: takeovers and flow of know – how [M]. London: Quorum, 1985.

[5] Palmer M. Retail multinational learning: a case study of Tesco [J]. International Journal of Retail and Distribution Management, 2005, 33 (1): 23 –48.

[6] Coe N M, Lee Y – S. We've learnt how to be local: the deepening territorial embeddedness of Samsung – Tesco in South Korea [J]. Journal of Economic Geography, 2013, 13: 327 –356.

[7] Colla E, Dupuis M. Research and managerial issues on global retail competition: Carrefour/Wal – Mart [J]. International Journal of Retail and Distribution Management, 2002, 30 (2/3): 103 –111.

[8] Bianchi C. The growth and international expansion of an emerging market retailer in latin america [J]. Journal of Global Marketing, 2011, 24: 357 –379.

[9] Alexander N. Retailing in international markets, 1900 –2010 [J]. Business History, 2013, 55 (2): 302 –312.

[10] Hutchinson K, Quinn B, Alexander N. The internationalization of small to medium – sized retail companies: towards a conceptual framework [J]. Journal of Marketing Management, 2005, 21: 149 – 179.

[11] Lenartowicz T, Balasubramanian S. Practices and performance of small retail stores in developing economies [J]. Journal of International Marketing, 2009, 17 (1): 58 –90.

[12] Akhlaq A, Ahmed E. Digital commerce in emerging economies: factors associated with online shopping intentions in Pakistan [J]. International Journal of Emerging Markets, 2015, 10 (4): 634 –647.

[13] Burt S. Temporal trends in the internationalisation of British retailing [J]. International Review of Retail, Distribution and Consumer Research, 1993, 3 (4): 391 –410.

[14] Lingenfelder M. Die Internationalisierung im europäischen Einzelhandel: Ursachen, Formen und Wirkungen im Lichte einer theoretischen Analyse und empirischen Bestandsaufnahme [M]. Berlin: DUNCKER & HUMBLOT, 1996.

[15] 商务部.2015 年度中国对外直接投资统计公报 [M]. 北京: 中国统计出版社, 2016: 5 –12.

[16] 朱瑞庭. 中国零售业“走出去”如何对接“一带一路”——一个理论模型 [J]. 商业经济与管理, 2016 (12): 5 –12.

[17] DTTL. Global powers of retailing 2017 [R]. New York: Deloitte, 2017.

[18] Li & Fung Research Center. Global retail development [R]. Hong Kong: Fung Group, 2012.

[19] 朱瑞庭, 尹卫华. 我国零售业“走出去”战略的支撑体系 [J]. 中国流通经济, 2014 (12): 68 –75.

泉州推进“21 世纪海上丝绸之路”经贸合作的思考

杨京钟①

（黎明职业大学 经管学院　福建 泉州　362000）

摘　要：“一带一路”国家发展战略，为丝绸之路沿线国家和地区提供了一个包容性巨大的经济发展平台，加快了中国与“一带一路”沿线国家之间的经贸合作。泉州作为古代“海丝之路”的起点城市，既是“海丝”重要的发祥地又是主要港口中心城市。泉州推进“一带一路”国家发展战略，从经贸合作的视角积极推进“21 世纪海上丝绸之路”战略，对建设新世纪海上丝绸之路具有独特地位和重要作用。

关键词：泉州；海上丝绸之路；经贸合作；优势

“21 世纪海上丝绸之路”由国家主席习近平 2013 年 10 月正式提出，随后升级为国家发展战略，进而形成了我国全方位的开放新格局，为丝绸之路沿线国家和地区提供了一个包容性巨大的经济发展平台。这无论是扩大和深化对外开放，融入世界经济、改善民生，还是应对金融危机、加快经济结构调整、互利多赢均有着现实的指导意义。[1]我们知道，泉州作为联合国唯一认定的古代“海丝之路”的起点发源城市，不仅是“海丝”重要的发祥地，而且是“海丝之路”的“东方第一大港”和主要港口中心城市，其具有独特的地位和重要的推进作用。尤其是在实施“一带一路”国家战略的当下，泉州作为我国首次 18 个改革开放典型地区之一，从地缘区位和经贸合作的视角积极推进“21 世纪海上丝绸之路”（简称“海丝”）战略，特别是立足自身的区位优势和资源禀赋，与时俱进，建设新世纪海上丝绸之路经贸合作是值得认真探究的热点和难点问题。

---

① 作者简介：杨京钟（1974 – ），男，湖北京山人，黎明职业大学经管学院教授。

一、泉州推进“21 世纪海上丝绸之路”经贸合作的现实意义

（一）“海丝”发展战略为泉州提供了千载难逢的历史机遇与发展契机

作为古代海上丝绸之路最重要的起点城市之一，泉州与“海丝”因缘独特，泉州是 10 到 14 世纪古代中国的海上经贸港口中心，中外海上丝绸之路的中心枢纽。从古至今经贸往来从未间断。目前，泉州已与 29 个国家和地区开设有国际海上贸易航线，截至 2016 年 12 月底，泉州共计利用外资额 52.96 亿美元，在“海丝”沿线国家或地区设立办事处 32 个。泉州目前有华人华侨 791 万人，作为久负盛名的侨乡，高达 90% 的华侨久居在东南亚等“海上丝绸之路”沿线国家。[2] 由此可见，泉州主动融入“海上丝绸之路”战略与建设，必将扮演不可或缺的角色，具有“天时、地利、人和”的独特比较优势和区位优势，也为泉州经济社会发展提供了千载难逢的历史机遇与发展契机。

（二）“海丝”战略为泉州建设“21 世纪海上丝绸之路先行区”，加快创新转型，搭建了沟通协作平台

当前，泉州正积极融入“海丝”国家战略，以“文化引领、经贸合作、互联互通、互惠互利”为主线，以道（航）路联通、贸易畅通、民心相通、货币流通、政策沟通的“五通”方式为主攻目标，进而互通有无，大力推进经贸合作。一是积极开拓东盟、南亚、中东等“海丝”沿线国家或地区的国际市场。这些新开拓的新兴国际市场的重要性在泉州“海丝之路”对外经贸中的地位和作用日趋凸显。[3] 二是建立健全“海丝之路”的对外开放型经济产业结构体系，促进海丝沿线国家或地区自由化、便利化，积极拓展同海丝沿线国家在各个领域的经贸合作。三是共建互联互通的“海丝之路”沟通与协作平台。构建更加紧密的投资、经贸、交通等经贸联系。为此，泉州凭借其经济体量大、工业基础雄厚、民营经济发达、万商云集的比较优势，不断激发国际国内两个市场的活力，促进贸易和投资便利化。通过“海丝”战略实施与建设，力争泉州能够担当“海丝”建设的“排头兵”和“试验田”，加快自身的产业创新转型、实现跨越发展。

二、泉州推进“21 世纪海上丝绸之路”经贸合作的主要优势

（一）宏观政策优势

泉州为深入推进“海丝”经贸合作，在机构制度和宏观政策上先行先试，具有自身独特的优势。一是泉州成立了“21 世纪海上丝绸之路经贸文化合作先行

区”建设推进协调领导小组，从组织结构上完善宏观管理的体制机制。二是委托编制《泉州建设海上丝绸之路先行示范区战略规划》工作，制定了具有泉州地域特色且执行力强的《泉州市建设21世纪海上丝绸之路经贸文化合作先行区行动方案》，以指导泉州推进“21世纪海上丝绸之路”经贸合作。重点在经贸合作、“海丝”港口复兴、发挥侨力、双向投资贸易、智能制造、金融创新等十大领域开展“海丝之路”的经贸合作，以充分发挥泉州“海丝”起点城市在贯彻落实国家“一带一路”重大倡议和省核心区建设方案中的示范和引领作用，最终将泉州建设成为在“海丝之路”沿线国家或地区具有重要影响力的国际化城市。由此可见，泉州在推进”海丝”经贸合作方面的宏观政策优势显著，政策协调和自身的推进合力强劲。

（二）经济贸易优势

一是民营经济发达是泉州具备经贸合作的经贸优势。众所周知，泉州的特色即是民营经济，经济总量中形成“十分天下有其九”的格局。作为福建省的三大中心城市之一，一方面泉州民营经济发达，截至2016年底，现有各类民营企业法人单位数达10162家，个体工商户数共计25万余家，民营经济增加值高达6047亿元，民营经济中第三产业增加值占民营经济增加值比重达到30.7%，年产值超百亿元的民营工业企业7家；另一方面，泉州各县市区均有自身特色的民营产业经济群，如晋江是中国鞋都、石狮乃中国服装名城、南安为中国建材之乡、泉港是崛起中的世界级石化基地、惠安则是中国石雕之乡等，这些县域经济已形成了具有规模、品牌效应和系统优势、成本优势、竞争优势的民营经济产业集群。泉州GDP和民营经济总量连续18年位居福建省9地市之首，各项主要经济指标完成额约占福建省的1/4。[4]而且千年的丝绸之路给泉州注入了源远流长的商业活力，泉州的民营企业家有着“敢为天下先”和“爱拼才会赢”勇于拼搏的人文精神，造就了一代又一代的泉商经贸群体，使其在商业大潮中有足够的发展空间和经济地位，特别是在国内外经济困难时期起到关键的支持、引导作用，成为建设“海丝”的强大支撑点。

二是贸易基础是泉州具备经贸合作的首选优势。早在宋元时期，泉州港就被称之为“东方第一大港”，与海丝沿线的东南亚和中东有着悠久的经贸历史往来。根据泉州海关2017年2月统计，截至2016年12月，泉州与“海丝”沿线国家的国际贸易进出口总额高达50.5亿美元。泉州加快推动“21世纪海上丝绸之路”国家战略建设，开拓同东南亚国家、中东等国家或地区物流、农业、石化等的互利共赢合作，加快“走出去”的行动步伐。特别是作为联合国教科文组织认定的“海上丝绸之路起点城市”，泉州与“海丝”沿线的经贸交流发展潜力巨大，且正焕发出蓬勃生机。

三是新兴产业是泉州具备经贸合作的产业发展优势。泉州以纺织服装、鞋业等传统制造业闻名入世。截至2016年底，泉州纺织服装、鞋业、石化三大产业的销售收入占其制造业销售总收入的一半，泉州的电子信息、光电、石化等新兴产业逐渐成为其经济增长的新引擎。此外，船舶修造、新材料、生物制药业、新能源等战略性新兴产业也蓬勃发展，成为推动全市工业经济增长的主要贡献力量和推进"海丝"建设的重要产业支撑。

(三) 社会文化优势

一方面，人脉资源是泉州具备经贸合作的侨亲优势。山没有脉，无所谓雄伟，无所谓延绵万里；叶没有脉，难以亭亭玉立，风难以遮挡雨；人若无脉如同离开水的鱼，无法乘风破浪，创造辉煌。因此，由人际关系而形成的人际脉络资源能顺风顺水，谋划大事，是通往财富、事业成功的入门票。泉州作为福建乃至我国久负盛名的侨乡，分布在全球的泉州籍华侨华人高达791万人，占福建省华侨总数60%；泉州不仅拥有影响广泛的"世界泉商"群体，而且体现侨商资源的人脉优势凸显，呈现"五个人脉泉州"的特点，即本地的泉州（836万）、海外华侨的泉州（791万）、台湾的泉州（900万）、祖籍是泉州（900万）、国内异地的泉州（100多万）。特别是泉州在海外的华侨华裔791万人中90%左右居住在东南亚等"海丝"沿线国家。这些旅居他乡的泉籍乡亲已成为"海丝"沿线国家和地区社会经济发展的核心经济支柱。他们热爱祖国、热爱家乡，具有很强的经济实力和社会活动能力，与泉州祖籍地保持相当密切的联系，是泉州建设"海丝"先行区，推动与"海丝之路"沿线国家或地区经贸合作交流不可或缺和借助的重要力量。基于此，广阔而独特的人脉资源是泉州推动和建设"海丝"发展战略的优势之一。另一方面，文化认同是泉州具备经贸合作的人文优势。泉州是我国古代海上丝绸之路的起点，唐朝时为世界四大口岸之一。同时也是联合国教科文组织授予的"世界多元文化展示中心"、国家首批（1982年）历史文化名城。文化的认同感增进了"海丝之路"沿线国家和地区人民之间的文化交流与相互信任，必然推动"海丝"经贸、旅游、文化更加紧密的交流与合作。

(四) 科学技术优势

港口航运是泉州具备经贸合作的科技基础优势。泉州港自古久负盛名，历史上有三湾十二港之称。目前泉州现有泉州湾、湄洲湾、深沪湾、围头湾四大港湾，深水良港多，可建万吨以上的深水泊位123个，特别是位于湄洲湾南岸的惠安斗尾港是世界不多、中国罕见的天然良港。目前泉州港成为海西三大港口（福州港、厦门港）群之一，已迈入亿吨大港行列，而且外贸航线和吞吐量均居福建乃至海西前列。由此可见，泉州港口公共基础设施健全，与港澳台、东盟和西亚沿海各国的港口航运业合作发展潜力巨大，在"海丝"战略建设中必将抢抓机遇，开拓外贸往来。此外，泉州抓住"中国制造2025"示范区发展机遇，从科技上推进

“泉州制造”向“泉州创造”发展，科学引导泉州制造向“海丝”沿线国家或地区“走出去”，相互取长补短、合作共赢。

三、推进泉州“21 世纪海丝”经贸合作的对策与建议

（一）以“福建自贸园区”获批建设为契机，借当前实施“海丝”战略东风，泉州主动融入和同步对接福建自贸园区，对接台湾产业转移，创造泉台双赢

突出对台自由贸易是“福建自贸园区”和泉州产业对接最大的特色之所在，也是国家批准福建自贸园区的主要原因。为此，泉州应抓住机遇，借当前“海丝”发展东风，紧密同步对接福建自贸园区建设，创造泉台产业集聚合作双赢。当前台湾建设以“六海一空”为核心的自由经济示范区，为对接台湾的产业经济转移，泉州应秉承“立足综改、借鉴上海、对接台湾、先行先试”的发展理念，主动对接台湾的“六海一空”自由经济示范区及其发展战略。在具体的产业对接中，一是实施政策和机制的对接。对台先行先试，扩大对台开放，深化泉台产业合作，以更加开放和特殊的政策措施，创新实施更加灵活而高效的管理体制和运行机制。二是实施泉台行业企业对接。泉州应审时度势加强对接对台的六大新兴产业和十大现代服务业，这是泉台产业合作对接的前提和基础。三是实施泉台产业对接。海峡两岸均面临产业转型升级和现代服务业做大做强的现实发展问题，鉴于此，泉州需主动对接台湾重点发展的产业。台湾在其自由经济示范区中明确提出，重点发展十大新兴产业和十大现代服务业，突出智慧运筹、国际医疗、农业加值、产业合作等四项优势产业作为对大陆合作的优先示范产业。而泉州在新一代信息技术、对台经贸、国际贸易、金融服务、现代物流、服务贸易等方面具有自身独特而雄厚的产业基础和资源禀赋优势。四是实施泉台产业深度合作对接。泉州在生物科技、金融服务、文化创意、观光旅游等新兴产业领域，与台湾均有很大的合作空间。因此，泉州需要重点发展六大新兴产业和六大现代服务业（如表 1 内容）。未来可建设两岸新兴产业创新研发示范基地和高端产品制造基地，扩大对接船舶、生物医药、大型基础设施设备业务。五是实施“福建自贸园区”同步对接。尽管泉州不属于福建自贸园区建设范围，但泉州对台合作由来已久，其独特的地理区位、产业经济、侨乡亲情、港口贸易等是开展对台合作和对接泉台产业转移具有与厦门、福州和平潭更具得天独厚的比较优势和禀赋资源。泉州应充分利用对台地域、文化优势和资源禀赋优势，同步对接“福建自贸园区”对台经济合作：（1）促使泉州国家级金融综合改革试验区和“福建自贸园区”的金融服务同步对接，今后可建设泉台区域性融资租赁业集聚区，开展两岸金融业务；（2）建设两岸跨境贸易电子商务基地；（3）建设泉台冷链物流中心，通过主动融入，敢闯拼、

强融入、重建设，使泉州成为海峡西岸和“福建自贸园区”建设中不可或缺且最具竞争力的现代生产型服务业集聚区。通过泉州自身的不懈努力，未来促使国家将泉州纳入“福建自贸园区”建设范围，使之在更广泛的领域拓展泉台产业合作。

表1　泉台产业合作与产业对接一览表

台湾产业	泉州产业	合作领域
新一代信息技术	对接物联网、云计算、电子信息产品制造业、软件、动漫制作，打造物联网通信传输产业基地、中国国际信息技术（福建）产业园、海西（泉州）云计算产业园、泉州软件园等重要基地。	推动以物联网、云计算、软件、信息服务为代表的新兴信息产业快速发展。(1) 构建以 OTN 和 IP 承载网为核心的下一代固定宽带网；(2) 建设政务云平台、容灾平台及统一的资源调度管理平台；(3) 推进传统制造业“两化”（信息化与工业化）深度融合；(4) 推进电子商务全面应用；(5) 打造智慧旅游信息化服务支撑体系；(6) 构建智慧农业信息化服务支撑体系。
生物科技	对接生物医药产业；农产品（茶叶、花卉、果蔬等）种植与深加工制造业。	(1) 泉州（永春）生物医药产业园（天然植物药种植、生物制药加工、药品流通贸易）；(2) 台湾农产品培育、种植、生产与贸易；(3) 创造一批国内外知名品牌产品。
金融服务	融入泉州国家级金融综合改革试验区，加强泉台、闽台金融服务交流与合作。	(1) 构建泉台区域性融资租赁业集聚区；(2) 开展泉台离岸租赁业务；(3) 实施跨境人民币贷款业务；(3) 建设闽台货币清算中心，便利经贸合作和货物清算。
文化创意	对接台湾影视、图文出版、流行音乐娱乐、设计创新、广告产业、设计产业、工艺产业、数字休闲娱乐产业、设计品牌时尚产业、创意生活产业等。	(1) 以创意设计和动漫产业为主建设鲤城 183 创意集聚区、M9 艺术工厂。(2) 对接 T 淘园、六井孔音乐、源和创意、领 SHOW 天地文化广告创意园、锦绣庄民间艺术园、晋江创意创业创新园、洪山文化创意产业园、五店市传统街区、中国包装印刷产业（晋江）基地、石狮星期 YI 服饰创意博览园、惠安雕艺文化创意产业园、安溪家居工艺文化产业园、南安工业设计与创意产业园、永春中国工艺香集中区（永春香品产业园）等文化产业园。

续表

台湾产业	泉州产业	合作领域
观光旅游	发挥“五缘”优势，积极开拓对台旅游市场，构建旅游行销共推机制，着力打造泉台精品旅游线路和产品，打造两地旅游品牌。	合作开展宗教朝圣游、寻根谒祖游、名人史迹游、民俗风情游、台湾青年学生休闲游、闽南文化游、博物馆游、古城一日游、滨海度假游、健康生态游、品牌购物游等旅游产品和旅游线路，吸引泉台游客双向旅游。
现代物流	对接泉州湾中心港区、肖厝港区、斗尾港区大宗货物海铁联运物流枢纽港；引导和吸引台湾物流企业入驻泉州九大综合物流园区；力争将泉州建成全国性物流节点城市，使现代物流业成为我市重要主导产业之一。	（1）建设紧密对接我市的泉港石化物流园区等九大综合物流园区；（2）建设四大物流分拨中心。
服务贸易	对接台湾服务贸易的对外输出，设立科学区、工业区生产商品出口；对接泉台“高价值劳力密集产业”集群。	（1）深化泉台服务外包、旅游服务贸易等现代服务业合作；（2）建设金融、文化创意、信息咨询、电子商务等智力密集、技术密集和高附加值的现代服务贸易；（3）打造泉台贸易服务中心，如台湾商品营销中心、区域性大宗商品交易中心、服务贸易商大陆服务中心等。

（二）对接东盟和中东是“海丝”经贸合作建设的重点，泉州实施“走出去”发展战略，与东南亚国家深化国际贸易

建设”海丝”为泉州企业实施“走出去”战略指明了方向，也为泉州民企“走出去”开拓了新的市场和发展机遇。泉州在产业合作上与海上丝绸之路国家产业发展互补，泉州企业不应只是地方企业，还应积极主动走出去，比如在非洲投资建厂，非洲当地的劳动力成本比国内低，泉州企业特别是劳动密集型企业在新兴市场大有作为。殊不知，世界经济发展的规律是：第一步进行贸易，第二步进行投资，泉州企业“走出去”恰逢其时。

首先，泉州应构建常态化、规范化的经贸合作交流体制机制，组建“21 世纪海上丝绸之路商务合作机制”联络机构。众所周知，泉州是我国东南沿海重要的制造业基地和品牌之都，拥有 120 多个中国驰名商标，作为历史上东西方文化的聚集地、交汇点，应继续深化与东南亚等国家或地区的商会、经贸促进会等的经贸合作。其次，丝绸之路经济带战略涵盖东南亚经济贸易深化合作，走互惠互利

的发展共赢之路。一方面泉州应继续打造“海丝”先行区，重点开展东南亚紧密性合作，努力开拓东南亚、南亚、西亚等非洲和印度洋沿岸新兴市场；另一方面，泉州应充分与联合国工业发展组织紧密合作，帮助泉州企业在内的中国企业走出国门，走向海丝沿线国家和地区，强化海上丝绸之路经济带建设，力争成为“海丝”建设的“排头兵”和“试验田”。最后，在对外贸易方面，鼓励泉企到“海丝”沿线国家和地区尤其是东盟参展、办展、设立贸易中心；每年度举办2－3场泉州特色优势出口产品贸易推介活动、“海上丝绸之路品牌博览会”、“泉州品牌海丝行”系列展销活动等。充分利用侨乡、侨商资源优势，推动“海丝”重点招商项目东南亚、南亚、西亚、非洲东海岸等在“海丝”沿线国家或地区开展“出境加工”等国际经贸合作业务。第四，政府要重视国别间和区域间经贸合作机制与平台建设，积极引导民营资本参与，继续推进“中国－沙特阿拉伯”石化产业合作泉州园区建设，中兴海丝跨境电子商务服务平台等基础设施建设；推进承载“海丝”贸易的园区和平台建设，打造海丝网上新兴市场，推动泉州21世纪新丝路品牌的国际化，努力将泉州打造成为“海丝”的战略枢纽城市。

（三）架设“侨”梁、搭建“乡亲桥”，充分发挥泉商、华侨的人脉和侨务资源，联通内外，助推海上丝绸之路经贸建设

建设“海丝”要充分发挥华人华侨的重要桥梁和纽带作用。如前所述，人脉资源是泉州具备经贸合作的侨亲优势，即本地的泉州（836万）、海外华侨的泉州（791万）、台湾的泉州（900万）、祖籍的泉州（900万）、国内异地的泉州（100多万）等“五个人脉泉州”。泉州应凭借得天独厚的侨亲人脉优势，围绕“以侨胞为桥梁、以经贸为主线、以联谊为纽带、以文化为载体”的发展理念。具体而言：一是以“侨”为中介，实施“走出去”战略。泉州侨亲可直接与华人华侨合作投资，实现优势互补、共同发展。或者帮助国内企业克服投资进入障碍，了解当地经济社会发展需求、产业结构转型、资源投入等，降低对“海丝”沿线国家或地区的经贸投资风险。[5]二是以“侨”为纽带，织就侨亲营销网络，借助“海丝”沿线的华商经贸网络融入当地市场，抢占市场。三是以“侨”为引领，开展海外招商引资引智。通过遍布海外的广大华侨，充分发挥泉商和闽商的作用推动海丝沿线国家产业转移和经贸合作，进一步打响侨乡品牌。四是以“侨”为示范，发扬“丝路精神”。秦汉以来形成的“丝路精神”即是在恶劣的环境中强化交流与合作而发扬光大、枝繁叶茂的。

（四）优化港口资源，以东南国际航运中心为载体，推进与“21世纪海丝”的互联互通，强化外向化经贸合作

泉州是海上“丝绸之路”的起点城市，中华海洋文明的发祥地、核心区、富集区，现存丰富的海洋文化和海洋资源，是国内其它“海丝”城市无可比拟的。

为此，整合泉州海洋资源，实施港口资源的优化配置，以东南国际航运中心为载体，推进“海丝”的互联互通，同时增强对外经贸文化交流的综合承载力。一是重振古海丝雄风，实施泉州古港复兴计划，加快港口重点项目建设和基础设施建设，完善综合配套服务体系，提升港航企业实力，拓展港口辐射圈。二是完善泉州临港复合交通体系，积极开辟国际航线，完善泉州—东盟、中东主要港口城市合作网络和机制，共同促进环海丝相关国家港口竞合发展。根据国际经贸需求加密货运航线，加强与东盟各国港口城市间的互联互通，争取到2020年泉州港与“一带一路”的海上航线达30条以上，形成“海丝”货运快速通道。三是推动泉州、台湾和海丝沿线国家三地港口竞合发展，同时探索实施区域大通关协作机制，实现“三互”，完善大通关管理体制，改善大通关整体环境，畅通国际物流大通道，建设“信息互换、监管互认、执法互助”的“关贸港”一体化信息对接平台，提高管理效率。此外，打造对接泉州沿海面向东盟的进出口国际物流大平台和畅通东南亚、中东、非洲沿岸国家的沿海物流大通道，共同提高服务外贸水平，共同维护进出口贸易秩序。四是加大泉州口岸通关环节的疏导，简化通关手续，提高通关实效，吸引周边地区（龙岩、三明、南平、赣东南等）的“海丝”货源来泉中转，打造中转枢纽，[6]为泉州乃至同我市实施“山海协作”地市的行业企业“走出去”提供更为便捷的服务，推动海上丝绸之路海洋航运建设，与海丝沿线国家和地区实现互利共赢。

综上所述，新丝路、新机遇、新挑战。当前，泉州正以建设“一带一路”尤其是“海丝”国家发展战略为历史契机，率先提出建设“21世纪海上丝绸之路先行区”的宏伟目标，深化打造泉州经济升级版、改革创新示范区、生态宜居幸福城“三大战略”布局。这是国家发展战略与泉州区域定位的有机契合、历史与现实的交汇。在“爱拼才会赢”闽南独特的精神指引下，泉州正以开放的气度、“海纳百川、有容乃大”的胸襟实施“海上丝绸之路”战略，合作共赢、互惠互通。力争古代海上丝绸之路的起点城市泉州成为21世纪我国深度融入世界经济的重要城市和对外开放的重要窗口，为我国“海丝”战略实施与建设发挥自身应有的贡献。

注释

[1] 吴崇伯．福建构建21世纪海上丝绸之路战略的优势、挑战与对策［J］．亚太经济，2014（6）：109－113.

[2] 周建标．泉州发展海上丝绸之路文化旅游的形式和途经［J］．福建省社会主义学院学报，2016（2）．222－228.

[3] 杨洸．泉州海上丝绸之路研究综述［J］．泉州师范学院学报，2016（5）：29－34.

[4] 福建省人民政府发展研究中心课题组. 福建建设21世纪海上丝绸之路核心区的研究报告 [J]. 发展研究, 2015 (6): 4-13.

[5] 王少泉, 谢国财. 福建在海上丝绸之路中地位变迁研究 [J]. 福建论坛 (人文社会科学版), 2016 (10): 222-228.

[6] 张占仓. 建设"丝绸之路经济带"的国家战略需求与地方策略 [J]. 区域经济评论, 2015 (3): 81-83.

践行一带一路发展战略
助推军工电子企业国际化经营

吴宇迪①

（中国电子科技集团公司　安徽 合肥　230088）

摘　要： 通过分析一带一路战略对电子信息行业的深远影响，对我国电子信息企业发展国际化业务提出启示。以中国电子科技集团公司为例，研究在一带一路背景下，军工电子企业未来中长期发展规划的思路、目标和路径，提出以建设“世界一流创新型领军企业”助推国际化经营的新思路，并分析了产品和服务、国际品牌、企业管理、地缘政治等四个方面的军工电子企业国际化经营路径和方法，有助于我国电子信息行业更好践行一带一路战略。

关键词： 一带一路；电子信息行业；国际化；军工电子

我国“一带一路”发展战略源自于2013年9－10月，中共中央总书记、国家军委主席习近平在访问中亚、东南亚诸国时先后提出的多个发展中国家共同建设和发展“丝绸之路经济带”与“21世纪海上丝绸之路”的创举，立刻得到国际上的普遍认同，简称为一带一路[1]。2015年3月28日，国家发改委、外交部、商务部联合发布《推动共建丝绸之路经济带和21世纪海上丝绸之路的愿景与行动》，明确提出我国推动一带一路的实施路线图和时间表，正式标志着一带一路成为国家战略[2]。随后，国家“十三五”规划中，也将一带一路作为重要内容，提出发展方向、目标与具体措施。一带一路战略的提出是国家新型整体战略的重要组成部分，一带一路实施的成败，已成为我国实现“十三五”战略目标、实现“两个一百年”宏伟目标和中华民族伟大复兴中国梦的关键，也为国内企业“走出去”开拓新格局，践行“中国制造2025”和打造“世界一流”创新性领军企业提供空

① 作者简介：吴宇迪（1983－），男，黑龙江牡丹江人，管理学博士，中国电子科技集团公司第三十八研究所工程师。

前的机遇和广阔的空间[3]。

一、一带一路发展战略对电子信息行业的深远影响

（一）宏观形势

以创新驱动为代表的新型增长模式正在加速电子信息行业的转型升级，跨界、交互、竞合的新型企业生态格局正在逐渐成型，电子信息技术领域作为全球高科技资源与人才聚集、最具变革性、技术更新产品升级速度快的典型代表，其竞争态势已日趋多元化[4]。随着不断涌现的新技术、新模式与新理念，全球电子信息行业领军企业均向未来市场空间巨大的云计算、大数据、人工智能等技术和产品领域抛出"橄榄枝"，投入大量资源，布局新兴产业[5]。

我国政府提出的深入推进"供给侧结构性改革"也得到国内企业的积极响应，很多企业通过跨国并购、技术合作、引进国外人才团队等方式抢占新市场或补短板，增强核心竞争力。从全球电子信息产业的发展形势来看，软硬件服务一体化、完整解决方案供应、全球资源整合、军民融合发展正逐步演变为未来发展的大趋势[6]。在产业转型升级推动产业融合、跨界发展的同时，电子信息行业的竞争也不断加剧，同质化的产品和低端的技术将被挤出市场，国际政治、经济、社会秩序将助推对行业内企业资源的"重新洗牌"。

一带一路、"走出去"等国家战略对国内电子信息企业国际化经营提出了新的要求，将促使国际化业务成为此类企业发展的新动能和新的经济增长极。"十三五"乃至更长一段时间，我国将致力于构建全方位对外开放的新格局，一带一路战略布局的有序开展，将推进实现亚、欧、非地区多达65个国家的共同发展[7]。

（二）机遇与挑战

一带一路战略为电子信息行业发展带来巨大机遇，同时也对我国电子信息企业发展带来严峻的挑战，但机遇大于挑战。

1. 发展的机遇

（1）一带一路战略将促使亚太、非洲、拉美等发展中国家，以及沿途的中亚、东南亚、欧洲等地区的发达国家不断加强对外合作。

（2）政治格局趋于多极化发展，我国的影响力正在逐步增强。随着全球经济复苏放缓，美国、欧元区、日本的影响力在相对下降，传统经济体制和发展模式的潜能已消退，世界经济发展需要新的、多元动力支撑，大国间的合作趋势已日渐明朗。

（3）重点国家需求突出。受世界金融体系压制，一带一路沿线的发展中国家经济增长乏力，深陷"流动性陷阱"。例如，中国与巴基斯坦全天候战略伙伴关系

需要进一步强化；缅甸民选政权上台不久，国内局势不稳；伊朗防范美国、以色列的经济、军事双重威胁；沙特阿拉伯反恐维稳；阿尔及利亚、苏丹、津巴布韦、巴西、阿根廷、委内瑞拉和古巴等国家也都有强烈的电子信息产品和技术采购需求。

（4）我国为主导的国际金融经济新秩序正在建立，新兴市场主体在资本市场的话语权正逐步加大。上合组织开发银行、金砖国家开发银行的建立，将重构国际金融安全网；亚洲基础设施投资银行57个创始成员国的加入、丝路基金400亿美元的推进，人民币国际化的稳步开展，都将改善我国在亚太地区乃至全球的金融环境，并有力保障发展中国家和地区的基础设施建设快速发展。

（5）上海经合组织、欧亚经济联盟、中国－东盟（10+1）、中日韩自贸区等为电子信息企业的国际化经营提出了新的要求。目前，我国电子信息企业，如华为、中兴、航天科工、中国电子等均重点从加快基础设施、支持技术业务创新、推动跨国融合发展、加强开放共享合作等四个方面，成体系推动“网络强国、中国制造2025、互联网+”等战略计划“走出去”，推动信息技术与当地经济社会发展的深度融合，积极拓展国内品牌在电子信息领域的国际影响力和话语权。

2. 面临的挑战

（1）复杂多变的国际经济形势与政治环境使我国国家安全和经济发展面临一系列挑战。局部地区动荡持续，世界各大经济体复苏进度分化明显，朝韩、印巴、中日等地区热点与敏感问题频发，美国将东盟多个国家拉入TPP谈判，妄图瓦解亚太和平发展与一带一路战略格局。

（2）发达国家重点发展先进制造业，加速进入“工业4.0”、“新硬件”、“人工智能”时代，新兴经济体和发展中国家加速发展具有比较优势的产业，分别在电子信息产业链高端和价值链关键环节对我国企业形成“挤压”效应。

（3）全球电子信息技术领域的产业结构调整和转型升级要求不断加大，我国企业在技术研发上的投入和转型方向上把控有所不足。此外，各种原材料、能源、配套产品及人工等成本持续上涨，国际业务利润趋薄已成为新的发展难题。

（4）部分核心关键技术和关键元器件仍然依赖于国外进口，国际技术垄断问题成为制约我国电子信息行业发展的瓶颈，品牌国际形象和影响力不足也是限制国外企业国际化竞争力的关键。

二、一带一路下的军工电子企业国际化经营战略

（一）中国电科发展概况

中国电子科技集团公司（以下简称“中国电科”）成立于2002年，是中央直接管理的国有重要骨干企业、国务院授权的重要投资机构、十大军工集团之一，

《财富》杂志世界500强企业排名408位。

经历十四年的发展，中国电科已发展成为国内覆盖电子信息全部领域的大型科技集团，国内能够同时为各军兵种全方位提供信息化装备的军工集团，国内为各种平台提供各类核心元器件的企业集团，国内在网络信息体系规划与建设、信息化装备研制生产、网络信息服务方面实力最强的中央企业。

作为深耕于国防现代化和国民经济信息化建设的军工电子“国家队”和电子信息技术领域“主力军”，中国电科现有下属二级单位66家，三级及以下单位543家，上市公司8家，分布在全国26个省、市、区。拥有国家级重点实验室18个，国家级研究中心和创新中心10个，省部级和集团公司重点实验室14个，博士后科研工作站20个。现有中国工程院院士11人，有突出贡献中青年技术专家36人，享受国务院特殊津贴574人。

中国电科一直将国际化经营作为主营业务之一，历来重视“预警机”等军工电子装备出口和民品出口。截至2016年底，中国电科已在境外设立了38个分公司、40个办事处，国际化经营专职人员2300余人，其中外籍雇员701人。

中国电科通过不断创新与努力建设，现已形成“安全、智慧”两大类产品集合，为开展军品出口、民品出口、海外工程、海外投资与融资、国际化合作与交流等业务建设提供优质的产品保障。

（二）“十三五”国际化经营战略

据相关资料显示，一带一路战略的规划期约为35年，将分三步走，是一项长期的国家战略。在未来的具体实施中，代表国家军工电子企业的中国电科势必扮演至关重要的角色，发挥积极的作用。

1. 发展思路。以服务国家外交战略实施的建设“世界一流创新型领军企业”为目标，以“安全、智慧”事业为后盾，坚持“业务统筹、互利共赢、安全有序、品牌塑造”发展原则，充分发挥军民深度融合优势，打造具有国际竞争力的拳头产品，确保到2020年实现国际化业务600亿元以上收入目标。塑造覆盖全球市场的“电科系”品牌形象，以国际合作提升产品、产业、服务全面升级，切实提升国际化经营能力和国际市场竞争力。

具体措施包括：由集团公司整体面向国际市场，策划旗舰项目拉动国际业务增长；加强以军贸出口为核心、民贸出口为重要利润增长点；以改革促发展，探索国企国际化经营的体制机制改革，为国际化提供保障；加强对海外营销渠道和分支机构的矩阵式管理；积极争取各类政策和资金支持，利用上市公司平台，加强国际资本运作；积极参与政府间、国家间合作，推进国家重大科技专项的关键技术引进与合作，在全球范围内优选合作伙伴和开展主导产业合作，积极尝试合作生产、合作经营、合作研发、合作产业园等多种模式，拓展合作规模和领域。

2. 战略目标。到2020年，传统优势市场不断巩固扩大，中东、南美、非洲、中欧等重点新兴市场开拓取得明显成效，全面深耕巴基斯坦、埃及、伊朗、东南亚等主导市场，不断提高中国电科产品的市场占有率和市场话语权；全力打造以预警机、光伏产业等为代表的重点项目，形成国际市场全面布局、体系化产品带动、国际业务规模效益不断提升的良性发展态势；以海外代表处为中心，联合下属成员单位建设覆盖全球重要区域的国际经营网络；国际合作不断取得新突破；具备较强的境外人才、科技等资源利用能力及境外资本和资产运作能力；品牌体系知名度和国际影响力显著提升。

三、建设“世界一流创新型领军企业”的发展路径

2016 年 7 月，习近平总书记在全国科技创新大会上，明确提出要建设“世界一流创新型强国”目标，电子信息技术领域企业必须充当“排头兵”，借一带一路发展战略的契机，率先建设成为“世界一流创新型领军企业”。任何企业想要追赶世界进程、成为世界一流，就必须重视国际化经营，不能只做“一锤子买卖”和“提篮叫卖”。调研发现，企业国际化经营基本上可以分为三个阶段：卖产品出去，在国外做投资、建渠道，全球平台下的本土化运营、整合资源。多数国内企业止步于第二阶段，原因是对发展路径规划不清晰。经过大量案例研究和综合分析，国内电子信息行业企业国际化经营必须从以下四个方面着手。

1. 产品和服务。要对用户和市场进行充分调研，根据具体需求细分市场，提供灵活、定制的差异化产品，在满足国际标准基础上形成真正有国际竞争力的产品，并提供后续售后和升级服务。对服务水平也提出挑战，缺少经营实体和足够的服务人员是制约国内企业国际化经营的短板，服务水平是很多国家和地区衡量产品性价比的重要指标，我国一带一路发展战略成败的关键就在于能否提供符合沿途国家需要的“拳头”产品和服务。

2. 国际品牌。形成高识别度和高形象质量的品牌是国际化业务最大的价值体现。品牌价值代表客户对产品和服务的认可度和忠诚度。首先，要研究和利用国际商标、专利保护制度，研发和申请具有自主知识产权的核心技术，并形成较为完备的产品体系。其次，通过有国际影响力的事件活动来提升品牌价值是最有效的途径，例如，奥运会、军演、航天、国际化大工程建设等。最后，将产品和服务的附加值覆盖在品牌之上，才能真正不断向价值链高端上升。

3. 企业管理。现代管理学的整个理论体系基本上都来自于国外，很少有成体系的中国企业现代管理的理论与文化。很多国外学者对中国管理学的认识和理解都是对古代管理思想的“只言片语”。我国的企业要走向世界，除了要学习、理解国外的企业管理知识，还要形成既符合自身发展规律又被西方认可的管理理念，只有找到双方都适应和认可的管理基础，双方的合作和共赢才是可持续的。

4. 地缘政治。各国由于地域文化的不同，导致外交、经济、历史、法律、生

活习俗等方方面面存在差异和约束，国际法以及一些国际公约也是不能忽略的因素。例如，中国电科参与的平方公里阵列（SKA），就是一个由十多个国家共同参与的国际大科学工程，参与SKA的各个国家在澳大利亚、南非建设天文望远镜时，当地就提出必须遵守的税收、环保、劳动法等政策，不仅增加了项目成本，还为项目执行增加了诸多不便。最终经过多国努力，SKA由一家英国注册公司转换为国际政府组织，享受优先于任何一国当地法律的政策优惠。

四、结论

以上分析，为我国电子信息行业企业在一带一路战略背景下发展国际化经营业务提供了参考和战略分析。总体来说，一带一路已上升为国家战略，为我国军工电子企业提出了新的要求和挑战，能否抓住发展机遇，谋划和实施国际化经营战略将决定企业未来发展的成败。

在新的历史时期，一带一路为电子信息行业打开了一扇重要窗户，为以中国电科为代表的我国军工电子企业提供了前所未有的发展机会和宽广的国际舞台，军工电子企业应牢记使命与责任，牢记“引领电子科技、构建国家经络、铸就安全基石、创造智慧时代”的企业使命，致力于安全和智慧两大事业，打造值得信赖、依靠的“大国重器”，努力成为电子信息领域具有全球影响力的“世界一流创新型领军企业”。

注释

[1] 习近平．关于《中共中央关于全面深化改革若干重大问题的决定》的说明[EB/ON]．新华网．2013－11－15.

[2] 蒋希蘅，程国强．国内外专家关于“一路一带”建设的看法和建议综述［J］．中国外资，2014（10）：30－33.

[3] 王义桅．“一带一路”机遇与挑战［M］．北京：人民出版社，2015.

[4] 詹君恒，吕庆华．影响中国创意产品出口“一带一路”国家的主要因素研究［J］．华侨大学学报（哲学社会科学版），2016（5）：101－110.

[5] 王要武，吴宇迪，薛维锐．基于新兴信息技术的智慧施工理论体系构建［J］．科技进步与对策，2013（23）：39－43.

[6] 吴建南，郑长旭，姬晴晴．“一带一路”战略实施与国际科技合作创新［J］．情报杂志，2016（4）：32－36.

[7] 杨韶艳．“一带一路”建设背景下对民族文化影响国际贸易的理论探讨［J］．西南民族大学学报（人文社科版），2015（6）：38－42.

第二篇

文化产业与创意城市建设

非遗产品文化认同的测量及其对购买意愿的影响研究①

黄益军　吕庆华②

([1]华侨大学工商管理学院　福建 泉州　362021；
[2]泉州师范学院 政治与社会发展学院　福建 泉州　362000)

摘　要：情感消费时代，消费者文化认同对非遗产品的选择具有关键影响。为此，在文化认同理论和质性访谈的基础上编制了非遗产品文化认同问卷，并通过项目分析、探索性和验证性因素分析设计出非遗产品文化认同量表，并科学验证其信度和效度。量表包含文化自尊、情感承诺、群体归属、产品认知四个维度。AMOS22.0 的路径分析结果表明：非遗产品文化认同的四个维度均有助于提升消费者对非遗产品的购买意愿。研究结果不仅在理论上推进了非遗产品文化认同的实证研究，也对非遗产品设计开发、非遗产品管理、非遗产品营销等提供了一定的理论借鉴。

关键词：非遗产品；文化认同；量表设计；购买意愿

非遗产品是指以非遗资源作为基础，经过传承人或企业等生产主体利用传统或现代技艺进行设计、创新与生产，能满足消费者审美、精神愉悦、文化体验、功能性等需求，并可供使用和消费的产品或服务。非遗产品是典型的兼具使用价值、情感价值和符号价值的产品，即人们在消费非遗产品使用价值的同时，也消费某种文化符号，即其背后所蕴含的宝贵人类智慧和财富。非遗产品以其独特的精神价值，承载着一个民族深层的情感结构，当这些共同的价值、情感作用于人

① 基金项目：福建省科技计划软科学项目（2016R0080）；福建省社会科学规划青年项目（FJ2015C174）。

② 作者简介：黄益军（1983－），男，福建泉州人，华侨大学工商管理学院博士研究生，泉州师范学院政治与社会发展学院讲师；吕庆华（1960－），男，福建寿宁人，华侨大学教授，博士，博士研究生导师。

的行为时，容易使消费者产生文化上的认同感，并进而影响非遗产品的消费意愿或行为。基于社会心理的身份动机理论（Identity - based Motivation Theory，IBM）认为，人们的身份或自我概念将激发他们朝向目标的行动。当情境、碰到的困难与当下脑海中的身份相一致时，人们更倾向于采取行动（Oyserman，2009）[1]。在营销领域，消费者通过对能够传递他们是谁以及归属群体产品的偏好来表达认同（Escalas & Bettman，2005）[2]。现实生活中，消费者做出的大小决定无不与其认同相一致（Forehand & Deshpandé，2001）[3]。可以认为，在情感消费时代，消费者文化认同对非遗产品的选择具有关键影响。

但是，非遗产品的文化认同如何测量？其对消费者行为存在何种影响？这些问题是现有研究尚未关注而本研究旨在探索的问题。认同感是对态度的一种测量，偏向于人的情感，比较抽象，需要转化为易理解、可量化的题项。目前文化认同的测量量表主要应用在地域认同、民族认同与组织认同方面，如留学生、移民家庭、少数民族等对母国（族）文化以及所在国（族）文化的认同，或者组织员工对企业文化的认同等。文化认同在营销及消费者行为领域的实证研究比较少，在这些研究中文化认同的测量结构基本参考组织认同与跨文化认同，其认同对象与本研究具有一定区别，因此借鉴作用有限。本研究力图将非遗产品与文化认同两者结合起来，编制非遗产品文化认同量表，构建消费者的非遗产品文化认同模型，为营销领域非遗产品的实证研究提供一个较具针对性的测量工具，并实证分析其对购买意愿的影响。

一、理论背景

（一）文化认同的内涵

“认同”译自英文 identity，该词起源于拉丁文 idem（即“相同”，the same），从字面理解主要有认为彼此一致、认为彼此相似时同类有亲近感或可归属的愿望、表示赞同的涵义。在市场营销领域，认同往往与身份相关，Reed et al.（2012）将认同界定为：消费者自我关联的任何一种分类标签，在该标签下面一个人非常明确他如何思考、感觉、行动以及想成为怎样的人[4]。当人们认同的客体为文化理念、文化符号、风俗习惯、伦理道德、制度等文化要素时，就形成所谓的文化认同。Wan & Chew（2013）认为文化认同即个体自我与某种文化的心理联系[5]。郑晓云（2008）将文化认同定义为“人类对于文化的倾向性共识与认可”，并认为文化认同表现为对文化的归属意识，能作为文化意义上的“我”与“他”之间的区分边界[6]。董青和洪艳（2015）认为文化认同是个体对某一特定文化特征接纳的程度，表现为个体对最能体现某一群体的事物和价值的肯定性认知[7]。台湾学者黄吉村、刘宗其（2005）从文化认同、广告中介效果与品牌态度的结构关系模式入手，将文化认同界定为“对异国文化的态度，反映在认知、情感与行为三个成分上之高低程度”[8]。马向阳、王烨纯（2015）从区域视角将文化认同定义为“基于区域内成员和外部观察者对该区域内文化的显著特征共识而建立起来的集体认同”[9]。

文化认同的主体可以是个人，也可以是群体，其本质与认同的本质并无差别，仍包含同一性与独特性两大内涵，基于同一性，个体能与他人、群体能与其他群体分享共有的文化要素；基于独特性，个体与他人、群体与其他群体相互区别。目前学术界对文化认同并无统一界定，基本上根据研究目的和需要提出针对性的定义。对于非遗文化认同的内涵，王媛、胡惠林（2014）提出：从广义上讲，非遗的文化认同主要指对非遗的文化价值认同和以非遗为载体的文化身份认同。从狭义上讲，非遗的文化认同主要指人们对非遗自身的认同问题。认同的价值内涵指向包括血缘、地缘、族群、宗教、情感等诸多方面[10]。结合上述研究，本文认为：非遗产品文化认同是指消费者在对非遗产品表现形式和文化内涵做出肯定价值判断基础上，对非遗产品及其背后所承载的文化身份产生喜好、归属、自豪等情感的一种态度评价。

（二）文化认同的维度

Wanll & Chew（2013）将文化认同视为个体自我定义的一部分，认为文化认同由三个方面构成：文化知识、类别标签、社会联系。文化知识成分，即通过对众所周知的主要文化特征的直接认可来连接个人与某种文化。类别标签成分，即通过在文化集体中去个人化的成员身份连接个人与某种文化。社会联系成分，即通过特定的社会人际关系网络连接个人与某种文化[5]。三种成分在概念上有所区别，并相互联系，共同影响文化认同的发展。Schwartz et al.（2008）认为文化认同可以从以下三个方面进行界定：（1）对遗产－文化群体（如地方、文化、宗教团体等）和所居住更广阔社会的依恋；（2）参与反映个人遗产文化或所居住更广阔社会的实践活动；（3）有关个人与群体谁更优先的价值取向[11]。可以看出，Wan & Chew（2013）和 Schwartz et al.（2008）都强调群体对个人文化认同的影响。

Houkamau & Sibley（2010）开发了毛利人认同和文化参与的多维度模型（MMM－ICE），提出六个测量维度：（1）群体成员身份评价；（2）社会－政治意识；（3）文化效能与主动的认同参与；（4）精神性；（5）互依自我；（6）真实性信念。该维度划分比较适用于特定种族对自身文化的认同[12]。

郭为藩（1975）在 Tajfel 社会认同研究基础上，将认同感划分为四种不同的程度：（1）认知的：即个人觉得自己属于某一个团体，并能了解此团体的特性；（2）情感的：即个人不仅对所认同的团体或对象有归属感，并在情感上有“团体内”和“团体外”的划分；（3）知觉的：即除了认同对象团体外，且能产生爱好的感觉，在其中自得其乐；（4）行为的：即认同不只包含认知、态度与价值观，还从行为上表现出所认同团体或对象的特性[13]。该分类方法在国内营销领域应用较为广泛：马向阳、王烨纯（2015）从认知、情感、评价三维度测量区域品牌文化认同[9]；刘明峰（2006）从认知、情感、知觉、行为四个维度测量台湾消费者对韩国文化与数字内容产品的文化认同[13]；董青、洪艳（2015）则从认知、评价、归属和行为四维度测量我国受众接触媒介体育对中国文化认同的影响程度[7]。此外，王瑞（2015）在研究文化认同对延伸品购买意愿的影响时，将消费者对老字号品牌的文化认同分为根文化认同与适应性文化认同两个方面[14]。

以上文化认同的维度更多偏向群体、组织或民族层面，属社会认同的范畴更多一些。营销领域主流的观点也基本源于社会认同，即文化认同包含认知、情感与评价等多维结构。就非遗产品来说，文化认同的维度是否也涵盖上述维度，还需进一步通过质性访谈与量化研究加以探讨。

二、非遗产品文化认同量表的构建

（一）题项搜集与问卷编制

1. 文献提取。由于直接参考资料较少，本研究主要从品牌认同、组织认同、文化创意产品、老字号等文献中搜集文化认同有关的题项，并结合非遗产品消费的特殊性加以修订，形成部分测量题项。非遗产品与老字号有部分交叉，故参考姬志恒、王兴元（2014）有关老字号品牌文化属性的测量量表[15]，编制了“该非遗产品让我感到亲切”、“该非遗产品能够唤起我的怀旧情感”等题项。许多非遗本身就可供直接消费，故参考石美玉（2015）非物质文化遗产的游客认同感测量量表[16]，编制了“非遗产品是文化产品的重要组成部分”、“非遗产品承载着中华千年的智慧和文明”等题项。非遗产品也属于广义文化创意商品的范畴，故参考蔡金佩（2015）对文化创意商品认知的测量量表[17]，编制了“非遗产品要有丰富的文化内涵”、“非遗产品要有鲜明的品牌符号”等题项。本研究还参考了 Mael & Ashforth（1992）的组织认同量表[18]、Sauer et al.（2012）的消费者－品牌认同感量表[19]以及季靖（2014）的消费者品牌认同量表[20]，编制了“我强烈认同该非遗产品”、“看到跟我相似的人也喜欢该非遗产品，我会很高兴”等题项。

2. 质性访谈。为进一步厘清消费者非遗产品文化认同的结构及其影响因素，本研究对福建省 43 名具有非遗产品消费经历、18 岁以上的消费者（其中 70% 来自全国其他省市，目前在福建工作、学习）进行了半结构化的焦点访谈。根据访谈结果，编制了“非遗产品体现了浓厚的地方特色”、“我对该非遗产品原产地的历史文化感兴趣”等题项。通过文献提取与质性访谈，初步搜集 61 个测量题项，形成初始项目池。

3. 项目筛选与初试问卷设计。为了使量表的内容效度最大化，保证题项的正确性与针对性，将题项相关程度制成李克特7级专家评鉴表，邀请消费者行为、产品营销和非遗研究领域的20位专家对每个题项与所要测量内容之间的相关性进行评定，并请他们以自己认为合适的方式对每个项目进行评论。最后由作者对结果进行统计分析，删除总分值较低的题项，形成包含40道题项的初测量表。依据上述筛选后的项目设计初试问卷，主要包括指导语、消费者行为题、测量量表，背景资料等部分。消费者行为题考察非遗消费的产品名称、类型、目的等。量表经过重新编排题项序号，主要测量消费者的非遗产品文化认同感，题项采用第一人称，内容均为主观题，按李克特7级量表设定，分为“完全不同意”到“完全同意”7个等级，测试被试对各题项的主观想法与判断。

（二）数据采集与结果分析

1. 样本特征。本研究调查对象为18岁以上具有非遗产品消费经历的成年人（具体信息见表1）。调研采用线上线下结合调查的方式，在泉州选择非遗产品比较密集的旅游文化一条街、演艺场所等地进行拦截式问卷调查。此外，线上调查通过电子邮件、微信等一对一进行，以增强研究的精准性，具体调研程序是方便抽样：通过滚雪球的方式找到身边具有非遗产品消费经历的朋友进行问卷填写，然后在请他们的朋友或朋友的朋友填写。两次共发放问卷600份，回收532份，剔除漏题过多、填答呈现明显规律性、选择“说不清”超过50%的无效问卷，共获得有效问卷445份，有效率为83.65%，将有效问卷随机分为两部分，其中217份用于量表的探索性因素分析，另外228份用于量表的验证性因素分析。

表1　研究对象人口统计学分布（n = 445）

变量		百分比（%）	变量		百分比（%）
性别	男	44.1	职业	教育者	20.5
	女	55.9		公务员	3.69
年龄	18－25岁	48.39		专业技术人员	8.69
	26－35岁	29.95		公司管理人员	15.53
	36－45岁	15.21		公司普通员工	19.91
	46－55岁	5.53		自由职业者	5.07
	56岁以上	0.92		离退休人员	0.46
月平均收入	没有收入	11.47		学生	21.08
	3000元以下	13.76		其他	5.07
	3000－5000元	38.5	文化程度	高中及以下	6.38
	5001－8000元	20.67		专科	9.15
	8001－10000元	7.76		本科	54.91
	10000元以上	7.83		研究生（含硕士与博士）	29.56

2. 探索性因素分析。运用SPSS19.0对217份样本数据进行探索性因素分析，KMO统计值为0.911，Bartlett球形检验显著性为0.000，适合进行因素分析。本研究采用主成分分析法，以最大方差旋转进行因素分析，结合相关文献，采用以下题项删除标准：（1）共同度小于0.2；（2）因素最大载荷小于0.5；（3）具有较高交叉载荷，即某一题项在两个及以上维度的因素载荷值都高于0.4且相差小于0.2；（4）归类不当或无法解释的题项（吴明隆，2010）[21]。根据以上删除标准，经过6次因子分析，最终得到包含15个题项的正式量表。再次运用主成分分析法，采用具有Kaiser标准化的正交旋转法，经过5次迭代后收敛，求得旋转成份矩阵，从表2看出，项目因素载荷均在0.6以上。特征值大于1的因子有4个，解释了总变异的71.563%，因子提取效果较为良好。

根据每个因子所包含的题项内容和意义，参考相关文献及专家意见，对提取的4个因子进行命名。因子1包含5个题项，表现的是消费者对非遗产品的一种自豪感，如“看到非遗产品（提线木偶、华阴老腔等）登上春晚舞台，我感到很自豪”，并且追求一种群体评价和群体自尊，如“当有人赞美该非遗产品时，我会感觉好像是自己受到赞美”，“当有人批评该非遗产品时，我会感觉好像是自己受到侮辱”，以及希望非遗产品在现代社会中变得更好，如“我觉得现在的青少年一味追求流行文化产品而忽略非遗产品，这种现象值得担忧”，“我喜欢非遗产品传统中能够融合创新”。这些都反映出消费者的文化自豪感和通过追求积极的群体自尊提升文化认同程度，故将因子1命名为“文化自尊”（Cultural Self - esteem）因子。

因子2包含4个题项，表现的是消费者对非遗产品的情感反应与情感投入，如“该非遗产品在很多方面适合我”，“该非遗产品体现了我的信念”，“该非遗产品能满足我的新奇感”，“我对该非遗产品很满意”，故将因子2命名为“情感承诺”（Affective Commitment）因子。

因子3包含3个题项，表现的是消费者对非遗产品消费群体的归属感与认同感，如“该非遗产品的其他消费者将我视为跟他们同一类型的人，这让我很开心”，“我会对该非遗产品的其他消费者产生一种莫名的亲切感”，“看到有人也使用该非遗产品，我就觉得我们之间一定在某些方面比较像”，故将因子3命名为“群体归属”（Group Affiliation）因子。

因子4包含3个题项，表现的是消费者对非遗产品文化内涵、表现方式等方面的认知情况，如“非遗产品要有丰富的文化内涵”，“非遗产品要有丰富的故事内涵”，“非遗产品要有传统的表现形式”，故将因子4命名为“产品认知”（Product Cognition）因子。

表2　量表的 CITC 值、Cronbach's α 系数和因素载荷

因子	原题号/新题号	题项	校正的题项与总分相关（CITC）	项目删除时的 Cronbach's α 值	因素载荷
文化自尊（CS）α =.874	q32/CS1	看到非遗产品（提线木偶、华阴老腔等）登上春晚舞台，我感到很自豪	.701	.850	.784
	q33/CS2	我喜欢非遗产品传统中能够融合创新	.701	.849	.802
	q34/CS3	我觉得现在的青少年一味追求流行文化产品而忽略非遗产品，这种现象值得担忧	.718	.844	.826
	q35/CS4	当有人赞美该非遗产品时，我会感觉好像是自己受到赞美	.704	.849	.745
	q36/CS5	当有人批评该非遗产品时，我会感觉好像是自己受到侮辱	.716	.845	.764
情感承诺（AC）α =.840	q17/AC1	我对该非遗产品很满意	.615	.824	.629
	q18/AC2	该非遗产品在很多方面适合我	.725	.774	.845
	q19/AC3	该非遗产品能满足我的新奇感	.656	.804	.776
	q20/AC4	该非遗产品体现了我的信念	.716	.780	.761
群体归属（GA）α =.908	q25/GA1	看到有人也使用该非遗产品，我就觉得我们之间一定在某些方面比较像	.780	.902	.808
	q26/GA2	我会对该非遗产品的其他消费者产生一种莫名的亲切感	.825	.863	.848
	q27/GA3	该非遗产品的其他消费者将我视为跟他们同一类型的人，这让我很开心	.849	.841	.861
产品认知（PC）α =0.745	q8/PC1	非遗产品要有丰富的文化内涵	.614	.615	.830
	q9/PC2	非遗产品要有丰富的故事内涵	.603	.621	.817
	q10/PC3	非遗产品要有传统的表现形式	.502	.742	.716

3. 信度与效度检验。整份非遗文化认同量表的信度系数为0.889，分量表的信度系数在0.745–0.908之间，均在0.7以上，处于比较高的信度水平。从表2看出，各分量表校正的题项与总分相关（Corrected Item – Total Correlation，CITC）均大于0.5，项目删除时的Cronbach's α值均比原来的低，表示题项的内部一致性比较良好。

本研究在前期准备中，查阅大量相关文献，梳理非遗产品、文化认同的相关概念，如文化认同的界定、维度、表现等，在此基础上通过半开放式访谈，借助NVIVO软件整理访谈结果，形成非遗产品文化认同量表的初步维度。同时通过借鉴其他领域文化认同、品牌认同、老字号产品、文创产品的相关研究方法及成果，结合访谈记录，把梳理的知识转化成人们可理解的内容，构建包含61个测量题项的项目库。在此基础上，邀请20名非遗产品和营销领域的专家对形成的题项进行评鉴。在大规模测试之前，邀请30名文化产业与营销管理方向的研究生及普通消费者试做题目，对题项内容的通俗性和现实性进行评定，以上这些做法都对量表的内容效度具有良好保障。

在收敛效度上，本研究使用的是组合信度和AVE指标。从表3看出，各潜在变量的组合信度值均在0.7以上（一般要求0.6以上），表示量表的内在质量理想。平均方差抽取量（Average Variance Extracted，AVE）可以直接显示被潜在变量解释的变异量有多少是来自测量误差，一般的判断标准是AVE要大于0.5。量表各维度AVE均大于0.5，表示测量指标能较为有效反映其共同因素构念的潜在特质。

表3　量表的组合信度和AVE

题项	文化自尊					情感承诺				群体归属			产品认知		
	CS1	CS2	CS3	CS4	CS5	AC1	AC2	AC3	AC4	GA1	GA2	GA3	PC1	PC2	PC3
因素载荷	.801	.830	.832	.633	.646	.696	.784	.714	.829	.827	.890	.919	.757	.767	.603
P值	***	***	***	***	***	***	***	***	***	***	***	***	***	***	***
组合信度	.866					.843				.911			.754		
AVE	.568					.574				.774			.508		

本研究采用Fornell & Larcker（1981）提出的用AVE均方根和相关系数进行比较的方法[22]，对本量表的区别效度进行分析。从表4可以看出，AVE均方根都大于因子间的相关系数，表明量表具有良好的区别效度。

表 4　量表的区别效度

变量	1	2	3	4
1. 文化自尊	.754			
2. 情感承诺	.460	.758		
3. 群体归属	.536	.632	.880	
4. 产品认知	.291	.476	.350	.713

注：对角线上的值为 AVE 的均方根，其余为相关系数

4. 验证性因素分析。为了验证在探索性因素分析中得到的因素结构模型是否与实际数据适配，本研究以另外 228 个有效样本检验所建构的因素模型是否可以得到支持。

表 5　模型参数估计摘要

	非标准化因素载荷	标准误差	临界比	P	标准化因素载荷
CS1 <—文化自尊	1.000	—	—	—	.896
CS2 <—文化自尊	.990	.055	18.169	***	.869
CS3 <—文化自尊	.958	.057	16.800	***	.840
CS4 <—文化自尊	.790	.060	13.142	***	.727
CS5 <—文化自尊	.900	.059	15.206	***	.789
AC1 <—情感承诺	1.000	—	—	—	.761
AC2 <—情感承诺	1.075	.088	12.201	***	.819
AC3 <—情感承诺	.958	.088	10.928	***	.744
AC4 <—情感承诺	1.014	.094	10.827	***	.752
GA1 <—群体归属	1.000	—	—	—	.814
GA2 <—群体归属	1.039	.082	12.634	***	.824
GA3 <—群体归属	.973	.082	12.656	***	.769
PC1 <—产品认知	1.000	—	—	—	.854
PC2 <—产品认知	1.032	.081	12.690	***	.837
PC3 <—产品认知	.882	.080	10.996	***	.720

表 6 因子间相关系数

	相关系数
文化自尊 <—> 情感承诺	.439
文化自尊 <—> 群体归属	.449
情感承诺 <—> 产品认知	.380
情感承诺 <—> 群体归属	.705
文化自尊 <—> 产品认知	.380
群体归属 <—> 产品认知	.323

表 7 模型拟合指数

CMIN/DF	GFI	AGFI	NFI	RFI	IFI	TLI	CFI	RMSEA
1.596	.926	.892	.940	.923	.977	.970	.976	.051

从表 5 可见，除设为固定参数的 4 个指标外，11 个测量变量指标的估计参数都达到显著水平（$p < 0.001$），非标准化因素载荷没有出现负的误差方差，且每个估计参数的标准误差均很小（0.055 - 0.094），表示模型的内在质量比较理想。此外，标准化因素载荷量介于 0.720 至 0.896 之间，表示模型基本适配度良好。表 6 显示潜变量之间中低度相关，表示不存在更高阶的共同因子。

Carmines & McIver（1981）认为卡方自由度比小于 2 时，表示模型具有理想的拟合度。Hu & Bentler（1999）建议 GFI、AGFI、NFI 等系数值如大于 0.9 可以视为具有理想的拟合度。McDonald & Ho（2002）建议 RMSEA 指数以 0.05 为良好拟合的门槛，以 0.08 为可接受的模型拟合门槛[23]。由表 7 可见，CMIN/DF 小于 2，AGFI 值接近 0.9，GFI、NFI、RFI、IFI、TLI、CFI 均大于 0.9，RMSEA 小于 0.08，接近 0.05，表明非遗文化认同模型拟合的适配度良好。

三、非遗产品文化认同与购买意愿

（一）研究假设

Rosenberg（1965）将自尊视为对自身喜欢或不喜欢的态度。Coopersmith（1967）将自尊界定为相信他们自身重要性的程度。自尊成为评价自身的一种标准[24]。非遗产品涉及民间文化的诸多方面，在精神内核、艺术价值、历史价值及舆论导向上都比较正面和积极，反映出中华民族千百年民间智慧的光辉成果，是本土民间文化的精华。经过时间的洗礼，非遗产品多数具有良好的声誉，能获得消费者的认可和信赖。而相关非遗代表性项目名录和代表性传承人的公布，也在某种程度上提升了非遗产品的知名度，增强了民众对非遗产品的文化认同感。在访谈时发现，部分消费者对非遗产品会感到一种文化自豪感，同时也希望非遗产品在现代社会能够变得更好，也即消费者具有追求积极自我评价和文化自尊的倾向。基于以上分析，提出如下假设：

假设1：消费者文化自尊对非遗产品购买意愿具有显著正向影响。

Fullerton（2005）认为承诺的建构包含两个方面：态度的和契约的[25]。本研究的情感承诺维度主要是指态度层面。情感承诺下的消费者会基于对品牌认同而产生喜爱，进而形成某种情感上的依恋。情感承诺是建立在分享价值、认同感和依恋的基础之上的[26]。因此，当消费者认同非遗产品或感觉与非遗产品具有一致性的时候，情感承诺就会存在。Russell（2007）发现在服务领域，消费者会通过一种“心理连接”，在情感承诺与未来行为之间建立联系[27]，Rosenbaum et al.（2006）也发现承诺可以被用来预测未来购买行为[28]。Quero & Ventura（2015）以西班牙150家剧院927名戏迷为实证对象，研究表明：在表演艺术领域，情感承诺是消费者满意、信任与未来购买意愿的中介因素[29]。非遗产品蕴含的遗产要素承载着某一具体族群的历史记忆、祖辈传承、情感价值、信仰价值等，这些珍贵的价值会使族群内成员获得一种情感上的共鸣与依恋。因此，消费者对非遗产品的文化、地域情感承诺可能影响他们的购买意愿。基于以上分析，提出如下假设：

假设2：消费者情感承诺对非遗产品购买意愿具有显著正向影响。

人们具有与他人相关联的某种需求，因此，群体归属可以理解为人们对成为特定群体一员的需求而产生的群体身份（Berger & Chip，2006）。体现群体归属的产品将所有权与个人对群体的归属连接起来，这可能会提升产品使用者的满意感[30]。社会认同理论认为，个体自我由“多重自我”组成，某些“自我”在特定的消费情境中会被激发，从而凸显出对特定社会身份的认同，并促使个体将与该社会身份相关联的内容作为态度和行为产生的基础。Kallgren et al.（2000）指出，消费者对特定对象所代表的社会身份的识别能力越强，其社会认同就越会影响其购买决策[31]。非遗产品具有一定的社会性和地域性，与孕育它的民族、地域生长在一起，构成文化综合体。非物质文化遗产是社区或群体传递其世界观、文化认知精髓的特定表现模式（Skrzypaszek，2012）[32]，正如Trim（2011）指出：“口述传统、语言、表演艺术、社会实践、仪式和节庆活动”等创造性的表达方式包含着非常多动态和流动的记忆，个人在这些根深蒂固的记忆中发现他们身份的命脉[33]。个体娱乐或消费文化遗产的过程中，非遗产品提供了一种不间断的归属感，当这种归属情感作用于人的行为时，可能影响非遗产品的购买意愿。Matteucci（2015）提及旅游者参加西班牙塞维利亚弗拉明戈的体验消费活动，目的之一就是获得社会地位、声誉、认知等，并将自我与其他社会群体区分开来，从而建构起自我认同[34]。基于以上分析，提出如下假设：

假设3：消费者群体归属对非遗产品购买意愿具有显著正向影响。

产品认知是指消费者对某产品的理解或认识以及消费者通过记忆对产品产生的自信。在营销领域，Burton（2011）研究发现消费者对绿色产品的认知、购买绿色产品的态度对消费者绿色产品购买意愿具有显著正向影响[35]。在本研究中，产品认知维度是消费者能够区辨非遗产品与其他产品的基础，反映出消费者对于非遗产品某个特定属性或整体的信念。非遗产品认知是文化认同的基础，消费者往往先对产品的形式、内容、制作/表演过程等产生了正面的价值判断，才开始认同其他方面。非遗产品具有原创性，决定了其具有独特性、唯一性、不可再生性、不可替代性和稀缺性。在文化产品市场，独具原创性的非遗项目和产品比较容易获得文化标识力、社会认同感和市场竞争力，从而得到消费者的认可。基于以上分析，提出如下假设：

假设4：消费者产品认知对非遗产品购买意愿具有显著正向影响。

（二）研究设计

1. 研究工具。本研究采用自编的非遗产品文化认同量表来测量消费者的文化认同感，将文化认同分为文化自尊、情感承诺、群体归属、产品认知四个维度，共计15个题项。本研究的因变量为非遗产品消费者的购买意愿。有关购买意愿的成熟量表比较多，此处主要借鉴在消费者行为研究方面应用广泛的Moon et al.（2008）量表[36]，并加以修订，采用“我有兴趣购买非遗产品”、“我会考虑购买非遗产品”、“我会推荐非遗产品给朋友”、“我可能会购买非遗产品”等4个题项来测量消费者的产品购买意愿。

2. 研究样本。数据来源于泉州、厦门、漳州的街头问卷，被试根据其消费过的印象最深的非遗产品填写问卷。共发出问卷400份，回收问卷375份，剔除漏答过多、乱填等无效问卷，共获得有效问卷301份，有效率为80.3%。

3. 研究模型与数据分析。将样本数据导入AMOS22.0，拟合的模型如图1所示。采用极大似然法（Maximum Likelihood）对研究模型参数进行估计，各项拟合度指标值如下：CMIN/DF = 2.108 < 3，AGFI = 0.870，接近0.9，NFI = 0.937、RFI = 0.923、IFI = 0.966、TLI = 0.958、CFI = 0.966，均大于0.9，RMSEA = 0.061 < 0.08，表明模型拟合的适配度良好。

从表8可以看出，消费者文化自尊、情感承诺、群体归属、产品认知对购买意愿的标准化路径系数值分别为0.265、0.294、0.166、0.217，均为正值，其中，情感承诺达到0.001的显著水平，其余达到0.05的显著水平，相关假设得到验证。

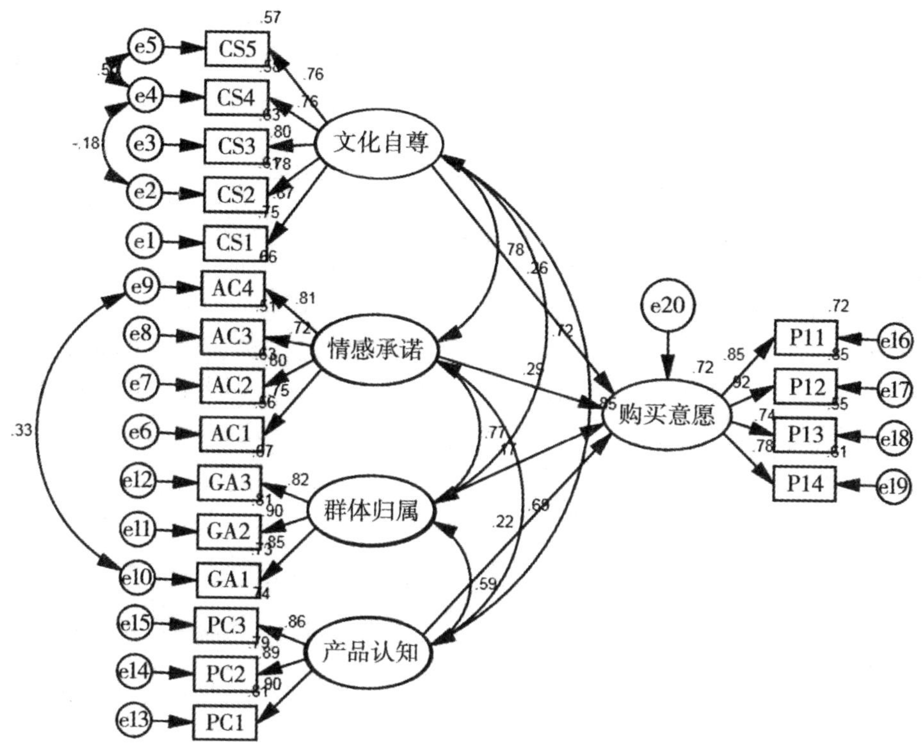

图 1　研究模型

表 8　模型变量的路径系数估计值

路径	Estimate	S. E.	C. R.	P	验证结果
购买意愿 <—文化自尊	. 265	. 096	2. 260	. 024 **	支持
购买意愿 <—情感承诺	. 294	. 083	3. 345	***	支持
购买意愿 <—群体归属	. 166	. 064	2. 252	. 024 **	支持
购买意愿 <—产品认知	. 217	. 077	2. 342	. 019 **	支持

注：**P < 0. 05，***P < 0. 001。

四、结论与展望

1. 经过项目分析、探索性因素分析和验证性因素分析，本研究所构建的量表及模型印证了消费者非遗产品文化认同具有四个稳定因子，分别为产品认知、群体归属、情感承诺、文化自尊，分别对应认知（产品认知和群体归属）、情感（情感承诺）、评价（文化自尊）三个层面，与西方营销领域主流研究结果十分吻合。其中，产品认知和群体归属反映出消费者能够区分出非遗产品与其他产品、“自群体”与“他群体”，是非遗产品文化认同的前提；情感承诺体现出消费者对非遗产品的相符感、满意感等情感反应，是非遗产品文化认同的基础；文化自尊反映出中国情境下消费者对非遗产品背后蕴含的文化身份、民族情感、群体评价的积极追求，是非遗产品文化认同的升华。

2. 消费者对非遗产品的文化自尊、情感承诺、群体归属、产品认知对其购买意愿具有显著正向影响。其中，情感承诺的影响最为显著，说明消费者对非遗产品产生出满足、新奇、相符等情感是影响他们购买意愿的主要原因。文化自尊提升了消费者的文化自豪感，并进而对其购买意愿产生正向影响。产品认知使消费者对非遗产品的表现形式与文化内涵有了进一步的认识，对其购买意愿也有正向影响。相比之下，群体归属对购买意愿的影响系数较小，但群体归属是非遗产品社会性和地域性的一种体现，其对购买意愿仍具有正向影响。这些结论对非遗产品针对性设计与营销颇具理论指导意义。

3. 提升和增强消费者对非遗产品的文化认同具有重要现实价值。对非遗产品传承人和生产企业来说，应进一步增强消费者对非遗产品的认知（如文化内涵的挖掘、表现形式的创新、声誉的维持、个性化等），增加他们的群体归属感（如建设爱好者交流社区、社交媒体产品营销等），沉淀消费者的情感承诺（增强非遗产品满意度、增强消费者的产品信念等），提升消费者的文化自尊（提升消费者对传统文化的自豪感、塑造非遗产品文化品牌等）。

本研究旨在构建非遗产品文化认同测量量表和探索其对购买意愿的影响，以期吸引更多学者从文化认同角度研究非遗产品设计、生产和营销问题，但囿于研究水平和研究条件，在量表词汇、产品类型、被试选择等方面不可避免存在一定局限性。未来可以细化产品类型，研究不同类型非遗产品的概念与测量；分析文化认同的前因变量，引入产品依恋、产品忠诚等其他消费者态度和行为变量，全面、系统探讨非遗产品文化认同的影响机理；另外，可以扩大调研的区域和对象，研究人文变量差异所产生的非遗产品文化认同测量与影响的差异问题。

注释

[1] Oyserman D. Identity – based motivation：implications for action – readiness，procedural – readiness，and consumer behavior [J]. Journal of Consumer Psychology，2009，19（3）：250 – 260.

[2] Escalas J E，Bettman J R. Self – construal，reference groups，and brand meaning [J]. Journal of Consumer Research，2005，32（3）：378 – 389.

[3] Forehand M R，Deshpandé R. What we see makes us who we are：priming ethnic self – awareness and advertising response [J]. Journal of Marketing Research，2001，38（3）：336 – 348.

[4] Reed A, Forehand M R, Puntoni S, Warlop L. Identity - based consumer behavior [J]. International Journal of Research in Marketing, 2012, 29 (4): 310 - 321.

[5] Ching Wan, Pony Yuen - Ga Chew. Cultural knowledge, category label, and social connections: components of cultural identity in the global, multicultural context [J]. Asian Journal of Social Psychology, 2013 (16): 247 - 259.

[6] 郑晓云. 文化认同论 [M]. 北京: 中国社会科学出版社, 2008: 4.

[7] 董青, 洪艳. 媒介体育接触与中国文化认同研究 [J]. 北京体育大学学报, 2015, 38 (11): 43 - 49.

[8] 黄吉村, 刘宗其. 文化认同下异国形象广告效果之探讨——以哈日风潮为例 [J]. 中山管理评论, 2005 (6): 417 - 449.

[9] 马向阳, 王烨纯. 品牌文化认同对区域品牌产品购买意向影响研究 [J]. 河北工业科技, 2015, 32 (1): 32 - 37.

[10] 王媛, 胡惠林. 文化认同: 非物质文化遗产存续发展的核心机制 [J]. 福建论坛, 2014 (10): 49 - 55.

[11] Schwartz S J, Zamboanga B L, Weisskirch R S. Broadening the study of the self: integrating the study of personal identity and cultural identity [J]. Social and Personality Psychology Compass, 2008, 2 (2): 635 - 651.

[12] Houkamau C A, Sibley C G. The multi - dimensional model of Māori identity and cultural engagement [J]. New Zealand Journal of Psychology, 2010, 39 (1): 8 - 28.

[13] 刘明峰. 文化创意与数位内容产品知识对我和认同及来源国形象的创造效应 [D]. 铭传大学硕士学位论文, 2006.

[14] 王瑞. 老字号的品牌延伸产品购买意愿研究: 文化认同、契合度的影响 [J]. 东北农业大学学报 (社会科学版), 2015, 13 (5): 17 - 23.

[15] 姬志恒, 王兴元. 老字号品牌文化属性与企业价值关联性研究——以我国51家老字号上市公司为样本 [J]. 山东社会科学, 2014 (8): 137 - 141.

[16] 石美玉. 非物质文化遗产旅游发展战略研究: 以北京为例 [M]. 北京: 中国旅游出版社, 2015: 117 - 118.

[17] 蔡金佩. 消费者对文化创意商品之认知、商品故事内容知觉、购买气氛对其购买意愿影响之研究 [D]. 大叶大学硕士学位论文, 2015.

[18] Mael F, Ashforth B E. Alumni and their alma mater: a partial test of the reformulated model of organizational identification [J]. Journal of Organizational Behavior, 1992, 13 (2): 103 - 123.

[19] Stokburger - Sauer N, Ratneshwar S, Sen S. Drivers of consumer - brand identification [J]. International Journal of Research in Marketing, 2012, 29 (4): 406 - 418.

［20］季靖．身份动机对品牌认同的影响［D］．浙江大学博士学位论文，2014.

［21］吴明隆．问卷统计分析实务——SPSS操作与应用［M］．重庆：重庆大学出版社，2010：192.

［22］Claes Fornell，David F Larcker. Structural equation models with unobservable variables and measurement error：algebra and statistics［J］．Journal of marketing research，1981（18）：382－388.

［23］邱皓政，林碧芳．结构方程模型的原理与应用［M］．北京：中国轻工业出版社，2009：75－83.

［24］Moon S M，Kim H S. A study on Korean adolescents' cultural self－esteem of the Korean wave contents［J］．Journal of Arts and Imaging Science，2014，1（2）：54－63.

［25］Fullerton G. How commitment both enables and undermines marketing relationships［J］．European Journal of Marketing，2005，39（11/12）：1372－1388.

［26］Fullerton G. When does commitment lead to loyalty?［J］．Journal of service research，2003，5（4）：334－344.

［27］Lacey R. Relationship drivers of customer commitment［J］．Journal of Marketing Theory and practice，2007，15（4）：315－333.

［28］Rosenbaum M S，Massiah C，Jackson Jr D W. An investigation of trust，satisfaction，and commitment on repurchase intentions in professional services［J］．Services Marketing Quarterly，2006，27（3）：115－135.

［29］Quero M J，Ventura R. Affective commitment and future purchase intentions in the performing arts：an empirical approach［J］．Canadian Journal of Administrative Sciences / Revue Canadienne des Sciences de l'Administration，2015，32（2）：75－85

［30］Berger J，Heath C，Ho B. Divergence in cultural practices：tastes as signals of identity［J］．Unpublished manuscript，Graduate School of Business，Stanford University，2006.

［31］Kallgren C A，Reno R R，Cialdini R B. A focus theory of normative conduct：when norms do and do not affect behavior［J］．Personality and social psychology bulletin，2000，26（8）：1002－1012.

［32］J Skrzypaszek. Intangible heritage and its role in the formation of social and personal identity［J］．Theology Papers and Journal Articles，2012：1490－1498.

［33］Trim D. J. B. The Huguenots history and memory in transational context essay in honour of Walter C. Utt［M］．Leiden：The Netherlands，Hotei Publishing，2011，11.

［34］Xavier Matteucci. The tourist experience of intangible heritage——the case of flamenco consumers [D]. Vienna: Modul University Vienna, 2015.

[35] Burton P G. Human cognition: higher brain function & the science of human consciousness [M]. Social Science Electronic Publishing, 2011, 460.

[36] Moon J, Chadee D, Tikoo S. Culture, product type, and price influences on consumer purchase intention to buy personalized products online [J]. Journal of Business Research, 2008, 61 (1): 31 -39.

文化产品消费中存在来源国效应吗？
——基于信号假说和晕轮模型的实验研究

詹君恒①

（华侨大学 经济金融学院 福建 泉州 362021）

摘 要：来源国效应是近几十年来国际营销研究中的一个重要领域。来源国信息作为产品的一个重要外部认知线索，影响着消费者的产品信念，进而影响消费者对产品的评价。现有来源国效应研究主要集中在一般消费品领域，对文化产品领域缺乏应有的关注。以弹性模型作为研究的理论基础，通过情景实验证实了文化产品消费中来源国效应的存在。实验结果显示来源国形象、产品信念和消费者评价之间存在显著的正相关关系，来源国形象可以直接或通过产品信念间接影响消费者评价。在来源国信息以认知成分为主的实验情景中，来源国形象通过产品信念对消费者评价的间接影响大于直接影响。

关键词：文化产品；来源国效应；情景实验

一、来源国效应及其研究意义

来源国（country of origin，COO）指产品的生产国，随着国际分工的不断加深，来源国的组成变得更加复杂，可以被进一步分解为产品的设计地、制造地、组装地以及品牌来源地等[1]。Schooler（1965）最早对来源国效应进行实证研究[2]，之后来源国效应开始引起人们的广泛关注，并成为近几十年来国际营销研究中的一个热点问题。所谓来源国效应，是指消费者基于对某个国家的整体感知而形成的对该国产品的评价和信念。Bilkey 和 Nes（1982）的研究发现，来源国效

---

① 作者简介：詹君恒，女，福建泉州人，华侨大学工商管理学院博士研究生，华侨大学经济金融学院讲师。

应的影响是真实存在的，并且会影响到产品评价和消费者行为[3]。

随着全球化的不断深化和国际贸易的快速发展，国家间的地理界限日益淡化，消费也日益国际化。作为影响消费者决策的关键信息之一的来源国信息已经成为产品进入新市场的一个无形壁垒。在特定的情况下，来源国信息并不仅是一个产品认知线索，用以传递产品质量等属性方面的“信号”，它对消费者还有着符号和情感方面的意义，体现诸如民族自尊心和自豪感等方面的情感[4]，因此，来源国有时候甚至成为一种消费者行为规范，尤其是在某种特定的情况下，购买国产产品被认为是“正确的行为”[4]，或者购买某国的产品成为一种身份或品位的象征[5]，从而使来源国信息成为一种无形的贸易壁垒。Miller（2011）的研究显示，大约 25% 消费者的购买决策受到产品来源国线索的影响[6]。来源国效应对产品评价和消费者行为的影响在国际商务、市场和消费者行为等领域都引起了重视，并得到诸多研究的证实。

越来越多的企业注意到来源国效应对消费者购买决策的影响力，并针对性地根据具体的来源国进行营销方面的决策。如图 1 所示，产品来源国可以分为优势来源国（或强势来源国）和劣势来源国（或弱势来源国），相应有正面来源国效应和负面来源国效应。作为一种营销策略，企业可以针对性地在产品商标等营销手段上对强势来源国进行强化，或对弱势来源国进行弱化。如一些新兴经济体企业往往倾向于使用西方国家作为来源国标签，以此诱导消费者认为产品具有更高的产品质量和品牌价值。世界贸易组织 2011 年的统计数据显示，全球 41% 的出口来自新兴经济体，这一比例到 2030 年预计达到 60%。灵活应用来源国效应，对发展中国家和新兴经济体企业的市场开拓和市场营销，有着更为积极的意义。

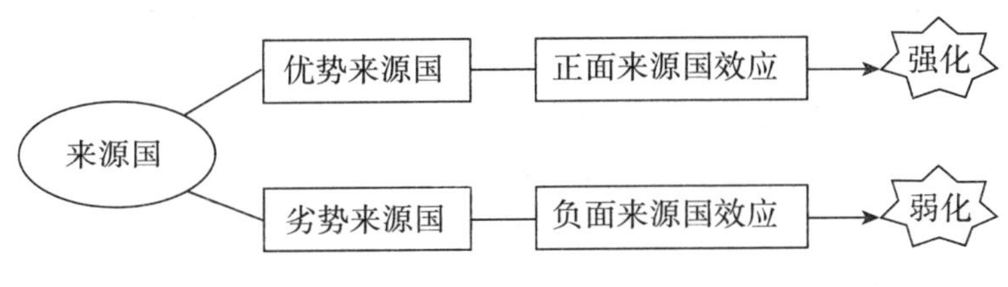

图 1　来源国与来源国效应的分类及营销应用

目前学术界对来源国效应的研究，主要集中在消费者较为熟悉的一般消费品上。表 1 列出部分相关实验的目标国家和目标产品，其中，食品、服装、鞋类、电子产品等消费品是较为常见的研究目标。而有关文化产品来源国效应的研究几乎为零。

表1 部分来源国效应实验的目标国家和目标产品

研究	目标国家	目标产品
Yang 和 Zhong（2015）[7]	瑞典、巴西、印度、法国	自行车、手表
Lee et al.（2016）[8]	澳洲	红酒、笔记本电脑
Alex 和 Abraham（2015）[9]	印度、丹麦、德国	啤酒
徐双良（2015）[1]	中国、美国	电脑、运动鞋
张琴（2012）[10]	法国、泰国、美国、越南、印度、日本	红酒、风衣、电视机、手机

资料来源：作者根据相关文献整理

二、来源国效应的作用机制

来源国效应研究形成了一系列的理论假设和模型，其中影响力较大的有信号假说（Signaling hypothesis），以及在此基础上发展而来的晕轮模型（Halo model）、独立属性假说（Independent - attribute hypotheses）、概构模型（summary construct model）和弹性模型（flexible model）等[2]。

信号假说认为消费者对产品的评价往往是依循一定的线索来进行的。消费者对产品进行评价时所依循的线索可以分成内部线索和外部线索。内部线索指产品质量、性能等方面的内在属性，外部线索则是与产品相关的外在属性信息（如图2所示）。信号假说将来源国信息视为一种外部线索，与价格、品牌等类似，是一种"信号"，消费者可以依据来源国信息所释放的信号来推断产品的其他属性信息[11,12]。当消费者缺乏必要的产品内部属性信息或由于自身知识局限对产品内部属性判断存在困难时，他们会转而寻求外部线索来对产品进行评价。正如消费者所普遍认为的，产品的价格越高，往往代表产品的质量越好[13]——来源国信息作为产品的一个外部线索，与价格等其他无形线索一样，会影响到消费者对某个具体国家产品属性（如质量等）的整体感知和判断[14]。

图2 消费者产品评价线索

Han 是早期信号假说的支持者，Han（1989）在信号假说的基础上，提出了晕轮模型（又称光环模型），用于解释来源国形象对产品评价的作用过程。他认为由于消费者在购买前缺乏充分的产品信息，他们便转而寻求包括来源国信息在内的其他外部线索来对产品的质量等内在属性进行推测[15]。国家形象作为一种“信号”，不仅对产品的整体评价起作用，也对产品各种具体属性的评价起作用[16]。具体地讲，即国家形象会影响到消费者的产品信念——也就是消费者对产品质量等内在属性的感知，进而影响消费者对产品的评价（如图3所示）。信号假说和晕轮模型主要适用于当产品评价需要大量信息，而可获得的信息量又相对较少的情形[2]。

图3　光环模型（Halo model）

独立属性假说认为来源国信息本身就是一种产品属性，跟其他诸如质量、功能等属性一起，影响着消费者对产品的评价[2]，如图4所示。消费者对不同来源国可能存在着不同的情感，在特定的情况下，如战争时期或两国邦交恶化时期，来源国信息会成为一种关键属性，影响消费者的购买决策。除此之外，来源国信息也可能因其国际地位或长期积累的产品声望而成为一种反映消费者品位和身份地位的属性。Li和Wyer（1994）认为来源国信息作为独立属性是有条件的，只有在特定的情况下，或来源国形象处于高低两极的情况下，来源国信息才更有可能成为一个独立属性影响到消费者的产品评价和决策[17]。

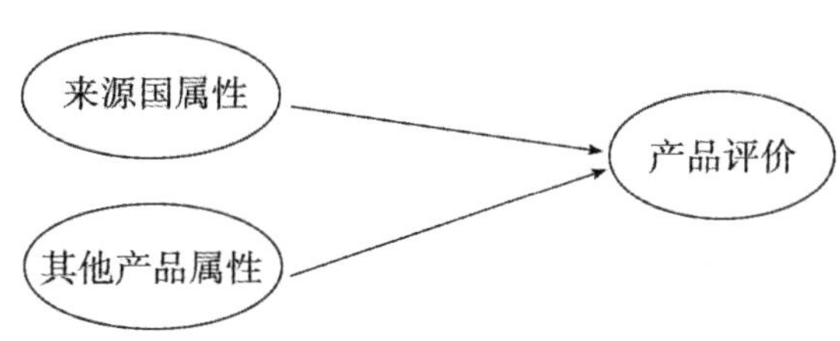

图4　独立属性假说

概构模型是Han（1989）与晕轮模型同时提出的另一个解释来源国效应的模型。晕轮模型的适用条件是消费者对某个国家的产品不熟悉或所需要的产品评价信息不足的情况，当消费者拥有相对丰富的产品知识时，来源国形象就会起到概括消费者关于产品属性的信念，并进而影响消费者的品牌态度[15]。概构模型有两个基本假设：一是消费者会对他们所拥有的产品知识和产品信息进行重新编码，并从相同来源国的产品信念中提炼出国家形象——这一假设与信号假说正好相反；另一个假设认为，国家形象会直接影响到消费者的产品评价，而不是像晕轮模型那样，通过影响消费者的产品信念再间接影响消费者的产品评价[16]。Agrawal 和 Kamakural（1999）的实证研究支持了概构模型的假设[18]。概构模型如图 5 所示。

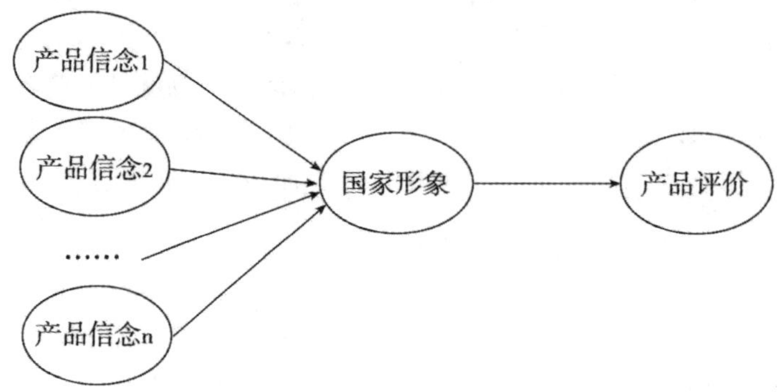

图 5　概构模型（summary construct model）

弹性模型是在信号假说和晕轮模型的基础上，进一步认为，来源国形象不仅通过影响消费者的产品信念从而间接影响消费者评价，来源国形象在一定程度上还直接影响消费者的产品评价，但具体到来源国信息和产品信念对消费者产品评价和购买决策的影响程度，则还需要跟当地的具体条件和文化等因素一起结合起来考虑[19]。Laroche M.，et al.（2005）的实证研究显示，无论消费者对某一国家的产品熟悉程度如何，国家形象都对产品评价产生直接或间接的影响。当国家形象具有强烈的情感成分时，其对产品评价的直接影响大于产品信念对产品评价的影响；当国家形象以认知成分为主时，其对产品评价的直接影响小于产品信念对产品评价的影响[20]。弹性模型如图 6 所示。

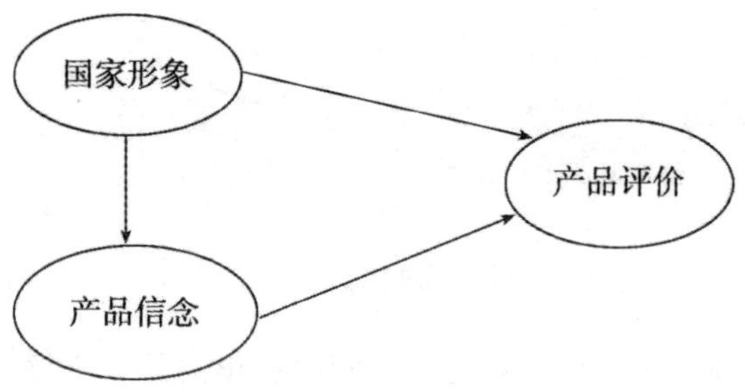

图 6　弹性模型

有关来源国效应的一个解释是，来源国信息等这类无意识的环境线索，增加了消费者记忆处理的流畅性，反过来又提高了消费者对产品的认知[21]。Chartrand（2005）认为暴露来源国线索将会触发一个自动的过程，导致消费者的判断和决策发生改变[22]。一系列研究表明，一旦消费者对产品信息的了解增加，他们就能够更加客观地评价产品，来源国效应会随之降低（见 Balabanis et al.（2002）[23]；

Lee 和 Ganesh（1999）[24]；Lee 和 Greenacre （2016）[8]）。但 Liu 和 Johnson's（2005）的实验显示，即使消费者充分拥有产品相关的客观信息，故意暴露产品的来源国信息，消费者所拥有的特定国家信念仍然会影响其对产品的评价[25]。

三、实验研究

（一）研究假设

由于文化产品消费主要是对内容的消费，物质仅仅是一种介质[26]，消费者对文化产品的评价往往需要大量有关内容的信息，而这些关于内容的信息，又是在消费者实际购买前很难获得的，消费者在对文化产品进行评价和购买决策时往往只能转而寻求其他外部线索。文化产品消费和评价的特征符合信号假说和晕轮模型的假设条件，但与此同时，文化产品消费又具有很强的国家、民族和文化特征，来源国信息可能直接决定消费者对文化产品的评价和购买意愿。从这一角度出发，弹性模型能够更加全面地描述文化产品消费中来源国效应的作用机制。因此，根据文化产品消费的特征和来源国效应的弹性模型，做出如下假设：

H1：来源国形象影响消费者的产品信念，来源国形象越高，消费者的产品信念越高；

H2：消费者的产品信念影响消费者的产品评价，消费者产品信念越高，其对产品的评价也越高。

H3：来源国形象直接影响消费者的产品评价，来源国形象越高，消费者对产品的评价也越高。

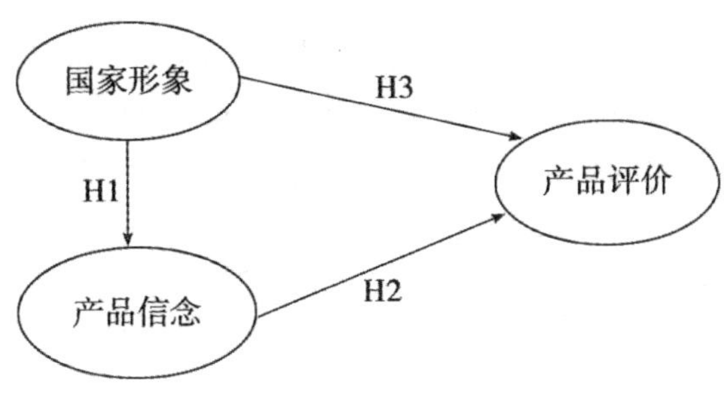

图 7 研究假设

（二）前测

情景实验是来源国效应研究领域中的一种常用研究方法。本研究的情景实验包括前测和正式实验两部分。前测主要用于确定正式实验中拟采用的文化产品和来源国。

1. 文化产品的选择。联合国教科文组织将文化产品分为核心文化产品与相关文化产品两大块，其中，核心文化产品又可以分为文化遗产、书籍、报纸与杂志、其他印刷品、（有录制内容的）多媒体产品、视觉艺术品和视听产品。考虑到我国文化产品进口规模相对较小[27]，普通消费者平时能够接触到国外文化产品的机会并不多，视听产品中的影视产品是消费者较为容易接触到且较容易被接受和理解的文化产品，故本研究将影视产品作为实验测试的目标产品。

2. 来源国的选择。在来源国的选择方面，考虑到国家地区分布和消费者对来源国的熟悉程度，列出了美国、英国、法国、韩国、印度、中国和日本 7 个国家作为备选来源国，通过问卷调查的方式，在高校学生中随机发放 50 份问卷，让他们对这 7 个备选来源国的总体印象进行打分并列出相应国家的典型影视文化产品，每一个国家印象的分值范围为 1 到 9 分。前测共收回 47 份问卷，回收率为 94%。前测结果显示，7 个国家的来源国总体印象得分最高的是美国，总分 356，平均分为 7.57；得分最低的是印度，平均分 4.76，总分 224；中国以总分 269，平均分 5.72 的水平在 7 个备选来源国中处于中下的形象水平。在典型影视文化产品的回答中，多数被试能够列出至少一项美国和印度的影视作品，说明被试对这两个国家的影视文化产品都有一定程度的了解，同时这两个国家的通用语言都是英语，可以排除文化认同方面的影响，因此，最后我们选择美国和印度分别作为优势来源国和劣势来源国的代表。

（三）实验设计与实验过程

1. 研究设计与样本选取

研究采用单因素重复测量的实验设计，考察来源国形象对消费者感知影片质量（即产品信念）的影响，进而考察消费者产品信念对产品评价的影响。来源国因素仅设置了高和低两个水平，重复测量不会对被试造成疲劳效应，也有助于最大限度地减少被试间的个体差异。研究采用情景模拟的方式，请被试想象在忙碌一整周之后，终于有时间可以放松一下，于是被试决定去电影院看一场电影。电影院里有两部外国影片正在上映，两部影片题材非常接近，主要的区别在于其中一部影片 A 的来源国是美国，而另外一部影片 B 的来源国为印度。实验没有给予被试有关影片的具体图片或视频信息，仅告知被试两部影片非常相似，主要区别在于来源国不同，要求被试根据直觉对影片感知质量、来源国总体印象量表进行打分。之后，被试被请求对影片合理价位进行判断，价格以每 10 元为一个档次，共分为 7 档，以此来表示消费者对影片的评价。最后，被试被要求在两部影片之间进行选择，决定观看其中的一部影片。

样本来自南方某高校本科生（N = 160），男女比例为 51：109，年龄为 18 ~ 28

岁，平均年龄为23岁，其中境内生137人，境外生（含港澳台）人数为23人。相关统计显示，20～29岁年轻群体是我国影院观众的主要群体，占观众总体比例的37.3%[28]，高校学生的年龄段正好与之相符，因此，选择高校学生作为被试，具有代表意义。

2. 变量信度分析

影片感知质量（产品信念）和来源国总体印象采用Likert 7级量表，影片感知质量（产品信念）包含7个题项，来源国总体印象包含6个题项，在张琴（2012）[10]量表的基础上根据影视产品的特点进行了适当的调整。经检验，影片A的感知质量量表信度为0.827，其中题项4为反向题，修正的项目总相关系数仅为-0.46，将其删除后影片A的质量感知量表信度为α=0.896。影片B质量感知量表信度α=0.810，与影片A的质量感知量表相应的，题项4为反向题，修正的项目总相关系数仅为-0.28，将其删除后影片B的质量感知量表信度为α=0.900。来源国A总体印象量表信度α=0.924，所有题项修正的项目总相关系数都在0.68以上，来源国B总体印象量表信度α=0.892，所有题项修正的项目总相关系数都在0.72以上。

3. 实验结果

相关样本T检验显示，被试对美国和印度的总体印象相关系数很低，仅为-0.42（p=0.596>0.05）；被试对A、B两部影片的质量感知相关系数也很低，仅为-0.49（p=0.537>0.05），被试对美国和印度的来源国印象和两部影片的质量感知满足相互独立的假设。被试对两部影片合理价位的判断存在较高的相关性，相关系数0.589，且显著性很高（p=0.000<0.01），表明被试对两部影片定价的趋势存在相似性，显示被试在尝试定价时可能对两部影片进行了比较。来源国形象与产品信念存在显著的正相关关系，相关系数超过0.6；消费者产品信念与定价（消费者评价）之间同样存在显著的正相关关系，影片A的产品信念与评价A的相关系数为0.268，影片B的产品信念与评价B的相关系数为0.343；来源国形象A与评价A的相关关系在0.05的水平上显著，相关系数为0.188；来源国形象B与评价B的相关关系在0.01的水平上显著，相关系数为0.3。这一结果与Laroche M.，et al.（2005）的结论相一致，即当国家形象以认知成分为主时，国家形象通过产品信念对产品评价产生的影响力大于国家形象直接对产品评价产生的影响力[20]。

表2 相关系数表

		N	Correlation	Sig.
Pair 1	来源国 A & 来源国 B	160	-.042	.596
Pair 2	信念 A & 信念 B	160	-.049	.537
Pair 3	定价 A & 定价 B	160	.589	.000
Pair 4	来源国 A & 信念 A	160	.614	.000
Pair 5	来源国 B & 信念 B	160	.633	.000
Pair 6	信念 A & 定价 A	160	.268	.001
Pair 7	信念 B & 定价 B	160	.343	.000
Pair 8	来源国 A & 定价 A	160	.188	.017
Pair 9	来源国 B & 定价 B	160	.300	.000

相关样本T检验结果显示，被试对美国和印度的来源国总体印象存在显著的差异（$p=0.000<0.01$），从均值看，被试对来源国A（美国）的总体印象（$M=32.79$）明显优于来源国B（印度）（$M=18.42$）；对两部影片的质量感知也存在显著的差异（$p=0.000<0.01$），从均值看，被试对影片A的质量感知（$M=28.88$）也明显高于影片B（$M=21.45$）；在以定价表示的产品评价方面，被试对两部影片的定价也存在明显差异（$p=0.000<0.01$），从均值看，影片A的定价（$M=3.89$）明显高于影片B的价位（$M=3.03$）。

至此，基于弹性模型的3个假设均得到证实，即来源国形象越高，则消费者对影片的质量感知（产品信念）越高；消费者对影片的质量感知越高，则对产品的评价（以影片价格表示）也越高；与此同时，来源国形象越高，则消费者的产品评价也越高。从相关系数结果可见，来源国形象通过影响产品信念，进而间接影响产品评价是最主要的影响路径，从这一角度也验证了晕轮模型的假说。

表3 主要数据描述统计结果

	Mean	N	Std. Deviation	Std. Error Mean
来源国 A	32.79	160	6.666	.527
来源国 B	18.42	160	5.325	.421
信念 A	28.88	160	6.789	.537
信念 B	21.45	160	6.638	.525
定价 A	3.89	160	1.226	.097
定价 B	3.03	160	1.040	.082

表4　相关样本T检验结果

		Paired Differences					t	df	Sig. (2-tailed)
		Mean	Std. Deviation	Std. Error Mean	95% Confidence Interval of the Difference				
					Lower	Upper			
Pair 1	来源国A - 来源国B	14.375	8.706	.688	13.016	15.734	20.887	159	.000
Pair 2	信念A - 信念B	7.427	9.725	.769	5.909	8.945	9.660	159	.000
Pair 3	定价A - 定价B	.866	1.041	.082	.704	1.029	10.524	159	.000
Pair 4	来源国A - 信念A	3.913	5.913	.467	2.989	4.836	8.370	159	.000
Pair 5	来源国B - 信念B	-3.035	5.259	.416	-3.857	-2.214	-7.301	159	.000
Pair 6	信念A - 定价A	24.987	6.567	.519	23.962	26.013	48.129	159	.000
Pair 7	信念B - 定价B	18.426	6.357	.503	17.434	19.419	36.666	159	.000
Pair 8	来源国A - 定价A	28.900	6.547	.518	27.877	29.922	55.832	159	.000
Pair 9	来源国B - 定价B	15.391	5.110	.404	14.593	16.189	38.094	159	.000

在实验的最后，被试被请求在两部影片之间做出选择，选择观看影片A或者影片B，仅有16.25%的被试选择了来源国为印度的影片B，剩下的83.75%的被试选择了来源国为美国的影片A——这一结果有力地说明了文化产品消费中来源国信息对消费者购买决策的重要影响。

四、结论与讨论

研究采用情景实验的方法对文化产品消费中是否存在来源国效应进行检验。实验结果验证了弹性模型的假说，证实了文化产品消费中来源国效应的存在。来源国形象不仅通过影响消费者的产品信念间接影响消费者的产品评价，它还对消费者的产品评价产生直接的影响。实验结果对文化产品的国际营销具有重要的意义，中国的文化产品要想更好地“走出去”，应该高度重视来源国效应问题。

首先，应重视国家形象建设，加强对外文化交流，提炼具有生命力和中国文化内涵的普世价值观，提高国外消费者对中国国家形象的认可度和接受度。

其次，在国家总体形象水平暂时较低的情况下，文化企业可以考虑在营销宣传和产品标签方面，有意识地弱化来源国信息，如将来源国信息置于不显眼的位置，或不作为宣传重点；或选择与其他强势来源国企业进行合作。

最后，文化产品生产企业也应切实丰富文化产品内容、提升文化产品质量，因为文化产品总体质量的提升也是国家形象建设的一个重要组成部分。

现有来源国效应研究主要集中在一般消费品领域，本研究探索了文化产品消费中的来源国效应现象，将相关研究从一般消费品领域向文化产品领域进行了延伸，进一步丰富了来源国效应的相关研究。

研究还存在着较多的不足。首先在研究方法上，采用情景实验加问卷的方式，所取得的数据具有一定的可信度，但与现实环境还存在较大的差距。其次，研究以影视产品作为例子展开，但文化产品所包含的范畴远不止影视产品，其他类型的文化产品是否同样存在来源国效应，是否还具有其他的特征？再次，实验以高校学生作为被试样本，虽然高校学生是影视产品消费的主流人群，具有一定的代表性，但其他消费人群的反应和选择是否会有不同？另外，研究所选取的来源国具有较好的典型性，两个国家形象水平的差距较大，较好地代表了国家形象高和低的两个水平，被试很容易根据直觉做出判断。如果国家形象水平差距缩小，消费者对不同国家产品的信念会不会有差别？影响消费者产品信念的主要因素是什么？

今后的研究可以从以下几个方面进一步深入。一是在实验研究中，进一步向其他文化产品领域扩充，并尝试提取文化产品消费中来源国效应的共同因素；二是增加研究中的来源国形象水平，扩充被试样本，增加实验情景，使研究尽可能地接近现实环境；三是进一步探索影响来源国效应的其他因素，为文化产品的国际营销提供更具可操作性的建议。

注释

[1] 徐双良．来源国效应研究：产品类别的调节作用［J］．科技创业月刊．2015（10）：22－23.

[2] 黄合水．产品评价的来源国效应［J］．心理科学进展．2003（06）：692－699.

[3] Bilkey W，Nes E. Country－of－origin effects on product evaluations［J］．journal of Intemational Business Studies. 1982（13）：89－99.

[4] Askeggard S，Ger G. Product－country images：toward a contextualized［J］．European Advances in Consumer Research. 1998（3）：50－58.

[5] 张晓燕，张淘．基于认同理论的来源国效应研究［J］．科技经济市场．2016（04）：188－190.

[6] Miller J W. Country labeling set offs EU debate［J］．The Wall Street Journal. 2011（June 6）.

[7] Yang C，Wang H，Zhong K. Consumers' processing mindset as a moderator of the

effect of country – of – origin product stereotype ［J］. Social Behavior and Personality: An International Journal. 2015, 43 (8): 1371 – 1384.

［8］Lee R, Lockshin L, Greenacre L. A memory – theory perspective of country – image formation ［J］. Journal of International Marketing. 2016, 24 (2): 62 – 79.

［9］Alex N. J, Abraham A M. The role of consumer knowledge dimensions on country of origin effects: an enquiry of fast – consuming product in India ［J］. The Journal of Business Perspective. 2015, 19 (1): 1 – 12.

［10］张琴．多线索模式下来源国效应的削弱［D］．武汉大学，2012.

［11］Johansson J. Determinants and effects of the use of 'Made in' labels ［J］. International Marketing Review. 1989, 6 (1): 47 – 58.

［12］Eroglu S, Machleit K. Effects of individual and product – specific variables on utilizing country of origin as a produvt quality cue ［J］. International Marketing Review. 1989, 6 (6): 27 – 41.

［13］Schindler R M. The 99 price ending as a signal of a low – price appeal ［J］. Journal of Retailing. 2006, 82 (1): 71 – 77.

［14］Verlegh P, Steenkamp J. A review and meta—analysis of country—of—origin research ［J］. Journal of Economic Psychology. 1999, 20 (5): 521 – 546.

［15］Han C M. country image: halo or summary constructs? ［J］. Journal of Marketing Research. 1989, 26 (2): 222 – 229.

［16］吴剑琳．来源国效应作用机制：研究回顾与评价［J］．商业研究．2015 (09): 143 – 148.

［17］Li W K, Wyer R S. The role of country of origin in product evaluations: informational and standard – of – comparison effects ［J］. Journal of Consumer Research. 1994, 3 (2): 187 – 212.

［18］Agrawal J, Kamakura W A. Country of origin: a competitive advantage? ［J］. International Journal of Research in Marketing. 1999, 15: 255 – 267.

［19］Knight G A, Calantone R J. A flexible model of consumer contry – of – origin perceptions ［J］. International Marketing Review. 2000, 17 (2): 127 – 145.

［20］Laroche M, Papadopoulos N, Heslop L A, et al. The influence of country image structure on consumer evaluations of foreign products ［J］. International Marketing Review. 2005, 22 (1): 96 – 115.

［21］Berger J, Fitzsimons G A. Dogs on the street, pumas on your feet: how cues in the environment influence product evaluation and choice ［J］. Journal of Marketing. 2008, 45 (February): 1 – 14.

［22］Chartrand T L. The role of conscious awareness in consumer behavior ［J］. Journal of Consumer Psychology. 2005, 15 (3): 203 – 210.

[23] Balabanis G, Mueller R, Melewar T C. The human values' lenses of country of origin images [J]. International Marketing Review. 2002, 19 (6): 582 - 610.

[24] Lee D, Ganesh G. Effects of partitioned country image in the context of brand image and familiarity [J]. International Marketing Review. 1999, 16 (1): 18 - 39.

[25] Liu S S, Johnson K F. The automatic country - of - origin effects on brand judgments [J]. Journal of Advertising. 2005, 34 (1): 87 - 97.

[26] Shepherd J. Music consumption and cultural self - identities: some theoretical and methodological reflections [J]. Media, Culture & Society. 1986, 8 (3): 305 - 330.

[27] 詹君恒，吕庆华．中国创意产品及创意相关产品的国际竞争力研究——基于RCA指数和TC指数的实证分析 [J]. 经济地理．2013，33 (7): 81 - 88.

[28] 张辉，付广军，杨茜．基于多元统计分析的我国电影消费者群体特征研究 [J]. 经济与管理评论．2012 (6): 65 - 68.

文化创意企业金融支持机理研究[①]

林炳坤　王子贤[②]

（闽南师范大学 商学院　福建 漳州　363000）

摘　要：通过文献梳理，本文提出文化创意企业金融支持影响因素、金融支持能力和支持绩效之间关系模型，并作出相应假设。在专家调研和预调研基础上，设计“文化创意企业金融支持机理研究”调查问卷。以福建金融机构和文化创意企业为研究对象，收集有效问卷305份。实证研究结果显示，影响文化创意企业金融支持的11个因素中，政策法规、社会信任、金融创新机制、风险管理机制、金融服务体系、资源、营销和技术8个因素对文化创意企业金融支持绩效有显著正向影响；文化创意企业金融支持能力在社会环境维度、金融机构维度、文化创意企业维度和文化创意企业金融支持绩效之间关系起中介作用。

关键词：文化创意企业；金融支持机理；中介效应

一、引言

20世纪末至今，在创意浪潮推动下，文化创意企业不断浮现，文化创意产业对经济增长的贡献日益突出。我国高度重视文化创意企业发展，但多数文化创意企业存在规模小、固定资产少、无形资产比重大等群体特征，普遍面临融资难等问题。因此，探析文化创意企业金融支持的关键影响因素及其作用路径，为相关主体提供管理启示，有助于进一步提升文化创意企业金融支持的成效，具有重要

---

① 基金项目：福建省社会科学规划项目（FJ2015C152）；福建省2016年高校杰出青年科研人才培育计划。

② 作者简介：林炳坤（1983－），男，福建漳州人，管理学博士，闽南师范大学商学院讲师；王子贤（1977－），男，福建漳州人，闽南师范大学商学院讲师。

的现实意义和理论意义。

本文在文献梳理基础上，归纳影响文化创意企业金融支持的主要因素，提炼金融支持能力和金融支持绩效组成内容，提出影响因素、金融支持能力、支持绩效之间的关系假设，设计调查问卷，以福建省金融机构和文化创意企业为调研对象，收集有效问卷305份。运用SPSS20.0和AMOS21.0软件进行实证检验，揭示文化创意企业金融支持关键影响因素及其作用路径，并提出提升文化创意企业金融支持绩效的对策建议。

二、文献回顾

2000年以来，国内外学者分别从企业视角和文化视角界定文化创意企业的内涵，本文依据相关研究成果，认为文化创意企业是按照法定程序成立，基于创意和知识产权，通过生产、销售创意产品和服务，满足公众文化消费需求的经济组织。除内涵外，学者致力于探讨文化创意企业的特征、类型和发展模式（Howkins[1]，2001；Landry[2]，2000；佛罗里达[3]，2002）。随着研究的不断推进，文化创意企业融资问题日益凸显，有关文化创意企业金融支持的探讨逐渐成为该领域研究的热点，主要关注文化创意企业金融支持绩效影响因素、金融支持能力、金融支持绩效。

探索文化创意企业金融支持影响因素，对提升金融支持绩效，促进文化创意产业稳步发展具有至关重要的作用。学者指出，文化创意企业发展离不开金融的支持，文化创意企业亟须引进金融尤其是商业银行投资，与政府和金融机构协力解决融资难题。社会环境中的政策法规、社会信任体系、中介服务、金融机构的创新机制和服务体系、企业的资源禀赋等成为文化创意企业金融支持的重要影响因素（陆岷峰等[4]，2012；陈芳平等[5]，2014；叶园园等[6]，2016）。研究发现，金融支持能力长期被忽视，应充分认识其重要性，特别是金融机构的项目管理能力、文化创意企业的文化创意与技术创新能力、金融机构和文创企业的管理协同能力，上述能力在文化创意企业金融支持中扮演重要角色（厉无畏[7]，2011；唐盛鹏[8]，2012）。学者认为，获取有益成效，是政府、金融机构持续支持文化创意企业的动力，包括金融机构贷款回报状况、金融支持长效机制、文化创意企业生产、就业、满足消费者文化需求、生态保护等，上述成效构成文化创意企业金融支持绩效（王认真[9]，2015；陈孝明等[10]，2015）。

依据上述研究，本文归纳、整理出文化创意企业金融支持影响因素、金融支持能力、金融支持绩效的组成要素，其中，文化创意企业金融支持影响因素由社会环境、金融机构、文化创意企业3个维度组成，见表1。

表1　文化创意企业金融支持影响因素、支持能力和支持绩效的组成因素

模块	因素
影响因素	社会环境维度：1. 政策法规　2. 社会信任　3. 社会中介组织
	金融机构维度：1. 金融创新机制　2. 风险管理机制　3. 金融服务体系
	文化创意企业维度：1. 资源　2. 产业　3. 营销　4. 技术　5. 文化
金融支持能力	1. 金融机构项目管理能力　2. 文化创意企业文化创意与技术创新能力　3. 金融机构与文创企业管理协同能力
金融支持绩效	1. 金融机构贷款回报状况　2. 金融支持长效机制　3. 创意产业可持续发展态势　4. 文化创意企业生产效益　5. 文化创意企业就业效应　6. 文化创意企业生态效应　7. 文化创意企业产业带动效应　8. 文化创意企业满足消费者文化需求效应

依据前期相关研究成果可知，文化创意企业金融支持能力作为一个重要因子，影响文化创意企业金融支持绩效，但金融支持能力与影响因素存在区别，能力具有隐形的特征，金融支持能力在其他机理研究中，更多的是被作为潜在的变量。因此，本文认为，文化创意企业金融支持能力具有中介变量的属性，它潜在影响文化创意企业金融支持绩效。上述关系揭示文化创意企业金融支持影响因素的作用机理。基于此，本文将文化创意企业金融支持能力作为中介变量，提出本文研究的概念模型，如图1所示。

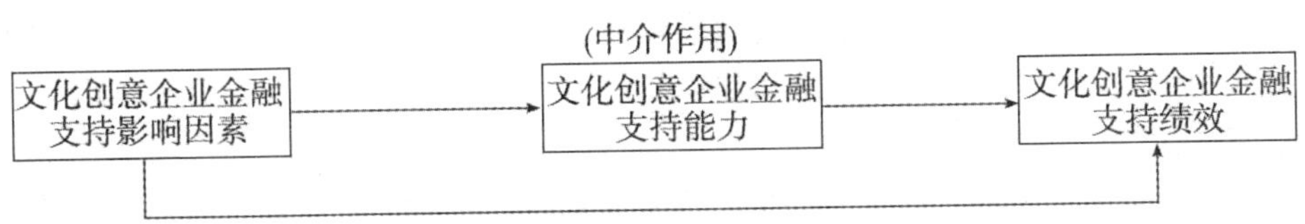

图1　文化创意企业金融支持机理研究概念模型

三、研究假设

（一）文化创意企业金融支持影响因素及假设

文化创意企业金融支持的影响因素由社会环境、金融机构和文化创意企业3个维度组成。

1. 社会环境维度

社会环境维度由政策法规、社会信任和社会中介组织3个因素组成。

（1）政策法规对文化创意企业金融支持的影响。完善的产业支持政策是文化创意企业获取金融机构支持的关键因素。厉无畏等[11]（2009）指出，政府目标的实现，离不开各类政策的实施，文化创意产业还未进入成熟阶段，需要政府政策的支持，如财政支持政策、金融支持政策等（王颖[12]，2014），财政支持能够优化文化创意产业结构，金融支持使文化创意企业获得便利的融资渠道和优惠的信贷利率。另外，文化创意企业智力成果的产业化，还需要知识产权法规的保护。依据上述研究，本文做出研究假设 H1a。

H1a：政策法规对文化创意企业金融支持绩效有显著正向影响。

（2）社会信任对文化创意企业金融支持的影响。信任作为一种非正式制度，在经济金融领域的作用也很重要，社会信任由社会征信制度、信任奖惩制度、行业协会、仲裁机构等组成（Williamson[13]，1975）。契约双方彼此信任程度越高，不确定性越低，契约签订的可能性越大；而且，信任关系以诚信为基础，会降低契约执行中违约的概率（张兴亮[14]，2016）。社会信任在交易中的作用，主要体现在可大幅度降低交易双方事前信息搜集和相互监督成本。因此，较高的社会信任环境能显著降低金融支持文化创意企业的成本。依据上述研究，本文做出研究假设 H1b。

H1b：社会信任对文化创意企业金融支持有显著正向影响。

（3）社会中介组织对文化创意企业金融支持的影响。皮智[15]（2010）指出文化创意企业普遍面临融资难题，应进一步完善中介机构的建设。蔡尚伟等[16]（2012）认为通过建立权威的版权评估事务所、创新版权评估模式、搭建服务于版权评估的平台、开展版权评估相关理论研究、打造专业的版权评估队伍等措施，可解决文化产业在版权质押模式实施过程中面临版权评估难的问题。陈孝明等[17]（2015）强调抵押担保公司和信用保险机构的重要性，认为前者可降低文化创意企业获得担保的门槛，后者能降低银行的信贷风险。依据上述研究，本文做出研究假设 H1c。

H1c：社会中介组织对文化创意企业金融支持有显著正向影响。

2. 金融机构维度

金融机构维度由金融创新机制、风险管控机制、金融服务平台 3 个因素组成。

（1）金融创新机制对文化创意企业金融支持的影响。商业银行金融创新是指商业银行为适应自身及社会发展的需要，通过战略、制度、机构、管理、业务和产品等方面的调整，实现为客户提供金融服务产品的过程（唐盛鹏[8]，2012）。金融创新机制是推动金融创新，促进金融发展和金融深化的重要保障（喻平等[18]，2007）。陈孝明等[19]（2015）指出金融业须通过不断创新，支持文化创意产业发展，使自身获得同步发展。本文研究对象探讨的是金融机构的金融创新机制，包括金融产品抵押物创新机制、金融产品担保方式创新机制、新市场开拓机制。依据上述研究，本文做出研究假设 H2a。

H2a：金融创新机制对文化创意企业金融支持有显著正向影响。

(2) 风险管理机制对文化创意企业金融支持的影响。商业银行本质上是以盈利为目的的企业，风险管理是商业银行的核心任务。在竞争日趋激烈的金融市场中，金融机构为抢占市场份额，不断推出金融创新产品和服务，使金融市场蕴含的风险逐渐增大。为应对潜在的风险，商业银行须努力完善风险管理机制，Lam[20]（2006）指出，高水平的风险管理是银行经营成功与否的关键，风险管理能力已经构成商业银行最核心的竞争力。刘晓勇[21]（2006）指出，风险管理水平已成为制约我国商业银行发展的瓶颈，健全商业银行风险管理机制，对银行机构和我国金融体系健康发展具有重要的推动作用。商业银行的风险管理主要包括信用风险、市场风险和操作风险 3 个方面（薛超[22]，2016）。依据上述研究，本文做出研究假设 H2b。

H2b：风险管理机制对文化创意企业金融支持有显著正向影响。

(3) 金融服务体系对文化创意企业金融支持的影响。全球化和互联网金融冲击下，商业银行面临来自各方的激烈挑战，这种挑战，不只是银行资金实力、金融创新产品和营销手段，还包含优质的服务（崔丽[23]，2010）。商业银行所提供的服务，如果能为客户带来正面的消费体验，将形成较好的顾客满意，并促成顾客忠诚的形成，众多忠诚的客户是商业银行竞争优势的关键来源。商业银行的金融服务体系主要由服务理念、服务质量、服务价格和服务环境组成（贾瑞跃[24]，2013）。因此，文化创意企业获取金融支持过程中，商业银行完善的服务体系不仅会形成企业的忠诚，还能促进企业与金融机构之间的沟通，提升金融支持绩效。依据上述研究，本文做出研究假设 H2c。

H2c：金融服务体系对文化创意企业金融支持有显著正向影响。

3. 文化创意企业维度

文化创意企业维度由资源、产业、营销、技术和文化 5 个因素组成。

(1) 资源对文化创意企业金融支持的影响。文化创意产业作为一种新兴产业，需要投入各种资源，才能取得成长。资源在助推文化创意企业成长的同时，也成为其向金融机构融资的主要依据。因文化创意企业主要运营文化和创意，普遍缺乏厂房、设备等固定资产，传统的金融服务无法满足文化创意企业的融资需求，金融创新是克服这一困难的主要途径，包括开展无形资产抵押贷款，降低版权和专利融资门槛等措施（Higson[25]，2007）。此外，文化创意企业社会资本能够向投资者展示企业家的社会关系运营能力，提振投资者的信心，增强新创企业的融资能力（Zhang[26]，2008）。依据上述研究，本文做出研究假设 H3a。

假设 H3a：资源对文化创意企业金融支持有显著正向影响。

(2) 产业对文化创意企业金融支持的影响。产业的空间集聚对公司的行为和绩效有着显著的影响。Holmes[27]（1999）研究显示，规模较大的企业通常存在于集聚程度高的产业内，产业集聚成为企业发展壮大的重要驱动因素。陆岷峰等[28]（2012）指出，文化创意企业形成集群能更好地满足大众日益增长的多样化、多层次和个性化文化消费需求，推动文化创意产业市场化与集中化程度将进一步提高，使文化创意企业的市场融资能力进一步增强，产业因素成为文化创意企业获得金融支持的关键影响因素。依据上述研究，本文做出研究假设 H3b。

假设 H3b：产业对文化创意企业金融支持有显著正向影响。

（3）营销对文化创意企业金融支持的影响。营销的目的是为产品找到市场（加里·阿姆斯特朗等[29]，2004）。文化创意企业有效配置资源，并借助一定的营销手段，能够引导和满足文化市场需求，实现销售目标。文化创意企业可充分运用新媒体，深入挖掘所在领域的核心要素，强化文化内容、版权价值和品牌价值，利用移动互联网，实现大数据精准营销，从根本上推动文化产业营销模式的转型升级（邵明华[30]，2015）。营销对文化创意企业及其融资项目具有显著的推广作用，也是金融机构支持文化创意企业项目的动力之一。依据上述研究，本文做出研究假设 H3c。

假设 H3c：营销对文化创意企业金融支持绩效有显著正向影响。

（4）技术对文化创意企业金融支持绩效的影响。文化创意和科技创新是文化创意产业发展的两大动力。金融机构考察文化创意企业时，也会将技术因素作为文化创意企业融资的主要依据。文化创意企业技术的发展受企业开放程度影响，因为企业开放度越高，越容易获取更多的外部创新资源（Scott[31]，1992）。另一方面，文化创意企业的技术优势，还受技术复杂程度影响，Nonaka[32]（1995）研究发现，复杂的技术较难被企业掌握，同时，也较难被复制，因此企业应重视吸收复杂的技术，不断提升技术创新绩效。此外，企业还应着力实现应用技术的标准化，降低企业的生产成本和产品差异，获得更高的经营收益。依据上述研究，本文做出研究假设 H3d。

假设 H3d：技术对文化创意企业金融支持有显著正向影响。

（5）文化对文化创意企业金融支持的影响。内部文化是创意企业获得融资的主要因素（陈波等[33]，2011）。文化创意企业内部文化建设是金融机构评估的主要指标之一。佛罗里达[3]（2002）认为文化对经济的重要性在于吸引和激发人类创意的能力。威廉·大内[34]（1984）指出，企业文化是企业在生产和管理活动中形成的，分为物质形态和精神形态，由企业的环境、产品、制度、精神、道德规范、价值观等组成。文化与企业的经营绩效有显著的正相关关系。依据上述研究，本文做出研究假设 H3e。

假设 H3e：文化对文化创意企业金融支持有显著正向影响。

（二）文化创意企业金融支持能力的中介作用及假设

文化创意企业金融支持能力包含金融机构的项目管理能力、文化创意企业文化创意能力与技术创新能力、金融机构与文化创意企业管理协同能力组成。

喻文益等[35]（2008）认为，资金短缺、创意产业的特殊性、制度框架以及银行业管理水平等是影响我国创意产业获得金融支持的关键因素。银行的管理能力主要体现在贷款项目的管理，包含决策、组织、领导、控制能4方面内容。厉无畏[36]（2006）强调，对创意产业而言，文化创意和科技创意是经济增长的“车之双轮，鸟之双翼”。文化创意能力是创新能力的核心部分，是创意产业发展的基础。对文化的融合、重新设计、品牌推广、产业化等方面的能力构成文化创意能力的重要内容。技术创新能力是指企业对新技术的应用能力（李琪[37]，2004）。金元浦[38]（2010）指出文化创意产业与传统文化产业的区别在于对高新技术的开发和应用，文化创意须不断强化技术创新能力，让高新技术驱动企业发展。管理协同则指组织合作中，能够较好的共享资源，协同处理相关事务的过程（Ansoff[39]，1987）。管理协同降低了金融机构资金的风险和管理成本（王瓅[40]，2004）。协同使合作组织的资源得到充分的利用，推动生产效率的进一步提升，形成较强的市场竞争力。因此，金融机构支持文化创意企业发展过程中，双方应重视管理协同能力的培养。

依据上述分析和本文理论模型，本文将文化创意企业金融支持能力设置为中介变量，认为文化创意企业金融支持能力对社会环境、金融机构、文化创意企业和文化创意企业金融支持绩效之间关系存在中介效应，作如下研究假设：

H4a：文化创意企业金融支持能力对社会环境维度和金融支持绩效之间关系起中介作用。

H4b：文化创意企业金融支持能力对金融机构维度和金融支持绩效之间关系起中介作用。

H4c：文化创意企业金融支持能力对文化创意企业维度和金融支持绩效之间关系起中介作用。

四、研究设计

（一）专家调研与预调研问卷设计

在上述文献梳理基础上，本文设计专家调研问卷，由文化创意企业金融支持影响因素、金融支持能力、文化创意企业和金融支持绩效4部分组成，含有65个题项。邀请福建高校、金融机构、政府相关部门、文化创意企业专家参与问卷调研。根据调研结果，修改专家问卷，设计预调研问卷，含有64个题项。预调研问卷采用Likert五点量表，1至5分分别表示“非常不同意”、“不同意”、“不好说”、“同意”、“非常同意”。

（二）预调研数据信效度检验

本文选取的研究对象为福建省地市人民银行、中国银行、建设银行、工商银行和文化创意企业。为确保问卷的信效度，本文研究首先展开预调研，预调研采用实地走访方式，共收集 137 份有效样本。运用 SPSS20.0 检验政策法规、社会信任、社会中介组织、金融创新机制、风险管理机制、金融服务体系、资源、产业、营销、技术、文化、金融支持能力、金融支持绩效，结果显示各因素信度均大于 0.6，检验过程同时删除 12 个影响内部信度的题项。余下 52 个题项组成“文化创意企业金融支持机理研究”测量量表。采用 SPSS20.0 分析量表的效度，结果显示，预调研问卷的 KMO 检验统计量大于 0.9，同时，所有测量题项的 Bartlett 的球形检验显著性水平均为 0.000，因此，拒绝 Bartlett’s 球形检验零假设。由此，可以认为预调研所得的数据效度良好。

（三）正式调研数据信效度分析

本文在“文化创意企业金融支持机理研究”测量量表基础上，设计正式调研问卷。之后，通过实地调研和网络调研相结合方式，邀请福建省金融机构和文化创意企业员工填写问卷。正式问卷调研历时近 3 个月，共收集 353 份问卷，其中，无效问卷 42 份，有效问卷 305 份，有效率为 86.4%。采用 SPSS20.0 对正式调研问卷各因素及整体数据进行信度分析，所得结果见表 2。

表 2　正式调研问卷各因素信度检验结果

因素	Cronbach's Alpha	因素	Cronbach's Alpha
政策法规	0.813	产业	0.837
社会信任	0.798	技术	0.736
社会中介组织	0.763	营销	0.784
金融创新机制	0.832	文化	0.785
风险管理机制	0.765	金融支持能力	0.813
金融服务体系	0.864	金融支持绩效	0.823
资源	0.758	金融支持绩效	

由表 2 可知，13 个因素的 Cronbach's Alpha 值均大于 0.6。由此可知，本研究的各个指标具有良好的内部一致性，指标的信度符合要求。采用 SPSS20.0 对量表及整体数据进行效度分析，结果显示，正式调研问卷的 KMO 检验统计量大于 0.9，同时，所有测量题项的 Bartlett 的球形检验显著性水平均为 0.000，因此，拒绝 Bartlett’s 球形检验零假设。由此，可以认为本文建构的模型及调研所得的数据效度良好。

五、实证分析

（一）验证性因素分析

对文化创意企业金融支持绩效影响因素中的社会环境、金融机构和文化创意企业3个维度展开验证性因素分析，能够检验本文的理论假设是否合理。本文的验证性因素分析过程分为以下三个步骤：步骤一，检验模型的拟合指数，报告的拟合指数有RMSEA、NFI、CFI、RMR。步骤二，检验变量的聚敛程度（Convergent Validity），计算各因素的平均变异萃取量（Average Variance Extracted，AVE）。当AVE大于0.50时，表示潜在变量的聚敛能力十分理想，具有良好的操作型定义化。步骤三，检验因素间的区别效度（Discriminant Validity），采用相关关系的区间估计法和平均变异萃取比较法。验证性因素分析结果显示，社会环境维度、金融机构维度、文化创意企业维度下各测量因素之间的关系符合本文所设计的理论关系。

（二）文化创意企业金融支持影响因素与金融支持绩效之间关系分析

1. 社会环境维度和金融支持绩效关系分析

采用结构方程模型，对社会环境维度下的3个因素和金融支持绩效之间的关系进行全模型分析。所得模型拟合指数中，$RMSEA = 0.078 < 0.10$、$RMR = 0.063 < 0.08$、$NFI = 0.95 > 0.90$、$CFI = 0.97 > 0.90$。综合上述拟合指数，可以认为模型拟合较好，模型通过检验。模型标准化路径系数见表3。

表3 社会环境维度和金融支持绩效之间关系标准化路径系数

假设	路径	标准估计	S. E.	C. R.	P	显著性
H1a	政策法规→金融支持绩效	.648	.264	3.101	.002 **	显著
H1b	社会信任→金融支持绩效	.247	.128	2.266	.023 *	显著
H1c	社会中介组织→金融支持绩效	.176	.187	1.084	.278	不显著

注：S. E：标准误差；C. R.：临界值；$*P < 0.05$；$**P < 0.01$；$***P < 0.001$。

从表3可知，政策法规与金融支持绩效之间关系显著性概率$p = 0.002 < 0.01$，说明该路径的标准化系数在0.01水平上显著，因此，政策法规对金融支持绩效有显著正向影响；社会信任与金融支持绩效之间关系显著性概率$p = 0.023 < 0.05$，说明该路径的标准化系数在0.05水平上显著，因此，社会信任对金融支持绩效有显著正向影响；而社会中介组织与金融支持绩效之间关系$p = 0.278 > 0.05$，未达到显著性水平。综上，接受假设 H1a 和 H1b，拒绝假设 H1c。

2. 金融机构维度和金融支持绩效关系分析

采用结构方程模型，对金融机构维度下的 4 个因素和金融支持绩效之间的关系进行全模型分析。所得模型拟合指数中，RMSEA = 0. 065 < 0. 10、RMR = 0. 045 < 0. 08、NFI = 0. 932 > 0. 90、CFI = 0. 962 > 0. 90。综合上述拟合指数，可以认为模型拟合较好，模型通过检验。模型标准化路径系数见表 4。

表 4　金融机构维度和金融支持绩效之间关系标准化路径系数

假设	路径	标准估计	S. E.	C. R.	P	显著性
H2a	金融创新机制→金融支持绩效	. 442	. 067	4. 574	***	显著
H2b	风险管理机制→金融支持绩效	. 250	. 060	2. 840	. 005 **	显著
H2d	金融服务体系→金融支持绩效	. 245	. 076	2. 202	. 028 *	显著

注：S. E：标准误差；C. R. ：临界值；*P < 0. 05；**P < 0. 01；***P < 0. 001。

从表 4 可知，金融创新机制与金融支持绩效之间关系显著性概率在 0. 001 水平上显著，说明金融创新机制对金融支持绩效有显著正向影响；风险管理机制与金融支持绩效之间关系显著性概率 p = 0. 005 < 0. 01，在 0. 01 水平上显著，说明风险管理机制对金融支持绩效有显著正向影响；金融服务体系与金融支持绩效之间关系显著性概率 p = 0. 028 < 0. 05，在 0. 05 水平上显著，说明金融服务体系对金融支持绩效有显著正向影响。综上，接受假设 H2a、H2b。

3. 文化创意企业维度和金融支持绩效关系分析

采用结构方程模型，对文化创意企业维度下的 5 个因素和金融支持绩效之间的关系进行全模型分析。所得模型拟合指数中，RMSEA = 0. 060 < 0. 10、RMR = 0. 043 < 0. 08、NFI = 0. 924 > 0. 90、CFI = 0. 959 > 0. 90。综合上述拟合指数，可以认为模型拟合较好，模型通过检验。模型标准化路径系数见表 5。

表 5　文化创意企业维度和金融支持绩效之间关系标准化路径系数

假设	路径	标准估计	S. E.	C. R.	P	显著性
H3a	资源→金融支持绩效	. 328	. 056	4. 080	***	显著
H3b	产业→金融支持绩效	. 053	. 051	. 732	. 464	不显著
H3c	营销→金融支持绩效	. 411	. 092	3. 369	***	显著
H3d	技术→金融支持绩效	. 136	. 045	2. 079	. 038 *	显著
H3e	文化→金融支持绩效	. 012	. 053	. 163	. 870	不显著

注：S. E：标准误差；C. R. ：临界值；*P < 0. 05；**P < 0. 01；***P < 0. 001。

从表5可知，资源与金融支持绩效之间关系标准化系数在0.001水平上显著，因此，资源对金融支持绩效有显著正向影响；产业与金融支持绩效之间关系显著性概率p=0.464>0.05，未达到显著性水平，说明产业对金融支持绩效未有显著正向影响；营销与金融支持绩效之间关系标准化系数在0.001水平上显著，因此，营销对金融支持绩效有显著正向影响；技术与金融支持绩效之间关系显著性概率p=0.038<0.05，在0.05水平上显著，说明技术对金融支持绩效有显著正向影响；文化与金融支持绩效之间关系显著性概率p=0.870>0.05，未达到显著性水平，说明文化对金融支持绩效未有显著正向影响。综上，接受假设H3a、H3c和H3d，拒绝假设H3b和H3e。

（三）文化创意企业金融支持能力中介作用检验

根据中介作用检验的步骤，分三步对金融支持能力的中介作用进行检验。即首先检验总效应c的显著性。其次检验间接效应a、b的显著性。最后检验直接效应c’的显著性，当c’显著时为部分中介，当c’不显著时，为完全中介（温忠麟等[41]，2012）。

1. 金融支持能力对社会环境维度和金融支持绩效之间关系中介作用检验

关系模型检验中，社会中介组织对文化创意企业金融支持不具有显著正向影响，说明c不显著，因此检验金融支持能力对政策法规、社会信任和金融支持绩效之间的中介作用。对上述关系进行结构方程模型建模，所得模型拟合指数中，RMSEA=0.065<0.10、RMR=0.055<0.08、NFI=0.970>90、CFI=0.98>0.90。总体上看，模型拟合较好，模型通过检验。模型标准化路径系数见表6。

表6 社会环境维度和金融支持绩效之间中介作用标准化路径系数

路径	标准估计	S. E.	C. R.	P	显著性
金融支持能力<—政策法规	.615	.157	4.736	***	a显著
金融支持能力<—社会信任	.207	.117	1.978	.048*	a显著
金融支持绩效<—政策法规	.186	.149	1.538	.124	c’不显著
金融支持绩效<—社会信任	.045	.096	.536	.592	c’不显著
金融支持绩效<—金融支持能力	.637	.098	6.650	***	b显著

注：S. E：标准误差；C. R.：临界值；*P<0.05；**P<0.01；***P<0.001。

从表6可知，金融支持能力对政策法规、社会信任和金融支持绩效之间关系的中介模型中，系数a和b都显著，而c’都不显著，从中介检验原理可知，金融支持能力对政策法规、社会信任和金融支持绩效之间关系起完全中介作用，即，文化创意企业金融支持能力对社会环境维度和金融支持绩效之间关系起中介作用。

假设 H4a 得到验证。

2. 金融支持能力对金融机构维度和金融支持绩效之间关系中介作用检验

关系模型检验中，金融创新机制、风险管理机制和金融服务体系对金融支持绩效具有显著正向影响，说明 c 显著，因此检验金融支持能力对金融创新机制、风险管理机制和金融服务体系和金融支持绩效之间的中介作用。对上述关系进行结构方程模型建模，所得模型拟合指数中，RMSEA = 0.092 < 0.10、RMR = 0.047 < 0.08、NFI = 0.883 略小于 0.90、CFI = 0.925 > 0.90。总体上看，模型拟合较好，模型通过检验。模型标准化路径系数见表 7。

表 7　金融机构维度和金融支持绩效之间中介作用标准化路径系数

路径	标准估计	S. E.	C. R.	P	显著性
金融支持能力 <—金融创新机制	.253	.072	3.459	***	a 显著
金融支持能力 <—风险管理机制	.345	.080	4.116	***	a 显著
金融支持能力 <—金融服务体系	.248	.086	2.746	.006	a 显著
金融支持绩效 <—金融创新机制	.253	.053	3.997	***	c' 显著
金融支持绩效 <—风险管理机制	.108	.057	1.312	.189	c' 不显著
金融支持绩效 <—金融服务体系	.248	.059	1.210	.226	c' 不显著
金融支持绩效 <—金融支持能力	.420	.057	5.382	***	b 显著

注：S. E：标准误差；C. R.：临界值；* P < 0.05；**P < 0.01；***P < 0.001。

从表 7 可知，金融支持能力对金融创新机制、风险管理机制、金融服务体系和金融支持绩效之间关系的中介模型中，系数 a 和 b 都显著，风险管理机制、金融服务体系和金融支持绩效之间的 c' 都不显著，说明金融支持能力在风险管理机制、金融服务体系和金融支持绩效之间关系起完全中介作用。而金融创新机制和金融支持绩效之间的 c' 显著，说明金融支持能力在金融创新机制和金融支持绩效之间关系起部分中介作用。综上可知，文化创意企业金融支持能力对金融机构维度和金融支持绩效之间关系起中介作用。假设 H4b 得到验证。

3. 金融支持能力对文化创意企业和金融支持绩效之间关系中介作用检验

关系模型检验中，产业和文化对文化创意企业金融支持不具有显著正向影响，说明 c 不显著，因此检验文化创意企业金融支持能力对资源、技术、营销和金融支持绩效之间的中介作用。对上述关系进行结构方程模型建模，所得模型拟合指数中，RMSEA = 0.066 < 0.10、RMR = 0.046 < 0.08、NFI = 0.898 略小于 0.90、CFI = 0.939 > 0.90。总体上看，模型拟合较好，模型通过检验。模型标准化路径系数见表 8。

表 8　文化创意企业和金融支持绩效之间中介作用标准化路径系数

路径	标准估计	S. E.	C. R.	P	显著性
金融支持能力 <—营销	.548	.101	5.179	***	a 显著
金融支持能力 <—技术	.212	.058	3.146	.002 **	a 显著
金融支持能力 <—资源	.128	.070	1.617	.106	a 不显著
金融支持绩效 <—营销	.303	.083	2.776	.006 **	c' 显著
金融支持绩效 <—技术	.053	.042	.866	.387	c' 不显著
金融支持绩效 <—资源	.248	.051	3.399	***	c' 显著
金融支持绩效 <—金融支持能力	.360	.066	4.343	***	b 显著

注：S. E：标准误差；C. R.：临界值；* P < 0.05；**P < 0.01；***P < 0.001。

从表 8 可知，金融支持能力对资源、营销、技术和金融支持绩效之间关系的中介模型中，营销和金融支持绩效模型的系数 a、b 都显著，c' 显著，可知金融支持能力在营销和金融支持绩效之间关系起部分中介作用；技术和金融支持绩效模型的系数 a、b 都显著，c' 不显著，可知金融支持能力在技术和金融支持绩效之间关系起完全中介作用；资源和金融支持绩效模型的系数 a 不显著，b 显著，需要作 sobel 检验，计算 Z 值，Z = ab/Sab，如果达到 0.97（MacKinnon[42]，1998）的显著性水平，意味着中介效应显著，否则中介效应不显著，检验结束。S_{ab}计算公式如下：$S_{ab} = \sqrt{a^2S_b{}^2 + b^2S_a{}^2}$，式中，$S_a$和 S_b分别是 a、b 的标准误。经计算，Z 值为 1.734 >0.97，达到显著性水平，因此，金融支持能力对资源和金融支持绩效之间关系起中介作用。综上可知，金融支持能力对文化创意企业和金融支持绩效之间关系起中介作用。假设 H4c 得到验证。

六、结果分析

关系检验结果显示，以上 3 个维度下的 11 个因素中，共有 8 个因素（政策法规、社会信任、金融创新机制、风险管理机制、金融服务体系、资源、营销和技术）通过关系假设检验，即这 8 个因素对文化创意企业金融支持具有显著正向影响，其它 3 个因素（社会中介组织、产业和文化）未通过检验，即这 3 个因素对文化创意企业金融支持没有显著正向影响。其中，政策法规成为社会环境维度中影响金融支持绩效最显著的因素，金融创新机制成为金融机构维度中影响金融支持绩效最显著的因素，营销成为文化创意企业维度中影响金融支持绩效最显著的因素。社会中介组织对文化创意企业金融支持的影响不显著，原因可能是文化创意企业融资过程中，相关主体尚未意识到中介组织的重要性。有关产业的假设未通过检验，原因可能是文化创意企业未形成产业集群，对金融支持绩效的影响较微弱。有关文化的假设未通过检验，原因可能是文化潜变量主要对文化创意企业的运行绩效存在影响，对金融支持绩效的影响较不显著。

中介作用检验结果显示，文化创意企业金融支持能力分别在社会环境维度、金融机构维度、文化创意企业维度和文化创意企业金融支持绩效之间关系起中介作用。说明金融机构的项目管理能力、文创企业的文化创意和技术创新能力和相关主体的管理协同能力具有不可忽视的作用。

七、对策建议

1. 政府应完善相关政策法规，构建文化创意企业金融支持体系

依据本研究实证研究结果，为增强文化创意企业金融支持绩效，政府应进一步完善相应的政策法规，通过建立文创企业金融支持组织体系、健全文创企业知识产权保护法规等措施为文化创意企业提供良好的融资环境。

2. 金融机构应创新信贷机制，强化控制职能

商业银行是文创企业投资项目获得融资的主要渠道，强化商业银行金融创新机制，可使银行和文化企业共同受益。商业银行可通过创新信贷制度、创新风险保障机制、加强信贷过程控制等方式，提升金融创新水平。

3. 文化创意企业应加强营销，提升企业知名度

文化创意企业应积极打造具有地方特色的创意品牌，着力提高产品的品质与创意，使之迎合消费者的需求；通过一系列营销和管理手段，逐步提升品牌的地区与国际知名度，并不断拓展市场，扩大盈利空间，增强企业核心竞争力。

4. 相关主体应重视中介变量的作用，协力提升文化创意企业金融支持绩效

本文实证结果显示，文化创意企业金融支持能力在社会环境、金融机构、文创企业和金融支持绩效之间关系均起中介作用。说明这三个维度通过金融支持能力影响金融支持绩效。因此，政府、金融机构、文化创意企业应采取有效措施，提升文创企业融资项目管理能力、文创企业文化创意与技术创新能力和相关主体管理协同能力，强化上述能力的中介效应，促进文化创意企业金融支持绩效的提升。

注释

[1] Howkins J. The creative economy：how people make money from ideas [M]. London：The Penguin Press，2001.

[2] Landry C. The creative city：a toolkit for urban innovations [M]. London：Earthscan Publications，2000.

[3] Florida R. The rise of creative class [M]. New York: Basic, 2002.
[4] 陆岷峰，张惠. 文化产业大发展的金融支持系统研究 [J]. 江西财经大学学报，2012 (02): 26 - 34.
[5] 陈芳平，姬新龙. 互惠合作下金融资本、文化企业及政府行为博弈 [J]. 兰州学刊，2014 (09): 189 - 196.
[6] 叶园园，陈孝明. 金融发展对促进文化企业投资的影响 [J]. 金融经济学研究，2016 (06): 74 - 83.
[7] 厉无畏. 文化创意产业的投融资与风险控制 [J]. 毛泽东邓小平理论研究，2011 (02): 1 - 5.
[8] 唐盛鹏. 对商业银行金融创新与风险管控辩证关系的思考 [J]. 西南金融，2012 (10): 57 - 58.
[9] 王认真. 中国省域金融支持文化产业发展空间影响分析 [J]. 江西财经大学学报，2015 (01): 3 - 11.
[10] 陈孝明，田丰. 金融排斥、产融结合与文化产业融资机制创新研究 [J]. 学术论坛，2015 (03): 136 - 141.
[11] 厉无畏，王慧敏. 创意农业的发展理念与模式研究 [J]. 农业经济问题，2009 (02): 11 - 15.
[12] 王颖. 文化创意产业资产证券化融资模式研究 [D]. 北京理工大学，2014.
[13] Williamson E Oliver. Markets and hierarchies: analysis and antitrust implications, a Study in the economics of internal organization [M]. New York : Free Press, 1975.
[14] 张兴亮，夏成才. 社会信任、债务契约履行与会计信息治理效应 [J]. 现代财经，2016 (4): 80 - 91.
[15] 皮智. 文化创意企业贷款模式探析 [J]. 中国金融，2010，(8): 79 - 80.
[16] 蔡尚伟，钟勤. 论文化产业发展中的版权评估问题 [J]. 西南民族大学学报（人文社会科学版），2012，(1): 139 - 143.
[17] 陈孝明，田丰. 运行机理、金融支持与文化产业发展 [J]. 西南金融，2015 (04): 6 - 9.
[18] 喻平，李敏. 金融创新能力的评价研究 [J]. 当代经济管理，2007 (03): 99 - 102.
[19] 陈孝明，田丰. 运行机理、金融支持与文化产业发展 [J]. 西南金融，2015 (04): 6 - 9.
[20] James Lam. Managing risk across the enterprise: hallenges and benefits. Risk management - a modern perspective [M]. Chicago: Stuart Graduate School of Business, 2006.
[21] 刘晓勇. 商业银行风险控制机制研究 [J]. 金融研究，2006 (7) : 78 - 85.

[22] 薛超．商业银行综合化经营的风险管理研究［J］．现代管理科学，2016（07）：48-50.

[23] 崔丽，陈爽．我国商业银行服务质量评价与改进对策研究——基于改进的SERVQUAL模型［J］．开发研究，2010（04）：92-95.

[24] 贾瑞跃，杨树．服务质量、服务价格与商业银行顾客忠诚度［J］．金融论坛，2013（05）：60-65.

[25] Higson C，Rivers O，Deboo M. Creative financing［J］．Business Strategy Review，2007，18（4）：49-53.

[26] Zhang J，Souitaris V，Soh P，Wong P. A contingent model of network utilization in early financing of technology ventures［J］．Entrepreneurship Theory and Practice，2008，32（4）：593-613.

[27] Holmes T. Localization of industry and vertical disintegration［J］．Review of Economics and Statistics，1999，81（2）：314-325.

[28] 陆岷峰，张惠．文化产业大发展的金融支持系统研究［J］．江西财经大学学报，2012（02）：26-34..

[29] 加里·阿姆斯特朗、菲利普·科特勒 著，俞利军 译．市场营销教程［M］．华夏出版社，2004.

[30] 邵明华．转型期我国文化产业营销模式创新的路径选择［J］．东岳论丛，2015（05）：70-74.

[31] Scott A，Steyn G，Geuna A. The economic returns to basic research and the benefits of University - Industry relationships［R］．Report For the Office of Science and Technology，1992.

[32] Nonaka I. The knowledge - creating company：how Japanese companies create the dynamics of innovation［M］．Oxford University Press，1995.

[33] 陈波，王凡．当前我国文化企业融资趋势、问题与成因分析［J］．艺术百家，2011，（1）：8-10.

[34]［美］威廉·大内 著，孙耀君、王祖融 译．理论——美国企业界如何迎接日本的挑战［M］．北京：中国社会科学出版社，1984.

[35] 喻文益，向勇．中国文化产业融资的冷静思考［J］．投资北京，2008（03）：22-23.

[36] 厉无畏．创意产业导论［M］．上海：学林出版社，2006.

[37] 李琪．企业技术创新能力评价指标体系及评价模型研究［J］．科学学与科学技术管理，2004（08）：96-100.

[38] 金元浦．文化创意产业概论［M］．北京：高等教育出版社．2010.

[39] Ansoff H I. Corporate strategy（revised edition）［M］．Penguin Books，1987.

[40] 王瓅．浅议企业竞争优势中的合作协同作用［J］．安徽大学学报，2004

(05)：132－136.

[41] 温忠麟，刘红云，侯杰泰. 调节效应与中介效应分析［M］. 北京：教育科学出版社，2012.

[42] MacKinnon D P，Lockwood C M，Hoffman J M. A new method to test for mediation［R］. Paper Presented At the Annual Meeting of the Society For Prevention Research，Park City，UT，1998.

嵌入生态位理论的文化创意产业创新生态系统构建[①]

林榅荷[②]

（福建农林大 管理学院 福建 福州 350002）

摘 要： 互联网+和“双创”的新态势下，构建文化创意产业创新生态系统具备良好政策背景。创新生态系统是文化创意产业的“基础设施”，应用生态位理论的研究成果，分别从微观生态位和宏观生态位构建文化创意产业创新生态系统，分层次系统分析创新主体和环境范畴的变化，揭示出不同构成要素之间的相互作用。

关键词： 创新生态系统；文化创意产业；生态位理论

原本以文化保存、发展为主要价值的文化产业，面对政策转向于文化创意产业（简称文创产业或文创业），引发许多关于文化、艺术的发展应有超越经济价值目的的讨论。过去文化产业发展过程中，因为着重于文化的保存和再利用，产业发展受到限制，发展文创业遇到保存和创新的选择困难，而导致无法创造特色或提供创新的服务与产品。由于文创业技术创新具有先导性、风险性和复杂性等特点，且当前我国文创业处于发展关键时期，仍然存在着文创业各创新力量自成体系、创新不集中等问题，客观上要求文创业建立创新生态系统，通过系统成员共享创新资源、协同合作创新。

---

① 基金项目：福建省社科研究基地重大项目（2016JDZ039）；福建农林大学杰出青年科研人才计划项目（xjq201636）；福建高校杰出青年科研人才培育计划。

② 作者简介：林榅荷（1986－），女，福建安溪人，管理学博士，福建农林大学管理学院讲师。

一、文创业创新生态系统形成的政策背景

（一）“大众创业、万众创新”为文创业打造良好创新创业生态环境

营造好的创意氛围，创新才能最终实现，所以文创业创新体系与社会创新氛围是紧密结合在一起的。2015 年的《关于发展众创空间　推进大众创新创业的指导意见》要求加快发展新型创业服务平台以适应大众创业、万众创新的新趋势，营造良好的创新创业生态环境。当前“大众创业、万众创新”（以下简称“双创”）的提出将推动新的创意潮和创业潮，文创企业由于成立门槛低，硬件设施依赖性弱，正呈现出数量众多、就业吸纳能力强等显著特点，正成为“双创”的主战场。相对于高科技产业领域，文创业的优势在于个人想法比硬件设施更重要，可以说，“双创”的提出与文创业的发展相契合，开创了关注创造力的新时期，摒弃了过去缺乏原创、以模仿为主的发展方式。

（二）新常态下文创业对经济增长带动作用明显

文创业具有高知识性、高增值性、低资源消耗、低环境污染的特征，对提升新常态下经济发展质量、提升传统产业文化内涵和品质具有积极作用。我国文创业占 GDP 比重从 2004 年的 2.15% 增加到 2014 年的 3.77%，呈成倍增长态势，2014 年文创业增长速度比同期 GDP 增速高 5.1%，文创业对经济增长的外溢、辐射和带动作用明显。在新常态的背景下，文创业在经济转型过程中担当重任，正以其溢出效应与其他产业门类实现多元融合，成为经济转型的新动力。

（三）文创业创新政策环境不断优化

日前，国务院、文化部、财政部等从完善文创业体制改革、鼓励金融产品与服务创新、提升文化创意企业运营管理水平、推进文创业与相关产业融合发展、加快创意产品的国际化贸易等多方面提出具体意见，2014 年 3 月集中发布了《关于深入推进文化金融合作的意见》、《关于推进文化创意和设计服务与相关产业融合发展的若干意见》、《关于加快发展对外文化贸易的意见》，2014 年 11 月集中发布了《关于继续实施文化体制改革中经营性文化事业单位转制为企业若干税收政策的通知》、《关于继续实施支持文化企业发展若干税收政策的通知》、《关于推动互联网上网服务行业转型升级的意见》等。特别是对于文创企业发展提出一系列实施意见，创意企业对于文创业发展的意义逐渐凸显。文创业创新的政策环境有几大亮点：一是把文创企业作为文化市场的主体来加以培育；二是强化和延伸了文创业发展创新所需的财税和融资方面的支持；三是拓宽小微文创企业的互联网创业发展渠道，鼓励文化金融、互联网创业平台等新兴创新载体的发展；四是鼓

励文创企业参与公共文化服务的政府采购，提出在公共服务中要加强与新闻媒体的协调合作，与其他产业联合协作。

二、生态位理论与文创业创新生态系统的理论契合

创新生态系统论源自于20世纪时期经济学家熊彼特的理论，创新系统范式研究越来越多借鉴生态学理论和视角，在Nelson和Winter（1993）提出的技术范式模型基础上，以生态位思想为基础对技术演化作了新的诠释，继而发展出战略生态位管理[1]。美国总统科技顾问委员（PCAST）于2003年初探索美国的创新领导力以及国家的创新生态面临的挑战。正式将创新生态系统（Innovation Ecosystem）概念作为核心概念。2013年，Hwang和Mabogunje在《斯坦福社会创新评论》发表了“下一代经济与创新生态系统”的文章，认为社会网络、团队、信任等六大要素是营造良好创新生态系统和创新型经济发展的关键要素[2]。

很多社会学家也从多种视角解读创新生态系统的含义。商业生态系统与创新活动密切相关，微观视角的创新生态系统研究主要源于商业生态系统概念的应用，并用在系统中的企业个体行为分析。国外学者主要侧重于商业生态系统战略的确立[3]，国内学者主要是解释创新生态系统的内部机理和行为，如张利飞（2009）认为企业创新生态系统是面向顾客需求，基于配套技术由企业在全球范围内形成的共存共生、共同进化的创新体系[4]。中观研究视角突出了某种思想的集合，即企业创新生态系统集合，或称为产业创新生态系统。赵放和曾国屏（2014）紧扣创新系统理论强调的“主体之间相互依赖”和生态学强调的“主体与环境的相互作用”，将创新生态系统的各类组成要素统一到一个“中心—外围”的结构分析框架之中[5]。王娜和王毅（2013）进一步揭示产业生态系统内部组成要素与外部环境之间的信息、物质和能量相互作用为产业创新带来机会[6]。宏观研究视角下的创新生态系统是跨组织的系统，包括政治、经济和技术的系统，李万等（2014）提出创新生态系统3.0，是以创新生态系统为核心特征的新一代创新范式，并提出在我国创新驱动发展战略下，考虑建设世界顶级创新生态系统[7]。从微观到宏观的创新生态系统不是简单的加总，其过程往往蕴含结构的深刻变化。因此，微观、中观和宏观层次创新生态系统的研究有利于对系统内部行为和系统演化机理的把握，而各个层次的结构变化是一个重要的表现形式。可以说，创新生态系统是近几年出现的一个新兴概念，融合了生态学与创新系统理论。虽然学者们从多重视角对创新生态系统进行研究，也涉及创新生态系统形成机理的研究，但在论证创新生态体系的“生态性”方面并不深入和系统，没有跳出传统理论的窠臼。

21世纪以来，国内外理论界开始关注文创业创新的生态系统特征，已有学者从生态学角度对其发展系统进行剖析。2009年，赫金斯在《创意生态》提出创意生态包含四个内容，即创意经济环境条件、生产者、消费者、分解者，由此提出

创意生态“E4模型”，即Ecology（生态）、Energy（能量）、Ethics（伦理）、Economics（经济）[8]。曹如中等（2011）认为文创业创新生态系统演化与自然生态系统内种群演化相比较，二者在运行机理、结构功能、演化发展等方面都存在相似性[9]；刘冰峰和胡林荣（2011）研究结果表明文创业生态环境复杂性对稳定性的影响较为有限，而多样性对稳定性的影响较为关键[10]。吴金希（2014）尝试围绕创新、战略及政策问题，探索多组织形成的生态体系在创新过程中体现出来的本质内涵与特征，称这样的多组织生态体系为“创新生态体系”[11]。从已有的文献研究来看，文创业创新生态特征是一种以产业关联为基础，具有类似于生物群的行为特征。

目前，已有学者开始采用“文化创意产业创新生态系统”概念，如郑志、冯益（2014）结合现有创新生态系统结构模型，提出与中国文创业发展相适配的协同创新生态系统结构模型[12]。曹如中等（2015）构建创意产业创新生态系统可以实现区域内创意产业由低级向高级、由简单向复杂演进，政府、企业、科研院所和中介机构必须承担相应的组织生态功能，创意产业创新生态系统主要由主体要素、功能要素和环境要素三部分组成[13]。王霞等（2014）将文化产业创新生态系统主要划分成3个子链系统，即产业链子系统、技术链子系统以及两者之间相互作用下派生出的价值链子系统[14]。冯臻（2015）构建了我国文化产业创新系统的结构模型，该系统由文化要素投入、产业知识、技术产业网络、制度政策等子模块组成，并存在交互作用关系[15]。

目前，虽然提出文化创意产业创新生态体系的概念，但是仅仅作了单向的线性分析，并无从多重视角对文化创意产业创新生态系统进行研究，包括三个方面：一是文创企业赖以生存的政策环境和法律环境；二是推动企业创新走向产业化的市场机制，包括版权教育、市场中介、创业孵化等；三是支持该产业发展的配套公共服务，包括投融资平台、公共研发、人力资源等，将生态位的行为理念运用到文创业研究并不深入。因此，本文尝试将文创业发展植根于整个经济社会这一宏观运行的生态系统中，通过构建良好的文创业创新生态系统，营造文创业创新发展所需的生态条件，培育创新环境。

从生态系统的实体结构上看，文化创意产业生态系统包括了本体部门群、交叉产业链以及文创业的延伸行业网络（在文创产业交叉产业链的基础上进一步向其他产业行业拓展形成的综合产业网络）。借鉴演化经济学的生物学知识，以及依据约翰·赫金斯的“创意生态”思路，笔者提出“文创业创新生态系统”的概念，文创业创新生态系统是指文创业种群之间以及文创业种群内部各企业之间在设计、生产、销售文创产品的过程中，通过复杂的经济利益关系在一定区域内形成有机统一体，营造有利的创新氛围，系统内各成员企业经由市场力量的指导，彼此间进行着物质和能量的流动与交换，从而有益于文化企业孵化、文创产品交易和创新成果转换。文创业创新生态系统具有明显的层次性，宏观的文创业生态系统内可以包含众多不同规模的小生态系统。

三、双重视角下的文创业创新生态系统构建

生态位理论的研究始于人们对企业与环境之间关系的关注，国外关于生态位的研究走的是宏观和微观双层次路线。一种以 Hannan 和 Freeman 为代表，认为企业种群形成一个基础生态位，它占据特定资源空间，企业生态位是企业在战略环境中占据的多维资源空间；另一种以 Baum 和 Singh 为代表，认为企业生态位是企业与环境互动匹配后所处的状态，是企业在资源需求和生产能力方面的特性，企业种群是拥有类似生态位的企业集合，单个企业对应有自己的生态位[16]。这两种观点也可以解释为宏观生态位和微观生态位。

（一）基于微观生态位的文创业创新生态系统构建

借鉴约翰·霍金斯创意生态理论，文创企业创新生态微观系统的创新经济环境条件、生产者、消费者和分解者通过能量流、物质流和信息流建立联系。

1. 文创业创新生态系统生产者主要是版权、专利、商标和设计产业等部门，此类文化企业创新主要源自个人创意、才华及技巧，将文化资源进行知识产权的开发，把创新思想转化为文创产品，如设计创意和题材构思，以及出版和软件制作中的选题策划等。这个环节是文创业创新生态系统的关键环节，生产者的创作能力受创新氛围、市场需求、自身的创作能力等因素影响，主要增值部分就在其原创性的知识含量之中。近年来，文创企业对生产者的日益关注，与著名作家、画家、设计师等文化创意人才签约，作为这个环节参与主体从某种程度上成为稀缺资源。

2. 文创业创新生态系统消费者是指把创作者成果通过技术、工艺等流程并将其投向市场的企业，很大程度上是由具有市场导向和经济灵活性的中小文创企业组织而成的；而寄居者是指依附于原创性的文化产品进行相应的配套产品设计和生产的企业，这个过程需要充分发挥文创产业生态链中各个文化企业种群的作用，需要各种文化产品的制造企业，这些企业为规避高风险而形成相互依赖的紧密网络，因此表现出很强的根植于当地的创新群落发展特征，存在于巴黎、洛杉矶等国际城市或全国主导的创意中心区就是这种集群的典型代表。文创企业创新的消费者主要受文创企业的管理能力、创新能力和资金能力等因素影响，需要注意的是，在内容为王的文创企业中，消费者的创新能力是其核心竞争力。

3. 文创业创新生态系统分解者是文创业创新生态系统运行的最后一个环节，文化产业生态链运行的终点和最终目的就是文化产品的消费，分解者是指使用文化产品的最终消费者，使用文创产品并把使用体验、感受等信息反馈回消费者和生产者，让他们对产品进行改进或者重新设计，也可能再度激发生产者的灵感。

4. 创新经济环境条件是指文创企业主体以外的外部条件之和，包括支持种群，如政府、协会、投资、培训、交易中介等提供信息、资源，政府在创新生态系统中提供外控变量，既要承担交通、基础设施、通信等硬件环境建设，又要承担制定法规、法律、制度等软环境建设。基础设施既包括交通运输、电信、公共服务等，又包括宏观经济、科技水平、文化氛围、市场需求等社会环境因素。

在微观创新生态系统构建过程中，分别围绕着创新的创作、生产、使用展开，并相应表现为创新理念、创新作品、创新商品等不同形态。从知识产权的角度来看，这一价值链形成同时也是由知识产权创造到知识产权开发、及知识产权消费的过程（见图1）。

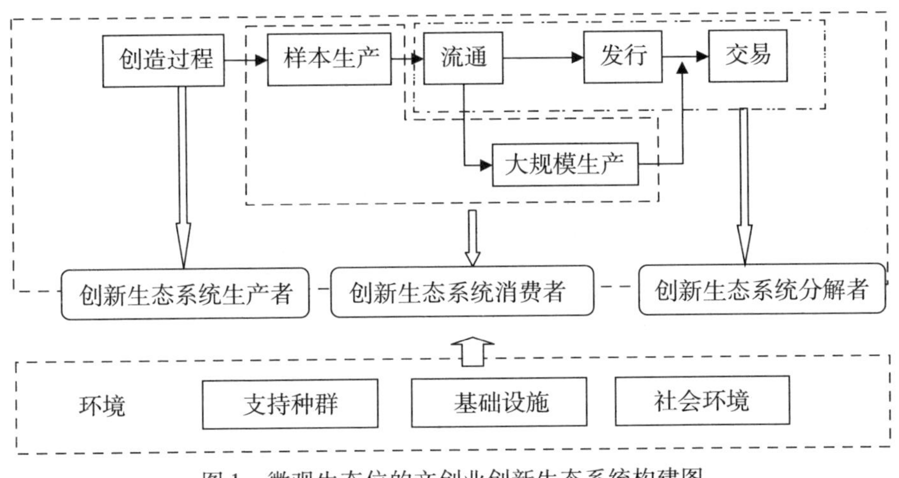

图1　微观生态位的文创业创新生态系统构建图

图2的网络状描述整合了创新经济环境下文创企业创新的生产者、消费者和分解者的关系，较为恰当地表明在创新生态系统产生过程中，不同生态因子间的相互依赖关系。图2起到识别文创业创新生态系统内部链接作用，包括前向关联与后向关联。前向关联是指文创业在生产过程中需要从其他产业获得投入产品所形成的依赖关系，如电影业的发展取决于现代机器制造工业、化学感光工业、电影剧本以及电影表演人才等因素，这就是不同产业之间的前向关联。后向关联是指文创业的产品在其他产业中的利用而形成的产业关联，即文化产品成为其他产业的投入物，如根据电影而生产制作出来的衍生品就是文创业创新生态系统的后向关联。

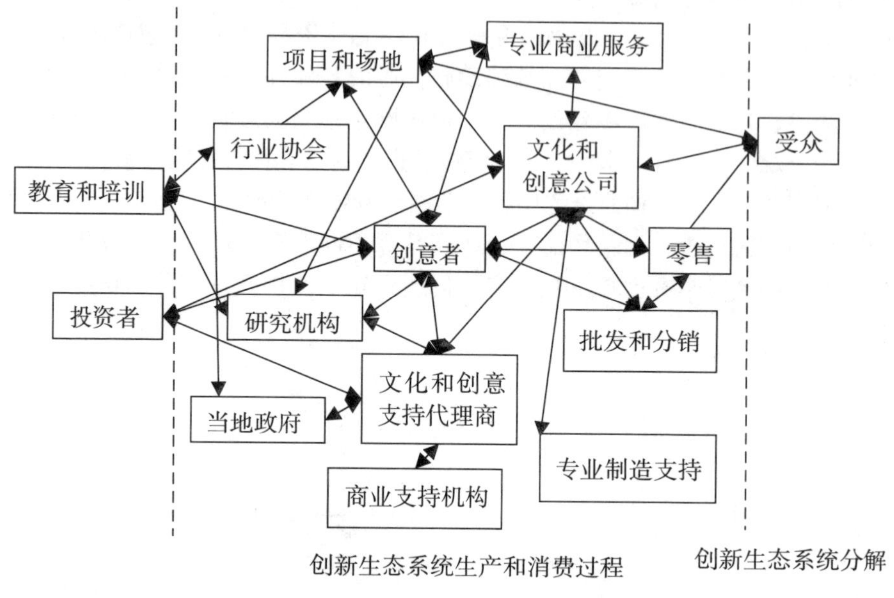

图2　文创业创新生态系统网络关系图

（二）基于宏观生态位的文创业创新生态系统构建

宏观生态位的文创业创新生态系统构建主要是剖析文创业在整个行业生态系统中的生态位，主要由内容运营商、网络运营商、终端用户、融资机构、政府监管机构、科研机构及其环境组成的创新生态流程（见图3）。以商业平台为依托，通过信息流、知识流、物流、资金流、服务流与其他产业创新生态系统产生能量和物质交换，从而满足市场需求。由时间、空间生态位等宏观要素来看，文创业的不同业态（包括新闻出版发行服务、广播电视电影服务、文化艺术服务、文化产品生产的辅助生产、文化创意和设计服务、文化休闲娱乐服务、文化信息传输服务、文化用品的生产、工艺美术品的生产、文化专用设备的生产等）分别处于有限的时间和空间生态位。

文创业创新生态系统的外围环境是由文创业组织圈、自然环境圈、社会圈组成，其中文创业组织圈是其核心，文创业创新生态系统的价值中心流程在企业组织圈中实现；自然环境圈是文创企业生产的根本物质来源，由各种自然资源、能量集合而成；社会圈所提供的各种人工的资源、能量是文创企业的生产要素的主要构成，而由人组成的个体的集合，则是文创产品的最终用户和文创业市场圈的延展。

宏观生态位的文创业创新生态系统由内而外可分为四层：第一层为核心层，包括内容运营商、网络运营商、终端用户，核心层的驱动力是用户需求，反映社

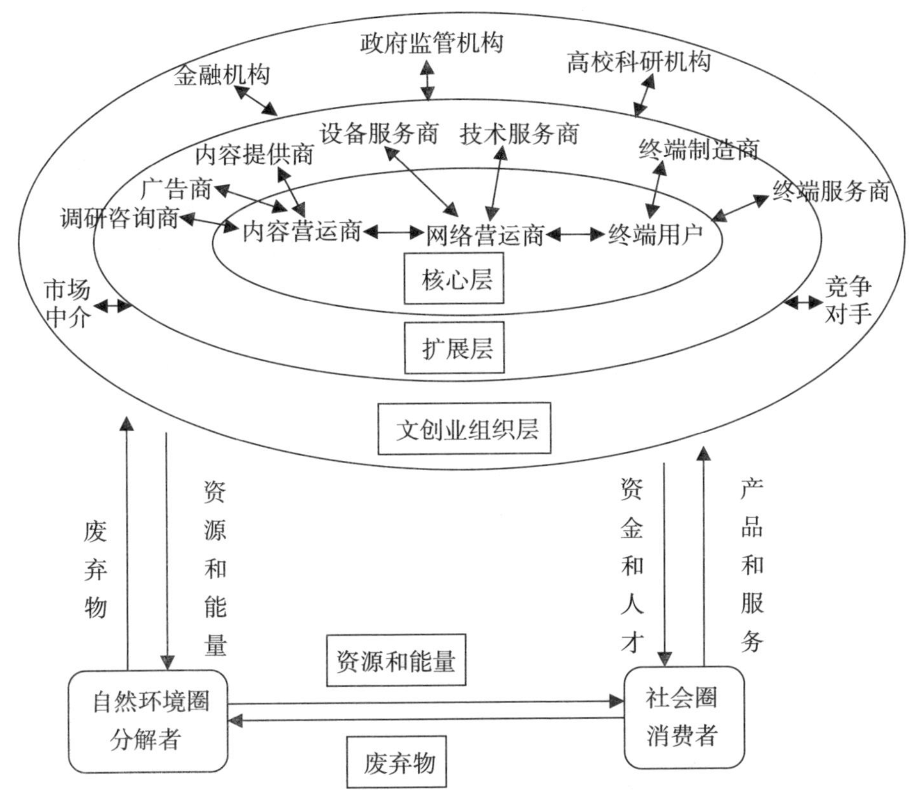

图 3　宏观生态位的文创业创新生态系统构建图

会圈需求。第二层为扩展层，包括核心层及其以外的广告商、内容提供商、设备服务商、调研咨询商、终端制作商、技术服务商、终端服务商等。第三层为产业组织层（即企业组织圈），同时还包括扩展层以外的融资机构、市场中介、竞争对手、监管机构、高校科研机构等。文创产业组织层是整个系统的生产者。第四层为系统整体层，包括整个产业组织圈、扩大化的消费者市场——社会圈、资源能量的源泉——自然环境圈。自然环境圈为产业组织圈、社会圈提供自然资源、能量，并负责消化和分解产业组织圈、社会圈排放的废弃物；社会圈为产业组织圈提供资金、知识、人才、信息，享受产业组织圈提供的服务和产品。文创业创新生态系统中各成员借助物质循环形成一个有组织的功能复合体，在系统中担当着不同的功能，并各司其职。

四、小结

借鉴生态位理论的分析方法，将文创业创新生态系统分成两大类：第一类是基于微观生态位的文创业创新生态系统，各种文化企业分别处于创新生态系统的不同节点上；第二类是与文创企业创新生态系统相配套的支持服务链，即宏观生态位的文创业创新生态系统，从社会圈、自然环境圈、竞争对手和市场中介等角度来影响文创业创新生态系统的构建和运行。生态位理论研究的这种既宏观又微观，既种群又个体的研究方法，恰恰暗合了文创企业发展战略制定的逻辑，以种群对研究对象的宏观生态位的文创业创新生态系统更为关注在同一环境下文创种群如何适应环境创新变化；而以文创个体对研究对象的微观生态位研究则更为关注文创企业与其所占据的生态位的相互作用。微观生态位是文创业创新生态系统的主体因素，文化企业个体间相互依存、优势互补、共同进化和发展，同时支持着宏观生态位的功能定位和价值取向，直接关系到文创企业种群自身的生存与发展。

注释

[1] Nelson R R. National innovation systems – a comparative analysis，1st edn [M]. Social Science Electronic Publishing. 1993.

[2] V H，J M A. The new economics of innovation ecosystems [J]. Stanford Social Innovation Review，2013：8，123 – 125.

[3] Iansiti M，Richards G L. Information technology ecosystem：structure，health，and performance [J]. Antitrust Bull. 2006.

[4] 张利飞．高科技企业创新生态系统运行机制研究 [J]．中国科技论坛．2009 (4)：57 – 61.

[5] 赵放，曾国屏．多重视角下的创新生态系统 [J]．科学学研究．2014，32 (12)：1781 – 1788 + 1796.

[6] 王娜，王毅．产业创新生态系统组成要素及内部一致模型研究 [J]．中国科技论坛．2013，1 (5)：24 – 29.

[7] 李万，常静，王敏杰，等．创新 3.0 与创新生态系统 [J]．科学学研究．2014，32 (12)：1761 – 1770.

[8] 约翰·郝金斯．创意生态——思考产生好点子 [M]．台北：典藏艺术家庭有限公司，2010：184.

[9] 曹如中，刘长奎，曹桂红．基于组织生态理论的创意产业创新生态系统演化规律研究 [J]．科技进步与对策．2011，28 (3)：64 – 68.

[10] 刘冰峰，胡林荣．文化创意产业生态环境复杂性、多样性与稳定性关系研究 [J]．浙江社会科学．2011 (6)：100 – 104.

[11] 吴金希．创新生态体系的内涵、特征及其政策含义 [J]．科学学研究．2014，32 (1)：44 – 51 + 91.

[12] 郑志，冯益．文化创意产业协同创新生态系统构建对策研究 [J]．科技进步与对策．2014 (23)．

[13] 曹如中，史健勇，郭华，等．区域创意产业创新生态系统演进研究：动因、模型与功能划分 [Z]．2015：35，107－113.

[14] 王霞，李雪，郭兵．基于SD模型的文化产业创新生态系统优化研究——以上海市为例 [J]．科技进步与对策．2014，31 (24)．

[15] 冯臻．文化产业创新系统构建的理论研究 [J]．甘肃社会科学．2015 (3)．

[16] 颜爱民，方勤敏．人力资源管理 [M]．北京：北京大学，2007：598.

城市文化视域下的户外广告发展研究

吴 玮[①]

（泉州师范学院 文学与传播学院 福建 泉州 362000）

摘 要：城市文化作为人类文明、社会文化的缩影，伴随城镇化进程的推进，在人类现代文明中的地位日益凸显。户外广告作为城市文化的一种空间表现形式，具有文化传承、社会信息服务、美化环境、增加经济收益等价值。户外广告在优化城市功能分区、塑造城市形象、营造城市氛围、构建城市文化、提升城市竞争力等方面具有重要作用。立足于城市文化空间的建构，探讨信息化时代户外广告与城市文化协同发展路径，具有一定的现实意义。

关键词：城市文化；文化价值；户外广告；协同发展

一、城市文化及其空间表现

查尔斯·兰德利在《创意城市》开篇中写道："城市是多元文化与需求的共生地"。从需求层面看，城市的产生是人类顺应自然、解决共同生活问题的一种物质手段。从文化层面看，城市是人类秩序与艺术的结合体。城市通过对空间的具体且形象的利用、控制，承载着人类共同生产、生活的基本功能，具有十分鲜明的社会意义。"城市体现了自然环境人化以及人文遗产自然化的最大限度可能性；城市赋予自然环境以人文形态，而又以永恒的、集体形态使得人文遗产物化或外化。"

---

① 吴玮（1981－），女，江西东乡人，硕士，泉州师范学院文学与传播学院讲师。

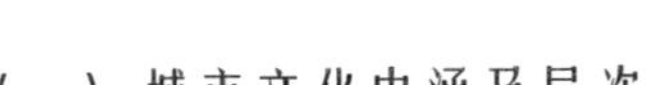

（一）城市文化内涵及层次

1. 城市文化的内涵。“城市是文化的容器，而且，这容器所承载的生活比容器自身更重要。”芒福德认为，城市的根本功能在于文化积累，文化创新，在于流传文化，教育人民。城市作为人类文明的孕育所，交织着复杂的社会文化、经济文化、政治文化、科技文化、民俗文化等，从某种意义上说，城市的发展彰显人类文明的进步。关于城市文化的定义，众说纷纭。本文采用刘文俭及马秀贞所著《城市文化解析》一文中的观点：“广义的城市文化，是指人类在城市发展过程中所创造的物质财富和精神财富的总和。狭义城市文化是指人类在城市长期的发展中形成的独具特色的共同思想、价值观念、基本信念、城市精神、行为规范等精神财富的总和”。城市文化的定义关键在于突出其基于特定地域、人文、风貌、历史等因素共同作用而呈现出的独特性和综合性。借用狭义的城市文化概念，从城市文化具体承载形式角度，可进行多层面、多角度的划分。

2. 城市文化的划分。从文化基于器物文化、制度文化、观念文化三个层面划分的观点出发，可以将城市文化进行对应划分：（1）城市物质文化：由园林建筑、街区街道、地理风貌、人造景观、交通工具、公共空间等有形物质所承载的文化因素。（2）城市行为文化：为保障城市运行，施用的城市法律、法规、管理条例、公民准则、社会规范等社会教义。（3）城市精神文化：基于特定地域风俗、文化礼仪而形成的城市精神、道德准则、价值观念等文化概念。城市文化由最初的村落文化发展而来，积聚人类在改造自然过程中形成的生存智慧，对现实及后世的生产、生活具有深刻的指导意义。以道德、人伦、艺术、宗教等形式为主体的非物质文化是城市文化的核心。城市文化包括但不仅限于理念层面的传承、传播和发展，也要有物化的具体表现方式。涵盖户外广告在内的城市文化空间展示形式，则承载了非物质文化的精神内核。

（二）城市文化空间解读

凯文·林奇在《城市意象》（The Image ofthe City）一书中认为，城市空间结构中的道路、边界、街区（区域）、节点和标志物是组成城市意象的五个要素。城市空间所呈现出来的具象形态不仅承载了丰富的社会实用功能，更通过符号化的文化“沟通元”实现其独特的文化传播、传承和发展功能。城市文化空间由可视、可触、可感知、可内化的文化展示元素组成，开放性、可感知性是其突出特点。城市文化空间着力于完善城市功能分区、彰显城市文化特性。

城市文化空间，即城市人群的公共活动空间及场所。结合王承旭在其所著的《城市文化的空间解读》一文中有关城市文化空间形成机制的相关观点，本文将其划分为如下四个层次：（1）整体城市的意象空间。是指城市所呈现出的最突出、鲜明的文化特质，深度影响和辐射文化空间其他各层面。比如：景德镇的瓷文化、泉州的侨居文化、北京的皇都文化等。（2）基于城市功能形成的城市文化分区。围绕城市宜居主题，进行行政、商业、教育、住宅、娱乐、活动等功能分区。（3）文化片区。文化分区内基于相同或趋同文化属性聚集的特定业态空间，比如北京的中关村、798艺术区、潘家园古玩艺术品交易区、上海的南京路、田子坊等。（4）文化设施及场所。是文化空间的微观单位和构建文化分区及片区的基础结构，是体现城市文化意象的主要表现形式。

城市文化在空间塑造上体现为城市功能划分及城市形象建设。聚焦于城市文化精髓进行的城市形象设计，成为传播城市文化、提升城市品质的重要推手。户外广告作为“城市门户”、“城市中的第一景观”，不仅是一种传播媒介，更是塑造城市形象、营造城市氛围、合理化城市布局、建设现代化城市的重要组成部分。

二、户外广告的城市文化价值

户外广告是指存在于开放空间的广告媒介载体。开放性的媒介特质使得其与城市文化空间建立了非常紧密的关联。主要形式有路牌广告、招贴广告、墙体广告、海报、条幅、霓虹灯、广告柱、广告塔、灯箱广告、橱窗广告、交通工具广告等。传播商业信息虽是户外广告的主要功能，然而随着都市经济和城市建设的不断发展，户外广告以其突出的创意性和艺术性，逐渐融合城市景观，成为美化城市、建设城市的有效途径和重要手段。

城市文化是户外广告的内在基础，户外广告是城市文化的外在表现形式。可以从户外广告装置和设施的有形性及作为传播介质的无形性两个层面探讨户外广告的城市文化价值。

（一）作为城市空间设施的文化价值

1. 户外广告对城市功能分区的文化促进作用。现代城市依据居民活动的属性不同进行了基于不同功能的区域划分：行政区、商业区、文教区、住宅区、交通区等。以行政执法、市政管理为主的行政区内，户外广告数量较少、形式单一，内容多以宣导式的公益广告为主。商业区，是城市的经济贸易中心，也是户外广告的主要集中地。现代城市商业文化繁荣，此区域设置的户外广告色彩绚丽，墙体、招贴、橱窗广告、霓虹灯等广告形态多样、样式丰富。商业区户外广告着力营造热烈的商业氛围，促进大众消费，拉动城市经济增长。以城市立交、高速公路、城际铁路为主的交通区，在符合管理规定的前提下允许发布户外广告。该区域户外广告多以提示性、警醒性广告内容为主。交通区户外广告因其传播的广泛性，成为城市文化传播的重要窗口。此外，还有文教区、住宅区，因其地域的特殊性，户外广告装置相对较少。但因部分城市规划缺乏统筹等因素，住宅区与商业区多存在交混、界限不清的问题，故也存在一定数量户外广告。

2. 户外广告美化环境的景观价值。户外广告作为城市 VI（Visual Identity）的重要组成部分，作为城市规划中的视觉识别元素，与街道、建筑、绿化的有效融合，能形成鲜明的城市风貌。随着现代新媒体技术的不断涌现，户外广告这一作用将更加突出。经过科学系统规划的户外广告可以渲染商业氛围、展现城市活力、提升城市品位、彰显城市个性，为打造丰富、多元的城市文化，提升城市品牌竞争力提供更多介质和途径。

3. 户外广告增加城市收益的经济价值。商业性是户外媒体的本质属性，户外广告企业通过缴纳税收的方式支持地方财政。户外广告作为公共资源，其经营权拍卖所得，亦收归地方财政，真正实现“取之于民，用之于民”，反哺城市建设。同时，户外广告作为商业信息发布平台能有效营造城市商业氛围，助推地方品牌发展，繁荣地方经济。

（二）作为文化传播介质的文化价值

1. 户外广告的城市文化传承价值。作为信息传播平台，户外广告是“城市文化传承的载体”。其文化传承功能主要基于以下两点：（1）户外广告装置与城市建筑风格的融合性。户外广告置于公共开放空间，或为独立的公共设施或为公共建筑的一部分。与城市主体建筑风格的相容性是其得以存在发展的前提。将高科技的声像、光影及互动技术运用于户外广告，更好地打造鲜明的城市人文风格，营造独特的地域文化氛围，成为户外广告形式创新的一种方式。诸如西安、北京等历史名城的仿古建筑候车亭；黄山、婺源等地的徽派建筑式大立柱广告等皆是这一创新运用的实例。（2）城市文化是户外广告的内容精髓。户外广告的信息传达本质，从其价值来看，最终都将回归它的内容承载属性。通过创意策划，将丰富、多元的城市文化凝练成朗朗上口的城市 slogan 宣传语，是户外公益广告的主要内容表现形式。户外商业广告在表达创意所用的图片、影像等素材上融合城市文化、提升城市文化，使受众产生地域文化的亲近感，既是户外广告创意的主原则，也是户外广告参与城市文化建设的一种方式。

2. 户外广告的市民教化价值。城市文化的繁荣着力于内化市民行为（行为层面）、凝练城市精神（观念层面）。涵盖户外广告在内的各类有形文化载体，其实质是文化行为层面及观念层面的表达。提升市民意识、规范市民行为，振奋城市精神、倡导城市观念，是城市文化建设的核心。户外广告作为城市景观的重要组成部分，本身独具的信息传达属性，使之成为市民教化、价值传播的利器。

3. 户外广告的社会信息服务价值。户外广告作为广告的一种方式，其作用主要源于它的信息传播功能。一方面它是商业信息传播的平台，另一方面也是植根民生，社会信息服务的阵地。改革开放之初发展口号的宣传、关系国计民生的计划生育政策的提出、“非典”时期紧急疾控的应急措施宣导、党和国家反腐倡廉决心的表达等皆通过户外广告，实现了全面而持续的传播效应。

户外广告因其形态的具象性，信息内容传播的无形性，在城市建设、文化传承、观念传播上具有举足轻重的作用。城市文化为户外广告的发展提供丰富的文化养分，户外广告反哺城市文化建设，二者的协同发展成为美化城市环境、提升城市文化品位的重要途径。

三、户外广告与城市文化协同发展

（一）城市文化是户外广告发展的动力与源泉

吕庆华在其所著《中国创意城市评价》一书中写道："新的文化工业正成为城市发展的新动力和创新方向，城市文化的力量正取代单纯的物质生产和技术进步而日益占据城市经济发展的主流"。户外广告作为城市文化的空间表现方式，其创新发展离不开城市的文化"土壤"。户外广告作为传统的广告形式，在数字化时代因互动技术的普及和运用，带动了全产业的技术革新，呈现出新的产业发展契机。技术的进步，更加需要优质广告内容与之配套。城市文化为户外广告的发展提供永续创作素材，从广告内容的思想性上予以保障。

1. 城市文化为户外广告的创作提供素材。很多城市都具有独树一帜的历史文化、民间风俗、地貌特征、标志景观和典型人物。如：南昌"革命第一枪"、青岛"啤酒之城"、厦门的"白鹭"、内蒙古的"草原"、成都的"美食"、恩施的"土家文化"等，多元的城市文化为户外广告的创意、创作提供多样化素材。户外广告创作从城市文化中吸取养分，在广告创作中加以深化和提炼，形成独具创意的广告作品。

城市文化多元、丰富，从历史、结构到物质表现，亟须挖掘与深度开发。极具特色的城市文化、地域文化是户外广告生长的"土壤"，是其成为城市文化"名片"、保持内容创新的重要手段。

2. 城市文化是户外广告思想性的保证。城市文化是户外广告的基础，户外广告是城市文化的一种外在表现形式。文化是城市的灵魂，是户外广告保持鲜活生机与动力的源泉。城市文化从文化的纵深度和横跨度上保证户外广告的思想性。城市文化的形成与发展久经考验和积淀，优良的民族传统、先进的思想理念经过历史长河的"涤荡"和时间的"过滤"得以传承和发展。数千年前的村落、城邦，直至今日的大都市、超大都市，形成横跨古今、延绵不绝的城市文化，为户外广告提供极具思想性的历史及现实文化根基。

城市文化层次丰富、内容多样，涵盖了城市居民生产、生活，精神及物质创造过程的全部。建筑、民俗、语言、社群、政治、社会、经济等文化领域，为户外广告的内容创作提供了横向跨度上的保障。

（二）户外广告推动城市文化发展

1. 户外广告与城市规划相协调。基于城市文化建设、文化景观营造、文化功能完善的城市规划，是现代都市持续发展的重要手段。城市规划融合美学、建筑学、生态学等学科视角，力求提升城市的宜居性，户外广告可以对城市空间进行有效的扩展，协调城市亮点、调和城市色彩，是城市规划的重点对象和主要内容。户外广告融入城市规划主要体现在以下三个方面：（1）呈“点”状分布的户外广告与周围环境相协调，勾连成沿街道或线路的“线”。纵横交错的“线”状布局，构成城市功能分区的完整景观。户外广告与街道、建筑、绿化共同构成了鲜明的城市形象。（2）户外广告是城市亮化系统的组成部分，与绿化带及建筑亮化等，共同塑造城市灯光环境艺术，构成统一的城市形象和生动的都市景观。

合理地设置和布局户外广告，无论对于城市建设还是户外广告产业发展都具有极其重要的作用。城市规划作为户外广告产业发展的“指挥棒”，因其前瞻性、整体性、科学性和合理性使得户外广告产业在城市建设“一盘棋”中获得长远发展。

2. 户外广告彰显和提升城市文化。户外广告是一种带有鲜明创意性的城市艺术形式，借鉴城市建筑、园林、人文景观等表现形式，户外广告从创意到制作，从设计到材料，均体现出户外广告是城市文化展示的一种独特艺术方式。广告的形式设计和内容创意是户外广告彰显和提升城市文化性的两个方面。

基于文化性的指导下，广告的形式设计和内容创意相辅相成。借鉴和运用跨地域、跨文化的设计思路及设计理念，是户外广告为城市文化注入新鲜活力的方式之一。例如，可引入法国让·菲利普·郎科罗教授提出的“色彩地理学”，日本茶道创始人千利休阐述的“利休灰”理念等，将这些先进的户外广告设计理念，与城市文化进行深度结合，运用于城市户外广告创意和设计，使其具有造型美、色彩美、融合美等美学内涵，形成独具艺术性、文化性的城市艺术作品，丰富和激活城市文化因子。

户外广告是城市文化与艺术设计融合的综合艺术，是商业文化与城市文化兼容的信息平台。户外广告通过艺术化的处理方式，从文化的物质表现及非物质表现层面对城市风格、城市活力、城市底蕴进行广泛传播。更为重要的是，户外广告这一传统广告形式，因信息化时代互动技术的发展，使其为建设现代化的都市文化提供了更为广阔的操作空间。现代都市文化作为城市文化的一种形态，其发展植根于城市历史，立足于人文科技。户外广告作为现代都市的一种视觉传达方式，在城市建设、文化提升等方面的作用都将越来越重要。

现代城市应立足自身文化，建立户外广告与城市文化的紧密连接，植根城市文化，对户外广告这一商业介质进行文化传播介质的艺术转化，促进户外广告与城市文化的协同发展。

四、结语

户外广告不仅是一种商业行为，更是一种具有美感和创意的地域文化现象。随着科技的进步和互动技术的普及，户外广告将呈现更加丰富、多元的文化符号，释放出推动城市文化建设的巨大潜能。户外广告与城市文化的协同发展，是户外广告生存和发展的根本途径，也是彰显城市独特魅力，提升城市文化软实力的有效方式。

注释

[1] 查尔斯·兰德利. 创意城市 [M]. 北京：清华大学出版社，2009.
[2] 刘易斯·芒福德. 城市发展史——起源、演变和前景 [M]. 北京：中国建筑工业出版社，1989.
[3] 刘文俭，马秀贞. 城市文化解析 [J]. 中共杭州市委党校学报，2005 (2)：8-13.
[4] 凯文·林奇. 城市意象 [M]. 北京：华夏出版社，2001.
[5] 王成旭. 城市文化的空间解读 [J]. 规划师，2006 (4)：69-72.
[6] 周慧玲. 户外广告的城市文化建设功能 [J]. 现代广告，2012 (7) (上半月)：79-80.
[7] 吕庆华. 中国创意城市评价 [M]. 北京：光明日报出版社，2014.

中国创意城市发展水平CATG评价模型及其实证研究[①②]

林存文　吕庆华[③]

（1. 厦门海洋学院　福建 厦门　361100
2. 华侨大学 工商管理学院　福建 泉州　362021）

摘　要：通过文献回顾，概括出我国创意城市的构成要素，在此基础上提出由创意资源指数、城市便利指数、城市宽容指数和城市政府支持指数组成的CATG评价模型，并据此构建我国创意城市发展水平评价指标体系。通过选择全国28个具有代表性的创意城市2006年至2012年的面板数据，运用因子分析法对创意城市评价体系进行实证分析，最终得到各城市的综合得分及排名，并对结果进行分析。研究结果表明，北京、深圳2个城市处于第一梯队，创意城市发展水平远高于其他城市；上海、珠海、广州等11个城市处于第二梯队，创意城市发展处于增长期；武汉、沈阳、成都等15个城市处于第三梯队，创意城市发展缓慢，处于探索与建设阶段。最后根据实证结果得到一定的研究启示，并提出相应的对策建议。

关键词：创意城市；CATG评价模型；评价指标体系；实证研究

20世纪90年代以来，创意经济的发展取得了举世瞩目的成就，作为创意经济载体的创意城市也得到了广泛关注。为了解我国创意城市发展情况及其发展程度，本文通过文献回顾，概括出我国创意城市的构成要素，在此基础上构建我国创意城市发展水平评价指标体系，并据此进行分析评价，为我国创意城市的进一步发展提出对策建议。

---

① 基金项目：教育部人文社会科学研究项目（12YJA790095）。

② 本文原载《经济地理》2016年第3期第48－56页。

③ 作者简介：林存文（1979－），男，福建龙海人，厦门海洋学院讲师，华侨大学工商管理学院博士生；吕庆华（1960－），男，福建寿宁人，博士，华侨大学工商管理学院教授，博士生导师。

一、文献回顾

创意城市最初是为了解决后工业时代西方老牌工业城市面临的衰退和各种“现代城市病”而出现的一种城市更新和再造的发展模式[1]。创意城市的思想早已有之，但对创意城市理论的研究则是伴随着创意经济的兴起和创意产业的发展而出现的。国内外学者对创意城市的研究主要集中于探讨创意城市的内涵、特质、类型、发展模式、构成要素、发展阶段，以及对城市竞争力、城市创意能力评价等方面。其中，创意城市评价的相关研究是对创意城市理论定量研究的重要课题。当前国内外学术界对创意城市评价的研究，主要是采用一定的实证分析方法，通过构建相关的评价指标体系，对创意城市的综合发展水平及创意城市竞争力等方面做出实证评价。西方关于创意城市的评价主要有两种具有代表性的指标体系，一是 Richard Florida 及其团队提出的以“3T”要素理论为基础的系列指标体系，二是 Charles Landry 及其团队提出的以创意城市规模等级理论为基础的指标体系。

Richard Florida 等人的指标体系注重对创意城市发展的影响因素进行研究，围绕其中的关键影响因素来构建创意城市评价体系。Florida 认为区域经济增长是由创意人才驱动的，创意人才倾向于往具有多样性、包容性和对新观念持开放态度的地方聚集，而创意人才的聚集有助于提升地区创新的速度，从而催生更多的高科技企业，最终促进区域经济的增长[2]。Florida 就此提出推动区域经济增长的“3Ts”要素，即技术（technology）、人才（talent）和宽容（tolerance）[2]，三者的关系是“宽容吸引人才，人才创造科技”[3]。在此基础上 Florida 及其团队构建了创意城市评价的系列指标体系包括美国创意城市评价的“3T”指数[2]、欧洲创意指数（ECI）[4]和全球创意指数（GCI）[5]。这些指标体系逻辑严密，论证充分，具有较强的针对性，但由于 Florida 的系列指标主要是基于欧美等发达国家的情况而制定的，运用到中国等发展中国家则会存在一定的局限性，尽管如此，Florida 的系列指标仍是目前最具影响力也是应用最为广泛的指标体系，国内外创意城市评价的相关研究大多都是在其基础上进行拓展和完善的。

Charles Landry 也是较早研究创意城市评价体系的学者之一，他提出了创意城市规模等级理论，将创意城市的发展阶段分为十个等级[6]，并认为创意城市的发展需要一定的先决条件，需要具备一定的发展能力和发展环境[7]，因此，对创意城市的评价应以创意城市的发展基础为前提构建相应的指标体系[8]。Landry 的评价体系由两组指标构成，一组是由个人特质、意志力与领导力等[6]七个方面构成的创意城市软硬件环境评价指标，另一组指标由创意城市活力和生命力两项构成，其中城市活力指标又进一步细分为经济、社会、环境和文化四个方面的活力，每个方面指标又通过 9 项标准来衡量[6]。Landry 的评价体系较为系统、全面，能较好地反映城市经济、人力、环境等的发展情况，但该体系多为主观指标，数据的可获得性较差，也未能有较为权威的实证研究，因而影响力较为有限。

国内创意城市的评价体系大多是在 Florida“3T”理论的基础上，借鉴 Landry 等人的评价体系，并结合中国各地区及各城市的实际情况来选取评价指标的。当前国内较有影响的地区性评价体系主要有香港创意指数（HKCI）[9]、上海城市创意指数[10]、北京文化创意指数[11]和中国城市创意指数（CCCI）[12]、中国省市文化产业发展指数（CCIDI）[13]等。香港创意指数更多地体现出香港地区创意经济的发展同社会文化价值及制度、法律等方面的联系性；上海城市创意指数、北京文化创意指数主要用于度量上海、北京创意产业发展的情况及评估城市创意产业的竞争力，具有较强的针对性；中国省市文化产业发展指数基于省际的地区比较，内容系统全面，既包含定量指标也包含定性指标，但由于定性指标数据收集较难，其信度和效度较难保证；而中国城市创意指数具有简洁、可比性强的特点，数据都是来源于统计年鉴等公开发布的数据，便于对不同城市进行横向比较，但二级指标都是由 2 个三级指标来衡量，代表性指标数量有限，制约了对上一级指标衡量的系统性和全面性。此外，国内的一些学者及其研究团队也从各自的角度对创意城市评价要素和评价方法进行了补充和完善，比较典型的有华侨大学的吕庆华团队[7-8]、东华大学的高长春团队[14]、西安交通大学的郝渊晓团队[15]、天津理工大学的段学芬团队[16]、福建师范大学的张华荣团队[17]，以及李博婵[18]、韩顺法[19]、周清[20]等学者。

综上所述，国内外学者们对创意城市评价给予了较高的关注，分别从不同的方面探讨了创意城市的不同要素和发展条件，并结合本地区经济文化发展的实际情况，构建了相应的评价体系。但多数指标体系都存在一定的局限性，或是区域特征明显、适用性不强，或是指标数据可比性差、不便进行横向比较，或是评价方法科学性不足，因此，创意城市评价体系，尤其是针对创意城市发展水平比较评价的指标体系，仍存在许多值得探讨、提升和完善的地方。

二、创意城市发展水平评价指标体系构建

本文在前人研究的基础上，综合考虑创意城市发展水平评价的各项要素，力求全面系统地反映创意城市发展的各个方面，并选取客观指标兼顾各城市间数据的可获得性和可比性，采用因子分析的科学方法，避免了分析评价的主观性。经过比较分析，本文筛选提炼出反映我国创意城市发展水平的四个构成要素：创意资源、城市便利、城市宽容和城市政府支持。

（一）创意资源——创意城市发展的资源

本研究的创意资源要素由创意产业成果、人力资源、科技资源和文化资源组成。其中，人力资源与科技资源对创意城市的重要性，是不言而喻的。人才是城

市的重要资产，市民是城市的重要资源[6]。人才创造科技，可以为创意城市发展提供强有力的科技支持。本文采用创意产业发展相关的文化创意从业人员、科技人员、信息软件业从业人员及商业管理与服务类人员来反映创意产业人才的总体情况，用高等学校在校学生人数反映地区人力资本的规模。科技资源方面则借鉴各城市统计年鉴的现有指标，采用 R&D 经费投入、高新技术产业产值及专利授权量等方面的指标来表征。

而文化资源及其资本属性，通过产业化开发，可以形成现实的文化创意产业，反映一个地区创意产业发展的水平和潜力，是创意城市建设的人文基础。文化资源从历时性的角度来看，大体可以分为文化历史资源和文化现实资源[21]，前者可用城市文化遗产的拥有情况来度量，后者可用现代文化基础设施的拥有情况来度量，两者存在较大的差异，因此，本文将文化资源分为文化设施指数和文化遗产指数 2 个二级指标。

此外，创意城市理念伴随创意产业而产生，创意产业是创意城市发展的物质基础，创意产业的发展规模和成果决定创意城市发展的水平。就像世界上前 100 名的大城市创造 38% 的财富一样[22]，各国大城市几乎都是创意产业的聚集区。为此，本文采用创意产业增加值及其占比和家庭人均文化消费支出及其占比来表征创意产业的发展规模，前者从产出的角度来反映创意产业的发展，后者从消费的角度进行反映。

（二）城市便利——创意城市发展的硬环境

本研究的城市便利要素由城市经济环境和城市生活环境两部分构成。创意城市的发展，离不开吸引创意人才的便利设施和环境。城市环境一般包括人文环境和自然环境等类型。Florida 就曾指出，在后工业社会，大众对经济条件的关注在降低，但对人文环境、自然环境等的要求不断提高[23]。但他也同时指出城市自然环境对吸引创意人才、建设创意城市影响不大[24]。Terry Clark 也发现，城市自然环境与高人力资本个体的地点选择没有联系，他们更倾向于那些具有技术、文化和高质量旅馆等“建构环境”的城市[25]。这正如 Gert - Jan Hospers 所总结的“受过高等教育的劳动力有向便利环境优越的城市集中的趋势”[26]。可见，城市的经济环境、生活环境等人为建构的便利环境构成了创意城市建设的硬件环境，对吸引创意阶层、促进创意产业发展，进而推动创意城市建设都具有积极作用。故此，本文借鉴各城市统计年鉴及前人的研究成果，采用地区生产总值、工业发展水平、第三产业发展水平、上市公司比重及城镇化率等来反映城市经济环境；用人均公共绿地面积、人均道路面积、人均拥有公共车辆、人均公共医疗床位数及城镇人均住宅面积来表征城市生活环境的发展情况。

（三）城市宽容——创意城市发展的软环境

本研究的城市宽容要素由城市社会价值和城市开放两部分构成。城市宽容氛围是创意城市软环境建设的核心要素，其中，城市社会价值是宽容氛围的内在来源，城市开放水平则是宽容氛围的外在表现。Florida 指出，宽容和多样性对人才和经济发展的影响力是很重要的，“宽容、开放的地区在吸引各地的不同人才上占有绝对优势，这个吸引人才的能力又激发了它们建构和激发创意资本的能力，从而促进了变革，建立新企业，吸引其他企业加盟，最终创造新财富和繁荣的能力”[24]。一句话，“宽容吸引人才，人才创造科技”[3]。为此，根据我国的国情并参考各城市统计年鉴的相关数据，本研究采用粗离婚率、城市外来人口占比及城乡居民收入比、城镇登记失业率等指标反映城市社会价值的宽容氛围。

此外，城市开放水平反映一个城市在企业、人员、贸易、投资、资金、信息等方面对外交流的情况，城市开放水平可以通过主体对外交流和客体对外交流两方面来反映。倪鹏飞（2013）指出，“通过产品（客体）的对外贸易与投资，城市实现与外部的经济交流，同时外部的技术、偏好和生活方式等文化信息也附着在产品与资金上，进入城市，不断影响城市中人们的技术、偏好和生活方式。此外，外资企业和国际商旅人员（主体）的到来，也为城市带来新的人才、新的管理方法及新的思想观念，也会对城市的文化产生一系列的影响”[27]。由此，本研究采用国际旅游开放程度和外资企业比重来表征城市主体开放程度，用对外贸易依存度和对外资本依存度来表征城市客体开放程度。

（四）城市政府支持——创意城市发展的保障

本研究的城市政府支持要素由城市财政支持和城市政府保障两部分构成。创意城市的发展模式大体可以分为内生型和外生型两种。内生型的创意城市由于历史文化积淀，先天具有创意的土壤和环境，创意氛围浓郁，创意城市是自下而上的自然产生的，政府是在创意城市发展到一定阶段才介入引导、支持甚至主导的，一开始并非有意识地去推动创意城市的发展，伦敦、纽约、巴黎等老牌的城市就是这类的典型代表[7]。外生型的创意城市一开始并没有浓厚的创意氛围，创意环境“先天不足”，但通过政府有意识地制定创意城市发展目标和战略规划，出台相关的政策措施，积极引导，也能实现城市的创意转型，这类创意城市建设通常都是自上而下的，政府起着主导作用，悉尼、柏林、名古屋等加入联合国“创意城市网络”的城市就是这类典型代表[7]。Landry 就积极倡导要通过创意城市政策体系，创造性地解决城市发展所面临的各种问题[6]，而 Hospers 也在其提出的四种创意城市类型中，强调技术组织型的创意城市是政府起着主导作用，城市发展中面临的基础设施、交通、供水等问题的创造性解决方案促成了该类创意城市的产生[26]，王克婴在比较了美国、欧洲和亚洲创意城市的发展路径后指出，亚洲模式“更多表现的是政府智慧与力量，……采取的是政府主导与民间参与相结合的模式”[28]，我国创意城市的发展就属于这种类型。总之，无论是内生型还是外生型，创意城市发展都离不开政府的作用，而政府的财政支持、制度安排、相关政策及各种保障措施尤须引起重视。为此，本研究采用城市财政支持和城市政府保障两方面来反映政府对创意城市发展的支持情况，前者用政府在文化体育传媒、科技、教育、一般公共服务等方面的财政支出来表征，后者用城市养老保险、医疗保险及失业保险的覆盖率来表征。

在上述构成要素分析的基础上，本文提出由创意资源指数（Creative Resources Index）、城市便利指数（Amenity Index of City）、城市宽容指数（Tolerance Index of City）和城市政府支持指数（Government Support Index of City）组成的 CATG 创意城市发展水平评价模型，具体评价指标见表 1。

表 1　创意城市发展水平 CATG 评价指标体系

一级指标	二级指标	三级指标	一级指标	二级指标	三级指标
C 创意资源指数	C1 创意产业成果指数	C11 创意产业年增加值（万元）	A 城市便利指数	A1 城市经济环境指数	A11 地区生产总值（万元）
		C12 创意产业增加值占 GDP 比重（%）			A12 工业发展水平（%）
		C13 家庭人均文化消费支出（元/人）			A13 第三产业发展水平（%）
		C14 家庭人均文化消费支出占全部消费支出的比重（%）			A14 上市公司占比（%）
	C2 人力资源指数	C21 文化创意产业从业人员比重（%）			A15 城镇化率（%）
		C22 科研技术人员比重（%）		A2 城市生活环境指数	A21 人均公共绿地面积（平方米/人）
		C23 信息软件从业人员比重（%）			A22 人均城市道路面积（平方米/人）
		C24 商业服务业从业人员比重（%）			A23 每万人拥有公共汽车数（辆）
		C25 每十万人口高校在校学生数（人）			A24 每万人拥有公共医疗床位数（张）
					A25 城镇人均住宅面积（平方米/人）

续表

一级指标	二级指标	三级指标	一级指标	二级指标	三级指标
	C3 科技资源指数	C31 年 R&D 经费投入额（万元）	T 城市宽容指数	T1 城市社会价值指数	T11 城市婚恋价值指数（‰）
		C32 人均 R&D 经费投入（元/人）			
		C33 年高新技术产业总产值（万元）			T12 城市人口包容指数（%）
		C34 人均高新技术产业总产值（元/人）			T13 城乡居民收入比（%）
		C35 年专利授权量（件）			T14 城镇登记失业率（%）
		C36 每十万人年专利授权数（件）		T2 城市开放指数	T21 国际旅游开放程度（%）
	C4 文化设施指数	C41 每百万人拥有剧场影剧院数（个）			T22 外资企业比重（%）
		C42 每百万人拥有艺术表演团体（个）			T23 对外贸易依存度（%）
		C43 每百万人拥有博物馆个数（个）			T24 对外资本依存度（%）
		C44 每百万人拥有公共图书馆个数（个）	G 城市政府支持指数	G1 城市财政支持指数	G11 政府文化体育传媒支出占总支出比重（%）
		C45 每百人公共图书馆藏书量（册）			G12 政府科学技术支出占总支出比重（%）
		C46 每百万人拥有文化馆群众艺术馆个数（个）			G13 政府一般公共服务支出占总支出比重（%）
	C5 文化遗产指数	C51 省级以上非物质文化遗产数（个）			G14 政府教育支出占总支出比重（%）
		C52 每百万人拥有省级以上非物质文化遗产数（个）		G2 城市政府保障指数	G21 养老保险覆盖率（%）
		C53 省级以上物质文化遗产数（个）			G22 医疗保险覆盖率（%）
		C54 每百万人拥有省级以上物质文化遗产数（个）			G23 失业保险覆盖率（%）

三、我国创意城市评价实证研究

本研究中创意城市综合评价有多种指标数据，不同指标数据所反映出的创意城市发展水平不同。要使不同类型的指标间具有可比性，将这些不同类型的指标数据转化处理次序排位是一种简便有效的方法。本研究综合运用因子分析和加权求和两个模型来进行评价。

（一）数据来源和处理

根据因子分析的研究模型要求，样本量越大，χ^2的估计越好，Lawley 和 Maxwell（1971）建议样本量至少比考虑的变量多 51，这时检验才是合适的[29]。本研究涉及 50 个观测变量，15 个潜变量，共 65 个变量，样本量应不小于 116。由于各城市数据获取难易程度不一，城市统计口径存在差异，本研究要在尽可能多地选取样本的前提下，又要使城市间的研究对比有意义。经综合考虑，最终选取全国 28 个城市，2006 年至 2012 年共 7 年的 196 组数据。这 28 个城市涵盖了直辖市、省会城市及沿海开放城市，相对于其他城市，它们具有一定的经济基础，城市发展也达到一定水平，城市政府均对创意产业进行了一定力度的扶持和支助，制定了构建创意城市的未来发展规划。

本研究数据来源于各省市 2007 ~ 2013 年（数据为 2006 ~ 2012 年）统计年鉴、2007 ~ 2012 年（数据为 2006 ~ 2011 年，下同）《中国城市统计年鉴》、《中国科技统计年鉴》、《中国民政统计年鉴》、《中国旅游统计年鉴》以及各省市统计局网站、科技局网站、文化部及各省市文化局网站等。对于个别城市个别年份个别指标的缺失数据，采用均值等相应替代法进行处理。此外，指标评价体系中，各指标存在数量级和单位不同的情况，不便于指标间的综合对比，需要对指标数据进行无量纲化处理，本研究中数据都来源于统计年鉴中的客观数值，因此，本文采用均值化方法进行无量纲化处理。

（二）信效度检验

学者 Nunnally（1967）认为，“在一般探索性研究中，信度系数的最低要求标准是系数值在 0.5 以上，0.6 以上较佳；但在应用性和验证性的研究中，信度系数数值最好在 0.8 以上，0.9 以上更佳”[30]。现阶段，创意城市的影响因素还处于相对较不成熟的研究阶段，指标体系还未完全统一，属于探索性阶段。因此，本研究设定信度标准为 $\alpha \geqslant 0.6$。

对本研究所涉及的 50 个指标进行信度测量，得到测量指标总体信度 Cronbach’s α 值为 0.937，测量指标内部一致性符合本研究所设定的信度标准，各变量的测量指标信度良好。对测量指标进行 KMO 和 Bartlett 球形度检验，得到测量指标的 KMO 值为 0.801，近似卡方为 15327.427，自由度为 1225，Bartlett 球形度检验显著，适合做因子分析。

（三）因子分析

本研究首先通过 SPSS21.0 对数据进行验证性因子分析，得到各变量公因子上的载荷①。各变量在假设的公因子上的载荷矩阵结果显示，大部分变量在其公共因子上的载荷都大于 0.6，但是 C25、C46、A25、T14、G14 五个变量在其公共因子上的负载较小，分别为 0.164、-0.066、-0.338、0.474、0.012，说明这五个变量与其公共因子的其他指标内在属性不一致，可以考虑剔除。删除五个三级指标后的验证性因子分析结果见表 2。从表中可以看到，修正后的评价指标体系所有变量在其公共因子上的负载均大于 0.6，因子载荷较好。所剩下 45 个三级指标变量都能够很好地体现各公共因子（即二级指标）的内在属性。

表 2　修正后各变量在公因子上的载荷矩阵

变量	C11	C12	C13	C14	C21	C22	C23	C24	C31	C32	C33	C34	C35	C36
公因子 1	.886	.82	.799	.667										
公因子 2					.814	.888	.855	.793						
公因子 3									.771	.859	.857	.721	.891	.778
变量	C41	C42	C43	C44	C45	C51	C52	C53	C54	A11	A12	A13	A14	A15
公因子 4	.828	.892	.758	.633	.900									
公因子 5						.847	.715	.872	.731					
公因子 6										.638	.762	.912	.825	.621
变量	A21	A22	A23	A24	T11	T12	T13	T21	T22	T23	T24	G11	G12	G13
公因子 7	.850	.769	.810	.860										
公因子 8					.662	.939	.905							
公因子 9								.834	.900	.894	.830			
公因子 10												.818	.677	.614
变量	G21	G22	G23											
公因子 11	.938	.911	.905											

其次，为了对 11 个二级指标进行综合评价，需要计算 11 个公共因子的因子得分。本文采用回归法计算因子得分，得到因子得分系数表，并在此基础上计算

① 本研究通过理论分析确定 11 个公共因子，对因子之间关系的性质、因子负载均有特定假设，且将变量在无关因子上的负载固定为 0 得到因子分析结果。

各评价指标的权重，采用加权求和的方法计算综合分值。

最后，对各年份的得分加权平均得到各城市最终得分，创意城市评价各项指标综合得分及排名见表3。

表3 创意城市评价各项指标综合得分与排名

城市	创意综合指数（F）	排名	创意资源指数（C）	排名	城市便利指数（A）	排名	城市宽容指数（T）	排名	城市政府支持指数（G）	排名
北京	0.805	1	0.825	1	0.623	2	0.380	7	0.665	2
深圳	0.774	2	0.540	2	0.723	1	0.928	1	0.783	1
上海	0.550	3	0.515	3	0.409	6	0.380	8	0.517	7
珠海	0.512	4	0.254	10	0.438	4	0.874	2	0.643	3
广州	0.481	5	0.358	6	0.468	3	0.435	5	0.554	5
苏州	0.474	6	0.387	4	0.297	15	0.523	4	0.489	8
杭州	0.439	7	0.370	5	0.302	14	0.343	13	0.553	6
厦门	0.430	8	0.247	11	0.412	5	0.532	3	0.610	4
天津	0.386	9	0.314	8	0.310	11	0.351	11	0.413	11
南京	0.380	10	0.308	9	0.361	9	0.293	14	0.409	12
西安	0.364	11	0.315	7	0.398	7	0.213	22	0.337	16
宁波	0.336	12	0.225	13	0.237	25	0.386	6	0.485	9
大连	0.306	13	0.182	19	0.278	17	0.363	10	0.449	10
武汉	0.295	14	0.220	14	0.340	10	0.235	18	0.316	19
沈阳	0.283	15	0.197	17	0.272	19	0.237	17	0.406	13
成都	0.274	16	0.200	16	0.294	16	0.205	24	0.351	15
青岛	0.274	17	0.153	25	0.259	21	0.346	12	0.398	14
福州	0.273	18	0.202	15	0.250	22	0.290	15	0.282	23
昆明	0.267	19	0.177	20	0.380	8	0.247	16	0.245	26
长沙	0.252	20	0.183	18	0.272	20	0.207	23	0.304	20
泉州	0.251	21	0.164	22	0.211	26	0.376	9	0.233	27
重庆	0.249	22	0.241	12	0.177	28	0.158	28	0.225	28
长春	0.248	23	0.158	23	0.306	13	0.215	21	0.323	18
郑州	0.237	24	0.173	21	0.246	23	0.199	26	0.285	22
哈尔滨	0.231	25	0.151	26	0.307	12	0.178	27	0.289	21
温州	0.228	26	0.155	24	0.200	27	0.217	20	0.333	17
合肥	0.219	27	0.142	27	0.273	18	0.203	25	0.260	24
南昌	0.211	28	0.131	28	0.245	24	0.228	19	0.252	25

四、结果分析与讨论

（一）创意城市总体发展水平评价

为便于比较观察，本文将表3中反映创意城市总体发展情况的创意综合指数（F）的得分绘制成折线图，根据折线图的平滑趋势和显著转折点可以看到各城市创意城市总体发展水平存在较大的差异，在得分0.3和0.55处表现较为明显，据此可以我国创意城市划分成三个梯队，如图1所示。由图可见，北京、深圳、2个城市综合得分都在0.6以上，属于第一梯队；上海、珠海、广州、苏州、杭州、厦门、天津、南京、西安、宁波、大连11个城市综合得分介于0.3至0.6之间，属于第二梯队；其他15个城市综合得分小于0.3，属于第三梯队。

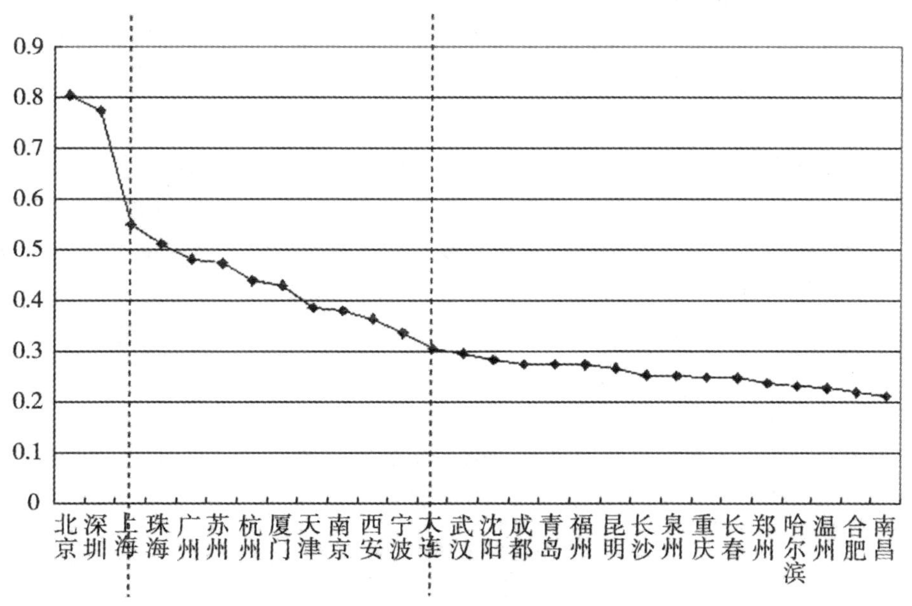

图1　创意综合指数（F）得分折线图

从创意城市总体发展水平来看，第一梯队的北京、深圳综合得分远高于其他城市，这表明这两个城市创意产业发展成熟，创意城市总体发展水平较高。第二梯队的城市创意综合指数曲线较陡，增长幅度较大，说明这些城市正处于创意产业发展的增长期，创意城市规模逐渐成型。第三梯队的城市创意综合指数曲线平缓，增长幅度不大，说明这些城市还处于创意产业发展初期，创意城市尚处于探索与建设阶段。

从区域特征来看，除西安外，第一梯队和第二梯队的城市均为东部沿海城市，且多来自我国当前经济最活跃的环渤海经济圈、珠三角、长三角和海峡西岸经济区四大经济区；第三梯队的城市则大多来自中西部地区，经济发展相对落后，创意城市发展缓慢。可见，城市经济发展水平是创意城市的发展的基础和关键。

从创意城市发展的构成要素来看，第一梯队、第二梯队的城市大多拥有丰富的资源基础和城市环境，人才资源充足，科技发展水平较高，城市政府支持力度较大，城市开放程度高、宽容氛围好，创意城市各项要素发展较为均衡。第三梯队的城市则相反，创意城市发展的资源基础较为薄弱，人才、科技等各项储备相对不足，城市各项基础设施不够完善，城市政府支持力度也较乏力，城市宽容指数较低，创意城市整体发展水平不高。值得一提的是，北京作为全国的文化、经济、政治中心和环渤海经济区的中心城市，创意城市发展的各项资源十分丰富，政府支持力度也较大，创意城市综合指数及各项指标大多排在前 2 名，但城市宽容指数却只排在第 7 名，城市宽容氛围的不足制约了北京创意城市的进一步发展。深圳则刚好相反，创意城市综合指数虽排在第 2 名，但各分项指标除创意资源指数外均超过北京，居全国首位，创意城市各要素发展较为均衡，创意城市总体发展水平大有超过北京之势，增长潜力巨大。此外，第一、二梯队的城市除了西安来自西部外，绝大多数都属于东部沿海城市，可见，西安创意城市的发展较具特色，值得关注。深入分析可知，西安创意城市的发展实力主要得益于其丰富的创意资源和良好的城市便利环境，具体而言，西安是历史文化名城和世界古都，其文化遗产资源异常丰富，又是西部地区重要的中心城市，是国家重要的科研、教育和工业基地，具有丰富的人力资源和科技资源，经济环境发展良好，城市文化设施建设也较为完善，这些因素共同促进了西安创意城市的建设和发展。

（二）创意城市历年发展情况评价

为了进一步深入观察各城市创意指数历年的发展情况，本文根据评价结果整理归纳得出 2006 ~ 2012 各年份创意城市指数的综合得分与排名，具体见表 4。

表 4　2006 ~ 2012 年各城市创意指数综合得分与排名

年份	2006		2007		2008		2009		2010		2011		2012	
城市	得分	排名	得分	排名	得分	排名	得分	排名	得分	排名	得分	排名	得分	排名
北京	0.651	2	0.701	1	0.740	1	0.783	1	0.831	1	0.931	1	1.000	1
深圳	0.681	1	0.690	2	0.718	2	0.758	2	0.819	2	0.863	2	0.892	2
上海	0.460	4	0.485	3	0.508	3	0.539	3	0.578	3	0.627	3	0.655	3
珠海	0.486	3	0.485	4	0.473	4	0.487	4	0.507	5	0.566	4	0.578	6
广州	0.393	5	0.409	5	0.435	6	0.469	6	0.508	4	0.563	5	0.592	5
苏州	0.383	7	0.399	6	0.438	5	0.477	5	0.485	6	0.544	6	0.596	4

续表

年份	2006		2007		2008		2009		2010		2011		2012	
城市	得分	排名	得分	排名	得分	排名	得分	排名	得分	排名	得分	排名	得分	排名
杭州	0.329	8	0.350	8	0.394	8	0.425	7	0.468	7	0.532	7	0.578	7
厦门	0.386	6	0.385	7	0.414	7	0.423	8	0.439	8	0.468	8	0.498	8
天津	0.310	10	0.349	9	0.360	9	0.372	9	0.399	9	0.437	10	0.473	11
南京	0.319	9	0.325	10	0.350	10	0.360	10	0.383	10	0.435	11	0.487	10
西安	0.286	11	0.289	12	0.307	12	0.350	11	0.382	11	0.444	9	0.488	9
宁波	0.267	12	0.294	11	0.321	11	0.312	12	0.339	12	0.381	12	0.438	12
大连	0.254	15	0.263	13	0.289	13	0.298	13	0.317	13	0.365	13	0.359	14
武汉	0.257	13	0.258	15	0.269	15	0.284	15	0.297	14	0.335	14	0.368	13
沈阳	0.248	16	0.257	16	0.270	14	0.287	14	0.290	15	0.308	16	0.323	16
成都	0.223	21	0.234	19	0.253	19	0.266	17	0.285	17	0.310	15	0.348	15
青岛	0.255	14	0.262	14	0.267	17	0.265	18	0.272	19	0.294	18	0.303	21
福州	0.247	17	0.242	18	0.267	16	0.269	16	0.285	16	0.283	21	0.317	18
昆明	0.231	18	0.246	17	0.257	18	0.265	19	0.277	18	0.287	19	0.307	20
长沙	0.224	20	0.224	22	0.231	23	0.242	22	0.258	23	0.280	23	0.307	19
泉州	0.227	19	0.221	23	0.235	21	0.243	21	0.261	22	0.280	22	0.291	23
重庆	0.187	28	0.195	27	0.229	24	0.236	23	0.270	20	0.303	17	0.319	17
长春	0.207	24	0.226	21	0.235	22	0.231	24	0.261	21	0.285	20	0.291	22
郑州	0.218	23	0.226	20	0.237	20	0.247	20	0.224	27	0.234	26	0.271	26
哈尔滨	0.220	22	0.215	24	0.206	27	0.213	27	0.225	26	0.267	24	0.273	25
温州	0.199	25	0.193	28	0.208	26	0.217	26	0.232	25	0.258	25	0.290	24
合肥	0.195	27	0.200	26	0.209	25	0.218	25	0.235	24	0.232	27	0.245	27
南昌	0.196	26	0.203	25	0.205	28	0.206	28	0.207	28	0.217	28	0.243	28

注：为便于评价，本表各城市顺序同表3保持一致。

从上表可以看出，来自环渤海经济区、珠三角经济区和长三角经济区的城市在创意指数综合得分方面处于领先位置。自2007年起，北京、深圳、上海的创意指数综合得分排名连续6年均保持在前三名。总体而言，北京、深圳、上海、苏州、广州、珠海、杭州和厦门这8座城市各年份排名虽有小幅波动，但其创意指数得分始终保持在前10名。这进一步验证了创意城市发展与城市经济基础的密切关系。创意指数较高的城市往往都具有良好的区位优势、坚实的经济基础和丰富的人才资源。

天津、南京、西安和宁波这四个城市排名基本保持在第二梯队。成都创意指数增速较快，由2006年的第21名上升至2012年的第15名，武汉、青岛和昆明等城市增长乏力。由此可见，打造创意城市不仅需要创意资源，还要持续刺激，稳步增长，如此，才能在创意城市的竞争中脱颖而出。

位居第三梯队的城市大多创意资源不足，综合创意指数较低。重庆、长春和长沙正在快速发展，昆明、泉州、郑州和哈尔滨综合排名下降，温州、南昌和合肥增长困难。尽管综合竞争力不足，但这些城市往往在某一领域独具特色，如昆明的旅游业和泉州的宗教文化传承，因而它们同样具有创意城市发展潜力和建设愿景。

五、研究启示与建议

（一）关于创意资源开发方面的启示

本研究的创意资源包括人才、文化（含文化设施和文化遗产资源）、科技以及创意产业四个方面。从28个样本城市来看，除深圳、珠海、厦门、大连、长春、温州和合肥7个城市外，多数城市都属于国家历史文化名城，这些城市都是文化底蕴深厚，历史文化遗产资源丰富的城市，丰富的历史文化资源为创意产业和创意城市的发展提供了源源不断的精神动力和文化基础，是创意城市发展的重要组成部分。但应该看到，尽管不属于国家历史文化名城，深圳、珠海、厦门、大连也都进入了第一、二梯队，深圳甚至进入了第一梯队，可见，历史文化资源不等于创意资源，创意资源虽源于城市文化的积累，但还需要科技创新、人力资本等的支撑。正如北京大学文化产业研究院的陈少峰教授指出的，“文化产业的资源不是历史文化的还原和再现，而是要靠创新内容来提供创意的产品和服务”[31]。因此，积极引进创意人才，加大对科学技术研发的支持力度，加强保护城市文化遗产及再利用是促进创意资源积累和发展的有效手段。

（二）关于城市便利环境方面的启示

城市的便利环境对创意人才有着很大的吸引力。一些城市资源禀赋较好，城市发展较快，但是生活条件和居民生活质量没有跟上发展的步伐，导致其创意发展受到阻碍。以上海为例，上海居创意城市指数第三名，但其城市便利指数排在第六名，城市生活成本高、交通拥挤和工作压力大等是阻碍上海创意城市发展的难题。针对以上情况，上海除继续发挥各种科技、人力等资源优势外，应继续从其“海派文化”和“江南文化”等文化资源方面汲取营养，并继续发挥其在电影、电视、戏曲和艺术等方面的优势，做大做好各种影视和体育节目，推动文化创意产业深度发展。此外，上海应立足长三角经济区，利用长三角各城市相互协调发展的优势，通过城市互动和长三角城市一体化发展等途径，纾解城市生活和环境压力，继续加大环境治理和公共绿化地建设，着力改善居住环境和降低生活成本，营造“海纳百川、有容乃大”的城市精神。

（三）关于城市宽容环境方面的启示

宽容是创意人才成长与发展的熔炉，富有创造力的企业与个人大都诞生在一个宽容度高的环境中。宽容并非放任，而是树立正面的积极向上的价值观和引导创造力发挥的创新氛围。一部分城市注重其他资源的支持，而忽视城市宽容氛围的营造。以北京为例，北京的创意城市指数名列榜首，但其城市宽容度却仅排在第七位，可见其城市宽容创新氛围有待进一步提升。这主要是由于北京人口过度膨胀，城市负担越来越重，人均资源受到削弱，且房价高居不下，社会贫富差距也不断扩大，生活成本高、生活压力大、居住生活环境不理想，种种因素制约了北京城市生活环境的建设和城市宽容氛围的营造，一定程度上阻碍了其创意城市的建设。对此，北京除应继续发挥其科技、人力、文化资源丰富的优势，坚持科技支撑、创新发展外，还应立足环渤海经济圈，借助京津冀一体化发展的契机，通过城市产业和功能的部分转移，缓解城市压力，着力降低居住生活成本，继续加大城市绿化建设和环境治理，改善生态环境，建设“人文北京、科技北京、绿色北京”，提升城市宽容度，打造具有特色的创意城市。

（四）关于城市政府支持方面的启示

在我国，政府支持是一项事业发展成功与否较关键的因素，政府的支持也是本文要讨论的核心。政府支持既包括财政、税收、政策制度等直接措施，也包括政府在人才、招商、城市推广、会展及各类活动等方面所采取的间接措施，城市政府支持的力度对创意城市的发展和建设有着重要的影响。以泉州为例，泉州城市历史悠久，文化遗产资源丰富，工业经济发达，但城市政府支持指数排名倒数第二，这导致了该城市的整体排名靠后，创意城市发展水平不高，其创意城市指数排名仅为第 21 名。发达的民营企业成为创意产业发展的主体，政府在城市发展中的力量相对较弱，这也可能是泉州创意城市发展受到阻碍的关键影响因素。但是，城市的建设终归是需要政府的力量。因此，泉州市应当加大政府对建设创意城市的支持力度，采取如出台相关政策文件加强各部门各区县对创意产业发展的支持，加大文化产业建设财政专项资金投入等各项措施。具体思路大体可包括如下几个方面：首先，政府应加强引导、鼓励和支持各类企业，尤其是科技型企业加大科技创新，加强科技成果转化，着力引导各类科技型企业与文化创意企业相互合作、相互融合，实现科技企业创意化和创意企业科技化。其次，应通过制定各类优惠政策，着力引进各类文化创意人才，尤其是工业设计、艺术设计以及科技型创意人才等人才资源，并加大力度鼓励和支持本土高校培养文化创意产业发展所需的各类人才，不仅要重视“招商引资”，而且要重视“招智引资”，通过智力资源提升支持各类创意企业的孵化，促进现有制造企业向创意企业转变。再次，泉州市政府还可以借助“东亚文化之都”建设和“海上丝绸之路”申遗所开展的一系列文化活动，扩大宣传引导，向市民普及文化创意知识，提升市民文化消费水平，提升城市品牌和企业品牌影响力。最后，泉州市政府还可以参考国内外著名创意城市的经验和做法，申请加入联合国创意城市联盟，申报“工艺与民间艺术之都”主题称号，泉州工艺与民间艺术十分发达，也可以向联合国审批的“工艺与民间艺术之都”创意城市学习取经，建设富有特色和活力的“创意之都”。

注释

[1] 黄阳，吕庆华．西方城市公共空间发展对我国创意城市营造的启示［J］．经济地理，2011，31（8）：1283～1288.

[2] Richard Florida. The rise of creative class［M］．New York：Basic，2002：286～304.

[3]［美］理查德·佛罗里达．创意阶层的崛起［M］．上海：中信出版社，2010：XVIII.

[4] Richard Florida，Irene tinagli. Europe in the creative age［M］．London：Demos，2004.

[5] Richard Florida. The flight of the creative class：the new global competition for talent［M］．New York：HarperBusiness，2005.

[6] Charles Landry. The creative city：a toolkit for urban innovators［M］．London：Earthscan，2000：167～318.

[7] 吕庆华，芦红．创意城市评价指标体系与实证研究［J］．经济地理，2011，31（9）：1476～1482.

[8] 黄阳．我国创意城市评价研究［D］．华侨大学博士学位论文，2012.

[9] 方毅，许焯权等．创意指数研究［M］．香港：香港特别行政区政府民政事务局，2004.

[10] 上海创意产业中心．2006上海创意产业发展报告［M］．上海：上海科学技术文献出版社，2006.

[11] 张小洁，徐燕，张勇顺，等．北京文化创意指数研究［J］．中国文化产业评论，2012，15（5）：291～305.

[12] 周志民，李楚斌．中国城市创意指数：模型开发与评估［A］．于平，李凤亮．文化科技创新发展报告（2013）［R］．社会科学文献出版社，2013：67～85.

[13] 彭翊．中国城市文化产业发展评价体系研究［M］．北京：中国人民大学出版社，2011：120～123.

[14] 张科静，仓平，高长春．基于TOPSIS与熵值法的城市创意指数评价研究［J］.

东华大学学报（自然科学版），2010，36（1）：81～85.

[15] 郭永，郝渊晓，杨秀云．我国创意指数理论模型与测度指标体系研究［J］．科技进步与对策，2009，26（19）：119～124.

[16] 段学芬，马晨晨．创意城市评价研究［J］．学术界，2011，163（12）：206～218.

[17] 方忠，张华荣．城市创意指数评价体系研究——基于价值链分析法的视角［J］．经济与管理，2011，25（4）：50～54.

[18] 李博婵．中国创意城市评价指标体系研究［J］．城市问题，2008，157（8）：95～99.

[19] 韩顺法，陶卓民，肖泽磊．我国区域文化创意指数的测度及经济增长效应［J］．经济地理，2012，32（4）：96～102.

[20] 周清．城市创意指数与湖南文化创意产业发展［J］．经济地理，2009，29（3）：437～440.

[21] 吕庆华．文化资源的产业开发［M］．北京：经济日报出版社，2006：32～33.

[22] Richard Dobbs，Sven Smit，Jaana Remes，James Manyika，Charles Roxburgh，Alejandra Restrepo. Urban world：mapping the economic power of cities［J］．McKinsey Global Institute，2011（3）.

[23] Richard Florida. cities and the creative Class［J］．City & Community，2003，2（3）：3～19.

[24]［美］理查德·佛罗里达．创意经济［M］．北京：中国人民大学出版社，2006：302～305.

[25] Terry Nichols Clark，Richard Lloyd，Kenneth K. Wong，Pushpam Jain. Amenities drive urban growth［J］．Journal of Urban Affairs，2002，24（5）：493～515.

[26] Gert－Jan Hospers. Creative cities：breeding places in the knowledge economy［J］．Knowledge，Technology & Policy，2003，16（3）：143～162.

[27] 倪鹏飞．中国城市竞争力报告（NO. 11）［M］北京：社会科学文献出版社，2013：120～125.

[28] 王克婴．比较视域的国际创意城市发展模式研究［J］．山东社会科学，2010，176（4）：39～44.

[29] Lawley DN，Maxwell AE. Factor analysis as a statistical method［M］．London：Butterworth，1971.

[30] Nunnally，J. C. Psychometric Theory（2nd ed.）［M］．New York：McGraw－Hill，1978.

[31] 陈少峰，张立波．文化产业商业模式［M］．北京：北京大学出版社，2014：36～37.

第三篇

新型商业模式与流通创新

新泉州模式：泉州民营经济发展实践的理论解读

吕振奎[1]

（泉州师范学院 陈守仁工商信息学院　福建 泉州　3620002）

摘　要：进入20世纪90年代中后期，中国沿海最具代表性的三大民营经济发展模式的温州模式和苏南模式相继转型，理论界对其转型发展成效概括为新温州模式和新苏南模式，而泉州模式是否发生了变化，理论上如何予以解释？文章依据2013年提出的新泉州模式理论，在回顾泉州改革开放以来民营经济发展成效基础上，着重概括了新泉州、模式理论研究现状，并对今后新泉州模式理论研究提出三个方向。

关键词：新泉州模式；泉州民营经济；可持续发展

泉州、福州和厦门是福建三大中心城市。泉州现辖鲤城、丰泽、洛江、泉港4个区，晋江、石狮、南安3个县级市，惠安、安溪、永春、德化、金门（待统一）5个县和泉州经济技术开发区、泉州台商投资区。全市土地面积11015平方公里，1978年末户籍人口457.87万人，地区生产总值（当年价）8.39亿元，人均地区生产总值171元，城镇居民可支配收入324元，2016年末常住人口858万人，地区生产总值6646.63亿元，人均地区生产总值77784元，全市居民人均可支配收入30855元，城镇居民人均可支配收入39656元。泉州模式理论曾对泉州改革开放以来经济发展取得的成效做了理论解释，但对泉州进入新世纪以来的经济发展成效解释乏力，新泉州模式理论有效解释了泉州民营经济进入新世纪以来经济发展取得成效的动因、路径与机制。

---

① 作者简介：吕振奎（1964－）男，黑龙江绥化人，泉州师范学院 陈守仁工商信息学院。

一、改革开放以来泉州民营经济发展实践回顾

从1978年12月党的十一届三中全会召开至2015年底，泉州改革开放纵跨从“五五”时期（1976－1980年）至“十二五”时期（2011～2015年）8个五年规划期。1978年全国人均地区生产总值382元，福建全省人均地区生产总值273元，泉州仅为171元。泉州人均地区生产总值仅相当于全省平均数的62.64%，全国平均数的44.76%，泉州经济发展落后程度可见一斑。但到2015年，全国人均国内生产总值为49992元，福建省为67966元，泉州达到72421元。泉州人均地区生产总值超过福建省人均地区生产总值4455元，超过全国人均地区生产总值22429元，是福建省的1.06倍，全国的1.45倍，改革开放以来泉州经济发展成效一目了然。

“六五”时期（1981～1985年）相比“五五”时期（1976～1980年），泉州地区生产总值由416575万元增长到904049万元，地区生产总值实现翻番，第一、二、三产业也都分别实现翻番，第一产业由“五五”时期的162072万元增长到346121万元，第二产业由135323万元增长到321852万元，第三产业由119180万元增长到236076万元。这一时期，泉州推行农村家庭联产承包责任制，使单一的小农经济向大农业发展，促进了农村第二、三产业发展。1980年8月中共晋江县委出台《关于加快发展多种经营和社队企业的若干问题的规定》明确允许社员集资办企业，允许雇工、股金分红、推销提成、价格随行就市等。1981年8月18日地区行署召开全区多种经营会议，强调要解放思想、放宽政策、大办联户企业、大力发展社队企业。全区乡镇企业发展迅速，从1978年5597家增加到1985年的23350家，从业人员从19.41万人增至45.11万人，产值从1.63亿元增至16.6亿元。逐步形成多形式、多层次、多成分“小、专、活、广”的乡镇企业群体。1985年，全市签订对外加工装配合同4018份，合同金额达6065万美元，累计利用外资4441万美元，出口创汇651.01万美元，工业总产值达到21.42亿元，人均国内生产总值从1981年的279元增长到493元，

1986年10月15－18日，华东国民经济管理学会第一次年会在泉州鲤城区召开，与会专家就泉州、温州、苏南民营经济发展模式进行讨论，会上集中探讨了利用“侨资、侨力”发展乡镇企业的“泉州模式”。次年，苏东水教授在《复旦学报（社会科学版）》第二期发表《试论“泉州模式”的经济特点及其意义》一文，把“泉州模式”特点集中概括为“是以股份制为主的外向型的市场经济，具有侨、洋式的生产条件和灵活性的经营管理。”[1]按照泉州市地方志编纂委员会在《爱拼敢赢：泉州改革开放30年暨“泉州模式”发展纪实》中的概括，1978－1985年为“泉州模式”初创期，[2]1986～1991年为侨乡跨越发展期。在《创新·创业·创造：泉州地改市20年纪事》一书中，将1982～1992年概括为乡镇工业蓬勃发展阶段，1993～1998年为经济高速发展阶段。[3]

如果从1981年算起，截至2015年，泉州经济发展共经历7个五年规划期，统计表明，除“九五”到“十五”时间国内生产总值增长1.66倍和“十二五”比“十一五”增长1.9倍没有实现翻番外，其他时期都实现了翻番。“六五”时期国内生产总值90.41亿元，“七五”增长到225.68亿元，增长2.49倍，“八五”比“七五”增长5.82倍，“九五”比“八五”增长2.91倍，“十一五”比“十五”增长2.16倍，如图1所示。

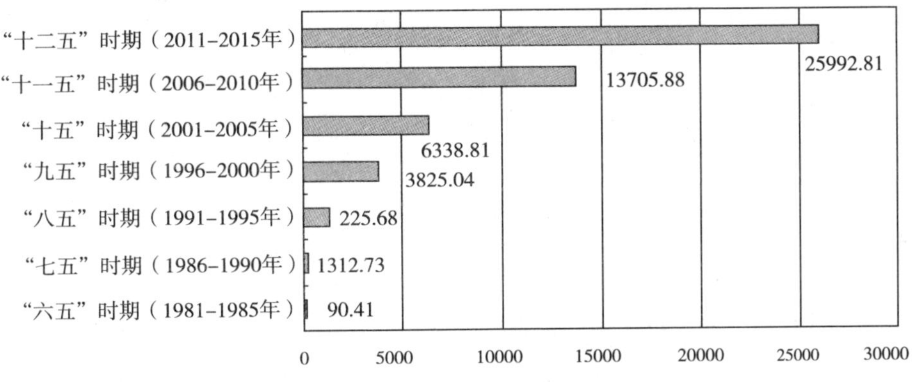

图1　“六五”至“十二五”时期泉州国内生产总值（单位：亿元）

二、泉州民营经济理论研究的范式转换

范式转换（Paradigm Shift）概念和理论是美国著名科学哲学家托马斯·库恩在1962年出版的《科学革命的结构》一书中提出并系统阐述的概念。从学术研究视角看，学术研究的范式转换是指看待研究对象的方式和视角的变化，以及在新的方式和视角下所形成的新的理论观点和理论体系。针对同一研究对象，实现研究范式转换后所得出的理论观点较之转换前更加符合现实并具有明显意义，那么该研究范式转换就是有价值的。

在我国区域经济发展理论研究中，早在20世纪80年代中期前后，理论界先后提出苏南模式、温州模式、泉州模式等区域经济发展研究范式。其中，苏南模式研究范式由费孝通教授在1983年《小城镇，再探索》一文中提出。温州模式研究范式在1985年5月12日《解放日报》刊登桑晋泉《乡镇工业看苏南，家庭工业看浙南——温州33万人从事家庭工业》一文所附的《温州的启示》评论员文章中首次提出。泉州模式研究范式由苏东水教授1987年在《复旦学报》发表的《试论“泉州模式”的经济特点及其意义》一文中提出。自苏南模式和温州模式提出后，有关苏南模式和温州模式研究一直是中国区域经济发展研究热门话题之一，理论界围绕苏南模式和温州模式研究范式就苏南地区和温州地区经济发展理论、路径、机制等方面做了深入细致的研究，形成一大批有关温州模式和苏南模式学术论文和学术著作。进入21世纪以来，针对苏南地区和温州地区经济发展环境和经济发展实践变化，理论界逐步放弃了原有苏南模式和温州模式研究范式，提出并逐渐形成了新苏南模式和新温州模式研究范式。目前有关新苏南模式和新温州模式研究文献呈现递增态势。

早在1987年苏东水教授提出泉州模式时将泉州模式内涵表述为：泉州模式是建立在社会主义市场经济、因地制宜、充分利用本地资源，发展“小、专、活”和多种经济形式的基础上的经济。并把这种经济特点概括为五个：股份制的经济形式，外向型的市场，国际化的经营道路，灵活的经济管理，以及地、亲、文、商、神“五缘”经济网络关系。但是，随着泉州经济社会发展环境以及支撑泉州经济发展的动力机制等变化，20世纪80年代提出的泉州模式研究范式已经无法有效解释进入21世纪以来的泉州经济现实。在泉州模式研究范式基础上，苏东水教授在2006年《再论“泉州模式”》一文提出泉州模式出现了“发达的集群经济”、“特色的县域经济”、“活力的品牌经济”、“发展的创新经济”和“新型的文化经济”五个新特点，希望以此弥补泉州模式研究范式对进入21世纪泉州经济发展实践解释力的不足。后来在2012年12月22日泉州召开的“福建省民营经济发展论坛”会议上，苏东水教授在与刘志阳、苏宗伟合撰的会议论文《泉州模式的转型发展》中，又提出泉州模式出现转型的观点。[4]我以为，从2006年的泉州模式出现新特点到2012年的泉州模式出现转型的提出，至少表明，泉州模式研究范式的提出者苏东水教授已经认识到了20世纪80年代中期提出的泉州模式研究范式对进入21世纪以来泉州经济发展现实解释力不足的客观存在。

我国著名学者费孝通教授将“区域经济发展模式”解释为“在一定地区，一定历史条件，具有特色的经济发展路子”。[5]按此界定，早在20世纪80年代泉州模式研究范式提出时，泉州经济发展的路子是“以乡镇企业发展为突破口；以侨资、侨力为依托；以股份合作制为主体；以国内外市场为导向。”[6]这种经济体现出来的“小、专、活”与进入21世纪以来的泉州经济现实已经完全不同。基于我几年来的研究，我认为，以1999年为分界点，此后的泉州经济迈上了品牌经济引领实体经济发展的新路子。十几年发展实践表明，泉州通过走品牌经济引领实体经济进而带动经济整体发展的路子是正确的，而且取得了明显成效。泉州入选中国500最具价值品牌排行榜的入选品牌数和入选品牌价值额，泉州获得的中国驰名商标数以及泉州获得的中国品牌经济城市、中国品牌之都等众多城市名片等，都是对泉州走品牌经济带动经济整体发展的证明和认可。

基于1999年以后的泉州经济发展实践，对泉州区域经济发展的研究有必要实现泉州模式研究范式转换，即由泉州模式转换为新泉州模式。我在《论新泉州模式——新泉州模式的内涵、阶段划分及理论研究的紧迫性》（载《福建论坛（人文社会科学版）》2013年第9期）文中正式提出“新泉州模式”一词，并提出以新泉州模式取代泉州模式实现泉州区域经济发展研究范式转换的观点。文中就为什么要提出新泉州模式理论、什么叫新泉州模式、泉州模式转型到新泉州模式的时间分界点以及新泉州模式理论研究的紧迫性等问题做了阐述。新泉州模式理论是我对泉州进入21世纪经济发展成功之道的理论抽象，是对泉州经济发展成因、路径和机制的概括归纳。"新泉州模式最主要的新就在于品牌经济，即泉州成功地走出了一条品牌经济发展的新路子。新泉州模式的核心内涵是在品牌经济引领下，走出了一条产业集群品牌化、县域特色经济品牌化、品牌国际化、经营规模化和资本运营国际化的发展经济新路子。"[7]新泉州模式有五个突出特征，即：产业集群品牌化、县域特色经济品牌化、品牌国际化、经营规模化和资本运营国际化，这既是新泉州模式的特征，也是泉州进入21世纪以来经济发展取得成效的五条主要路径。

三、新泉州模式理论研究现状及展望

2014年第3期《泉州师范学院学报（社会科学）》开设"新泉州模式研究"专栏，集中发表新泉州模式研究领域学术文章，该栏目被《高等学校文科学术文摘》2014年第4期"学术专栏介绍"摘录介绍。截至2017年3月，《泉州师范学院学报（社会科学）》"新泉州模式研究"专栏发刊9期共发表新泉州模式研究相关学术文章25篇。这些文章大体分四类：一是围绕品牌经济问题研究的文章主要有7篇。如：《新泉州模式视阈下泉州品牌经济可持续发展之我见》《泉州品牌经济可持续发展之产业动漫化路径》《泉州品牌经济可持续发展之抱团"走出去"路径》《泉州县域特色经济品牌化机理探索》《泉州体育用品业品牌内化实践探析》《品牌国际化战略之社会责任协同策略分析——以泉州安踏为例》等。二是围绕泉州制造业或传统优势产业可持续发展的文章有7篇。如：《供给侧结构性改革下泉州制造业整体竞争力的提升》《深入推进供给侧结构改革下的泉州再探索》《海峡西岸经济区制造业内部分工问题研究——基于泉州制造业升级路径选择视角》《德国工业4.0战略对泉州制造转型升级的启示》《泉州纺织鞋服产业链整合与商业模式创新研究》《泉州工业设计与制造业互动融合发展研究》《泉州制造业核心能力及其升级策略研究》等。三是围绕泉州模式、现代泉商和政府作用等方面的文章有5篇。如：《泉州模式的形成社会资本视角的分析》《现代泉商生成的理论阐释及其新思考》《新常态下有效发挥政府与市场作用的"泉州探索"（上、下）》《泉州传统产业升级中政府服务创新路径与策略》等。四是围绕泉州服业发展的文章有7篇。如：《技术联盟推动泉州物流产业集群发展的路径与机制》《发展现代服务业促进泉州社会经济发展》《泉州电子商务发展的作用路径与策略研究》《泉州金融改革试点后的金融效率评价》《推进跨境电商发展促进泉州鞋服产业转型升级》《流通创新驱动泉州中小型制造企业升级研究》《泉州创意城市建设的战略定位及对策措施》等。

目前来看，新泉州模式理论自提出后，其理论研究已经由理论初创期过渡到理论发展和理论深化期。《泉州师范学院学报（社会科学）》开设的“新泉州模式研究”专栏已经成为新泉州模式理论研究的主阵地。新泉州模式理论有“产业集群品牌化、县域特色经济品牌化、品牌国际化、经营规模化和资本运营国际化”五个特征。因此，新泉州模式研究主要是基于五个特征以及与其相关联问题开展研究。基于我对新泉州模式理论研究现状的认知，我以为，今后一段时期内，新泉州模式理论研究的主要方向有以下三个方面：

一是泉州品牌经济发展战略研究。从泉州近 20 年来的经济发展成效看，一批行业龙头企业坚持走品牌经济发展之路，这种企业自发的品牌营销之路是引领和带动泉州区域经济发展的主要动因，这也是我提出新泉州模式理论的论据所在。因此，研究深化新泉州模式理论研究就必须在品牌经济发展战略这个方面上加以深化，运用系统论思想来拓宽泉州品牌经济发展战略研究。虽然早在 2010 年我曾在《品牌带动战略实施中的政府行为》（载《学习与探索》2010 年第 2 期）、《“十二五”计划期间泉州全面实施品牌带动战略思考》（载《福建论坛（人文社会科学版）》2010 年第 1 期）和《从“泉州模式”探析泉州“十二五”发展战略》（载《泉州师范学院学报（社会科学）》2010 年第 5 期）三篇文章中分别提到“全面实施品牌带动”战略问题，但围绕品牌经济发展战略的实施主体（包括企业、政府、行业组织、社会团体、事业单位以及公民研究）、品牌经济发展战略实施手段（涵盖经济、行政、法律法规和市场等手段）研究，以及品牌经济发展战略协同研究还有待深入。

二是泉州县域品牌经济发展研究。在当今品牌经济时代，从品牌经济视角来研究和探索县域经济发展，不仅是泉州县域经济发展研究中的一个新方向，更是新泉州模式理论的主要内涵之一。在 2010 年第 4 期《泉州师范学院学报》“新泉州模式研究”专栏刊发了卢志渊博士的《泉州县域特色经济品牌化机理探索》一文，文章对泉州县域品牌经济机理做了较好的阐释和分析，但有关泉州县域品牌经济研究，还有诸多需要深化之处。在品牌经济时代，县域经济竞争力突出表现为品牌经济竞争力。在当下区域经济（包括县域经济）竞争由品牌竞争区域化转向区域竞争品牌化的关键时期，县域经济发展中的产业结构研究重点应该是品牌结构，县域产业升级研究的关键是品牌升级。在县域经济研究中，围绕品牌来研究县域产业结构调整和县域产业结构升级，这是县域经济发展研究的关键，是县域品牌经济研究值得关注的重要话题。

三是泉州城市营销与区域营销研究。当前，城市和地区已经置身于全球一体化时代，城市和地区间彼此竞争有限资源，“地区不再仅仅是商业活动的地区，相反，每个地区，包括城市、联邦和国家都必须将自己转变为商品及服务的卖主，一个自己产品及地域价值的营销者地点实际上应是产品，它的特性与价值必须被列入策划并进行营销。不能将自己推销出去的地区必然会面临经济停滞与下滑的危险。”[8]在新泉州模式研究专栏中林文存和吕庆华从泉州创意城市创建视角研究和探讨了泉州城市品牌建设问题，[9]我也曾在《泉州师范学院学报》2013 年第 3 期发表《泉州城市品牌建设策略研究——基于城市品牌与企业品牌互动视角的探讨》，但有关泉州城市营销的研究还有众多问题需要深入。

注释

[1] 苏东水．试论“泉州模式”的经济特点及其意义 [J]．复旦学报（社会科学版），1987（2）：20－24.

[2] 泉州市地方志编纂委员会．爱拼敢赢：泉州改革开放 30 年暨“泉州模式”发展纪实 [M]．深圳：海天出版社，2011：9－16.

[3] 泉州市地方志编纂委员会．创新·创业·创造：泉州地改市 20 年纪事 [M]．深圳：海天出版社，2011：166－167.

[4] 苏东水，刘志阳，苏宗伟．泉州模式的转型发展 [A]．福建省民营经济发展论坛（会议）交流论文（内部资料），2012 年 12 月 22 日，第 4－7 页。有关泉州模式转型观点，最早由刘志阳、施祖留、程华在《泉州模式的发展创新》一文中提出，见《福建论坛》（人文社科版），2012（1）：135－136.

[5] 费孝通．中国城乡发展的道路 [J]．中国乡镇企业，2001（8）：70－71.

[6] 佚名．泉州模式 [J]．福建党史月刊，2009（19）：49.

[7] 吕振奎．论新泉州模式——新泉州模式的内涵、阶段划分及理论研究的紧迫性 [J]．福建论坛（人文社会科学版），2013（9）：144－147.

[8] 耿斌．中国城市营销战略研究 [D]．厦门大学，2006.

[9] 林文存，吕庆华．泉州创意城市建设的战略定位及对策措施 [J]．泉州师范学院学报（社会科学），2015（3）：16－25.

城市地下商业缘起及业态研究

郑淑蓉[①]

（华侨大学 工商管理学院　福建 泉州　362021）

摘　要：随着城市空间观的历史演进，城市地下商业在需求和供给两大动因的推动下，经历了古代起源和近现代的发展与成熟。与地面商业相比，城市地下商业在空间种类、空间平面形态、空间布局上形成自身特色；具备商务、便民、休闲文化、景观、城市形象等多种功能；具有与地下空间特殊性相适应的地下零售摊点、地下商场、地下商业街和地下商业综合体的多业态经营格局。进入新世纪，城市地下商业呈现融入地下城市、地下建筑群新技术和经营多元立体的三大新趋势。

关键词：城市空间观；城市地下商业；业态

一、引言

马克思资本城市化理论认为，城市的本质是社会制度下的人造环境。随着城市化的发展，大型和一线城市人造环境的“城市病”也逐渐凸显：人口过分集中和拥挤、交通堵塞、污染严重、地价过高、占用耕地、基础设施不足、环境恶化、居民生活质量差、城市容积率水平高及地面空间已几近饱和状态。1977 年，首次地下空间国际学术会议在瑞典举行，标志着为解决“城市病”的地下空间的开发和利用被提上日程，引起众多国家的广泛关注。1982 年，联合国称城市地下空间是一种很有潜力的天然资源，提出宇宙、海洋和地下空间是将来人类可以利用的珍贵资源，在世界范围内，明确指出城市地下空间的开发意义和自然资源属性。

---

① 作者简介：郑淑蓉（1964－），女，福建仙游人，华侨大学工商管理学院教授。

在此背景下，近年来，城市地下空间的商业开发和利用引起了国内外学者和城市管理者的高度关注和热烈讨论。日本学者 Nishida 等[1]指出通过重视整合表层和次表层地下空间的开发利用，可以创建一个完整的日本地下空间社区，并提供良好的基础设施，从而提高城市安全。荷兰学者 Edelenbos 等[2]也对荷兰地下空间的开发利用进行了策略性研究。倡导地下空间开发利用先驱的法国著名建筑师欧仁·艾纳尔[3]，提出了两个设想：一是建设环岛式交通枢纽的道路交叉口；二是按不同的交通方式多层次利用城市街道空间，将城市道路分为 5 层，运用人车分流的思想，将车辆引入地下，留下更多的地面空间建设城市广场、绿地等，这些设想既解决了交通问题，又美化了城市环境。法国著名建筑师和规划师勒·柯布西耶[4]远见卓识地提出了“明日城市”的规划方案，主张提高中心区的城市密度，建议在地铁车站建立地下地面多层交通体系，这种立体化发展的设想既可以保持人口的高密度，又可以形成安静卫生的城市环境，对城市的现代化发展起到推动作用。瑞典教授汉斯·阿斯普伦德[5]提出“双层城市”的地下空间理论，这种理论强调地面、地下两个平面的分离，使地下空间与城市整体协调发展，提高土地利用率，推动了地下空间商业开发和利用的步伐。德国学者 Bobylev[6]利用数据分析研究柏林地下空间的结构、供水、通讯以及污水等一系列问题。1999 年以“城市地下空间——作为一种资源”为议题的地下空间学术会议在意大利举行，会议详细解释了地下空间作为重要空间资源的可行性和必要性[7]。可以看出，国外众多学者对于城市地下空间开发利用的研究，是基于以疏导交通为核心，多层次利用空间资源的新思维。

国内学者探索城市地下空间建设的研究尽管起步较晚，但也取得一定的研究成果。夏云[8]指出，我国吸收国外先进的东西发展新的原理、材料、技术，建立地下城、地下村，地面地下相结合立体用地等，这是一个新的迫切的课题。童林旭[9]认为，为了给下个世纪中国的城市发展准备足够的地下空间资源，需要从现在起就开展对城市地下空间资源的量化调查工作，为制订城市地下空间规划提供可靠的依据。陈志龙[10]等学者对城市地下空间开发利用的立法和管理体制进行探讨，认为开展立法研究是合理开发城市地下空间的前提。吴立新、姜云[11]等学者分析了城市地下空间开发利用容量的 5 个影响因素：工程地质条件、水文地质条件、岩土体条件、地面及地下空间条件和地域位置条件，利用层次分析法构建城市地下空间开发利用容量评估指标体系。汪侠[12]等运用多层次灰色评价方法，对城市地下空间资源的开发潜力进行评价，并建立评价指标体系。钱七虎[13]等阐述了地下工程在安全风险管理方面的现状、特点以及目前实践中存在的问题，并提出了相应的建议。从已有的研究成果可以看出，近 30 年来，我国学者对地下空间领域研究的特点是：探索研究的内容越来越多元与多样，从强调开发的必要性转向开发利用的功能与模式；研究内容的侧重点在于城市地下空间开发利用的资源条件、工程技术、空间设计、安全评估、立法体制等方面，而对于城市地下空间开发利用的商业推广、商业经营、运营管理等方面的研究比较少，城市地下商业空间的研究领域有待拓展，在此基础上，本文探索城市地下商业研究的新视角。

随着我国新型城镇化和农民工市民化的不断推进，都市圈、城市群、城市带和中心城市的发展预示着中国城市化进程的加速，商圈也因此呈现多元化、多层面格局，“向屋顶走、往地下走”垂直式发展的地下商业应运而生。地下商业作为继地面商业底商之后的又一大商业地产和商圈资源，将成为中国城市商业发展的新亮点。本文的研究意义在于：在理论上，通过城市空间观演进和城市地下商业起源的考察，分析城市地下商业发展的动因，探索国内外城市地下商业的发展与运营状况，促进城市空间、地面、地下三者合作协调发展，拓展城市三维立体空间的利用率，避免城市土地资源浪费，将土地资源的使用价值发挥到极致，增强城镇发展的空间和潜力，提高城镇的承载能力。在实践上，通过地面、地下商业的比较，全方位、多角度地认识城市地下商业的经营规律，为城市地下空间的商业开发利用提供经验和思路，减少决策的盲目性，推动城市地下商业的综合高效、合理有序开发，提高城市地下商业的运营效率，拓展城市地下商业空间的容量和多功能作用，从而促进城市的绿色可持续发展。

二、城市地下商业缘起

（一）城市空间观的演进

空间是人类一切生活所需要的要素，城市以空间作为凭借和依托。城市空间既是城市各系统发展的载体，又是各系统发展的结果。城市空间具有环境、经济、社会、制度和政治的深层结构。[14]。城市地下商业的建设与发展，依赖于人类社会生产力水平和人类对城市演化规律的认知。

城市空间的本质折射着社会政治、经济、文化和法律等权力的影响[15]，是人类遵循历史的进程建构出的一种理解。城市空间观念的演化受地理学、建筑学、经济学和社会学等学科的深刻影响，并与工程技术和自然科学的发展息息相关。不同学科视角研究城市空间的不同侧重点[16-18]，见表1。

表1　不同视角的城市空间研究

视 角	研究重点
地理学	强调城市空间结构、空间尺度、空间主体、空间过程、空间类型和空间构成要素。
建筑学	强调从领域、场所、路径及内外等知觉理解空间，将空间划分为领域空间、理想空间、游牧空间、路径空间、广场空间、街道空间等类型。
经济学	强调经济增长，重视空间经济与环境协调。
社会学	学术界常用城市物质空间、经济空间、社会空间来解释和建构城市空间。

城市空间既是人类实践的场所，又是科学认知的源泉，同时又受制于政治经济、社会文化和科学技术的进步。从原始社会到农业社会与工业社会，再到信息社会，不同社会的城市空间发展存在客观差异，城市空间具有时代性，城市空间结构特征在不断变化，相伴的城市空间观也在不断演进[19]，见表2。

表2　不同发展阶段的城市空间观

空间类型	原始社会	农业社会	工业社会	信息社会
城市空间意识	永久性的聚会地点、服务于神明	封闭性的空间意识	集团意识与社会道德观	多元空间嵌套、虚拟空间
城市空间流动	孤立、流动性差、近亲繁殖	交通落后、城内城际联系少、流动性差	全球观与地方观初现、国内流动性强	网络空间出现、流动成为主导
城市问题	图腾、巫术、多神教等	分散与朴素生态	环境破坏、交通拥挤	信息污染、治理危机
城市功能	定居、休息的倾向	封闭与原始的混合单元	半开放、城市功能区	开放型城市、多功能空间

（二）城市地下商业的起源

城市最早是由市集演变而来，在原始社会末期和奴隶社会初期，由于商人的独立引起集市交易的固定化与商业活动的集中化，便出现了最早的城市。城与市互为依存，互为条件，同步发展，正如马克思高度概括的："商业依赖于城市的发展，而城市的发展也要以商业为条件”①。一部城市发展史，也是商业发展史，城为廓、市为实，商业已成为城市的基础产业，市以城而存在，城以市而发展[20]。从古至今，人类的商业活动地作为城市活动集聚的多功能场所，都是在空间立体化观念的引导下追求着空间的连续与流动。

1. 古代。根据历史遗迹与考古发现，人类利用地下空间经历了漫长的历史过程，地下空间的利用伴随着人类的起源和人类的进化。在原始社会，人类为了避风雨和躲野兽的侵袭，最初的地下空间利用是地下穴居，在法国、日本和我国的黄河流域均发现了洞穴遗址。奴隶社会和封建社会时期，随着人类技术文明的进步，地下空间的利用也随之进步，地下空间开发利用形式主要有地下建筑（金字塔的地下空间部分）、河底隧道（巴比伦河底隧道）、地下沟渠（出现于古罗马时期）、粮仓（我国隋唐时代）、陵墓、军事设施、石窟（甘肃敦煌）等，多样化趋势明显，使用功能和实用性进一步提高。古代地下空间的商业价值主要体现在：（1）地下私密空间，以古代皇陵和宗教教堂为典型代表。（2）地下仓储，以储藏地窖和地下粮仓为代表。（3）战时功能，为适应古代冷兵器等战略战术的需要，地下军事仓储和地下军事通道的运用极其广泛。（4）防洪排涝，开挖人工河道和地下排水通道，起城市防洪排涝、农田防旱灌溉等作用。

人类从古代地下空间最初的居住功能、储存功能、避难功能、水利功能逐渐扩展到近现代的交通功能、综合服务功能等混合复杂的商业空间重组。地下空间利用的出现、发展与成熟，呈现出不同历史时期所特有的发展状态。

2. 近代。西方近代资本主义经历了工业生产、城市人口聚集、两次世界大战，虽然城市建设一度陷入停滞，但为了改善自身的生存条件和环境，对空间的探索和改造行为一直没有停止，而且逐步清晰地认识到地下空间的商业价值。近代国外城市地下空间的商业开发与利用主要经历三个阶段：（1）地下市政设施。第一次工业革命后，生产力飞速发展，西方城市化水平不断提高，落后的城市市政基础设施无法适应城市发展的需求，为此在城市建设中加大了对城市供水、排水和地下轨道等市政设施的建设，开始了近代城市地下空间的开发利用。（2）地铁商业。以英、法、美为代表的经济强国以修建和发展地下铁路为起点，大规模开发城市地下空间。1863 年，英国伦敦建成世界第一条地铁；1867 年纽约修建美国首条地铁；1900 年巴黎建成法国第一条地铁；1902 年柏林建成德国第一条地铁；1919 年马德里建成西班牙第一条地铁；1927 年东京建成日本第一条地铁线。目前全世界已有 44 个国家和地区，100 多个城市修建地铁并投入运营。地铁网络系统的运营对地铁沿线的土地利用、商业发展等产生了积极的影响。在进行地铁沿线土地及商业开发前，都将编制土地利用及商业发展规划，为地铁商业开发提供科学依据。（3）防御工程。两次世界大战，人们认识到加强民防工程与地下防御系

① 《马克思恩格斯全集》（第 25 卷），北京：人民出版社，1974，中文 1 版，第 371 页。

统建设的重要性，围绕为战争服务，以战争国为主的地下空间的开发量和建设量达到空前，利用形式主要有掩蔽工程、地下物资库、指挥所、地下电站、医院、地下交通线路网、军用工厂等设施。

我国近代城市地下空间的开发利用，其一始于20世纪30年代西北黄土高原的人防工程（抗日战争中的地道战）；其二近代城市下水道、上水管、燃气管、电力电缆等市政管线的地下埋设；其三部分建筑物的地下室，烟台作为近代工商业发源地之一，烟台港自1861年对外通商后，劳动力进一步聚集，成为城市兴起和发展的基础。1894年，张裕公司在烟台建设地下酒窖，至今完好无损，现在是亚洲最早最大的葡萄酒地下大酒窖。我国利用地下空间历史悠久，积累了丰富的实践经验。

3. 现代。20世纪50年代以来，在国际城市复兴和新城建设过程中，开发利用地下商业空间，通过空间形态竖向优化克服“城市病”，已成为城市发展的重要布局原则和成功模式。国际上把21世纪称为“人类开发利用地下空间的年代”[21]。

二战结束后，西方国家以城市重建为契机，通过三维立体式模式，发展重点是提高地下空间资源的利用率，在民用建筑的地下修建涵盖休闲、娱乐、购物、餐饮为一体的城市综合体，通过便利的地下交通将地面拥挤的人流转移到地下，把地下变为人们活动的舒适场所，地下空间的商业利用呈快速发展状态。日本、美国、加拿大、英国、法国、德国等西方发达国家是地下空间利用较为成功的国家，其地下建筑空间作为商业用途的建筑率为75%。城市地下商业从古到今，经历时间动态性和空间动态性的演进过程，与地面商圈相互交织，已经形成其独特的商圈引力和扩展力。根据各国的经济和文化的不同，西方主要国家地下空间商业开发的特点与成就，见表3。

表3　国外主要国家城市地下商业开发的特点与成就

国别	典型地下商业名称	主要目的	主要特点	主要成就
美国	纽约洛克菲勒中心 费城市场东街（1970年） 波士顿中央大道地下城	旧市区更新，提高交通效率，保护景观人性化环境和舒适性	地下步行道、地下商业街组成的商业娱乐、休闲等活动的综合空间	地下商业空间为地下建筑业的75%
日本	各古屋银河广场 东京八重洲地下商街（1964年） 大阪地下街 副都新宿地下商城	拓展城市空间，集约高效，改善交通和步行环境	整个地下空间与东京火车站和16幢大楼相连	地下街、地下车站、地铁、地下商场、共同沟①的建设规模与成熟程度已居世界领先地位。

① 是指将设置在地面、地下或架空的各类公用类管线集中容纳于一体，并留有供检修人员行走通道的隧道结构。

续表

国别	典型地下商业名称	主要目的	主要特点	主要成就
德国	慕尼黑市中心立体化再开发（1966年）	旧市区更新，改善交通与环境，保护历史文化	结合城市中心的更新进行立体化开发	世界领先的地下排水系统
加拿大	多伦多地下街（1954年）、蒙特利尔地下城（1962年）	城市能在严寒气候中正常运作	目前是世界上最大的地下城	极寒地带地下空间的成功利用
法国	蓬皮杜文化艺术中心、列阿莱广场再开发（1979年）、巴黎德方斯新区	为巴黎市中心提供新的功能空间	地下共4层的集商业、文娱、交通等为一体的大型地下综合体	巴黎市中心地下4层大型商业综合体，容购物、文化体育、展览等多种功能
瑞典	赛格尔广场再开发（1970年）	原有景观保护并配合新的市中心发展	地下空间发展商业与地铁，完善地面至地铁的功能分区	配合市中心发展，完善地面到地铁、地下商业的功能分区
英国	伦敦西区牛津街、利物浦市中心商业街	充分利用本地区优越的交通条件和传统的商业文化	工业革命产生的地下铁道空间；战争时期地下防御系统的再利用	20世纪60年代后的地下地面商业综合体、市政设施等

西方国家城市地下空间的商业进程为现代地下商业项目的开发提供二点启示：（1）与纵横交错的交通系统紧密相连。畅通的交通系统是成功经营地下商业的重要条件之一，它一方面可以聚集客流，另一方面方便消费者的生活、购物、旅游等。（2）上下呼应形成一体。地下空间与地下商城相结合的形式可分为两类，一是地下商城与地面商城相结合，创造更大商机，共享彼此客流，得到双赢局面；二是地下商城开发与城市景观建设相结合，地面是城市绿地或休闲广场，地下是商业性项目。

总之，在工业化、城市化、市场化、信息化的推动下，在彻底开放、现代空间理念、错位经营、多元业态的引领下，城市商业在地面商圈的基础上，进一步向生活全空间发展，形成地下地面立体系统科学布局的商业空间聚集。

新中国成立至二十一世纪，我国在地下空间商业建设领域积累了宝贵的经验，其发展主要经历五个阶段：（1）1949年新中国成立，提出全面规划建设人民防空工程，建设防备战争、保护人员和物资安全的地下防护空间。(2) 1965年北京地铁修建，20世纪70年代以来，随着社会经济的发展和“平战结合”战略的提出，大容量的轨道交通成为地下空间资源开发的主要载体，预期2017年，上海和北京的地铁长度将依次超600公里和660公里，居世界前列[22]。(3) 城市隧道建设取得显著成就，包括城市快速路下穿隧道、穿山隧道和水下隧道，城市隧道功能进入了“多元化发展”的状态。(4) 建设以共同沟为主的综合管线廊道，我国各大城市相继将建设地下共同沟纳入城市新区建设规划，使共同沟的建设有法可依。(5) 20世纪80年代至今，以地铁进出站为起点，发展地下商场及地下停车场，并逐渐形成地下步行系统和商业结合的地下综合体，集商业街、停车场、公共人行步道系统等为一体的大型地下综合体也成为开发的重点。

与国际经验相似，我国地下空间的商业开发一般与城市地铁、城市交通枢纽、城市市场、公园、道路系统、CBD（中央商务区）等相结合，经过30多年的快速开发，体系不断完善，所取得的成就主要体现在：(1) 目前，我国地铁运营里程居世界前列。地铁的开通，将不同的商业空间连接在一起，形成连续的地下商业空间，人们可以在地下完成不同商业空间的转换，提高活动范围。(2) 建设了融交通、商业、文化、娱乐、市政于一体的地下综合体，单体规模在数十万至数百万平方米之间，占建筑总规模的三分之一以上。(3) 地下商业空间内部环境质量和舒适性迈上新台阶。借鉴发达国家内部采光、空间通风和视觉听觉等先进水平，有效改善城市地下交通、购物、娱乐和休闲环境，提升地下商业空间形象，增强地下商业空间的吸引力，提高城市生活质量。

我国地下空间商业项目经过近几十年的开发摸索，取得了相应的成就，典型代表性的城市地下商业的开发利用情况，见表4。

表4　我国主要城市地下商业开发利用的主要特点

主要城市	典型地下商业名称	主要目的	主要特点
北京	中关村广场（西区）、王府井地下城CBD核心区、西单文化广场77街	解决密集的市中心区集中活动和交通的问题	地下交通环廊和多种经营业态
上海	新天地、陆家嘴地下广场、虹桥商务核心区、上海世博园、人民广场地下商业群	改造成兼具历史人文价值和现代特色的地下商业项目	保留江南民居式样和小洋房建筑群，结合特色旅游打造品牌
天津	丁家堡金融区地下商业城	缓解地面交通压力，扩大空间容量，增强商业活力	实现人车分流，形成“窄街廊、密路网”的空间特色

续表

主要城市	典型地下商业名称	主要目的	主要特点
香港	铜锣湾广场、香港新世界、太古广场	国际化、时尚化、商业化的沿海旅游城	沿地铁线地下商场
广州	珠江新城、天河商圈、广州流行前线	提供自由活动的地下商业空间，年轻人的购物圣地	地下建筑面积大，商业、交通、市政、能源等功能齐全
哈尔滨	哈尔滨金街（1987 年）、奋斗路地下商业街	在寒地城市为居民提供一个“全天候”的活动场所	全国第一条地下商业街，地下商业街众多
南京	时尚莱迪购物广场、新街口商圈、夫子庙地下商业街	打造历史文化旅游商圈	由原人防工程改建而来的地下购物街区
深圳	福田 CBD 的“连城新天地”、丰盛町地下阳光、中信地铁商场	借鉴日本东京、大阪地下商业领先发展的经验，满足本土商业消费习惯	与周边大型商业及办公物业的连通与互补，以实现资源共享，各取所需
成都	地一大道	与地面商业联动，目标是“全国一流地下街”	吃喝玩乐一站式体验平台
杭州	钱江新城	打造规模较大的文化旅游商圈	立体交通和商业配套设施的二维发展模式
大连	胜利广场购物中心	融入周边成熟商圈	多业态穿插布置、地下街与地面商业建筑相连

国内外典型代表的地下商城，在与地下空间经营环境相匹配，不断探索地下商业经营规律的过程中形成了自身的鲜明特色：独特的商圈环境、鲜明的市场定位、特有的经营理念、差异化竞争、不断创新引领时尚潮流及现代的购物环境。

（三）城市地下商业的动因

任何事物的演变必有动因。城市地下商业开发需要成熟的内外部环境和市场条件，其动因源于需求和供给两个方面。

1. 需求动因。城市地下商业的需求动因，表明城市地下商业的缺乏和不平衡状态，表现出城市地下商业产生、升级和发展对于客观条件的依赖性，是城市地下商业活动的积极性的源泉。

城市交通驱动。随着城镇化的推进、城市人口的集聚和汽车拥有量的快速增长，城市交通设施呈不足状态，道路容量严重不足，我国城市人均道路面积一直处于低水平状态，城区有的路段终日繁忙，十分拥堵，城市居民对道路交通和人行交通的需求量大，据对北京 CBD 的调研发现，31.6% 的工作地和 42.3% 的家庭地离 CBD 较远[23]。这一数据表明城市居民和上班族普遍愿望通过地面建筑之间的连廊连接地下通道和 CBD 楼宇，躲开车流，实现人车分流，完成地面地下交通换乘，缓解地面交通压力；在地下完成由交通空间到商业空间的转换，避免风吹日晒，提高 CBD 和地下商业空间的舒适度。

城市地面商圈驱动。商圈是指以商业空间聚集的经营场所为中心，沿着一定的方向和距离扩展，吸引顾客的辐射范围。城市地面核心商圈是顾客密度最高的地方，具备消费人群稳定、流动人口多、商店林立、繁华热闹、快速、流行、娱乐、冲动购买及消费金额高等特色。城市核心商圈集聚了高端的商务餐饮需求、白领消费需求和办公商业需求，在此情景下，就有不断扩大商圈空间范围的需要，立足于于地面商圈的各种环境因素和现状，打造立体商业空间，延伸经营触角，吸引潜在顾客群，提高市场占有率。地下商业作为地面活动与空间的直接延伸与连通，通过地下商业空间链接原本中断或无法相连的地面空间，地面地下联动商圈的形成过程中，将会产生巨大的吸纳作用，它将使相关的人流、物流、财富流，在一个空间内得到浓缩，形成新的信息和财富聚集点。

人群疏导驱动[24]。城市交通枢纽地、地面商圈中心等商业设施，汇聚的人流量日益增多，合理开发和设置城市地下商业，会吸引一部分客流到地下空间进行购物、消费、体验等活动，实现有效疏导地面客流，提高城市安全运营水平的目的。

2. 供给动因。有需求就会有供给，有需求就会创造条件满足需求。“供给以物质、精神等形式给人而供其所需。”在市场活动中，供给随商品价格、生产技术、生产要素、政府政策、自然条件和厂商预期的变动而变动。城市地下空间商业开发的供给动因主要取决于三大驱动力。

空间环境治理驱动。城市地下商业的开发，通过综合考虑城市交通枢纽、地面商业网点、城市公共空间等城市要素，形成地面地下一体化、多元化、多样化、复合化的新型城市生活空间，突破建筑密度高、土地资源紧缺等城市发展的制约，有效实现城市空间的延伸与拓展。通过地面地下空间环境治理，构筑 21 世纪商业时代的一种独特新型的城市商业空间系统。

商业空间拓展驱动。随着城市规模的不断扩大，不仅城市中心商圈的成熟度逐渐提升，建筑密度不断增强，城市主城区人口聚集，而且地价上涨、交通拥堵等制约城市进一步发展的瓶颈的存在，地面商业与服务设施进一步开发的空间逐渐减少，在此背景下，“向空间要面积、向空间要商业、向空间要效益”成为城市发展的最强音。通过中心城区地下空间的适当开发，完善服务功能，确立功能错位，与地面商业互补联动，提升商业集聚效应，实现商圈良性循环，推动城市立体化发展。

资本投资驱动。资本的本质是逐利。随着地下空间的规划和管理受到各地政府的不断重视，地下空间的商业开发会成为新一轮的资本聚集地和利润角逐场。北京、上海、广州、深圳等近百个城市已编制完成地下空间总体规划，提出了地下空间商业开发的指导思想、重点地区、开发规模、开发功能、开发策略和投资模式，明确了强度、布局和时序等要求。在此背景下，投资资本角逐城市地下空间的商业开发，价值体现在：一是将营利性的地下商街与非营利性的地下交通与公用设施相结合，可使项目具有综合价值；二是争取在土地使用上获得优惠性政策支持，地下商街开发成本高，只有在土地无偿使用或少量使用费的情况下，才可能具有较高的开发价值。

三、城市地下商业的界定与业态

（一）城市地下商业界定

城市地下商业是依托城市地下工程、地下建筑，利用地下空间而从事的商业经营活动，包括地下交通系统、地下商场、地下街、地下商业综合体和地下多种文化娱乐场所等各种营利性的服务业。地下商业由于处于地面地下的特殊性，与地面商业有很大差异，二者的比较见表5。

表5 地面商业与地下商业的比较

类别	自然环境	交通环境	内部环境
地面商业	直接接触自然，气候变化对商业活动产生影响	周边交通拥堵，非完全步行空间	开放性空间，自然的空间环境可以机动设计改建，自然流通的空气
地下商业	与自然隔绝，形成全天候的活动环境，完全靠人工方式控制环境	通道连接地面地下车辆，地铁运送人流，完全步行环境	项目建成很难更改，封闭性空间，人工控制环境，空气循环靠人工创造

可见，地下空间较少受到外在环境的影响，地下商业适宜在自然环境欠佳的地区推广。地下空间的封闭与内向，特别需要强调创造开放空间和创造动态空间。创造开放空间的实质是空间的相互参透，既扩大了视觉空间，又减少了地下空间中形成不利的心理因素；创造动态空间的实质是通过创造一种愉悦的动态环境气氛打破空间的封闭和沉寂。社会学家赫伯特·盖斯曾经说过："人所创造的人工作品是一个潜在环境，这个环境，只有在文化背景的基础上被人感受之后，才能变成一个有意义的环境。"城市地下商业空间只有打造成开放空间、动态空间和文化品质空间，在人与地下商业互动的同时，实现城市地下商业的众多功能。

功能是能够满足某种需求的一种属性。功能革命论的第一个内容认为：人的日常活动主要分布于三个生活空间，即第一空间（居住场所），第二空间（工作场所），第三空间（购物休闲场所）。要提高人的生活质量必须同时考虑三个生活空间。而生活质量的提高又往往表现在第一、第二生活空间逗留时间的减少，第三生活空间活动时间的增加。可见，提高人们生活质量的关键点是提高第三生活空间的质量[25]。地面商业和地下商业是都市中最主要的第三生活空间。

地下商业是地面商业的延伸与扩展，是一种多功能的空间所在。地下商业兼具物理性的空间功能和社会性的空间功能，物理性空间功能表现在空间的岩土介质围护、稳定性、隐蔽性、封闭性和耐震性，而社会性空间功能主要体现在以下几个方面。

商务功能。随着经济发展、社会进步和人们生活水平的提高，地下商业除了能满足消费者普通的购物消费、餐饮需求外，还能满足其社会交往、扩大认知面的需求。

便民功能。地下商业融入城市核心商圈，集地铁、停车、购物、美食、娱乐、休闲、运动、养生等多功能于一体，成为城市别样的地标性建筑，吸引全城市民的关注，极大地方便和拓展了城市居民的生活和活动空间。

休闲文化功能。在地下空间和地面空间联结处的灰空间地带，加入体现当地文化特色的标志物和活跃因素，统一标识系统，装饰艺术处理，宽敞通道设计，充实现代元素，营造时尚休闲气氛，体现城市文化特色，动静结合，古老与现代气息结合，延长消费群在此驻足的时间。

景观功能。地面地下相呼应，地下空间同样陈列着琳琅满目的商品、亮丽的橱窗、精美的商店装修、公共座椅、背景音乐、灯光、色彩等，体现城市景观形态的连续性和完整性，地下街景及导购标志，令消费者与地面商业的景观感同身受。

城市形象功能。城市发展日新月异。城市地下空间的商业开发，不仅可以提高城市容积率，改善地面交通状况，缓解城市交通拥堵，而且还可以在战争或意外灾害等特殊情况时，作为城市防空空间，转移人口、储备物资。城市地下空间的商业开发，是城市竞争力的新体现，是展示城市发展的新名片，能极大地提高城市的知名度和美誉度。

（二）城市地下商业业态

业态一词源于日本，日本安士敏先生认为，“业态是定义为营业的形态的”，它是形态和效能的统一。形态即形状，它是达成效能的手段，效能受到形状的制约[26]。刘汝驹认为，“业态指零售业经营的形态。”它不是以商品的特性，而是以行业经营方式，将零售店分为各种形态[27]。萧新永先生认为，“以人为中心、以服务为手段的销售方式，则称之为业态”[28]。业态同为经营业态或运营业态。城市地下商业业态指经营者根据地下空间的特点，为满足消费需求而形成的经营模式或经营形态，其分类主要依据经营主体的网点规模、网点经营的内容以及经营和服务的宽度与深度。城市地下商业业态的本质是地下商业向确定的顾客群提供确定的商品和服务的具体形态，是地下商业活动具体的商店形态、商店规模、商品结构、服务内容和营业标准的总称。

1. 可达性是城市地下商业业态成功的关键。地下商业空间与室外环境相对分离，自然光线不足，可达性成为地下商业业态成功的关键点之一。可达性旨在城市地下用地布局规划与城市交通规划同步进行，对地块交通和地下商业项目进行优化，可达性强，意味着地下空间开发利用的强度与土地利用、交通承载力最优匹配。可达性除了由三大衔接实现：地面地下衔接、与地下交通线衔接、地下不同商业空间衔接，还体现在地下商业空间类型、地下商业空间平面形态和地下商业空间布局三个方面。

地下商业空间类型。地下商业空间有四种类型：一是按照国家规定，人防建设与城市建设相结合，规划单独修建的战时用于防空，平时兼用于商业的人防工程；二是将已建成的人防工程开发并商业利用；三是建设地下交通体系扩展出的用于商业经营的地下建筑[29]；四是随着房地产开发的推进，房地产投资商由地面商业建筑的开发转为地下空间商业的开发。地下商业空间四类型为地下商业的可达性提供坚实的建筑基础。

地下商业空间平面形态。地下商业空间平面主要包括线状、定向辐射状、环线放射状和网点组合状四种形态，如图 1 所示。平面形态的秩序度和复杂度会影响购物者的方位感，进而影响可达性的强度。

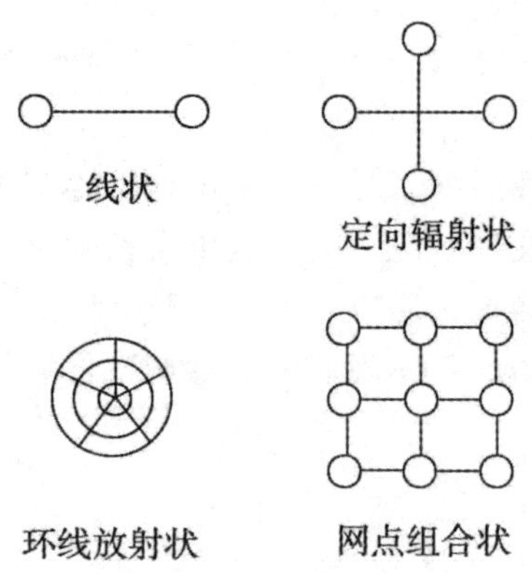

图 1　地下商业空间平面形态

地下商业空间布局。地下商业空间布局主要有以下五种类型：一是点式布局，点式商业在地铁的过道、候车点、出入口等公共空间位置设置商业零售点，以销售应急品为主，占比小，盈利少；二是通道式或称条式布局，地下人行道与城市地铁站之间形成的与地面相连接的空间布局；三是商业街式布局，其内部的商业空间分列通道的一侧或两侧，交通空间和商业店铺空间布局与导向明确；四是大厅式布局，所有的商业店铺围绕一个大的中庭空间（中庭、下沉广场、庭院），这种布局具有明确的中心标志性和方向引导性；五是混合式布局，属于地下空间商业综合体的功能空间，兼备条式、商业街式和大厅式布局的功能优点。地下商业空间类型、空间平面形态和空间布局三者相互关联，空间类型影响着空间平面形态，空间平面形态又制约着空间布局，最终三者联动，优化地下商业的可达性。

2. 城市地下商业业态选择的影响因素。根据地下商业的空间特殊性、地面地下商业的衔接性和内外部因素，城市地下商业业态选择的影响因素主要有：周边地面街区商业状况、区域消费能力、商家及消费者心理。

周边地面街区商业状况。地下商业项目所在城市的交通环境、第三产业比重、旅游业的繁荣程度；周边的银行、大型酒店、住宅区、人群集散地、已建或待建的地下商业项目等的分布；项目所在城市的商业历史、老字号或特色商业状况、零售业的分布和密度、零售业的繁荣程度、商业经营类别、周边人流量等都影响着业态取向。

区域消费能力。项目区域的人口密度、人流量、购买力水平决定着区域消费能力，区域消费能力又决定着商业规模的大小和形态。

商家及消费者心理。地下空间有别于地面空间，地下地理位置给商户和用户的生理和心理感受不一样，活动氛围、行为知觉、行为方式和行为意识有其特殊性。地下商业项目通过建筑风格、装饰色彩、声光环境、绿地、空气、温湿度等人工干预，营造胜于地面环境的舒适度，取得商家和消费者的认同。

3. 城市地下商业业态的主要分类。根据城市地下商业空间的类型、平面形态、空间布局以及业态选择的影响因素，综合考虑地下商业活动的商店形态、商店规模、商品结构、服务内容和营业标准等，本文从三个角度对城市地下商业业态进行分类。

按网点规模分地下零售摊点、地下商场、地下商业街和地下商业综合体四类。地下零售摊点，沿地铁线、步行道、候车点、出入口等而设置的，一般以报刊、饮料、电话卡、拍照、点心、零食等应急商品零售为主，空间和销售额占比较小；地下商场，站厅内中型商场，主题明确，按品类或规模划分，一般有专业店、品牌专卖店、旗舰店、分店、百货店、便利店等，是地面商场向地下的延伸，是地面商场服务功能的补充和完善；地下商业街，面积大、商业集中，相对独立开发，或引进发展商合作的打造的多主题街区，集生活百货、生活美食、休闲娱乐、购物观光等于一体的全方位的综合性地下商街，建筑形式有下沉式露天型和地下封闭型，主要面向中低收入的消费群体；地下商业综合体，集地下商场、超市、餐饮、图书城、休闲娱乐、健身运动、文体及办公、金融网点等配套服务于一体的经营品种多、范围广的大体量建筑，与商业发达、人群聚集度高、消费力强的城市地面商业中心区融为一体，有效缓解地面商业核心区的服务和承载压力，提升城市中心区的商业竞争力。

按网点经营内容分商品零售业态、服务零售业态和餐饮零售业态三类。从产品和服务的有形特征与无形特征看，纯商品零售的产品有形特征最突出，服务零售的产品无形特征明显，餐饮零售恰好处于有形和无形之间的中间地带，具有消费者在场体验消费的中间特征，三种业态各自独立，相互支撑。

按经营宽度和深度分业态大类层、业态核心层和业态创新层三类。业态大类层相当于从网点的规模和从网点经营的内容看业态；业态核心层具体指地下零售摊点、地下商场、地下商业街、地下商业综合体、商品零售业态、服务零售业态和餐饮零售业态的细分业态；业态创新层的本质是原业态的创新[30]，原业态创新需要满足以下三个标准：组合独特性、广泛影响性和模仿流行性，组合独特性强调消费者需求的独特性，涉及业态的选择、配比、落位与分布等问题；广泛影响性对旧业态产生冲击，且冲击力广泛；模仿流行性，新的零售业态应该是可模仿的、易流行的[31]。

总之，城市地下商业主要以面向年轻人为主的时尚潮流购物为主，业态多元复合，其中餐饮、百货、快时尚占比最大；地下商业大部分连通地铁站、地面写字楼、购物中心、酒店等，从而吸引人气；地下商业业态档次普遍较低，虽然也有中高端档次，但受年轻人购买力的影响，高端消费目前不占主流；核心商务区的地下商业项目，充分应用现代科技，打造融公园景观、立体交通、数字智能、BLOCK（Business－Liefallow－OPen－Crowd－Kind，商业－休闲－开放－人群－亲和）街区（商业和居住集中融合）、动静结合的多功能业态组合。城市地下商业业态分类体系框架如图 2 所示。

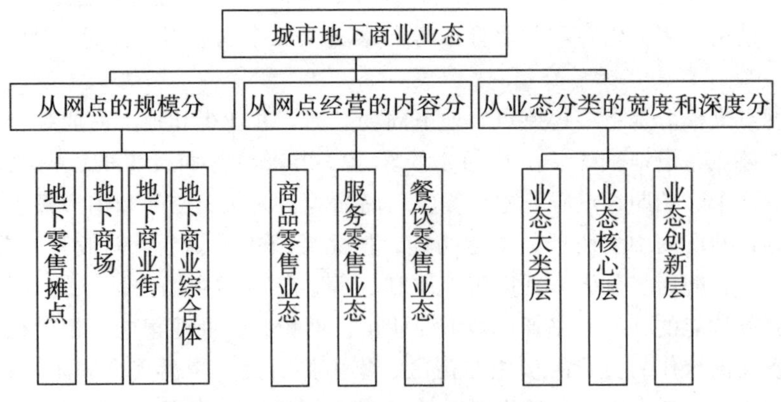

图 2　城市地下商业业态分类

四、城市地下商业发展趋势

（一）地下商业融入地下城市

地下空间的商业开发作为城市公共开发的一部分，地下空间的利用是一种新的城市开发利用模式，这种模式使得城市地面、人、交通、地下建筑等各要素形成一种协调同步发展的有机生态系统，使得地下空间得以充分利用和发展，从而形成地下城市。地下城市作为公共空间的布局，是城市公共空间的一部分，通过地面地下的连接，使得地下商业空间融入城市公共空间体系，成为城市公共空间的重要组成部分，对城市公共空间新布局和城市建设新路径产生积极的影响。

（二）地下建筑群的新技术

城市地下空间利用逐步由原始的“单点建设、单一功能、单独运转”向“统一规划、多功能集成、规模化建设”转化。地下空间的功能类型从个体向群体、从单一向综合发展；建筑群的开挖跨度和开挖断面越来越大，开挖深度越来越深，施工环境越来越复杂，使得地下空间商业开发的技术向绿色化、工业化、深层化和综合化发展。

绿色化。地下空间绿色化，一是指地下建筑群的声、光、水、气、温等环境控制方面采用新技术，做到低碳环保；二是指建造过程中采用环保的绿色材料和绿色施工技术。

工业化。地下建筑以设计标准化、构件部品化、施工机械化、管理信息化为特征，整合设计、施工、生产、经营整个产业链，实现地下建筑群产品节能、低碳、环保、全生命周期价值最大化的可持续发展的新型建筑生产方式。

深层化。地下城市融入城市的生产和生活，成为城市不可或缺的一部分。地下空间开发的深层化，一是指从浅层（10～50m）向深层（50～100m）演变，在浅深分层面的地下空间内，以人及其服务的功能区为中心，各种地下构筑物分层设置，减少相互干扰，保证地下空间利用的充分性和完整性；二是指由城市中心区向城市边缘区演变，并根据城市区域的不同位置提出不同的地下空间开发构想，建设生态山水型和能源节约型的地下商业群。

综合化。地下空间综合化，一是指城市地下综合体，考虑地面地下的衔接与协调，合理利用地下空间，建设融交通、储存、商业、娱乐、市政于一体的大型地下公共工程，可以提高土地集约化程度，优化城市交通和环境，塑造并提高城市新形象；二是指城市综合管廊，将两种或两种以上的管网设施集中布置于其中，构成以综合管廊为平台的市政管网综合铺设系统。

（三）地下商业经营的多元与立体

随着城市地下商业的不断发展和演进，地下商业从点到线，从线到面，从上到下的格局，呈现出综合化和多元化、融合化和立体化、时尚化和品牌化等三大趋势。

综合化和多元化。随着地下商业的发展演进和消费习惯的升级，地下商业呈现集购物街、餐饮街、休闲街、娱乐街、体验街于一体的“五街合一”的趋势，突破了传统意义上的买东西卖东西的概念，地下商业的功能更加综合、业态组合更加多元、商业元素更加完善、商业内涵更加丰富。这种多功能有机组合、多业态融合发展的局面，具备了地下销品茂（Shopping Mau）的雏形。

融合化和立体化。地下商业未来与地面空间的联系更为紧密，成为未来商圈体系中不可或缺的基础要素，成为城市立体化、一体化发展的重要载体。地下商业担当着与地面商业业态、业种及层级互补的角色。随着地下商业与地面商业的融合与共享，形成地面地下协调统一的立体化发展空间，呈现以建筑形态街区化、空中地面地下立体化、经营业态多样化于一体的融合化趋势。

时尚化和品牌化。一是呈现以商业、旅游、文化于一体的商旅文化项目，成功的地下商业项目除了满足人们的消费需要外，还已经成为一种新的生活方式、生活态度、一种享受和时尚；二是呈现集名街、名店、名品为一体的品牌化趋势，各城市出现地下品牌化商业街。

五、研究结论

其一，城市地下空间的商业开发与利用是世界性的重要课题。一方面，世界人口总量持续增加，人们对生活质量的要求也日益提高；另一方面，现有资源日趋枯竭，环境条件日益恶化，有限的土地资源阻碍城市现代化建设的现实要求。地下空间作为一种不可再生资源，始终伴随着人类社会的发展，合理开发城市地下空间已成为全世界城市规划建设发展的必然趋势，将能够有效解决城市人口、资源、环境的危机。城市地下商业作为一个新兴概念已与现代城市空间发展紧密结合在一起，它涉及城市发展规划、城市可持续发展、城市生态平衡、投资与运营、业态与管理、综合与协调等多方面问题。城市地下空间和商业的发展是以不占或少占土地为前提，寻找拓展城市生活空间的方法，缓解城市化发展遇到的各种矛盾，改善日益恶化的城市生态环境，成为维护人类社会可持续发展的必由之路。

其二，城市地下商业呈现分层进行、深层利用和人性化设计。世界发达国家地下空间商业开发利用起步早，时间久，现在浅层地下资源已经所剩无几，只能竖直向下利用更深的地下空间，开启深层地下空间（≥地表以下 50 米）的利用。

运用地下空间开发技术，经过多年的开发经验研制了适合深层空间的方法和设备，为了开发更多的地下资源，地下空间的深层开发亟待进行。在地下空间深层利用的同时，逐渐形成分层进行的趋势，以为人服务的功能区为中心，改善地下空间的声光色环境，实行人车分流，减少层层之间的干扰，保证各层面地下空间的合理利用。

其三，城市地下商业形成业态及运营管理的综合化、多样化格局。城市地下商业经过长期的开发与发展，已经形成集类型与功能丰富、多种开发模式、多种运营模式、多业态、多业种和多种经营管理手段于一体的综合化、多样化、复合化格局。在为市民提供多生活空间、便利休闲、塑造城市形象等方面发挥重要作用，而且继续朝融入地下城市、绿色化、工业化、深层化、多样化、融合化、立体化、时尚化和品牌化方向发展。

注释

[1] NISHIDA Y, UCHIYAMA N. Japan's use of underground space in urban development and redevelopment [J]. Tunnelling and Underground Space Technology, 1993, 8 (01): 41 -45.

[2] EDELENBOS J, MONNIKHOF R, HAASNOOT J. Strategic study on the utilization of underground space in the Netherlands [J]. Tunnelling and Underground Space Technology, 1998, 13 (02): 159 -165.

[3] VAHAAHO J, KORPI U. Use of underground space and geo - information in Helsinki [J]. Tunnelling and Underground Space Technology. 2004 (12): 19 ~28.

[4] WORKING G. International tunnelling association. planning and maping of underground space - an overview [J]. Tunnelling and Underground Space Technology. 2000, 15 (03): 271 ~286.

[5] COSTELLO S B, Chapman D. N, ROGERS C D F. Underground asset location and condition assessment technologies [J]. Tunnelling and Underground Space Technology. 2007 (22): 524 ~542.

[6] BOBYLEV N. Underground space in the Alexanderplatz area, Berlin: research into the quantification of urban underground space use [J]. Tunnelling and Underground Space Technology, 2010, 25 (05): 495 -507.

[7] GOEL R K. , DUBE A K. Status of underground space utilisation and its potential in Delhi [J]. Tunnelling and Underground Space Technology. 1999, 14 (03): 349 ~354.

[8] 夏云. 向地下索取地下空间 [J]. 新建筑, 1987 (02): 42 -45.

[9] 童林旭. 为21世纪的城市发展准备足够的地下空间资源 [J]. 地下空间,

2000（01）：1－5.
[10] 赵俊玉，陈志龙．城市地下空间开发利用的立法和管理体制探讨［J］．地下空间，2000（02）：141－146.
[11] 姜云，吴立新．城市地下空间开发利用容量评估指标体系的研究［J］．城市规划，2005（05）：47－51.
[12] 汪侠，黄贤金等．城市地下空间资源开发潜力的多层次灰色评价［J］．同济大学学报，2009（08）：1122－1127.
[13] 钱七虎，戎晓力．中国地下工程安全风险管理的现状、问题及相关建议［J］．岩石力学与工程学报，2008（04）：649－655.
[14] 马仁锋．城市观嬗变与创意城市空间构建：核心内容与研究框架［J］．城市规划学刊，2010（06）：109－118.
[15] 何兴华．空间秩序中的利益格局和权力结构［J］．城市规划，2003（10）：6－12.
[16] 柴彦威．城市空间［M］．北京：科学出版社，2000：1－8.
[17] 朱文一．空间·符号·城市：一种城市设计理论［M］．北京：中国建筑工业出版社，1993：1－23.
[18] 胡华颖．城市·空间·社会：广州城市内部空间分析［M］．广州：中山大学出版社，1993：12－67.
[19] ［美］刘易斯·芒福德著，宋俊岭等译．城市发展史——起源、演变和前景［M］．中国建筑工业出版社，2015：491－494.
[20] 黄国雄．论城市商业综合体的产生与发展［J］．商业时代，2013（28）：25－26.
[21] 由新华．城市地下空间开发综述［J］．建筑技术开发，2015（03）：7－12.
[22] 清华大学土木工程系地下工程研究所．拓展城市发展的战略新空间——关于城市地下空间开发利用的调查与思考［N］．光明日报，2014－10－07（03）.
[23] 辛庆丽．北京CBD核心区地下商业空间设计研究［D］．北京：北京建筑大学，2013.
[24] 陈娟．地下商业——上海城市商业发展的新亮点［J］．国际市场，2012（05/06）：64－68.
[25] 陈信康．中国商业现代化新论［M］．上海：上海财经大学出版社，2003：111－112.
[26] 安士敏．日本超级市场探源［M］．北京：中国人民大学出版社，1992：169.
[27] 刘汝驹等．流通百科［M］．台北：台港金钱文化股份有限公司，1999：32.
[28] 萧新永．全方位营销［M］．北京：中国商业出版社，1994：171.
[29] 李朋，张楠，韩靖．城市地下空间商业开发与利用［J］．中国科技信息，

2013（21）：209－210.

[30] 彭娟．中国零售业态分类研究［J］．商业研究2014（07）：42－49.

[31] 李飞．零售业态创新的路线图研究［J］．科学学研究2006，24（13）：655－657.

消费者社会互动对零售商吸引力影响研究

吕玉明　隋昌鹏①

（华侨大学 工商管理学院　福建 泉州　362021）

摘　要：随着信息技术的发展，零售业进行了线上线下的大融合，消费者的社会互动也形成了网络口碑、线下口碑、网络观察模仿和线下观察模仿的多渠道模式。消费者社会互动通过各自不同的作用机制使最终消费者在进行购物决策时可以减少搜索成本和消费者感知风险，进而可以显著提升消费者对零售商的购买意愿。零售商需要认清消费者社会互动的机制和趋势，正确引导消费者社会互动并有效利用消费者社会互动信息。

关键词：消费者；社会互动；零售商

一、引言

2015年是线上线下零售商大融合的一年。与以往主要是传统零售商涉足网络零售和O2O不同，在2015年里，以阿里和京东为首的网络零售商也开始大力进入线下零售领域，其中阿里以283亿元战略入股苏宁云商，成为其第二大股东，而京东以43亿元入股永辉超市，获得永辉10%的股份。在整个零售业中，不仅传统零售商受到网络零售商带来的巨大威胁，网络零售商在多年的快速成长之后也遇到发展的天花板，亟须从广阔的线下零售寻找发展机会，线上线下全渠道发展并全方位影响消费者已经是未来零售业发展的大趋势。

随着移动互联网的普及，近些年消费者社会互动变得越来越频繁，并且形成

---

① 作者简介：吕玉明（1979－），女，福建南安人，管理学博士，华侨大学工商管理学院工商管理系讲师；隋昌鹏（1983－），男，山东青岛人，哲学硕士，华侨大学工商管理学院讲师。

了线上线下多渠道互动的状态，消费者之间的互动对消费者购买行为的影响已经越来越显著。因此，在零售业竞争日益激烈的今日，系统研究消费者社会互动对零售商吸引力的影响，具有理论价值和实践价值。

二、消费者社会互动模式

社会经济学认为消费者个人的消费偏好与消费行为不是一成不变的，除受到传统经济学中重点研究的供求及预算约束的制约之外，同时也受到他人或群体的消费行为或偏好的影响，也就是说消费者除了是经济人，还是社会人。作为社会人，消费者天然地拥有与其他人建立社会联系和社会网络的意愿，而这种人与人之间的思想、信息与创意的交流与共享形成的知识溢出（Intellectual Spillovers）效应已经成为经济增长与社会和谐发展的核心要素之一。消费者在做购买决策的过程中，不可避免地受到他人观点、推荐、行为影响的现象就是消费者社会互动。

社会互动（Social Interactions）是指社会成员之间通过信息的传播而发生的相互依赖影响的动态过程。消费者社会互动主要包括两种形式，一是口碑（WOM，Word of Mouth），二是观察学习（OL，Observational Learning）[1]。其中，口碑是通过网络交流平台或面对面聊天等途径完成的消费者之间的信息交流，而观察性模仿则是基于他人的行为而做出选择的社会互动形式[2]。互联网极大拓展了社会互动的范围，增加社会互动的形式，并降低社会互动的成本。在口碑方面，依据信息传递的渠道，口碑可以分为线下口碑（Offline WOM）和线上口碑或网络口碑（Online WOM）两种。线下口碑又被称为传统口碑（Traditional WOM），指消费者面对面交换产品或服务的信息。线上口碑又称为网络口碑，是指消费者利用信息技术和互联网通过电子邮件、聊天室、网上论坛或消费者评语等方式交换产品或服务的信息。近些年，越来越多的学者通过研究发现，线上口碑对企业的影响已经越来越重要，用户在线评论已经成为企业进行市场沟通的新的重要因素，甚至成为很多著名网络零售商成功的因素。在消费者观察学习方面，互联网使得消费者可以不用通过直接的接触和沟通就可以产生模仿行为，网络零售消费者之间的观察学习也可以分为线下的观察学习（比如，消费者因为看到邻居在某一零售网站购物的快递盒产生模仿行为）和线上的观察学习或网络观察学习（比如，消费者可以观察网站公布的其他消费者的购买行为的统计数据做出自己的购买决定）两种，但是目前的研究对这两种观察学习尚无严格的区分[3]。

几种消费者社会互动的关系如图 1 所示。

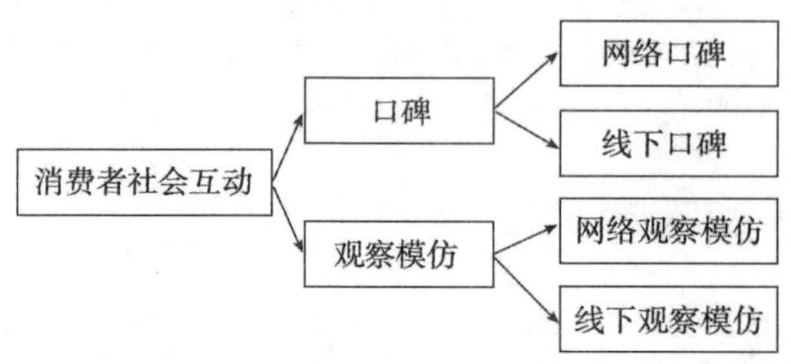

图 1　消费者社会互动分类图

对线下口碑和观察学习来说，社会互动效应主要是基于地理邻近，也就是说消费者主要是跟位于自己身边的人进行互动。而基于互联网的网络口碑与网络观察学习，主要发生在人口统计特征比较接近的消费者之间，也可以说是社会邻近消费者所进行的社会互动。

三、消费者社会互动机制对零售商吸引力影响

（一）消费者之间口碑传播机制

由于研究视角差异，很多学者对口碑传播进行了不同的解释。总的来说，口碑传播包括了以下三个主要的特征：①口碑传播是在人际间进行的非正式传播；②口碑传播的内容除了包括实际的购买和消费过程，还包括和消费者消费态度相关的消费观念或流行创意；③口碑传播的受众认为口碑传播是基于非商业目的交流，因此口碑传播具有很强的真实性和影响力[4]。

根据心理学动机理论，传播者口碑传播动机主要有以下四个：①与产品相关的动机。与产品相关的动机主要指传播者因为对产品本身拥有满意或不满意的情绪而进行的信息传播。满意或不满意的程度越强，消费者传播的动机就越强。这个动机不论是在传统口碑还是网络口碑中都是同样存在，而且都算是主要动机之一。②自我相关的动机。自我相关的动机指消费者为自身的自尊心、自我表现、获得社会尊重或获得经济利益而进行信息的传播。与传统口碑相比，网络平台的存在使得消费者拥有更多的展示自己的机会，因此传播者的这一动机得到更大发挥空间，大量消费者习惯于借助微博、微信等工具“晒”自己最新购买产品以获得自我表现和社会认同。另外，获得经济利益的动机也是在网络口碑中所特有的，没有互联网的时候，零售商很难监督和控制消费者之间的口碑，因此不能为此支付给口碑传播者相应的经济补助，而网络平台使得零售商对消费者购买之后发布的购买评价可以很方便地进行监控，因而现在很多网络零售店都会给与消费者

“好评返现”之类的政策，鼓励消费者在购买之后发表一定字数以上的“好评”，一些商家对附带照片的图文并茂的好评还会给予传播者额外的补贴，大大增加消费者发表评论的积极性。③与他人相关的动机。与他人相关的动机主要是指传播者是为帮助他人而发布的信息。在传统口碑中，传播者所帮助的他人主要是指其他的消费者。也就是说，传播者希望用自己的购买经验帮助其他消费者进行购买决策。而在网络口碑中，零售商也可以看到消费者发布的评价，因此网络口碑的传播者除发布可以帮助其他消费者的信息之外，也会发布可以帮助零售商改进的意见。④与信息相关的动机。与信息相关的动机是指消费者传播信息的动机纯粹是因为信息本身很有趣或很生动[5]。比如近年流行的“活久见”、“城会玩”等，都是因为其幽默有趣，迅速得到网友喜爱，并快速在网络中盛行起来。

不管在传统口碑还是在网络口碑的传播环境中，对口碑的接受者而言，他们接受口碑的动机都可以总结为两类：减少搜索成本和降低感知风险。在传统口碑环境下，消费者认为通过与真正使用过产品或服务的其他消费者进行直接面对面的双向交流，可以高效地、有针对地、准确地获得其做出购买决策所需要的信息，大幅度减少搜索信息的环节，从而节省搜索所需的时间、精力和货币成本。不仅如此，消费者还认为从同样是消费者的朋友或熟人那里所获得的口碑信息是最值得信任的，能够大幅度降低在购买或消费过程中的种种风险。在网络环境下，消费者之间因口碑进行双向沟通的比例大幅度减少，并且信息的传播者与接受者大部分情况下并不认识。不过与传统口碑相比，网络口碑可以在网络系统中长期存在，可以超脱时间和空间限制，接受者可以同时接受更多传播者的信息。所以，在网络口碑的环境下，消费者依旧可以通过查阅其他使用过产品或服务的消费者的口碑，收集有帮助的信息，从而节省信息搜索所需的时间、精力和货币成本。由于相对零售商对产品的描述和介绍，消费者认为其他人的消费评价更值得信任，因而网络口碑也会使消费者的感知风险降低。

消费者对口碑的接受程度受到多个方面因素的影响。在传统口碑中，因为接受者知道传播者的真实身份，所以当接受者认为传播者比自己更具有专业性时，或传播者是意见领袖（Opinion Leadership）时，或传播者与接受者的关系很紧密或有相同喜好时，接受者对口碑的接受程度就会增加，反之就会减少[6]。在网络环境中，假如接受者知道传播者是比自己更有专业性的话，对口碑的接受度一样会增加。但是在网络口碑环境中，大部分情况下接受者并不知道传播者具体是谁，只是知道传播者在网络中的虚拟身份而已（比如在淘宝或天猫上看到某一顾客的购买评价），有时候连虚拟身份都不清楚（有些顾客在淘宝或天猫上发表评价采用的是匿名评价的方式）。因此，网络口碑的接受者更加关注口碑信息本身的特征，比如信息的偏向、信息的质量、信息的鲜明性、权威性及信息表达的语气等等。与正面口碑相比，负面口碑对消费者购买决策的影响力更大，客观鲜明的评价比情绪宣泄型的评价更具影响力[7]。在传统口碑中，消费者之间本来就存在着物以类聚的现象，消费者基于自身社会网络获得的口碑信息的传播者多是与自己比较接近的人。在网络口碑中，消费者依旧倾向于接受与自己同类的消费者或编辑给出的评论，而不是其他在线搜索的结果[8]。

（二）消费者之间观察学习机制

从经验中学习和从观察中学习是人类行为学中定义的人的两种主要学习途径。其中，观察学习是指通过观察自身或他人行为、思想和情感发生的变化，观察学习可以用来传递思想、态度和行为模式。消费者之间的观察学习是指当消费者在进行购物决策的时候，可能遇到知识不够或信息不完全的困扰，与其花费大量时间和学习成本对每一个可选项做出独立的判断，很多情况下，消费者不如选择依靠别人的信息，其中通过观察其他人的行为就是获取信息的一种重要方式。在经济学中，人们把这种通过观察别人并对所获信息进行理性处理，进而将这些信息纳入自己的决策参考的过程，称为观察模仿或观察学习（Observational Learning）。

观察学习影响个体购买决策，主要是基于经济学领域的信息阶流理论，即阶梯信息理论。基于这一理论观点，消费者在进行购买决策时，能够观察和学习到其他消费者购买行为的信息，只要消费者认为从观察其他消费者的购买选择中得到的信息比他私人的信息更丰富（Informative）一点点，他就会选择模仿之前消费者的购买决策而不管自己的私人信息。当梯级信息出现时，随后的观察者将形成相似的观点，紧跟其后的消费者发现自己处于与前者同样的处境，也会模仿之前消费者的购买选择而放弃自己的私人信息。基于之前的少数几个人的行动所暗示的信息，其后每个行为人都采取同样的行动，这就是所谓的“羊群行为”或“信息跟从（Informational Cascade）”[9]。这些行为人采取的同样的行动可能是错误的，很不稳定，一些小的冲击比如一个不同类型的人的加入或一点新信息都能使他们的行为反转。因此，社会学习不但可以解释从众行为的发生而且可以解释潮流风尚等短期的波动现象。

传统的观察学习理论认为，观察他人行为可帮助个体做出有关产品质量的推断[10]。正面的和负面的观察学习信息都会影响消费者的选择行为，区别在于正面的观察学习促进消费者的购买意愿，而负面的观察学习抑制消费者的购买意愿。与口碑不同的是，正面的观察学习信息对销售的影响要大于负面的观察学习信息对销售的影响。产品早期销售不良的情况可能导致消费者对于产品产生负面的质量推断，从而很大程度降低其他消费者对这个产品的购买意愿[11]。另外，有经验的消费者倾向于在产品生命周期的前期就进入市场，因此在产品生命周期的后期，没有经验的消费者比例不断上升，导致观察学习信息在产品生命周期的后期作用更大[12]。

一般认为，传统线下观察学习的理论大部分都可以应用在线上观察学习。与在不熟悉的地方选择餐馆时，消费者会选择人多的餐馆一样，消费者在网络购物时，也会被网络零售商提供的商品销售排行榜影响购物决策。相较于线下观察学习，消费者网络观察学习的范围和深度都可以大大扩展。比如各大知名网站的时尚论坛都会更新欧美明星的街拍图，网络零售商在销售服装时也经常引用这些图片吸引顾客，这说明通过网络，消费者可以观察学习身边的人而且可以放眼全球。此外，借助强大的网络搜索功能，消费者学习到的信息可以更有深度，比如《爸爸去哪儿》热播期间，爸爸们的背包和孩子们的衣服都在网上被挖掘出具体的品牌和价格，并在淘宝上引起一阵热销。除了明确知道观察对象的观察学习，在网络中消费者遇见更多的是对虚拟对象的观察学习。在对虚拟对象的观察学习中，消费者更多的是注重其他消费者的总体购买决策的统计数据，比如打开卓越网的图书介绍网页时，网站都会告诉消费者“购买此商品的顾客同时也购买的其他书”的列表，还有“看过此商品后顾客购买的其他商品”的列表，或网站首页右边显著位置上罗列的销售排行榜。我国学者通过实证研究证实这一类的排行榜对产品的销售有显著的正向影响，也就是说消费者在网络中的观察学习对消费者的购买决策依旧起到很重要的影响。

综上所述，消费者通过网络口碑、网络观察学习、线下口碑和线下观察学习四种社会互动形式不断交互影响，这些社会互动最终的作用都是让消费者在进行购物决策时可以减少搜索成本和消费者感知风险。搜索成本和消费者感知风险的减少，可以显著提升消费者对零售商的购买意愿，也就是可以显著提升网络零售商吸引力。消费者社会互动对零售商吸引力的作用机制，如图 2 所示。

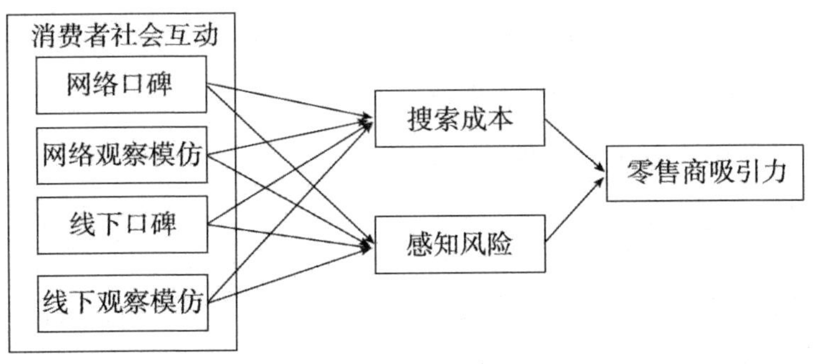

图 2　消费者社会互动对零售商吸引力作用机制图

四、消费者社会互动的发展趋势与零售商经营策略建议

（一）消费者社会互动的发展趋势

1. 主动分享

在实体零售的环境中，消费者在选择产品的过程中经常处于被动状态，消费者选择产品时依据的信息往往来自于被动接收到的广告和零售商推荐等。在网络环境下，消费者被动收到的广告信息相对较少，消费者根据自身的兴趣和爱好主动地借助网络搜索工具去浏览、查询、搜索某些商家、产品的相关信息、广告和其他消费者的评价，而这些信息指导消费者的购买行为或作为知识储备和经验积累。对感兴趣的产品，网络消费者可以通过网络或其他方式，主动与零售商取得联系，并产生购物行为。除此之外，很多消费者还在购买之后主动通过各种渠道发表评价或发布使用心得，与其他消费者实现互动。

2. 全方位互动

借助于信息技术的发展，消费者不仅可以查询其他消费者对网络零售商的评价，还可以通过定位技术迅速查询自己身边的实体零售商的消费者评价。除此之外，互联网技术还加深了传统的基于熟人的消费者社会互动，比如微信朋友圈的使用使得消费者在朋友之间分享各种产品消费信息和使用心得变得更加便利，而这种新的消费者社会互动形式从某种程度上模糊了线上线下消费者社会互动的界限。与此同时，消费者在进行购买决策时经常同时使用多渠道的互动以获得较为准确的信息，比如在购买之前先询问身边朋友的意见，然后根据这些意见去网络中查找相关的信息，最后做出购买决定。

（二）零售商经营策略建议

1. 正确引导消费者社会互动

消费者在进行购买决策时更愿意参考其他消费者的意见是因为认为其他消费者的意见比商家给出的信息更加可信，因此，零售商在引导消费者社会互动时不得损害信息的可信度，否则适得其反。

在口碑传播的动机中，对产品本身拥有满意或不满意的情绪和表现自我、获得社会认同等是消费者进行口碑传播的最主要的动机。因此消费者口碑传播的主要推动力来源于消费者自身，让消费者“自愿”进行口碑传播是至关重要的。在对餐饮业的随机调查中我们发现，当餐厅要求消费者在微信朋友圈发布好评才给予相应折扣的时候，很多消费者会随意发表一条朋友圈并在买单不久之后就将这条朋友圈删除。而当消费者真心认可餐厅的时候，即使没有任何经济补贴，很多消费者仍然会主动在朋友圈里分享就餐体验相关信息，部分消费者还会进行图文

并茂的详细介绍。因此，认真做好产品和服务并获得消费者真正的认可才是有效引导消费者口碑传播的最好方法。

对于消费者之间观察模仿的引导，零售商可以适当鼓励消费者分享其消费行为，比如在朋友圈分享零售商的微信公众号就可以在买单时给予适当优惠，这种措施对于新开业的零售商或新产品的推广都可以取得一定的实际效果。值得强调的是，消费者消费信息的真实性是非常重要的，破坏信息的真实性就会大大损害零售商信誉。比如，近年以来，我国多部电影在推广中刻意在电影上映的前几周夸大票房成绩，被网友找出大量票房作假的证据，最终使得发行方的信用大受损失。

2. 有效利用消费者社会互动

2016 年以来，李克强总理多次提到要用 C2B 等方法重塑产业链、供应链、价值链，改造提升传统动能。得益于信息技术的发展，零售商可以通过多种线上渠道获取消费者社会互动的信息，并通过分析这些信息了解消费者对各类产品和服务的多样化需求。零售商不仅可以利用这些信息及时改变提供的产品品类并提高服务水平，还可以将这些信息提供给合作的供应商，让供应商根据这些消费者信息生产出消费者需要的产品，实现以客户需求为中心的“拉动式”供应链体系。

注释

[1] Chen Y，Wang Q，Xie J. Online social interactions：a natural experiment on word of mouth versus observational learning [J]. Journal of Marketing Research，2011，48 (2)：238 ~254.

[2] Dellarocas C. The digitization of word of mouth：promise and challenges of online feedback mechanisms [J]. Management Science，2003 (10)：1401 ~1424.

[3] 吕玉明，吕庆华．消费者视角的网络零售地域影响因素研究综述 [J]．外国经济与管理，2013 (08)：63 –70.

[4] 黄敏学，王峰，谢亭亭．口碑传播研究综述及其在网络环境下的研究初探 [J]. 管理学报，2010 (01)：138 ~146.

[5] Dichter E. How word – of – mouth advertising work? [J]. Harvard Business Review，1966，44 (6)：147 ~166.

[6] Gilly M C，Graham J L，Wolfinbarger M F，et al. A dyadic study of iterpersonal information search [J]. Journal of the Academy of Marketing Science，1998 (2)：83 ~100.

[7] 毕继东．负面网络口碑对消费者行为意愿的影响研究 [D]. 济南：山东大学，2010.

[8] Smith D，Menon S，Sivakumar. Online peer and editorial recommendations，trust

and choice in virtual markets [J]. Journal of Interactive Marketing, 2005, 19 (3): 15 ~ 37.

[9] Bikhchandani, Sushil, Hirshleife D, et al. A theory of fads, fashion, custom, and cultural change as informational cascades [J]. Journal of Political Economy, 1992, 100 (5): 992 ~ 1026.

[10] Foster A D, Rosenzweig M R. Learning by doing and learning from others: human capital and technical change in agriculture [J]. Journal of Political Economy, 1995, 103 (6): 1176 ~ 1209.

[11] Cai H, Chen Y, Fang H. Observational learning: evidence from a randomized natural field experiment [J]. American Economic Review, 2009, 99 (3): 864 ~ 882.

[12] Chen Y, Wang Q, Xie J. Online social interactions: a natural experiment on word of mouth versus observational learning [J]. Journal of Marketing Research, 2011, 48 (2): 238 ~ 254.

零售的源起、演化及趋势[①]

王生金[②]

（上海建桥学院 商学院　上海　201306）

摘　要：目前中国零售业正处于发展转型的关键期，实体零售萎缩倒闭严重，线上零售遭遇成本与流量红利双重瓶颈，零售业的发展演变备受关注。在对经济阶段划分的基础上，从零售的雏形——集市开始，对不同经济阶段下零售业发展演化背景及条件进行分析，梳理零售业演化的路径，并分析零售业未来发展演化的可能方向与趋势，为零售管理的战略选择与转型提供决策依据。

关键词：零售；源起；演化；趋势

一、研究背景与设计

自20世纪90年代开始，网上零售在社会经济中大行其道，其发展速度远超传统零售：1994年贝佐斯创立了网上图书销售亚马逊，两年后销售额接近1600万美元，1997年销售额达到1.48亿美元并在美国纽交所成功上市；2004年刘强东创立京东多媒体，三年后销售额过亿，2013年就占据整个细分市场46.5%的份额；1999年马云创立阿里巴巴，当年交易额不足亿元，到2013年每天在线人数过亿，年交易量达万亿。网上零售在飞速发展的同时，也不断演化出众多变种。网上零售这种超乎寻常的发展速度，折射出在线零售背后隐含着独特的商业逻辑，未来零售模式的演进与创新因此备受业界关注[1-5]。作为企业竞争的最高形态[6]，管理者能否弄清零售的演变历程、并对未来发展趋势做出正确的判断和预测，对于零售企业的生存与发展具有至关重要的战略意义[7]。

---

① 基金项目：上海市教委民办高校重大内涵建设项目（2016－SHNGE－02NH）。

② 作者简介：王生金（1970－），男，山东潍坊人，管理学博士，上海建桥学院商学院讲师。

从理论角度而言，对零售模式演进的研究，不仅是研究热点和难点[8-10]，而且是改善相关研究领域中混乱与无序的重要途径和手段，此举可以弥补该研究领域在演化与创新方面的不足[11]。通过对不同历史阶段、不同发展时期特定零售模式演变与创新背景、条件、表现形式的分析和表征，有助于认清零售未来的发展趋势和演变路径，理顺相关研究领域逻辑关系发展脉络。

零售异常复杂，这种复杂性体现于其发展历史的久远性及类型的多样化。就零售的发展源头和演变历史而言，应该说原始社会末期、奴隶社会初期，就开始孕育平台模式的雏形——集市，尽管它不能算作严格意义上的零售（基于企业运营角度理解的零售，近代资本主义社会才出现）。如此算来，零售至少已有两千多年的历史[12]。这种历史久远性导致对零售演化研究的复杂性。其次，零售在不同历史阶段呈现形式异常复杂，即使在经济发展的同一历史阶段，平台之间也千差万别。面对如此久远的发展历史和多变的表现形式，对零售模式演进的研究，很容易陷入逻辑不清、混乱不堪的境地。为避免这一问题，本研究将以经济发展阶段为线索，通过对不同经济阶段下典型类型零售的梳理，分析各阶段零售发展演化的背景条件和演化路径，并对这种演化路径进行表征。在此基础上，结合当下特定约束条件，推断零售业发展演化的未来趋势。

二、经济阶段划分

特定的平台模式存在于其特定的经济背景和历史条件，因此对平台模式发展演变的探索，首先必须进行经济阶段的合理划分。经济阶段的合理划分，能保证每一特定阶段下典型平台模式的选取与表征，而不至于出现因阶段划分不当导致的样本选取不均。

对于经济发展阶段的划分，学者之间观点有异。其中，埃及经济学家萨米尔.阿明为代表的经济发展三阶段说（殖民主义阶段、进口替代工业化阶段、外围国家真正自力更生阶段）、美国经济学家弗里德曼为代表的经济发展四阶段说（前工业阶段、过渡阶段、工业化阶段、后工业阶段）、德国经济学家李斯特为代表的经济发展五阶段说（原始未开化阶段、畜牧阶段、农业阶段、农工业阶段、农工商阶段）和以美国经济学家 W. 罗斯托为代表的经济发展 6 阶段说（传统社会阶段、准备起飞阶段、起飞阶段、走向成熟阶段、大众消费阶段、超越大众消费阶段）较为流行。

上述学者对经济发展阶段的划分，虽然有其各自不同的研究背景和目的，但有一点是肯定的，这些学者的研究出发点显然不同于本研究目的。不同学者基于不同角度提出多种经济发展阶段的划分方法，任何一种划分方法都有其独特的研究背景和特定的研究目的。同样，经济发展阶段的划分必须服务于平台模式演进研究这一目的。或者说，研究过程——经济发展阶段划分必须服务于研究目的——平台模式演进。但是，上述关于经济发展阶段的划分方法和结果，显然都无法直接拿来套用到平台模式的演进研究中。

遵循这种逻辑思路，在参考大量有关零售研究成果的基础上，本文主张对经济发展进行如下划分：工业革命开始之前的阶段为零售的第一阶段，从工业革命开始到20世纪五、六十年代信息技术开启之前的阶段为零售的第二阶段，20世纪五、六十年代以来的第三阶段。在第一阶段，作为零售雏形的集市，是这一阶段最具代表性的零售模式。虽然，彼时的集市与现代意义上的零售尚存不小差距，但它毕竟是零售的始祖，已经具备零售的所有要素和特征，并把这一阶段称之为零售的初级阶段。第二阶段，从英国工业革命开始到20世纪50和60年代信息技术开始快速渗透的阶段。在这一阶段，诞生了大量新型的零售变种（如拍卖行、大型商场和超市），零售开始迅速进入发展壮大阶段，初步显示出巨大威力，并把这一阶段称之为零售的中级阶段。自20世纪90年代开始，网络和信息技术被广泛普及和运用，以电子商务为代表的网上零售开始异军突起，零售开始进入全新阶段。因此，把这一阶段称之为零售的高级阶段。后续关于零售演进的研究，将以这三个阶段的划分为基准展开分析。

三、不同经济阶段下零售的发展演化

（一）初级阶段的零售

1. 零售的雏形——集市

作为人类社会最初出现的零售，“集市”这一模式组织早在原始社会末期、奴隶社会初期就逐渐开始形成，因而“集市”也就成为零售研究的起点。尽管集市与当今以企业为主体的零售尚存在较大差距，还不能算是严格意义上的零售，因为我们所讨论的零售是基于企业的角度，而企业这种组织形式是工业革命的产物。但作为人类社会历史最为久远的一种零售，集市具有零售的基本特点和要素，如卖者、买着、交易行为、价格、信息、管理，集市可被认为是平台模式的祖先。人类社会后期出现的各种平台模式如拍卖所、商品交易所、超市、大卖场、商品博览会、世博会乃至今天的各种电子商务平台，都是在集市这一基础上发展和演变而来的，都脱胎于集市这种最古老的经济组织形式。因此，对零售模式演进发展研究的起点，应以“集市”为起点。

分析“集市”研究文献发现，人类社会最初出现的“集市”，与自然资源分布不均及原始共同体之间生产劳动技术差异有重要关系。自然资源分配不均，催生分布不均双方希望通过某种途径实现交换，这就为“集市”的诞生提供了天然基础。后期，由于各个氏族部落之间基于天然条件差异和劳动生产技术分化，劳动生产率出现差异，社会分工逐渐形成[13]。随后，作为物物交换中介的货币开始出现，满足了人们希望通过某一途径或平台实现交换的需求。因此，“集市”便成为人们进行商品交换的中介和平台。总之，资源分配不均、劳动技术分化所带来的生产率差异、社会分工及货币的出现，对“集市”平台模式的形成都起到重要作用。

2. 集市的演化

集市自形成开始，就一直占据着作为人类社会经济发展和交易平台的重要位置，即使在电子商务高度发达的网络经济的今天，集市这一平台无论在城市（农贸市场）还是乡村（乡村集市），依然活跃着。从原始社会末期集市开始形成，经过数千年的缓慢发展，到 13 世纪，集市作为最主要的交易平台，达到了顶峰。其中以法国的香槟集市和尼德兰集市最为出名。11 世纪末至 12 世纪上半叶，国际贸易的兴起和城市商人的壮大，使集市在欧洲流行开来，法国香槟集市成为当时的代表。香槟集市把来自英格兰、德意志、莱茵河、西班牙、葡萄牙、意大利甚至北欧和东欧的商人聚集在一起，并竭力保障集市上商人的安全和通往香槟道路的安全。到 13 世纪后半叶，法国香槟集市和尼德兰地区集市的发展达到顶点。

随着社会形态的变迁、劳动生产率的提高、社会分工的进一步加剧及国际贸易的出现，集市的交易功能、交易范围、交易规模日益扩大，其平台功能进一步凸显，集市开始出现两条演化路径：一条是仍然沿着集市的初始模式向前发展，本质并没有多大变化，今天依然存在乡村集市和城市农贸市场的原因就在于此；另一条演化路径则引领着集市向更高层级的平台形式如商品交易所演进。其中，15 世纪安特卫普交易所的成立是集市演化的里程碑，开始由集市转变日后闻名于世的安特卫普商品交易所；16 世纪末，其他一些欧洲城市如阿姆斯特丹、威尼斯、热那亚、伦敦等当时世界著名的集市纷纷开始向多功能商品交易所转型。

14 世纪的欧洲，政治、经济、文化以及突发事件等一系列诱因的爆发，导致集市的加速转化。当时作为集市代名词的欧洲地区，面临着领地主权的变更、新政权体制下的沉重税负、意大利与北欧之间海上商路的开通、黑死病在法国的蔓延、1302～1320 年佛兰德与法国之间的战争、1337 年英法百年战争、商业与银行信贷的兴起、商品规格的日渐标准化、代理商人的出现等原因，尤其是勃艮第公爵领地下由布鲁日建立的在交易方式和管理效率以及城市的崛起和城市有关政策等方面的巨大优势，一种新型的固定交易平台——商品交易所开始变得日益强大起来，香槟地区的集市由此开始走向衰落[14]。

以安特卫普商品交易所为例，可以发现集市向商品交易所演化的内在机理。15 世纪末，随着欧洲商业的逐渐复兴，集市的功能和作用在逐渐弱化，集市作为商人临时聚会交易场所的功能逐渐向长期、固定、综合性交易的方向转变，加之当时以城市为中心的经济格局正在形成，在这种背景下，集市的功能逐渐为更高级别的商品交易所所取代，安特卫普成为世界上第一个商品交易所。

安特卫普交易所的崛起源于以下几点：勃艮第公爵对安特卫普通过优惠政策

和贸易条约吸引外来商人，这些政策如保护外来商人私有财产，所有商人一律平等，建立独立的司法和仲裁机关，制定新的商业制度和商业体制，如合同和中间人制度，制定新的信用制度，与多国签订贸易协定，兴建发展商业所必需的基础设施如提供商人住所、存货仓库，为贸易而提供诸如保险、汇票结算、多重信用业务等金融服务。在这些有利条件的推动下，安特卫普逐渐成为世界闻名的商品交易所。其后，随着英国工业革命的推进和头号经济强国地位的确立，伦敦逐渐取代安特卫普成为新的商品交易所代名词。之后，二战使英国的经济和政治地位一落千丈，美国取代英国成为新的世界霸主，芝加哥也随之取代伦敦成为新的头号商品交易所，并一直保持至今。

（二）中级阶段零售的演化

从英国工业革命到二战一百多年的历史里，由集市这种最初的零售模式，逐渐演化出三种新型的零售：商品交易所、拍卖行和大型零售商。

零售随着市场的扩大和经济全球化步伐的加快，原先的交易模式集市交易（一手交钱一手交货）逐渐暴露出很多难以克服的缺陷，尤其是价格存在波动的可能性，使消费者、销售者甚至生产者都会因此遭受巨大风险。为规避这种因价格波动带来的风险，一种新型的交易机制——期货交易在原先集市交易的基础上诞生了，而为买卖双方提供这种交易的就是一个被称为商品交易所的角色。

不同于集市，商品交易所有自身具有特定的交易场所、独特的交易规制、约定的时间法则，其交易对象不再是实实在在的商品而是被标准化了的合约，买空和卖空的投机性交易成为商品交易所的主要内容，这与集市的实物交易存在本质差异。商品交易所这一模式的出现，不但有效调节了需求、规避和分担甚至转嫁了价格变动的风险，同时也为价格发现开启了一个窗口。

经过一百多年的发展，在连接并促成买卖双方（空头与多头）交易方面，商品交易所已经成为大宗商品交易的重要模式[15]，专门为大宗商品进行现货及期货买卖的交易场所。类似于集市模式，商品交易所本身也不创造剩余价值[16]，它是价值传递和分配的重要途径和平台。

2. 拍卖行形成演化

拍卖是集市模式演化过程中形成的另一种重要的零售模式。集市的交易机制决定买卖双方的交易以面对面为主，商品价格的决定权主要取决于卖方且价格刚性比较明显，而且交易内容很难得到保证，完全凭卖者的眼力和经验。集市的这种交易机制，对于那些不能参与现场买卖、商品数量稀缺、价值比较大、商品信息比较复杂、品质难以保证（尤其是对于买方）的交易而言，存在着天然缺陷和不足。在这种背景下，一种新型的零售模式——拍卖行逐渐开始承担起这一角色和功能。拍卖是拍卖者和竞拍者根据报价并按照某种特殊规则来实现对资源有效配置的一种市场机制[17-18]，它能使帕累托最优得以实现[20]。

拍卖的兴起与工业革命和大量新兴富裕阶层的出现有直接关系。其实拍卖早在古罗马时期就颇具规模，被拍卖的对象从战利品到货物到地产甚至王位无所不包，但一直未能得到发扬光大。直到18世纪下半叶，由于工业革命的巨大成功和英国新兴富裕阶层的大量出现，对稀有物品——艺术品的狂热追求才使得拍卖开始成为一种重要的交易模式。苏格兰人詹姆士·佳士得瞅准这一时机，创建了以自己名字命名的佳士得拍卖行，拍卖这种平台由此正式走上市场化道路。

随着拍卖业的蓬勃发展，拍卖形式也开始出现分化，其中最主要的一条演化路径就是向基于拍卖价格公开性的英式拍卖（拍卖从低价竞拍开始逐级加价）和荷式拍卖（竞拍价由高逐级降低）两种类型的转变，其中英式拍卖尤为普遍。进入20世纪九十年代，在网络和信息技术的普及和推动下，拍卖方式开始向虚拟拍卖——电子化拍卖方向演变，基于互联网的在线拍卖逐渐成为一种重要的拍卖形式。在线拍卖以其具有很多传统拍卖不具备的优势如场地、时间、空间、效率、灵活性等而大有超越传统拍卖的趋势，其中的杰出代表——亚马逊就是凭借在线拍卖模式而实现迅速崛起[20]。

3. 大型零售商形成演化

集市在后期发展过程中，逐渐演化出另一个重要的、现代意义上的零售模式——大型零售商。现代真正意义上的大型零售商，是1930年8月美国人迈克尔·库仑在纽约州长岛的牙买加创立的平均毛利率只有9%的金库仑联合商店。这种零售模式一经推出，就获得市场的高度认可，并由美国本土开始向欧洲、日本等海外领土迅速扩张，在短短三四十年的时间内就成为主宰世界的商业模式。如今全球排名第一的大型零售商沃尔玛，从1962年开设第一家零售店和几百万美元年销售额起家，经过三十多年的快速发展和扩张，到2000年以年销售额1913亿美元在世界500强中排名第二，两年后跃居世界500强首位[21]。短短40年的发展历程，沃尔玛以年均投资收益率32%的增长速度创造了零售史的发展奇迹。

大型零售商模式的形成，源于以下原因。首先，是商业环境的变化：20世纪二、三十年代，在美国爆发经济危机、大量工人失业（失业率高达29%）、消费能力大幅下降、大量商品被积压卖不出去的不利经济形势下，传统以追求高利润（25－40%毛利）的商业模式开始失去市场。在这种背景下，以低价高量为宗旨的零售平台模式自然迎合了糟糕的经济形势和囊中羞涩消费者的需求。

其次，社会组织方式和人们生活方式的改变，也在催生着大型零售模式的诞生。一战之后，社会组织方式开始变得越来越紧密和追求效率，个人生活节奏越来越快，消费者开始把大量时间用于工作、娱乐和休息，用于购物的时间越来越少。传统零售模式在满足消费者的一站式购物、快节奏购物、放心消费、品质保障、无时间限制等方面变得越来越低效[22-24]。在这种背景下，大型零售模式开始崭露头角。大型零售商以品类丰富、价格低廉、品质保障、购物环境舒适、快速

结算、购后服务等优势迅速占领市场。

（三）高级阶段平台模式的演化

自20世纪后半叶开始，零售模式开始进入电子化时代，基于互联网的各种零售模式开始大量出现，尤其是线上零售。最初出现的电子商务是企业与企业之间基于网络技术的交易模式——B2B模式，随后电子商务的范围不断扩大，突破企业界限，延伸到消费者领域，由此衍生出企业—消费者之间的交易模式B2C和消费者与消费者之间的交易模式C2C。这三种线上零售的出现，掀开了人类零售模式发展演变的新篇章。目前，线上正在向基于顾客体验的线上与线下相融合的O2O和真正以顾客为中心的C2X模式加速转变[25]。

这一时期零售的演变和发展，有其特定的经济、人口、科技和市场背景。首先，二战之后的世界各国都开始把精力聚焦到科技研发、经济增长、综合国力等方面的竞争上来，国际经济和市场一体化趋势成为必然，而传统商业模式在商流、资金流、信息流方面的高昂成本和低效率，显然无法满足这一要求[26]。其次，人口数量的激增对全球资源配置提出更高的要求，促使交易行为突破时间和空间的限制，而这也是传统零售模式无法解决的。此外，最为主要的是，二战之后以计算机和网络为代表的信息技术（ICT）获得突破性进展并开始在社会中迅速普及开来，而新技术的市场化迫切需要嫁接在一定的商业模式之上。在多种力量的推动之下，以信息技术的引进为突破口，旨在对传统商业模式进行嫁接和改造从而提高其交易效率、扩展交易范围、提高交易信息质量的新兴零售模式——线上零售应运而生。相比于传统实体零售，线上零售不但使交易各方在信息获取、信息公开、信息对称等方面具有更大优势，同时它还大大降低了交易成本，提高了买卖各方的沟通和交易效率，因而一经产生便被迅速推广开来，零售业由此进入发展的高级阶段。

（四）零售业演化路径及未来发展趋势

零售从初级经济阶段的集市开始，在向高级形态发展演化过程中，先后经历拍卖行模式、交易所模式、展览会模式、大型实体零售模式、线上线下无缝互补融合模式复杂多变的演化历程如图1所示。

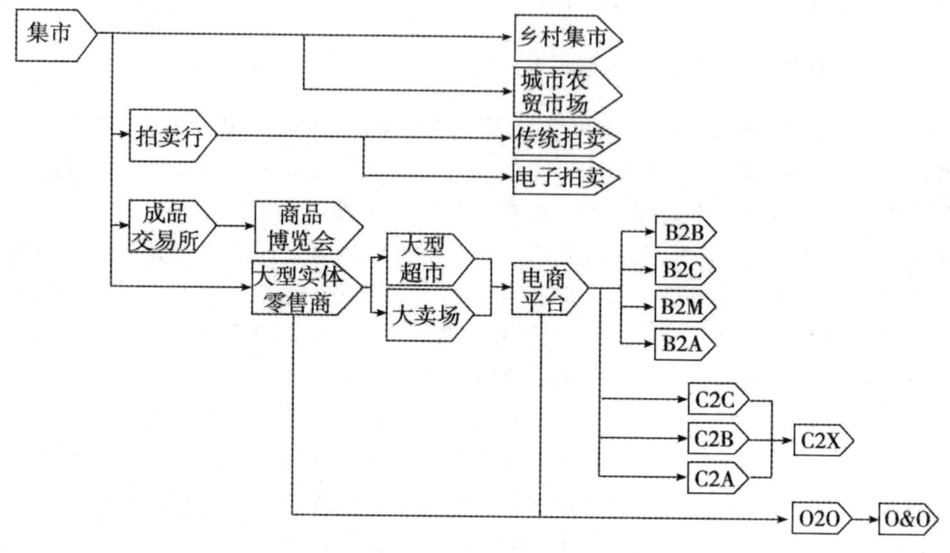

图1　零售的演化路径

四、零售发展演化的未来趋势

在这一演化过程中，新技术的导入、外部环境的变化、消费行为的改变起到关键作用。目前，新一代信息技术、互联网技术正在升级换代，VR、AR技术正在成熟和渗透，大数据技术和数字资本作用日益凸显，这将诱发电商平台出现新的变种，基于新技术的电商模式创新定会不断涌现。也只有如此，新技术才能激活其生命力，新技术的诞生必然伴随商业模式的创新，这是历史早已证明的必然规律。同时，商业环境也正在发生巨变，全球化进程日益加速，地缘影响越来越小，统一化市场趋势已成定局，在这种背景下，跨越国际界限的全球性电商平台将会在全球范围内配置资源、供应链整合、攫取商业利益，更高层次的电商模式——跨境电商将是大势所趋。此外，消费行为模式的改变和消费者的中心化，将加速电商平台向以消费者为核心的C2X平台演化，这一趋势将以顾客需求的多样化、定制化、参与化为引领，全方位打造顾客体验为核心的线上线下互补的综合型电商平台和平台生态圈。

注释

[1] Zott C, Amit R, Massa L. The business model: recent developments and future research [J]. Journal of Management, 2011, 37 (4): 1019 – 1042.

[2] Saul J. Berman et al.. How cloud computing enables process and business model innovation [J]. Strategy and Leadership, 2012, 40 (20): 27 - 35.

[3] Giesen, E. and Berman, S. J. Path to success: three ways to innovate your business model [R]. IBM Institute for Business Value, 2006.

[4] 吴晓波．后发者如何实现快速追赶：一个二次商业模式创新和技术创新的共演模型 [J]，科学学研究，2013 (11): 1726 - 1735.

[5] 李红等．SNS 网站竞争生存及商业模式创新的关键因素实证研究 [J]. 管理评论，2012 (8): 79 - 87.

[6] 魏炜，朱武祥，林桂平．商业模式的经济解释：深度解构商业模式密码 [M]. 机械工业出版社，2012: 165 - 180.

[7] Mitchell D and Coles C. The ultimate competitive advantage of continuing business model innovation [J]. Journal of Business Strategy, 2003, 24 (5) : 15 - 21.

[8] Sosna, M., Trevinyo - Rodríguez, R. N., &Velamuri, S. R. Business models innovation through trial - and - errorlearning: the naturhouse case [J]. Long Range Planning, 2010 (43): 383 - 407.

[9] 原磊．商业模式分类问题研究 [J]. 中国软科学，2008 (5): 35 - 44.

[10] 欧阳锋，赵红丹．商业模式创新研究的演化路径与展望 [J]. 科技管理研究，2010 (12): 12 - 16.

[11] Bernd W. Wirtz, Oliver Schilke and Sebastian Ullrich. Strategic Development of business models: implications of the web 2.0 for creating value on the internet [J]. Long Range Planning 2010 (43): 272 - 290.

[12] 李子娟．国内外集市研究综述 [J]. 科技与产业，2011 (12): 155 - 159.

[13] 蔡梅良．欧洲古代集市的起源及演变意义 [J]. 文史博览（理论）: 2008 (7): 11 - 12.

[14] 宁凡．15 - 16 世纪欧洲集市的转变：以尼德兰集市为例 [J]. 史学集刊，2012 (3): 118 - 125.

[15] 邱年祝．谈谈商品交易所 [J]. 国际贸易问题，1975 (1): 76 - 84.

[16] 陈宝瑛．商品交易所的性质和作用 [J]. 国际贸易，1983 (6): 38 - 40.

[17] McAfee R P, JM Millan. Auctions and bidding [J]. Journal of Economic Literature, 1987, 25 (2): 699 - 738.

[18] 谢安石．拍卖理论的研究内容、方法与展望 [J] 管理学报，2004 (1): 46 - 53.

[19] Robinson, M. Collusion and the choice of auction [J]. Rand Journal of Economics, 1985, 16 (1): 141 - 145.

[20] 邹斌．拍卖理论综述 [J]. 科学咨询，2013 (44): 19 - 20.

[21] 冯鹏义．大型零售企业的转型历程与发展趋向 [J]. 商业研究，2003 (11):

82－84.
[22] Rochet，J. Tirole. Two－sided market：an overview [Z]. IDEI University of Toulouse Working Paper，2004.
[23] 韩耀，原小能，毛彦妮．双边市场视角下大型零售商行为研究述评 [J]. 北京工商大学学报（社科版），2012（1）：9－14.
[24] 曲创，杨超，减旭恒．双边市场下大型零售商的竞争策略研究 [J]. 中国工业经济，2009（7）：67－75.
[25] 陈威如等．平台战略 [M]. 北京：中信出版社，2013：5－9.
[26] 田玲．电子商务的演变与发展趋势 [J]. 西安电子科技大学学报（哲社版），2005（3）：66－70.

基于整合能力的社区 O2O 商业模式创新
——以腾云社区为例①

肖　倩　林孔团②

（福建师范大学 经济学院　福建 福州　350000）

摘　要：本文采用探索性单案例研究方法和商业模式核心逻辑模型，通过分析腾云社区平台商业模式的构建过程，提炼出社区 O2O 商业模式的四大核心构成要素，在此基础上探讨整合能力对社区 O2O 平台商业模式创新的作用机制。研究发现整合能力从不同维度影响社区 O2O 商业模式的构建，提高企业整合能力有利于开展社区 O2O 商业模式创新，对企业开展社区 O2O 商业模式创新具有指导意义。

关键词：整合能力；社区 O2O；商业模式

一、引言

随着我国电子商务的迅速发展，传统第三产业与电商的联系越来越紧密，传统零售业受到巨大冲击与挑战的同时也面临新的发展机遇。从大型连锁商超到社区便利店，无一不在挖掘顾客深层次需求，颠覆以往的商业模式，进行跨界合作以求抢占市场。在懒人经济和共享经济的大背景下，社区 O2O 成为各行业新的关注热点，物流、电商乃至物业行业纷纷进行商业模式创新，在 O2O 环境下布局社区便利店以占领社区入口。社区是人们每天生活最集中的区域之一，其中含有众

---

①　基金项目：福建省软科学项目（2016R0033）；福建师范大学校内社科项目（闽师科［2016］14 号）。

②　作者简介：肖倩（1994 -），女，湖南邵阳人，福建师范大学经济学院硕士研究生；林孔团（1969 -），男，福建永泰人，博士，福建师范大学经济学院副教授，硕士生导师。

多应用场景，运用这些场景可以设计产品、提供服务，而从“快递+便利店”切入，是做社区O2O的最佳入口。

对于社区O2O来说，商业模式是影响其成功的关键因素。商业模式的本质是实现客户价值最大化，这需要企业提高自身生产效率和以优势资源为核心整合各种要素资源从而形成不可复制的、高效的运行机制来满足客户需求和形成实现客户价值的一套持续盈利的整体解决方案。分析社区O2O商业模式，可以从它的基本构成要素出发。随着互联网技术的发展，电商商业模式早已成为研究热点，但学者们大多研究是从不同角度对传统电商进行阐述，而以社区O2O为研究对象的研究则明显不足。行业特征和社会环境等因素会对商业模式的构建产生重要影响，社区O2O是以社区为服务单位，强调线上交易和社区商家线下提供服务相结合的商业模式[1]。社区O2O行业还未形成完善的产业链条，理论体系也尚未配套形成，为弥补现有社区O2O研究的不足，本文选取腾云社区为研究案例对社区O2O平台商业模式进行探索性研究，主要研究以下两个问题：一是社区O2O平台商业模式的核心构成要素；二是基于整合能力探讨社区O2O平台商业模式创新的微观作用路径。

二、文献回顾

（一）商业模式

商业模式这一概念早在20世纪90年代末流行起来，随着电子商务和信息技术的发展，商业模式已成为学者们研究的热点。但是目前学术界对该概念并未给予明确界定，学者们通过不同的视角、不同的研究方法和不同的研究对象对其进行研究，对商业模式的概念和构成要素也有不同的定义。Timmers（1998）定义商业模式为一个完整的产品、服务和信息流框架，描述了不同参与者和他们的角色、潜在利益以及赢利，由定位、业务系统、关键资源能力、盈利模式、自由现金流结构和企业价值六要素组成[2]；而Osterwalder和Pigneur（2005）等学者从动态视角出发将商业模式定义为企业为顾客创造价值以及与合作伙伴，用模型的方式来对商业模式进行阐述，认为企业可以通过价值主张、客户细分、分销渠道、收入来源、核心资源能力、重要伙伴和成本结构等九个不同的模块来激发商业模式创新[3]；Zott和Amit（2001）等学者从系统观的视角将商业模式定义为企业各种交易活动的组合体系，这种体系结构以为企业创造价值为目的，阐明了企业、供应商、潜在竞争对手及客户所组成的网络体系，认为商业模式由业务流程、组织形式、公司管理等要素构成[4]；Shafer（2005）等学者从价值创造的视角把商业模式定义为包含价值主张、价值创造、价值传递和价值实现四大要素的逻辑模型[5]，价值主张即企业向什么顾客提供什么价值，属于纲领性的维度；价值创造指企业如何创造价值主张中所提炼出的价值，涉及企业价值创造流程和所需资源等；价值传递指企业接触顾客、向顾客传递所创造价值的方式；价值实现则指企业获取利润的方式，是指企业的收入来源，即如何获取收益。

综上所述，越来越多的学者从一个整合的商业模式视角出发，以价值创造为商业模式的核心来对不同行业的商业模式进行细化研究，但现有的研究大多以传统电商企业为研究对象，对于O2O情境下的企业商业模式则研究不足，更缺乏对构建社区O2O商业模式的研究。

（二）O2O商业模式

O2O（Online to Offline）是电子商务模式的创新，这一概念最早由Alex（2011）提出，他认为O2O的关键是吸引线上用户到线下实体店进行消费[6]。随着电商的快速发展，国内外学者也开始关注和研究O2O的相关问题，从各自不同的角度、不同的研究方法和不同的表述方式来对O2O模式进行阐述。Rafael（2012）研究了电子商务发展的趋势和规律，指出通过线上线下的融合，O2O模式能够提升商家的服务水平[7]；Wang（2014）把O2O模式宽泛地理解为线上与线下的结合，并利用云平台和移动计算构建了旅游业的商业模式应用[8]；陈佑成和郭东强（2015）借鉴3W2H模型，使用多案例分析方法，对不同领域企业的O2O商业模式的构成要素和运行机制进行了研究[9]；从商业模式分类的思路出发，孙栋、左美云和孙凯（2015）采用多案例研究方法把O2O模式分为8种具体的O2O类型[10]。综合不同学者的研究，我们发现随着O2O商业模式的不断发展，线上与线下的融合趋势已是必然，基于此，本文把O2O的商业模式定义为线下交易与互联网的优势相结合，线上的营销和购买能为线下引流，线下实体能为线上提供支撑的商业模式。

通过文献分析，我们发现当前的研究主要从宏观层面提出O2O的界定与发展对策，而缺乏对更细分O2O模式的研究，如社区O2O商业模式，且深度不够，难以解释社区O2O电子商务的发展状态。因此，本文以整合的商业模式为理论指导，采用探索性单案例研究方法对社区O2O模式进行分析，以清晰界定社区O2O模式的构成要素，为发展社区O2O的电商企业提供一些建议。

（三）整合能力

整合能力这一概念最早由Teece（2007）提出，他从动态能力的视角出发，认为良好的整合能力是企业实施商业模式创新的重要因素[11]；Smith（2010）等研究如何管理复杂商业模式，认为企业对复杂商业模式的有效管理和变革创新取决于管理者是否有效整合企业内外部的资源和能力[12]；庞长伟和李垣（2015）等利用理论模型探讨整合能力和商业模式创新两者对企业绩效的共同作用机制[13]。通过对整合能力相关研究的回顾，本研究认为整合能力包括4个方面的能力，分别为机会识别能力、伙伴选择能力、资源与能力匹配能力和风险控制能力。机会识别和伙伴选择能力属于外部能力，影响组织与外部的交流和沟通，促进企业对外界多变的环境快速地做出相应的反应；而资源与能力匹配和风险控制能力则属于内部能力，影响企业运作管理效率的提高。以上研究大多是基于传统环境下探索整合能力和商业模式创新间的联系，缺乏整合能力对在电子商务环境下具体商业模式的探讨，本文将从整合能力的四个子维度研究整合能力对社区O2O平台商业模式创新的微观作用路径。

三、研究设计

（一）研究方法

本文采用单案例研究方法，主要基于以下几点原因：第一，社区O2O商业模式包含多种要素，在外部环境的影响下要素之间关系复杂，运用理论研究难以明确社区O2O模式的定义，采用案例研究方法可以简洁、明了地描述社区O2O模式的构成要素及其之间的逻辑关系。第二，案例研究法是管理学的主要研究方法之一，特别适合于对现象的理解和研究“如何”、“为什么”等性质的问题。该方法能对案例进行厚实的描述与系统的理解，能给研究者带来全面与整体的观点，而社区O2O平台模式作为一种新型的电子商务形式，相关的研究和理论并不充足，运用单案例研究方法能更好地阐述社区O2O平台模式。

（二）样本选取

我国社区O2O还处在不断摸索不断发展的阶段，还没有较为成熟的案例出现，本文选择以腾云社区为案例研究对象是由于：第一，腾云社区是福建本地规模最大、覆盖最广的快递物流末端综合服务提供方，虽然起步较晚，但很快占据福建绝大多数社区入口，发展势头强劲，案例企业具有很强的典型性。第二，由于自身资源的限制，腾云宝公司走的是一条不同于“顺丰优选”等企业利用物流优势构建商业模式的道路，而是以“快递+便利店”资源整合的方式开展社区O2O商业模式创新的路径。这符合本文的研究主题，案例具有代表性。

（三）数据收集与分析

数据收集方式包括二手资料的收集和一手资料的收集，并通过数据来源的多样化对研究进行交叉检验和相互补充。二手资料通过以下几种方式获取：①电视、报纸和网络等公众媒体上关于案例企业的相关新闻报道；②其他相关参考资料。通过对二手资料的整理和初步分析，笔者对样本案例有了一个初步了解，在此基础上进行一手资料的收集，主要包括对案例企业的实地考察和对相关人员的访谈。

在与福建腾云宝有限公司创始人郑焕先生的访谈中，获取了公司商业模式构建过程等相关重要信息。遵循数据收集和数据分析同步的原则，先将访谈资料转化成文档文件，并对这些资料和二手资料根据相关理论知识进行整理归类，并得到初步的理论框架。然后，结合参考文献对案例数据进行分析。

四、案例企业描述

（一）企业简介

腾云社区，是福建腾云宝有限公司运营的业务品牌（腾云宝隶属于福建星网锐捷通信股份有限公司旗下的福建升腾资讯有限公司），是聚焦于快递物流行业“社区最后一百米”领域，主要为社区用户提供购物信息、合作社区物业、物流快递的智慧社区综合生活服务平台。通过 APP、微信公众号等网络平台，搭载快递员、便利店等社会化物流元素，实现用户、便利店、快递员之间的融合和对接，打造一个共享、智能、开放的智慧社区生态体系。截至 2017 年 4 月，腾云宝已在福建、广东两地开通近 3000 个腾云站点，累计服务用户数量超过 150 万人。在福州和深圳两个城市，每天有超过 2500 名快递员在使用腾云小站的快递末端平台，每天为深圳和福州数万名用户提供快递服务，大大缓解了快递最后 100 米的配送压力。2017 年 4 月 7 日，福建省内最大连锁便利店见福便利店与“腾云小站”在快递末端与零售供应链展开战略合作，实现双方资源的深度整合。

（二）腾云社区的平台式商业模式及其构建过程

自成立以来，腾云宝不断探索基于社区合伙人模式的共享、高效、智慧的社区末端业务，腾云社区平台的构建历程可以从公司价值主张的确定、价值创造方式的建立和完善、价值传递以及价值实现策略四个方面来阐述[14]。

1. 价值主张。初始价值主张的提出都是针对消费者的“需求痛点”，腾云宝 CEO 郑焕说：“在互联网时代，快递随着网购越来越多，很多人都常常面临着不在家无法收取快递的窘境，有这么高频的痛点，又有一个解决方案（腾云社区），能让三拨人共赢。”

腾云宝建立多元化智慧物流前端平台以解决最后 100 米派件难，特别是二次派件的快递末端服务的高频痛点，实现了社区用户、快递员和便利店的共赢。（1）电商的高速发展对便利店这样的传统零售渠道造成巨大的冲击，传统便利店面临经营类目少、客群少、店面租金高企等困境。与腾云小站合作，便利店不但可以为增加代收快递、销售提成等收入，而且快递放在便利店也为便利店增加人流量。（2）2016 年，全国快递服务企业业务量累计完成 312. 8 亿件，末端投递压力越来越大，快递丢件、泄漏信息等事件频发，“最后 100 米”已成为制约电商发展的痛点。虽然智能快件箱在一定程度上也能缓解收取快递的问题，但智能快件箱不仅有空间、数量的限制，对于要求冷藏的生鲜类商品更是无法保证其品质，“快递＋便利店”模式则能很好地解决这一问题。（3）对社区用户来说，通过快递员把快递放入便利店，社区用户下班或空暇时可以自提回家，这样就解决了用户收快递不在家的难题。腾云宝企业在提供快递服务的同时也打造智慧零售平台，旨在为用户提供物美价廉的生鲜农特商品和快销类商品，用户在 APP 或微信公众号上下单，在社区便利店提货。腾云社区打造的口号是“简单生活、E 懒到底”，正是体现了互联网带动“懒人经济”的思想。

2. 价值创造网络。价值主张是企业针对“需求痛点”提出产品或服务，而价值创造是如何为用户提供切中“痛点”的产品或服务。腾云社区平台商业模式主要通过“快递＋便利店”的方式把大量社区用户吸引到平台上，通过提供社区用户、社区便利店、快递员、供应商等多边客户价值的相互转化与传递机制创造价值。

线下的腾云小站，发挥了共享经济优势，利用合伙便利店的闲置空间和站点合伙人的空余时间，在为社区用户提供快递代收服务的同时，也有效地积累客群，增加到店人流，培养用户“线上下单 ＋ 到店提货”的习惯。合伙便利店内划出一片区域作为快递存放区，并用摄像头实施全程监控，对于生鲜类商品，腾云小站在社区便利店设有专门的冷柜，以保障商品的质量和顾客的满意度。在线上，腾云社区 APP、微信公众号、微信业主群形成了活跃、互动的社区 CRM 会员体系和闭环交易链条，帮助社区便利店建立自己的线上客群服务平台，有效地帮助站点合伙人提升互联网化服务能力，延伸服务的时间和空间半径。在后端，腾云宝充分发挥上市公司的资源优势，对接丰富的供应链和商品服务内容，让站点合伙人在获得客群流量上，能够获得更多的可销售产品，并指导合伙人提升销售能力，提升合伙人的收益。

3. 价值传递。腾云宝借助 APP、微信公众号等移动互联网手段，联合加盟便利店构建一个社区综合性服务平台来进行价值传递。这种以腾云社区 APP 和微信公众号为销售渠道进行线上预售、线下便利店合伙人分销的方式既能把之前这些成熟的客群转化为更高的收入来源，又能带来更多新的客群，形成良性循环和竞争优势。在腾云宝的平台上，腾云宝针对社区用户、便利店店主、快递员分别设计三款 APP（如图 1 所示）：腾云社区，腾云小站和腾云管家，通过这三个 APP 把整个信息流串在一起，快递员在腾云管家上投件，便利店店主在腾云小站上签收快递之后，社区用户就会收到快递领取短信通知。收取快递服务把用户引流到腾云社区，使平台获取更多的流量，在平台上对经过筛选后的优质商品进行预售，让流量进行转换和内容对接，从而实现价值传递。

4. 价值实现策略。价值实现反映企业的盈利维度，即通过经营获得哪些收益。腾云宝企业主要通过线上电商平台连接上游内容供应商和终端顾客，把平台内容

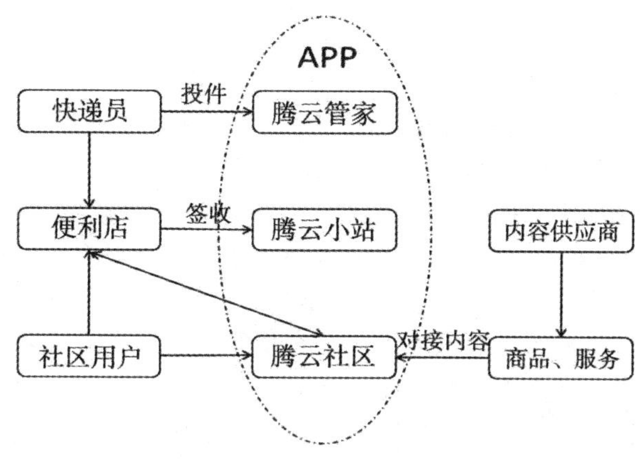

图1　腾云社区线上 APP 平台

供应商的产品、服务传递给社区用户，再对来自社区用户的货币支付以某种契约形式与供应商进行分成或赚取商品中间差价得到价值实现[15]。

腾云社区通过协同线上线下优势构建良好的用户体验加速价值实现。社区O2O 比传统电商更注重线下体验[1]，腾云宝在从进行线下试吃活动、与知名企业合作、“懂叔亲尝”和良好的售后服务四方面出发，构建良好的顾客体验，与用户建立信任。社区 O2O 商业模式较传统电商模式的显著区别之一是在线上线下的模式下用户可以在便利店进行线下体验，企业可以通过好的顾客体验与用户建立信任。在高峰时期，比如下班回家时段，腾云社区在合作的社区便利店内进行线下试吃活动，或厂家优惠活动等吸引顾客，与顾客建立信任。为保证生鲜农特产品优质的供应链，腾云宝企业与久泰农业、优野蔬菜、宏东远洋渔业等知名企业合作，如图 2 所示。

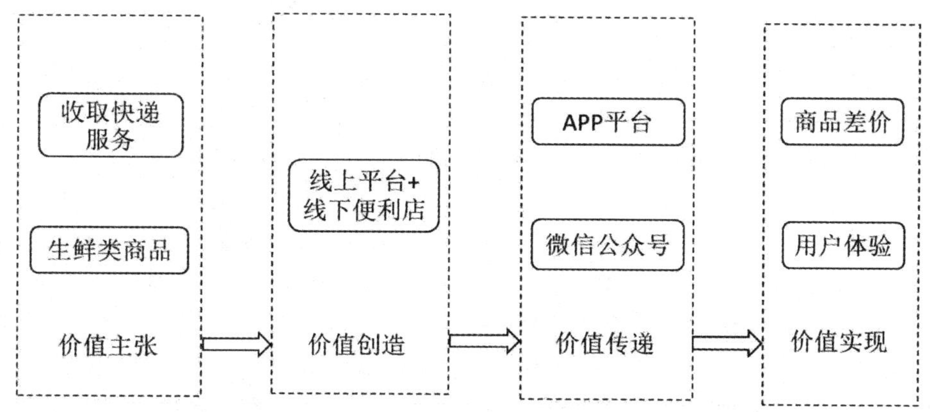

图2　腾云社区商业模式

五、案例分析

在整合能力的四个子维度中，市场机会识别能力的前因驱动力是外界环境以及市场开拓等外界环境因素；伙伴选择能力则受到联盟构建资源获取等因素的影响；资源与能力的匹配能力是在组织对内外部资源和能力进行吸收、整合和重新配置的过程中形成和发展的；风险控制能力则是组织风险管理的结果。本部分将通过案例企业与价值链的其他主体的互动与商业模式的四个要素之间的关系进行分析，得出整合能力四个维度影响社区 O2O 商业模式创新的作用机理。

1. 市场识别能力通过影响价值主张维度作用于社区 O2O 商业模式创新。初始价值主张的提出都是针对消费者的"需求痛点"，腾云宝公司正是通过市场识别能力发现最后 100 米派件难，特别是二次派件的快递末端服务的高频痛点，及在"懒人经济"下，人们对更加便捷、精准的社区生活化服务的需求，建立腾云小站、腾云管家和腾云社区的社区 O2O 平台。机会识别能力有助于腾云宝企业掌握市场发展的最新动向，将市场需求转为企业现实的生产活动，使企业能实施适应市场发展需求的社区商业模式创新。

2. 伙伴选择能力通过影响价值创造和价值实现维度来影响社区 O2O 商业模式创新。在价值创造维度：腾云社区平台模式下价值逻辑的主体除平台企业（腾云宝）和终端顾客（社区用户）外，还选择社区便利店作为线下内容载体，各快递公司和上游 B2B 连接的知名农业企业作为内容供应商，为社区用户提供快递收件服务和农特生鲜、快销类商品。顺丰嘿客门店也有提供收取快递和提供线上商品服务，但从电商的入口角度看，顺丰门店对有竞争关系的电商、快递具有天生排他的属性。在价值实现维度：腾云社区平台不断积累的大量用户基础使企业伙伴选择能力更强，创造和传递的平台价值会吸引更多的合作伙伴，如物业、金融、民政类等公司，而选择合适的合作伙伴反过来会拉动社区用户的增长，进一步又提高企业的伙伴选择能力，形成正反馈机制。作为一种系统性活动，商业模式创新需要企业对整个运作流程进行变革和创新以及资源和能力的支持与协调配合。为了保障创新活动的顺利实施，必须与其他企业合作来获取必需的资源和能力。

3. 资源与能力的匹配通过价值创造和价值传递维度作用于社区 O2O 商业模式创新。在价值创造维度：腾云宝作为腾云社区平台的核心企业，正是通过匹配快递公司和社区便利店的资源和能力，农业企业与线上平台、线下便利店的资源和能力进行平台的价值创造，通过开放资源整合，不断创造用户价值。在价值传递维度：把线下便利店打造成"快递取件中心 + 商品展示中心 + 提货中心 + 社区服务中心"，使得便利店的资源与能力和线上微信、APP 等电商平台进行匹配，线上线下协同的腾云社区平台把内容供应商的产品和服务传递给终端客户（社区用户）。如腾云小站选择与福建最大连锁便利店见福便利店合作，实现双方优势资源的深度整合，便利店能够依托腾云宝的电商平台获取精准数据资源，提高便利店的到店交易流量；而腾云社区借助见福便利店吸引更多的流量至线上平台，增大了用户基础和平台价值。资源基础观认为，有价值的“资源”有利于企业的市场进入，平台商业模式运行的基础是多边客户的连接与聚合，其关键资源是腾云社区平台所聚集的庞大的用户群，主要通过平台网络效应的发挥创造和传递价值。资源与能力的匹配是社区O2O平台模式的核心，商业模式创新依赖于企业内外部资源与能力的协调配合，组织资源与能力的协同效应对于组织开展商业模式创新具有重要的积极影响，同时提高资源与能力的利用效率。

4. 风险控制能力通过影响价值实现和价值传递维度作用于社区O2O商业模式创新。在价值实现维度：腾云社区先是只选择在福州和深圳进行试点，拥有较大的用户基础后与见福便利店合作推广至整个福建省，待平台商业模式较成熟后再推广至全国，以防止由于布局太快，无法实现盈亏平衡，例如顺丰嘿客。在价值传递维度：腾云社区采取的是轻模式，即“线上平台+线下微仓+外包物流”模式，使得企业运营成本大大降低，有较强的风险控制能力。

六、结论

（一）研究结论

1. 通过分析腾云社区平台商业模式，发现社区O2O平台模式是一种基于价值主张、价值创造、价值传递与价值实现的商业逻辑。这种价值逻辑具体体现为：首先，平台核心企业通过市场机会识别能力发现“需求痛点”，提出价值主张；其次，核心企业选择线下伙伴和内容供应商，实现线上线下资源与能力的互补和合作，提高资源利用效率，构建价值创造网络平台；再次，价值传递就是核心企业通过APP和微信等平台为内容供应商传递产品和服务给社区用户；最后，核心企业通过电商平台赚取产品差价和供应商分成，这一过程就是价值实现过程。社区O2O平台模式构建与传统企业不同，传统企业的模式为“企业—顾客”，以企业为核心，而在互联网经济下的社区O2O商业模式中，构建的核心是“用户”，价值逻辑的主体除了平台企业（腾云宝）和终端顾客（社区用户）外，还包括内容供应商（快递公司、农业企业等）、线下内容载体（合伙便利店）。且这些角色的功能各不相同：内容供应商为社区用户提供产品，腾云社区为促成供应商与社区用户之间的交易而提供服务，而线下便利店则为腾云社区平台提供线下支撑，从而形成智能可持续闭环。

2. 社区O2O商业模式创新要对价值主张、价值创造网络、价值传递以及价值实现重新进行设计。整合能力从机会识别能力、伙伴选择能力、资源匹配能力和风险控制能力四个方面影响商业模式的不同维度，从而影响社区O2O平台商业模式创新，提高企业整合能力有利于企业开展社区 O2O 商业模式创新：市场机会识别能力是企业实施商业模式创新的重要前提条件；而伙伴选择能力越高，企业就越有可能从合作伙伴获取商业模式变革所必需的关键资源，更能促进商业模式创新的顺利实施；通过整合资源能够找准满足用户需求的技术方案，组织具备较好的资源与能力匹配能力，可以提高资源利用效率；风险控制能使企业规避社区 O2O 商业模式创新带来的风险，保障商业模式创新的顺利实施。

（二）理论贡献

本文研究了社区 O2O 商业模式的构建，丰富了社区 O2O 商业模式创新的相关理论，对企业开展社区 O2O 商业模式创新具有指导意义。现有研究大多探讨传统电子商务下的商业模式创新，对基于整合能力的社区 O2O 企业商业模式创新缺乏关注。本文以案例企业的社区 O2O 商业模式创新为主线，探讨整合能力从商业模式的不同维度对社区 O2O 平台商业模式创新的作用机制，表明企业实施成功社区 O2O 商业模式创新，需要提高线上线下资源整合能力，整合用户需求和资源，从而提高运营效率，为社区用户提供更加便捷和精准的产品服务和体验，创造和传递企业社区 O2O 模式的平台价值。

注释

[1] 于本海，杨永清等．顾客体验与商户线下存在对社区 O2O 电商接受意向的影响研究 [J]．管理学报，2015，(11)：1658 - 1664.

[2] Timmers P. Business for electronic markets [J]. Electronic Market, 1998, 8 (2): 3 - 8.

[3] Osterwalder A, Yves P, Christopher L. T. Clarifying business models; origins, present, and future of the concept [J]. Communications of the AIS. 2005, 15 (5): 1 - 25.

[4] Zott C, Amit R, Massa L. The business model: recent developments and future research [J] . Journal of Management, 2011, 37 (4): 1019 - 1042.

[5] Shafer S M, Jeff S H, Linder J C. The power of business models [J]. Business Horizons, 2005, 48 (3): 199 - 207.

[6] Alex R. Why online to offline commerce is a trillion dollar opportunity [J]. Tech Crunch, 2011 , 11 (10) : 125 - 134.

[7] Rafael, B. , Leif, E. H. and Jose M. P. , From online to offline through brand extensions and alliances [J]. International Journal Of E - Business Research, Vo1. 8, No. l, 2012.

[8] Wang, F. S. and Lai, G. H. , Empirical study to design field applications for O2O

(online to offline) business model in tourism with mobile computing and cloud service supports. 产研论集, Vol. 46, No. 7, 2014.

[9] 陈佑成，郭东强．基于多案例分析的中国 O2O 商业模式研究［J］．宏观经济研究，2015，(4)：14－22.

[10] 孔栋，左美云，孙凯．O2O 模式分类体系构建的多案例研究［J］．管理学报，2015，12 (11)：1588－1597.

[11] Teece D J. Explicating dynamic; capabilities: the nature and microfoundations of (sustainable) enterprise performance [J] Strategic; Management Journal, 2007, 28 (13): 1319 — 1350.

[12] Smith W K, Binns A, Tushman M L. Complex business models: managing strategic parad—oxes simultaneously [J]. Long Range Planning, 2010, 43 (2/3):448.

[13] 庞长伟，李垣，段光．整合能力与企业绩效：商业模式创新的中介作用［J］．管理学报, 2015 (11): 31－41.

[14] 孔栋，左美云，孙凯．"上门"型 O2O 模式构成要素及其关系：一个探索性研究［J］．管理评论, 2016 (12): 28－12.

[15] 王生金，徐明．平台企业商业模式的本质及其特殊性［J］．中国流通经济，2014，(08)：106－111.

专利实现标准垄断化的市场推进路径与模式研究

蒋明琳　林晓伟①

（闽南师范大学 商学院　福建 漳州　363000）

摘　要： 在市场推进的背景下，专利技术实现标准垄断化是以市场化为过程、标准为最终归宿的实现和扩散的过程，包括企业涉及专利的事实标准垄断形成过程和联盟涉及专利的事实标准垄断形成过程，是专利技术在市场适用范围内的市场垄断和专利权垄断双重垄断。市场推进专利技术实现标准垄断存在技术领先企业主导模式、企业互助模式、超级企业模式以及市场领先企业主导模式四种模式。

关键词： 专利技术；标准垄断化；市场推进；模式

随着全球标准竞争的不断深入，越来越多的企业意识到专利技术进入标准后，专利技术随着标准适用地域范围的不断扩大，作为专利权人，就可以从标准不断扩大的应用地域内获得更广泛的专利控制权，从而获得市场支配地位和极大的竞争优势，进而获得丰厚的专利许可费用和巨大的经济效益。

关于专利技术进入标准实现标准垄断化的研究更是成为近年来的研究热点，对已有文献进行梳理发现，较多的学者从法理的层面展开探讨，侧重从专利技术进入标准实现标准垄断化的法律规制等角度展开分析，如反垄断规制问题（王先林，2015[1]；林欧，2015[2]），专利权滥用问题（覃秋月，2014[3]；Ginsburg D H，Owings T M，Wright J D，2015 [4]），也有学者从实证的角度探讨标准垄断化对国际贸易的影响，并提出相关的标准政策（张丽虹，2015[5]），而一些学者则认为要实现标准垄断化需要针对我国国情制定有效的标准战略（李薇薇，2012[6]）。这些学者对专利进入标准实现标准垄断化问题进行了有益的研究，并得到一系列有益

① 作者简介：蒋明琳（1982－），女，福建龙岩人，管理学博士，闽南师范大学商学院讲师；林晓伟（1974），男，福建漳州人，管理学博士，闽南师范大学商学院副教授。

的启示。我国作为标准后发国家，在全球标准竞争中正逐步追赶标准发达国家，因此通过借鉴标准发达国家的先进经验，研究专利技术实现标准垄断的路径和模式对我国企业获取标准竞争优势具有重要意义，但从已有国内外文献来看，相关研究则鲜有涉及，因此，本文拟在市场推进的背景下，以专利技术转化为事实标准为主轴，探讨涉及专利的事实标准实现垄断的路径与模式。

一、市场推进专利标准垄断化的内涵

在市场推进的背景下，专利技术实现标准垄断化实质是以市场化为过程、标准为最终归宿的实现和扩散的过程。专利技术通过市场竞争，获取竞争优势并占据市场上绝大部分的市场份额成为事实标准，这些掌握专利权的企业或企业联盟逐渐掌握市场话语权，并以标准形态在市场推广专利技术，从而实现专利在标准适用地域范围内的市场垄断和专利权垄断的双重垄断，此时标准垄断形成。

市场推进专利技术实现标准垄断化包括“技术创新成果专利化－专利标准化－标准垄断化”三个阶段，技术创新成果专利化阶段是标准市场化的预备阶段，主要为取得标准必要专利的“报名”资格；专利标准化阶段是标准市场化的准备阶段，主要为取得标准必要专利的“参赛”资格；标准垄断化阶段是标准市场化的实现阶段，主要是通过标准必要专利实现垄断收益。因此，市场推进专利技术实现标准垄断化实质上是围绕着标准必要专利展开的。

标准必要专利是构成标准不可或缺的技术组成部分，往往代表行业先进的技术，它进入标准必须同时具备专利有效性、专利技术必要且不可替代性以及与其他技术兼容等特性[7]。在市场的推动下，以专利技术为核心所设计出的产品通过市场选择，优胜劣汰后实现市场垄断所形成的事实标准，该标准也称为涉及专利的事实标准[8]。

二、市场推进专利实现标准垄断的过程

市场推进专利实现标准的过程是企业（或联盟）通过市场化运作，成功使其专利技术体系被市场接受，形成市场专利权垄断的过程[9]，其并非由政府或政府授权的标准制定机构制定形成的。市场推进专利实现标准垄断的过程包括涉及专利的企业事实标准垄断过程和涉及专利的联盟事实标准垄断过程。

（一）涉及专利的企业事实标准垄断过程

企业事实标准主要是指由于该行业技术领域缺乏正式颁布的法定标准，市场上某个企业凭借其领先的技术优势和市场地位优势，通过不断开拓市场，最终实现产品市场垄断，其专利技术体系成为事实标准的过程。其形成过程具体经历了

以下几个阶段。

第一，前期准备阶段。企业充分调查市场，分析竞争对手技术和市场优劣势，预测该市场消费者预期和消费需求，结合自身实际制定勇夺事实标准的标准战略。企业或通过自身创新研发或通过向其他企业购买的方式，掌握行业发展所需的原始创新或突破性创新的必要专利技术，该必要专利技术较同行其他企业技术更先进，也更成熟稳定，兼容性强，其他企业不容易模仿。

第二，市场扩张阶段。企业以其掌握专利权的必要专利技术为核心，结合其他相关技术流要素，创新研发出主导设计产品，并在其投入市场的初期，采用低价甚至免费的专利许可策略，鼓励更多厂商生产其主导设计产品。与此同时，企业利用必要专利技术良好的兼容性，鼓励其他企业共同拓展技术链，创新研发出主导设计产品的互补新产品，实现主导设计产品更多的互补功能，满足消费者预期和多样化的需求。在市场上，可能存在同类主导设计产品与该企业展开激烈的市场竞争，企业为能够在竞争中获胜，除了不断完善主导设计产品性能，更新互补品外，还可以采取低价策略和相关专利组合策略等展开竞争。此外，企业还要有较好的使用信息的能力，利用信息流要素对市场供求信息进行分析，实时把握市场动态，掌握产品投放时机。企业的资本流是用于生产和流通的基础，包括厂房、设备等物质资源和人力资源，企业有充足的资本流，就有强大的财力支持市场推广活动。企业还要与其他企业开展物流合作，缩短供应链条，缩短产地与消费者的距离，为用户带来更好的用户体验。这样，企业通过提升自身实力，联合市场上其他企业的力量，形成复杂交错的空间服务网络。消费者进入这个网络内享受技术、信息、物流等方面很好的增值服务，这种服务是其他市场竞争者不可比拟的，可以吸引越来越多的消费者购买该企业的产品。

第三，企业事实标准形成并实现标准垄断。企业围绕掌握专利权的必要专利技术不断创新研发出新的专利技术，形成有自身特色的专利技术体系，并以该专利技术体系为基础开发出主导设计产品和多样的互补产品，深受消费者欢迎。基于该产品良好的品牌声誉和可信度，以及原有消费者的忠诚度，市场上消费者预期不断提高，越来越多的消费者购买该产品，产品安装基数不断攀升，消费者被锁定在该网络内，网络效应不断增强，消费者想要离开这个网络的转换成本和学习新的主导设计产品的成本也逐渐增加。当市场上，以该企业必要专利技术为中心形成的专利技术体系所研发的产品占据市场绝大部分份额并达到市场容量时，此时产品市场竞争获胜，实现市场垄断，企业事实标准形成，随着该事实标准内专利技术的专利权垄断形成，则企业涉及专利的事实标准实现垄断。当企业开展新一轮创新研发，相对已有技术实现突破性创新或原始创新，企业制定新一轮标准战略，开展新一轮的事实标准垄断活动。企业实事标准垄断形成过程如图 1 所示。

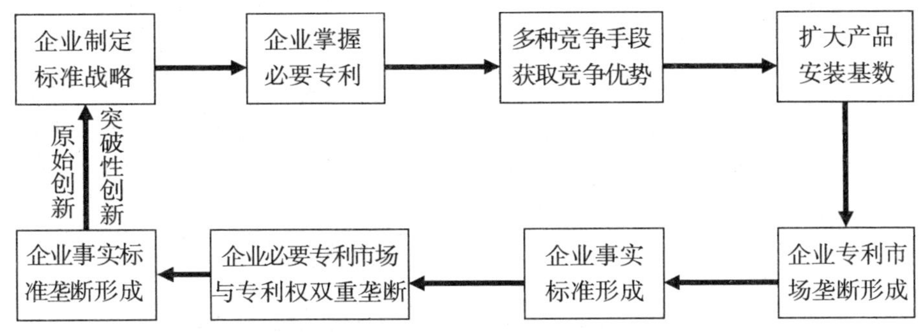

图1　企业事实标准垄断形成过程

（二）涉及专利的联盟事实标准垄断过程

联盟事实标准主要指由市场中某些基于共同利益组成的企业联盟运用专利策略和其他市场营销策略，成功将联盟内各企业组成的专利技术体系通过市场化运作形成事实标准[10]。涉及专利的联盟事实标准垄断过程经历了以下几个阶段。

1. 前期准备阶段。一些生产商或机构基于共同的利益构建联盟，共同选择合适的必要专利技术推荐进入联盟专利池。在这里，联盟的成员不仅要满足进入联盟的准入条件，还应该遵守联盟的权利和义务，其掌握的专利技术不能与联盟标准的技术体系相悖。

2. 市场扩张阶段。在市场扩张阶段，联盟成员将各自推荐进入联盟专利池的专利技术进行交叉许可，并对联盟成员采取低价或者免费的专利许可策略，对联盟外企业采取较高的专利许可策略，这样通过有差别的专利许可定价，降低联盟成员的成本。与此同时，联盟成员利用从联盟内低价或免费获得的专利技术开发新产品，利用联盟内互联互通的信息流迅速掌握市场动态，把握产品投放时机。与此同时，联盟成员加强供应链建设和物流管理，缩短产品与用户的距离，提升了用户体验。有些联盟甚至吸收产业链上相关企业，构建以实现联盟标准为目标的产业联盟，丰富用户产品的选择，吸引更多的用户购买联盟产品。

3. 联盟事实标准形成并实现联盟标准垄断。由于联盟成员掌握行业发展的必要专利技术，他们通过专利相互交叉许可，使产品技术更加先进，兼容性更强，市场适应性更好。联盟成员利用相互间构建的营销网络销售联盟企业研发的产品，拓宽销售渠道，提升产品销路，吸引消费者使用联盟成员的产品，提高消费者的消费预期。随着联盟成员间不断磨合，联盟成员能够基于共同的利益，为消费者提供更多的互补品、物流、信息流等增值服务，使消费者体验进一步提升，更多的消费者被锁定使用联盟成员的产品，消费者想要放弃该联盟成员的产品可能面临着高额的转换成本和学习成本。最终市场上使用联盟产品的消费者越来越多，并达到一定的市场容量时，基于联盟专利池的专利技术实现市场垄断，联盟事实标准形成，随着联盟事实标准内专利技术的专利权垄断形成，则联盟涉及专利的事实标准实现垄断。当联盟成员进行新一轮创新研发，相对已有技术实现突破性创新或原始创新，联盟开展新一轮的事实标准垄断活动。具体如图 2 所示。

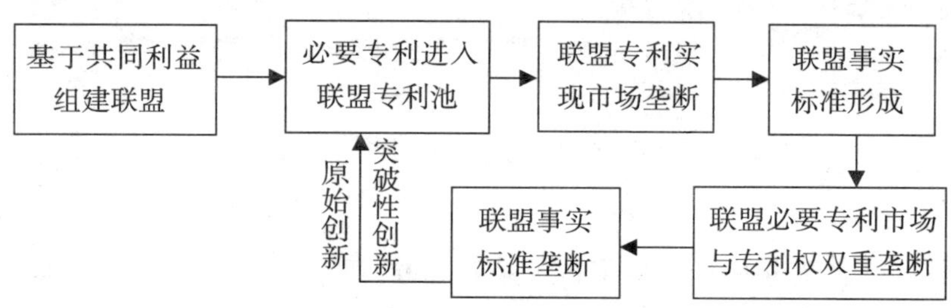

图 2　联盟事实标准垄断形成过程

从以上分析可知，基于不同的参与主体，存在企业事实标准垄断和联盟事实标准垄断。在这个过程中，企业或联盟是主体因素，遵循市场规律，围绕标准垄断开展相关活动；技术是内部条件因素，该技术是行业发展的突破性必要专利技术，该技术达到行业领先水平，有较高的技术成熟度，并与市场大部分技术兼容，容易被市场接受[11]。但拥有好的技术，并不意味着标准垄断必然就会实现，市场是否接受该技术，以该专利技术创新研发的产品能否达到一定的市场容量才是关键。因此，市场推进专利实现标准垄断的路径是：企业（或联盟）市场调研—制定企业（或联盟）标准战略—企业（或联盟）创新研发—优选技术创新成果转化为专利—含有专利在市场竞争中获胜—含有专利实现市场垄断—事实标准形成—专利实现市场和专利权双重垄断—专利实现标准垄断。

三、市场推进的专利实现标准垄断的模式

基于专利技术实现标准垄断的市场路径是从技术和市场两个竞争维度展开的，模仿波士顿矩阵构建一个以“市场化程度”为横坐标，以“技术水平”为纵坐标的专利实现标准垄断的市场推进模式二维匹配图。如图 3 所示。

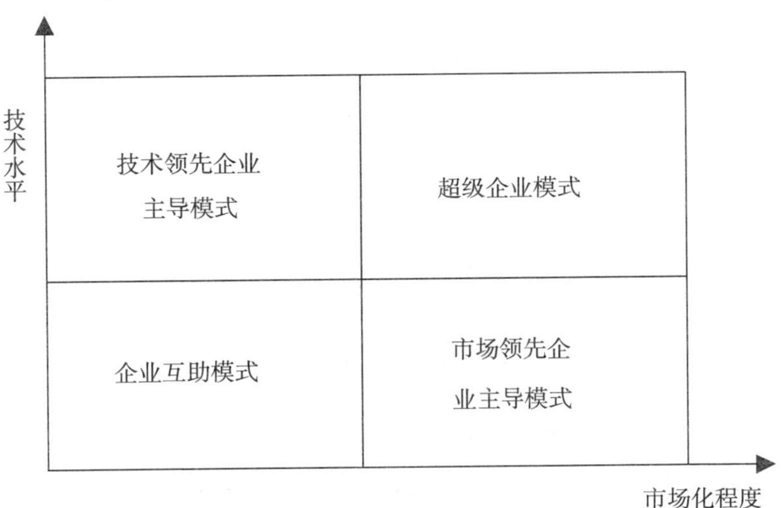

图 3　市场推进下专利实现标准垄断模式

从匹配图中，可以看出他们存在四种相互匹配的关系，即存在四种模式。

（一）技术领先企业主导模式

1. 典型特征。该模式中核心企业有较强的技术优势，但是市场开拓能力不足，核心企业通过“免费专利授权或低价专利授权”等方式支持有一定市场安装基数但研发实力较弱的企业生产，并与这些企业组建联盟，利用这些企业已经形成的较大规模的用户份额推广自身的优势技术，或抓住被竞争对手忽视的机会，锁定消费者。这样技术领先企业通过不断扩大的市场安装基数，实现市场垄断，专利在市场适用的范围内实现专利权垄断，最终专利技术实现事实标准垄断。

2. 时机。必要专利技术处在技术创新成果生命周期的发展期，整个产业的发展还处于萌芽期，核心企业占据技术先占优势。

3. 要求。第一，技术层面。该专利技术较市场上其他技术更为先进，是核心企业通过突破性创新或原始创新而来，因此是核心企业拥有自主知识产权的原创性专利技术。此外，该项必要专利技术有着较好的兼容性以及其他独特的特点，深受市场欢迎。第二，企业层面。该模式中核心企业的优势在于其有较强的技术研发创新能力，核心企业基于对必要专利的控制，独享专利权。其他联盟企业则具备一定的市场安装基数，在行业内有较好的品牌信誉，能够推动核心企业的优势技术在市场推广。核心企业与联盟内其他企业有较好的沟通协作关系，能够基于公开、透明、非歧视许可进行专利授权。第三，市场层面。市场上没有同类产品，但消费者对该产品有较大的市场预期，该产品投入市场，能够快速地占据市场，达到一定份额。

4. 典型案例。佳能基于复印机巨头施乐对小型复印机市场的忽视，开展小型复印机创新研发。在将小型复印机推向市场时，佳能公司存在两种担心，第一种担心是虽然自己创新研发的小型复印机在市场上是绝对领先的，但是基于施乐在复印机行业多年的技术积累，施乐公司发现小型复印机市场更大的市场潜力后，开展创新研究，施乐的产品很可能超过自己；第二种担心是佳能公司自身生产能力有限，销售渠道有限，不能在小型复印机面世后快速推向市场。基于这两种担心，佳能选择将自己拥有的小型复印机的专利技术低价授权给其他在市场上有一定销售渠道的厂商生产，并与其他厂商组成由佳能主导的小型复印机联盟，快速推动提高小型复印机的市场占有率。当小型复印机占据市场一定份额后，施乐才发现小型复印机巨大的市场，施乐紧急推出新产品，但此时市场上大部分用户已经对佳能小型复印机有较高的认可度，施乐销售遇阻。佳能小型复印机在日本获得了非常高的占有率，一段时间内垄断日本市场，成为事实标准。由于佳能小型复印机的必要专利归佳能所有，佳能实现了小型复印机在日本的标准垄断。

（二）企业互助模式

1. 典型特征。该模式是指在市场上几家有一定研发实力和市场销售能力的企业通过前期市场调研，认为若创新研发出某项复杂产品，该复杂产品一定会有非常好的市场前景，但该复杂产品的复杂技术仅由一家企业是不能创新研发成功的，需要将这几个企业组成联盟，充分发挥几个企业不同的技术优势，共同创新研发才能实现。这几家企业共同组建专利池，交叉专利许可，形成一定的专利技术体系。以联盟企业的专利技术体系为核心，创新研发的复杂产品研制成功后，这几个企业结合自身的销售渠道，共同推进产品市场垄断，成为事实标准，并基于产品专利技术在市场中的专利权和市场的双重垄断，最终实现标准垄断。

2. 时机。技术创新成果处于整个技术创新成果生命周期的早期，市场还未开发。

3. 要求。第一，技术层面。要求参与共同开发的各个企业的技术具备兼容性，互操作性强的特点，而且具备技术代继的潜力，技术具有可演进性和可持续发展性，能在市场上形成一定的竞争优势。第二，企业层面。参与联盟的企业有较强的创新研发优势和一定的市场安装基数优势，有较强的合作能力，能够资源共享，优势互补。联盟企业还应具备较强的专利和标准化管理能力，就各自创新研发的专利技术，以进入专利池的方式进行专利联营，促进持续创新。第三，市场层面。市场对该类产品有较大的市场预期，产品投入市场后能够被消费者接受，形成一定的市场规模，达到一定的安装基数。

4. 典型案例。1998 年，爱立信、英特尔、IBM 等全球著名的厂商意识到开发短程无线通信技术将会有巨大的市场，他们成立联盟，共同致力于这种短距离、低成本的无线传输应用技术的标准共建。这些企业都有自己的专利技术优势，如爱立信公司拥有无线射频等专利技术开发优势，英特尔则具备半导体芯片专利技术开发优势，IBM 拥有笔记本电脑接口规格专利技术开发的良好经验，他们共同分工，开展合作，成功开发出蓝牙技术，并相互交叉授权，共同创新研发出新的应用产品。由于蓝牙技术兼容性好，互操作性强，应用简单，深受市场追捧，并很快席卷全球，成为蓝牙标准。目前蓝牙标准联盟成员超过 25000 家，许多是电信、计算机、汽车、电子消费的全球领导者，蓝牙技术标准创新研发的产品在全球实现标准垄断。

（三）超级企业模式

1. 典型特征。该模式下，超级企业不仅有超强的研发实力而且有较高的市场地位，能够对市场进行控制，总体技术水平在行业内遥遥领先，其他企业开展创新研发，只能是基于超级企业的突破性专利技术进行再创新。市场上的其他企业与超级企业是不对等的关系，其他企业要进入市场，必须接受超级企业苛刻的专利许可条件。超级企业有较强的专利运营能力，运用多种专利策略实现技术创新成果市场垄断，事实标准形成，并基于市场和专利权双重垄断实现标准垄断。

2. 时机。市场上其他企业的技术创新成果还处于技术创新成果生命周期曲线的形成期或发展期，而超级企业的技术创新成果已经提前达到技术创新成果生命周期曲线成熟期，或者市场上其他企业还在拘泥于上一代标准的创新技术研发，超级企业已经着手研发新一代标准技术，超级企业的技术较其他企业有较强的优势。

3. 要求。第一，技术层面。超级企业大部分的技术是突破性专利。具有代继性、兼容性和系统性等特点。第二，企业层面。超级企业拥有极高的市场地位，较强的现代企业管理水平和技术研发创新实力，能够聚焦于其优势产业的优势技术的创新研发，尤其注重突破性技术的研发，并积极将其转化为原始创新专利和必要专利。超级企业的领导层有较强的专利和标准化管理水平，企业技术发展战略的制定都围绕着标准垄断化展开，同时在人才、信息和资金等方面做好支持工作。超级企业建立了严密的知识产权防御体系，积极维护自身的知识产权。第三，市场层面。超级企业具备非常强的支配市场的能力，控制其商品的价格，决定交易对象和交易额。其他企业要运用核心企业的技术或者进入市场，都要得到超级企业的许可。市场上消费者对超级企业的技术有较好的市场预期，并已经有大量的用户被锁定在超级企业的技术体系，形成网络效应，超级企业的产品品牌信誉度高，客户价值实现程度也非常高。

4. 典型案例。获取并保持持续性的技术优势是高通公司能够在市场上保持持续领先的根本原因。高通公司致力于提升核心优势技术的技术研发与技术服务，采取投资支持创新研发活动及战略购买新技术等方式，获取最为先进的高技术，并根据市场需要及时将其转化为专利，高通公司有较强的市场支配能力，采取专利交叉许可和专利组合等策略促进专利的大范围商业应用，当专利技术使用范围达到一定的临界容量，该专利技术成为市场的事实标准技术，高通基于其专利技术在市场上的专利权和市场双重垄断，最终实现了事实标准垄断。

（四）市场领先企业主导模式

1. 典型特征。该模式下，产品的技术并非处于行业最先进水平，但是企业基于自身已经构建形成的销售渠道，联合其他厂家组建联盟，不断扩大以自身创新技术研发的产品的市场安装基数，锁定消费者，形成网络效应，并最终形成事实标准，并基于其专利技术在市场的专利权垄断和市场垄断，实现标准垄断。

2. 时机。竞争对手的技术已达到技术创新成果生命周期的成熟阶段但并不重视技术的市场推广，市场领先企业抓住时机积极向市场推销其专利技术。

3. 要求。第一，技术层面。该技术虽然不是市场上最好的技术，但该技术依然是市场上的先进技术，能够和市场上其他技术进行兼容，具有很好的互操作性。第二，企业层面。企业具备较强的技术研发创新能力，采用持续创新的方式，努力使自己的技术达到更好的水平；另一方面，企业还有较好的联盟能力，采用多种策略如低价策略，专利交叉组合策略推销该产品，吸引更多用户使用其产品，不断扩大产品的安装基数，增大消费者预期，扩大市场份额。第三，市场层面。消费者对该类产品有较大的需求和市场预期，该产品投入市场能够快速扩大安装基数，成为市场主导产品，形成市场垄断。

4. 典型案例。VHS 标准是由日本 JVC 公司开发的一种家用录像机录制和播放标准，VHS 标准下家用录像机录制和播放技术上都较 Betamax 标准的技术较差，但是由于 Betamax 标准的产品是面向工业及公共团体用户，其用户对象更为专业，用户群体更小。而 VHS 标准的产品却对广大的普通消费者开放，这就使得 VHS 标准产品在市场定位上能够有较大的消费群体，能够形成较大的安装基数，JVC 公司此后联合 40 家公司共同支持 VHS 标准格式，而同时，支持 Betamax 标准的只有 12 家。这就使得 VHS 标准有更强大的销售基础，产业链条更长更完善，更容易借助联盟的优势共同推广产品。由于 JVC 公司的努力，在 20 世纪八、九十年代，VHS 标准在许多国家一度成为事实标准，在某些国家实现家用录像机录制和播放标准的事实标准垄断。

四、启示

当今发达国家加紧对我国进行技术封锁，我国企业已经越来越难从发达国家获取核心技术。此外，发达国家利用专利战略和标准战略，将他们的专利技术转化为国际标准，不断加大全球市场扩张，并要求其他国家在生产相关产品时必须遵守由他们制定的带有专利的标准，并要求我国企业缴纳巨额的专利许可费。这种利用优势技术，将专利写入标准，利用标准对产品规范的强制性要求，达到标准垄断的做法，使我国企业在对应的领域无法立足，遭遇重创，如著名的 DVD 事件。面对国际上发达国家采用标准垄断的新的垄断方式，我国企业应该从失败中反思，寻求新的机会绝地反击。

1. 组建或加入标准联盟，优势互补。由上分析可知，要实现专利技术的标准垄断需要企业同时具备优势的技术和广阔的市场，然而世界上只有很少的企业能够同时拥有他们，大部分的企业或者有技术优势或者有市场优势，甚至有些代工企业技术和市场的优势都不具备。基于此，在国外已经有很多企业意识到仅靠自身力量不足以应对市场，为共同抗击市场，争取市场竞争主动权，组建标准联盟已经成为一种趋势，有些标准联盟的主要成员甚至就是由全球著名的厂商强强联合，如蓝牙联盟的主要厂商就包括爱立信、英特尔、IBM 等。联盟标准不仅可以根据市场的需要快速制定联盟标准，而且可以快速响应市场的需要，制定灵活的知识产权政策，加强标准的高效推广。我国企业技术实力差，就造成了我国企业在参与标准竞争中的先天不足，将我国行业内的优势企业联合起来组建标准联盟，在同一个标准目标下共同开发新技术，形成技术互补，共同享有市场，形成市场互补，扩大市场容量，共同应对国外先进企业对我国企业的打压不愧是非常好的办法。

2. 占据先占者优势。从以上关于模式的分析中可以看出，在技术优势不是特别突出的背景下，通过采取先期快速占据市场的方式，同样可以实现标准垄断化，这就需要企业在行业发展的早期就进入市场，成为市场先行者和标准先行者，特别注重在行业发展的早期就将自己建立的标准体系全面向市场推开，使整个行业的标准体系是基于本企业的标准体系发展的。安装基数是标准得以建立和发展的保证，这就需要企业在进入市场时采取多种营销手段和营销策略吸引更多的客户使用专利产品，如将专利产品销售给那些有迫切需求的消费者，最渴望第一时间体验新产品的消费者，积极建立消费者安装基数，形成网络外部性和锁定效应。此外，企业还可以利用互补品生产商已经建立的发达的营销网络开拓产品的销路，达到快速占领市场的目的，如 TD－SCDMA 技术推广就利用中国移动已经形成的 3 亿的市场用户基础，实现安装基数市场领先优势，为 TD－SCDMA 标准实现国内市场标准垄断立下汗马功劳。

3. 采用多种专利运营策略。培养并获得必要专利是企业获得市场竞争胜利的最关键的技术基础，然而在我国大部分企业不能通过自主研发获取必要专利的背景下，我国企业要打好专利战，就要灵活运用多种专利策略与国外企业开展竞争。如利用必要专利发明人还未展开必要专利的外围专利研究时，我国企业积极开发必要专利的外围技术，并不断申请专利，将必要专利包围，就使得必要专利持有人开展必要专利的商业活动，反而受制于外围专利技术。日本在 20 世纪 70 和 80 年代运用这个方法，争取并得到了诸多产业的竞争主动权。

总之，我国企业在技术不具优势的背景下开展标准垄断化活动，应该找准那些还处于萌芽阶段的行业，积极开展技术创新活动，获取必要专利技术。没有市场，没有消费者，必要专利技术就不能实现其商业价值，夺取市场是实现标准垄断化的重要内核，因此，我国企业要注重不断开拓市场，掌控市场，获取市场支配权。

注释

[1] 林欧．技术标准制定组织的反垄断法律责任［J］．中国科技论坛，2015（8）：35－39.

[2] 王先林．涉及专利的标准制定和实施中的反垄断问题［J］．法学家，2015，4：62－70.

[3] Ginsburg D H，Owings T M，Wright J D. Enjoining injunctions：the case against antitrust liability for standard essential patent holders who seek injunctions［J］. The Antitrust Sourse，2014（10）：1－8.

[4] 覃秋月．技术标准中的专利权滥用问题［D］．广西师范大学，2014.

[5] 张丽虹．技术标准对国际贸易影响的理论与实证研究［D］．上海社会科学院，2015.

[6] 李薇薇．新能源汽车产业的专利标准化战略制定与实施［J］．中国科技论坛，2012（6）：62－66.

[7] 徐明．通信产业技术标准中专利许可的收益研究［J］．科学学与科学技术管理，2012，11：19－23.

[8] Farrell J，Saloner G. Converters，compatibility，and the control of interfaces［J］. The Journal of Industrial Economics，1992：9－35.

[9] 李文文．第三讲：企业或企业联盟形成的“事实标准”［J］．中国标准化，2009（3）：71－72.

[10] 王平，梁正．联盟标准组织探析［J］．中国标准化，2013，5：022.

[11] 吴正刚，田静．基于事实标准的智能手机操作系统竞争力研究［J］．科技管理研究，2016，36（2）：145－148.

我国流通产业发展的空间集聚效应及影响因素研究
——基于31省市面板数据的空间统计及计量分析[①]

林翊　陈俊滨[②]

（福建师范大学 经济学院　福建 福州　350117）

摘　要： 流通产业是我国国民经济的基础性和先导性产业，流通产业发展的空间集聚格局对经济均衡发展影响重大。本文基于2005－2015年中国31个省市面板数据，运用空间统计方法和空间计量模型对我国省域流通产业集聚的空间效应进行现状描述与实证分析。结果显示：我国流通产业发展具有明显的空间依赖性和异质性，产业集聚的空间分异格局与我国东中西部经济发展水平的阶梯形差异状态相符；我国省域流通产业集聚“核心—边缘”的空间结构发育典型，空间格局演变不明显，但集聚的“马太效应”会加大发展的不平衡；我国流通产业集聚在空间溢出效应上具有显著空间滞后负向效应，即省域间产业发展存在较强的资源竞争关系；地区经济发展水平、对外开放水平、基础设施水平以及流通企业比重提升对流通产业集聚具有显著促进效应，政府干预程度的影响效应显著为负，而城镇化水平、人力资本水平的正向影响效应不显著。本文政策含义明显，政府应根据我国流通产业空间集聚特性，有针对性地实施差异化促进政策，以此推进我国流通产业科学发展。

关键词： 产业集聚；空间相关性分析；空间滞后模型；空间固定效应

作为国民经济基础性和先导性产业，流通产业是决定经济运行速度、质量和效益的关键性力量。近年来，我国流通产业发展方兴未艾，在产业集聚效应的作

---

① 基金项目：教育部人文社科青年基金项目（12YJC630220）。

② 作者简介：林翊（1973－），男，福建福州人，经济学博士，福建师范大学经济学院副教授，硕士生导师；陈俊滨（1991－），男，福建莆田人，福建师范大学经济学院研究生。

用下，流通产业走向集聚已成趋势。那么，当前我国流通产业集聚的程度如何？产业分布是否合理？产业集聚的内在影响因素有哪些？这些问题的解决不仅对于我国流通产业的健康发展有着重大的现实意义，同时对于引导我国经济转型发展也具有重要的理论意义。

产业集聚是一个产业在特定地理区域内高度集中，生产要素在空间范围内不断汇聚的动态演变过程。产业集聚往往存在着高度空间依赖和空间关联性，这从根本上打破了大多数经典统计和计量分析中相互独立的基本假设。因此，本文运用空间统计及计量模型来分析产业集聚的状况和影响因素，这样不仅能优化在一般模型中只涉及时间序列分析的弊端，使实证结果更符合实际，而且在数据和方法上丰富了现有此类研究。

一、文献综述

流通业作为发展经济的“稳定器”和转型升级的“助推器”，事关经济科学发展和民生福祉，近年来有学者开始关注流通产业集聚发展问题。理论界对流通产业集聚的研究一方面主要集中于探讨流通产业集聚对区域经济发展的促进作用。赵萍[1]通过分析指出，流通产业集群的扩散效应对区域经济增长产生巨大的辐射作用，实现区域经济成本和社会成本的双重节约，改变区域产业同构，提高区域资源整合能力，促进区域经济从竞争走向合作；孙敬水[2]等定量论证了浙江省流通产业增长与流通业劳动力、物资资本、人力资本集聚因子之间具有长期均衡关系，同时，浙江省流通产业集群中的流通经济增长，存在着短期动态调整机制；王健等[3]运用动态面板数据模型检验我国东、中、西部三大经济区物流产业集聚对经济增长的动态效应，研究结果表明，我国区域物流服务业集聚发展对区域经济增长具有促进作用，但是该影响效应不仅具有空间差异，而且存在动态的时间滞后效应；詹浩勇[4]阐明了基于集群供应链网络竞合的商贸流通业集聚通过引发集群供应链网络不断重构、降低贸易成本、创造新的生产性机会等路径对制造业转型升级的作用机理，提出充分重视并发挥商贸流通业集聚对区域产业升级的积极作用；朱黎明等[5]基于中国省级面板数据实证检验我国流通产业集聚程度与流通产业产值之间的关系，检验结果显示流通产业集聚能促进流通产业产值增长，而且两者存在正向循环累积关系。

另一方面，也有学者尝试从空间经济学视角研究流通产业集聚。尹涛[6]从空间分布模式、地理集中程度、地区专业化状况和产业地区关联四个维度对广东省流通产业的空间分布特征进行详细分析；钟祖昌[7]在空间经济学视阈下运用区位熵理论分析我国31个省市物流产业的集聚状况，并建立物流业集聚影响因素的当期和跨期的空间滞后模型，研究发现，我国省域物流产业集聚存在较强的空间相关性且区域经济发展水平、FDI、市场化进程等要素对物流业集聚存在不同程度的影响效应；程艳[8]探讨了流通产业集聚背景下流通厂商的空间区位决定及其投资选择，指出厂商的投资选择行为是其空间区位决定的具体化；舒辉等[9]对中国物流产业集聚与全要素生产率增长之间空间相关关系进行分析，研究结果表明，物流产业集聚对全要素生产率增长存在显著的空间溢出效应；谢守红等采用区位熵测度物流业集聚水平，并基于空间相关性方法对我国物流产业集聚的时空演变特征进行研究；谢守红等[10]采用区位熵测度物流业集聚水平，并基于空间相关性方法对我国物流产业集聚的时空演变特征进行研究。

通过对文献的检索和梳理发现，现有的研究成果总体上能对流通产业的集聚现象做出正确解释，这丰富了产业集聚理论在流通领域的应用。但另一方面，上述文献在研究方法上大多忽略空间地理因素，基于定性描述或经典的经济计量模型对流通产业集聚发展进行研究，即使运用空间经济统计或计量方法对我国流通产业集聚进行研究的文献也局限于部分省份流通产业（广东省等）或者流通产业的相关行业（商贸流通业、物流业等），在空间经济学框架下对我国省域流通产业集聚现状进行研究的成果鲜见，有待进一步探讨。流通产业集聚发展是地理空间范围内资源、技术和劳动力等要素综合作用的结果，其本身是一种产业演化过程中的地理空间现象。因此，流通产业的集聚发展的研究离不开空间地理因素的考量。

本研究从空间异质性视角出发，以我国 2005 – 2015 年省级面板数据为样本，运用空间统计方法和空间计量模型，考察我国省域流通产业空间集聚特性及其影响因素，以期为相关产业部门制定科学发展流通业的政策提供理论依据。

二、流通产业集聚发展现状的空间统计分析

本文借鉴金煜等[11]、袁海[12]、舒辉[9]、李红[13]等学者研究区域产业集聚的方法，利用各年度地区流通产业增加值占全国流通产业增加值的比重测算流通产业集聚度，以此对流通产业集聚的空间相关性进行研究。鉴于数据的可得性和可比性，文中数据的时间跨度为 2005 – 2015 年，截面单元包括全国 31 个省、直辖市、自治区。以批发和零售业、住宿和餐饮业、交通运输、仓储和邮政业的生产总值之和代表流通产业的产值，生产总值数据来源于历年《中国统计年鉴》。空间相关性研究中所得到的分省行政区划的数字化地图，主要通过 ArcGIS 和 GeoDa 等软件运行实现。

本文考察的目的在于解释区域流通产业集聚的空间相关性特征，在此之前我们通过 ArcGIS 软件绘制中国省域流通产业集聚度的四分位图，初步判断 2005 – 2015 年流通产业集聚度的空间分布特征和空间自相关性。从图 1 的四分位图可以看出，我国省域流通产业集聚度在从高到低的分位区间表现出明显的层次特性，由东部到中、西部集聚度从高到低逐渐变化，这与我国东中西部经济发展水平阶

梯形差异特性相符。集聚程度较高的区域主要位于东部沿海的河北、山东、江苏、上海、浙江、广东等省份，中西部相比于东部地区明显偏低，并在西部的宁夏、甘肃、新疆、青海、西藏等区域形成低集聚度分布区。在分布状态的时间演变上，除河南、辽宁等个别省份出现分布区间的跳跃之外，其余省市的流通集聚水平基本上保持不变。在整体上，我国省域流通产业集聚度的阶梯状分布特征明显，且空间分布格局基本保持稳定。

（a）2005 年　　（b）2010 年　　（c）2015 年

图1　2005　2015 年中国省域流通产业集聚度的空间四分位图

资料来源：作者绘制。

四分位图可以清晰地显现出我国流通产业集聚的空间异质性，但图中流通产业集聚度的空间梯度变化是否存在空间相关性则需要通过空间统计来进一步验证。空间统计学通常在全域和局域上，采用空间相关性分析方法对经济活动的空间特征进行探究。

（一）全域空间自相关分析

全域空间自相关性（Global Spatial Autocorrelation）用于研究整个区域要素间的空间相关程度，衡量的指标有全域 *Moran's I* 指数、全域 $Getis-Ord\ G_{i*}$ 指数和全域 *Geary's C* 系数。本文选取全域 *Moran's I* 指数从区域空间的整体研究流通产业集聚的空间分布特征。

Moran's I 指数是最早应用于全域聚类检验的方法，其计算及检验过程如下：

$$Moran's\ I = \frac{\sum_{i=1}^{n}\sum_{j=1}^{n} W_{ij}(Y_i - \bar{Y})(Y_j - \bar{Y})}{S^2 \sum_{i=1}^{n}\sum_{j=1}^{n} W_{ij}} \tag{1}$$

式（1）中，n 为区域总数，Y_i 为第 i 个区域流通产业集聚度的观测值；$\bar{Y}$、S^2 分别为第 i 个区域观测值的均值和方差；W_{ij} 为采用 *Rook* 相邻规则构建的二进制的邻近空间权值矩阵，以定义空间单元之间的相互邻接关系，即省市间如果地理上相邻对应权重赋值为 1，否则赋值为 0。*Moran's I* 的取值范围为 $-1 \leq I \leq 1$，若区域间产业集聚行为呈空间正相关关系，则 I 的数值较大，负相关时则较小。

计算 2005 - 2015 年中国流通产业集聚度的全域 *Moran's I* 值，结果见表 1。从结果中可以看出，2005 - 2015 年 *Moran's I* 指数均在 1% 的水平下显著为正，即在观察期内各省份流通产业集聚具有显著的空间相关性，表现为高流通产业集聚度的省份趋于集聚，低流通产业集聚度的省份也趋于集聚的显著状态。

表 1 2005－2015 年中国省域流通产业集聚度的全域 *Moran's I* 指数及检验值

年份	*Moran's I*	Z 值	P 值
2005	0. 3940***	3. 7245	0. 0002
2006	0. 3978***	3. 7496	0. 0002
2007	0. 4068***	3. 8309	0. 0001
2008	0. 4115***	3. 8913	0. 0001
2009	0. 4146***	3. 9137	0. 0001
2010	0. 4330***	4. 0771	0. 0000
2011	0. 4215***	3. 9963	0. 0000
2012	0. 4124***	3. 9169	0. 0000
2013	0. 4061***	3. 8525	0. 0001
2014	0. 3936***	3. 7434	0. 0002
2015	0. 3918***	3. 6339	0. 0002

注：*、**、***分别表示在 10%、5%、1% 的水平下显著。

资料来源：作者计算。

（二）局域空间自相关分析

地区间空间关联的局域分布可能会出现全域指标所不能反映的“非典型”情况，甚至出现局域空间关联趋势与全域趋势相反的情况[14]。因此，需要进一步考虑流通产业集聚度是否存在局域空间相关性并判断邻接区域流通集聚的局域空间关联模式，采用局域 *Moran's I* 指数作为反映指标来更为直观地刻画出各区域流通产业集聚的局域空间依赖性和异质性的特征[15]。其计算过程为：

$$I_i = \frac{N(Y_i - \bar{Y}) \sum_j W_{ij}(Y_j - \bar{Y})}{\sum_i (Y_i - \bar{Y})^2} = Z_i \sum_{j \neq i} W_{ij} Z_j \qquad (2)$$

式（2）中，Z_i 为第 i 个区域变量观测值的标准化值。局域 *Moran's I* 指数测度了第 i 个区域与周围其他区域间的相关程度：正值表征该区域与周围区域具有正相关的特征；负值表征该区域与周围区域具有负相关的特征。

局部空间自相关可以通过 Moran 散点图以（y, Wy）为坐标点，刻画滞后因子数据对（y, Wy）的二维可视化关系，其中 Wy 表示对空间单元观测值的空间加权计算。Moran 散点图的四个象限分别对应空间单元与其邻接单元的四种局域空间关联形式：第一象限（HH），代表高流通集聚水平的省份被其他高流通集聚水平的省份包围；第二象限（LH），代表低流通集聚水平的省份被高流通集聚水平的省份包围；第三象限（LL），代表该象限内的省份和它周围的其他省份都属于低流通集聚水平的省份；第四象限（HL），代表该象限内的省份流通产业集聚水平高，而周围其他省份流通产业集聚水平低。因此，Moran 散点可以识别不同区域所属的局域空间集聚类型。

从 2005 年、2010 年和 2015 年流通产业集聚度的局域 Moran 散点图（如图 2 所示）均可以看出，绝大部分省份分布于第一象限和第三象限，这些省份显示出相似值的空间关联，即流通产业集聚度相似的省份表现出空间正相关关系。流通产业集聚度较高的地区主要分布于北京、天津、上海、江苏、浙江、安徽、福建、山东、河南和湖北等东、中部核心地区；流通产业集聚度较低的地区主要包括云南、西藏、甘肃、青海、新疆等在内的西部边缘地区。此外，散点图还显示了空间不稳定性和非典型性区域，表现为非相似值的空间关联，这些省份分布于第二和第四象限。综上分析，我国流通产业集聚发展在空间分布上同时存在依赖性（相关性）和异质性[16]，并且高集聚度和低集聚度区域的分布特征是有序的且基本保持稳定。

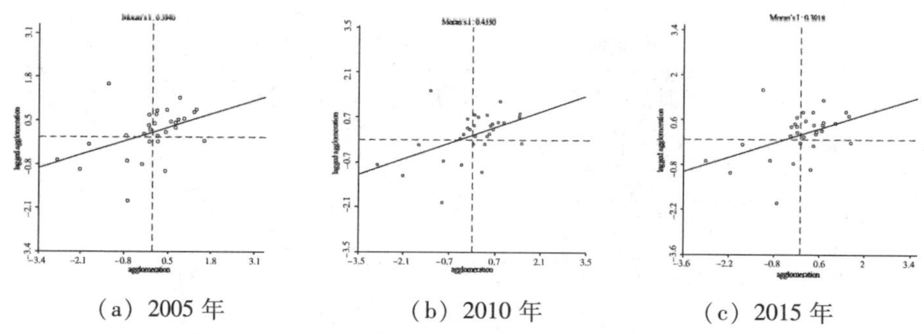

（a）2005 年　（b）2010 年　（c）2015 年

图 2　2005－2015 年中国流通产业集聚度的局域 Moran 散点图①

资料来源：作者绘制。

表 2　2005－2015 年中国流通产业集聚度的聚类模式分布

年份	聚类模式	涵盖区域
2005 年	HH	北京、天津、河北、山西、辽宁、黑龙江、上海、江苏、浙江、安徽、福建、山东、河南、湖北、湖南（15）
	LH	吉林、江西、广西、海南、重庆、贵州（6）
	LL	云南、西藏、陕西、甘肃、青海、宁夏、新疆（7）
	HL	内蒙古、广东、四川（3）

① Moran s' I 的显著性检验采用蒙特卡罗模拟方法，选择 999 次。

续表

年份	聚类模式	涵盖区域
2010 年	HH	北京、天津、河北、山西、辽宁、黑龙江、上海、江苏、浙江、安徽、福建、山东、河南、湖北、湖南（15）
	LH	吉林、江西、广西、海南、重庆、贵州（6）
	LL	云南、西藏、甘肃、青海、宁夏、新疆（6）
	HL	内蒙古、广东、四川、陕西（4）
2015 年	HH	北京、天津、河北、辽宁、黑龙江、上海、江苏、浙江、安徽、福建、山东、河南、湖北、湖南（14）
	LH	山西、吉林、江西、广西、海南、重庆、贵州（7）
	LL	云南、西藏、甘肃、青海、宁夏、新疆（6）
	HL	内蒙古、广东、四川（3）

注：2015 年陕西省流通产业集聚度同时跨越两个象限且在显著性地图上不显著，未在上表中列出。

资料来源：作者绘制。

用 *Getis－Ord* G_{i*} 可以进一步测度变量的局域空间自相关特征，用于识别要素在空间上属于高值簇分布还是低值簇分布，即热点区分布还是冷点区分布。通过识别这两种不同的空间分布情形，具体分析我国省域流通产业集聚的空间演变规律。其计算公式为：

$$G_i^*(d) = \sum_j^n W_{ij}Y_j / \sum_j^n Y_j \tag{3}$$

对 *Getis－Ord* G_{i*} 的统计检验采用下式：

$$Z(G_i^*) = \frac{G_i^* - E(G_i^*)}{\sqrt{Var(G_i^*)}} \tag{4}$$

其中：W_{ij}是空间权重；Y_j含义同式（1）；E（G_{i*}）和 Var（G_{i*}）分别表示 G_{i*}的期望值和方差。若 Z（G_{i*}）显著为正，则表示区域 i 与邻近区域的观测值之间呈现高值簇分布，即产业集聚的热点区；反之，若 Z（G_{i*}）显著为负，则表示区域 i 与邻近区域的观测值之间呈现低值簇分布，即流通产业集聚的冷点区。

根据公式（3）、（4），计算 2005－2015 年省域流通集聚度的 *Getis－Ord* G_{i*} 值，并按照 Jenks 的自然断裂法将其从高到低分成 4 类（即热点区域、次热区域、次冷区域和冷点区域），生成我国省域流通集聚度的空间格局热点演化图[17]，结果如图 2 所示。

（a）2005 年　　（b）2010 年　　（c）2015 年

图 3　2005－2015 年中国省域流通产业集聚度的空间热点演化图

资料来源：作者绘制。

由图 3 可以发现，我国流通经济集聚的热点区域整体上位于河北、河南、山东、江苏、上海、浙江和安徽等省市，并以此为核心，向西渐次推进分别为流通集聚的次热区域、次冷区域和冷点区域，冷点区域分布于甘肃、新疆、青海、西藏、四川等西部省区，边缘化态势显著，呈现出以热点区域为中心，向中部、西部延伸集聚热度逐渐递减的圈层结构，即流通增长集群的“核心—边缘”空间分布格局，东部沿海地区的流通产业集聚水平整体上高于中部和西部地区。流通产业集聚的整体格局基本保持稳定，热点（含次热）区域与冷点（含次冷）区域所覆盖的省市所占比重在空间演化过程中在整体上未发生显著变化。图 3 中广西和贵州相比较有明显变化，说明流通产业较为发达的地区可以通过“外溢效用”来激励相邻的流通产业欠发达地区的发展，这对于地区间均衡发展具有至关重要的作用，这也进一步证明我国流通产业发展具有明显的空间依赖性和异质性。

通过空间统计分析，我们可以得出如下结论：我国省域流通产业集聚“核心—边缘”的空间结构发育典型，空间格局的动态演变不明显，但集聚的空间阶梯性特性以及“马太效应”则表现显著，固化了产业发展的不均衡性。

三、中国省域流通产业集聚影响因素的空间计量模型分析

（一）模型的设定、变量选择和估计问题

Anselin 将空间因素引入经典计量经济学，考虑了空间数据的非均质性，根据对“空间依赖性”的不同设定，建立空间计量模型。主要包括空间滞后模型（Spatial Lag Model，SLM）和空间误差模型（Spatial Error Model，SEM）等[18]。空间面板数据可以用下式表示：

$$\text{SLM-PANEL}\ Y = \rho WY + X\beta + \psi \tag{3}$$

$$\text{SEM-PANEL}\ \begin{matrix} Y = \rho WY + X\beta + u + \psi \\ \psi = \delta W\psi + \varepsilon \end{matrix} \tag{4}$$

上式中，Y 表示由每一个空间单元（$i=1, 2, ..., N$）的被解释变量在第 t 期（$t=1, 2, ..., T$）的观测值组成的 $N\times1$ 向量；X 为 $N\times K$ 的外生解释变量矩阵；W 为 $N\times K$ 的非负空间权重矩阵；ρ 和 δ 为空间自相关系数，衡量邻接区域的变量观测值 y 对本区域观测值 y 的影响方向和程度。随机扰动项 $u=(u_1,...,u_N)'$，$\psi_t=(\psi_{1t},...,\psi_{NT})'$ 和 $\varepsilon_t=(\varepsilon_{1t},...,\varepsilon_{NT})'$，其中，$\varepsilon_{it}$ 为独立同分布，$E(\varepsilon_t)=0$，$E(\varepsilon_t\varepsilon_t')=\sigma^2 I_N$①，其中，$I_N$ 为 N 阶单位矩阵[19]。

此外，在进行经济活动的空间相关性检验，以及空间计量模型选择时，通常采用 Moran's I 检验、拉格朗日乘数形式的 LMERR、LMLAG 及其稳健形式 R－LMERR、R－LMLAG 检验等②。Moran's I 检验的原假设为"不存在任何形式的空间相关关系"，当 I 值显著不为零时，表明观测值之间存在空间相关关系。空间依赖性检验结果显示（表 3），Moran's I 指数在 5% 的置信水平下显著不为零，即空间相关性确实存在。同时，本文借鉴 Anselin 和 Florax 提出的判别准则，选择合适的空间计量模型。即如果在空间依赖性检验中发现 LMLAG 较之 LMERR 在统计上更加显著，且 R－LMLAG 显著而 R－LMERR 不显著，则可以断定适合的模型是空间滞后模型；反之，则可以断定空间误差模型是恰当的模型[20]。在空间依赖性检验结果（表3）中 LMLAG 比 LMERR 显著，且 R－LMLAG 比 R－LMERR 显著，因此文中选择空间滞后模型进行后续研究。最终建立关于流通产业集聚的空间面板数据模型如下：

$$\begin{aligned} agglom_{it} &= \alpha + \rho W * agglom_{it} + \beta_1 pgdp_{it} + \beta_2 open_{it} \\ &+ \beta_3 urban_{it} + \beta_4 hc_{it} + \beta_5 infra_{it} + \beta_6 goven_{it} + \beta_7 enterprise_{it} + \psi_{it} \end{aligned} \tag{5}$$

被解释变量：采用地区流通产业增加值占全国流通产业总增加值的比重，即流通产业集聚度作为被解释变量，以"*agglom*"表示。

解释变量：影响经济增长差异的因素很多，如经济发展水平、劳动力、外商直接投资、市场规模、地理区位、经济政策、文化差异等等。由于我国是一个发展中国家，各个地区经济发展水平不平衡，因此选择变量建模时，应充分考虑到经济发展的阶段性和产业发展特性。在流通产业集聚影响因素解释变量的选择上，本文重点借鉴金煜等[11]研究工业集聚时采用的新经济地理因素和经济政策因素分析框架，通过对流通产业集聚动因的考察，从需求和供给两个层面进行选择。根据研究目标的经济学属性、现有文献和数据的可得性，排除掉某些存在严重数据缺失的变量后，本文最终选定了以下解释变量。

---

① 在空间误差模型中，空间依赖性通过误差项来体现。扰动项存在空间依赖性，不包含在 X 中但对 Y 有影响的遗漏变量存在空间相关性，或者不可观测的随机冲击存在空间相关性。

② 本文中的空间依赖性检验空间面板模型拟合的结果均采用 Matlab 编程实现，主要参考了 Elhorst 和 LeSage 等人提供的代码（http：//www. spatial－economitrics. com）。

1. 需求因素

第一，地区经济发展水平。流通产业是联结生产与消费的桥梁与纽带，无论是何种模式的流通产业集聚，都需要强大的经济基础支撑。经济发展水平反映出区域经济活动的频繁程度和市场规模的大小。本文采用地区人均 GDP 与全国人均 GDP 的均值之比来衡量各省经济发展水平对流通产业集聚的影响，以“*pgdp*”表示。

第二，城市化水平。城市是先进生产技术集聚的场所，具有卓越的区位优势和广阔的贸易市场，流通产业的需求旺盛。从这个角度讲，城市化水平越高，流通产业集聚程度越大。本文采用城镇常住人口占地区总人口比重代表城市的发展和城市化水平，以“*urban*”表示。

第三，对外开放程度。对外开放程度与国际贸易水平直接关联，高国际贸易水平需要高流通服务支持，因此，对外开放程度越高的省份国际贸易水平一般来说越高，流通产业集聚程度越高。本文采用地区货物进出口总额与生产总值的比值衡量对外开放程度对流通产业集聚的影响，以“*open*”表示。为纵向可比，采用各年份人民币兑美元汇率中间价的月均值将货物进出口总额换算为以人民币计价的数据。第四，政府干预程度。政府对流通产业的干预度直接影响到流通产业供给能力。本文采用扣除教育支出以后的政府财政支出占 GDP 的比重来度量政府对流通产业发展的影响，以“*govern*”表示。考虑到政策效应的时滞性，文中对政府干预程度的变量取值做滞后一期处理。

2. 供给因素

第一，流通企业比重。区域流通企业比重直接决定了该区域流通产业的供给能力。本文采用地区限额以上批发和零售业、住宿和餐饮业法人企业占全国的比重来衡量企业集聚对流通产业集聚的产业外部性，以“*enterprise*”。

第二，基础设施水平。流通产业的供给能力与交通等基础设施水平有着直接的关系，基础设施越完善，流通产业集聚的程度也越高。本文主要考虑与流通产业发展最直接的交通基础设施水平程度，采用地区单位国土面积上的公路里程和铁路营运里程总数代表交通基础设施密度，度量交通基础设施水平对流通产业发展的支持，以“*infra*”表示。

第三，人力资本水平。流通产业供给水平可以从流通产业的从业人员素质上得以体现，因为人力资本水平一方面可以直接反映不同的边际生产力，另一方面也能间接反映技术创新等方面的能力。本文采用平均受教育年限与各年全国均值之比代表人力资本的相对优势，以“*hc*”表示。文中将大学（大专以上）、高中（含中专）、初中、小学的教育年限设定为 16 年、12 年、9 年和 6 年，并以此为权重，计算各区域 6 岁及以上人口的平均受教育年限。

（二）空间计量模型的实证结果

1. 非空间面板数据模型回归

在不考虑空间因素的情形下对流通产业集聚及其影响变量进行非空间面板数据模型回归。通过对原始变量序列进行单位根检验和协整检验，结果表明，所有的变量均为一阶单整序列，且流通产业集聚与其影响变量均存在长期稳定的均衡关系。随后，通过固定效应显著性检验和随机效应显著性检验对模型进行识别，检验结果表明宜选择建立个体固定效应模型作为回归模型进行实证。基于上述检验结果①，利用最小二乘虚拟变量（LSDV）估计对个体固定效应模型进行回归，估计结果见表3。

表3 最小二乘虚拟变量（LSDV）估计结果

变量	系数值	标准差	*t* 值	*P* 值
常数项（α）	2.4333***	0.3368	7.2238	0.0000
pgdp	0.3732***	0.1223	3.0521	0.0025
open	0.2426*	0.1508	1.6088	0.0987
urban	0.1752	0.7258	0.2414	0.8094
hc	0.0235	0.0420	0.5599	0.5759
infra	0.2436**	0.1138	2.1409	0.0331
govern	-0.1507	0.1302	-1.1571	0.2481
enterprise	0.0788***	0.0188	4.1899	0.0000
R^2	0.9943			
$Adj-R^2$	0.9936			
F-statistic	1417.428***			0.0000
Log likelihood	63.6336			
Schwarz criterion	-1.6113			
D. W	0.5382			
Hausman test	128.3536***			0.0000

资料来源：作者计算。

从模型整体回归的结果可见：地区经济发展水平、对外开放水平、交通基础设施水平以及流通企业比重的估计值显著为正，即对流通集聚具有正向的促进作用，其弹性系数分别为0.3732、0.2426、0.2436和0.0788；城镇化水平和人力资

---

① 单位根检验采取LLC方法。协整检验的方法包括Pedroni检验和Kao检验。固定效应显著性检验的识别统计量为LR和F，随机效应显著性检验即Hausman检验。

本水平对流通产业集聚的正向影响效应不显著，其系数值分别为 0.1752 和 0.0235；政府干预对流通产业集聚发展具有抑制效应，其弹性系数为 -0.1507，但并不显著。$R^2=0.9943$，拟合优度良好。但是在估计结果中 D.W = 0.5382，说明在 1% 的显著性水平下存在自相关，可能是模型设定中未考虑空间效应所致，因此需要进行空间面板数据模型检验。

2. 空间面板数据模型回归

由于空间相关性和空间异质性的存在，模型不再服从普通面板数据模型的基本设定，仍采用普通面板数据模型的研究方法将导致检验统计量出现水平扭曲，以及参数估计量为不一致或非有效估计量等问题[21]。Anselin 建议采用极大似然法估计空间滞后模型和空间误差模型的参数①。为了确定适宜采用空间滞后模型还是空间误差模型，文中通过构建不含空间交叉项的面板数据模型进行空间依赖性检验，表 4 报告了 Matlab R2013a 的计算结果。从结果可知，（稳健）空间滞后的拉格朗日乘子（LM）的显著性水平均高于（稳健）空间误差的拉格朗日乘子（LM），且无论是否包含空间固定效应或时间固定效应，我们均可以在 1% 的显著性水平下通过稳健的 LM 检验拒绝“没有空间滞后被解释变量”的原假设，而无法拒绝“没有空间自相关误差项”的原假设。因此选择建立空间滞后模型更为合理，估计结果见表 5。

表 4 空间依赖性检验

LM 检验	联合 OLS	空间固定效应	时间固定效应	时空固定效应
LM 空间滞后	20.2654*** (0.000)	10.9826*** (0.001)	23.2786*** (0.000)	11.0529*** (0.001)
LM 空间误差	0.0319 (0.858)	3.1099** (0.078)	3.9559** (0.047)	4.1963** (0.041)
稳健 *LM* 空间滞后	21.8081*** (0.000)	26.4259*** (0.000)	19.7688*** (0.000)	15.5987*** (0.000)
稳健 *LM* 空间误差	1.5746 (0.210)	18.5532*** (0.000)	0.4461 (0.504)	8.7421*** (0.003)

注：方括号内为假设检验的 p 值。

资料来源：作者计算，下同。

① 对于 SEM 模型，尽管扰动项存在自相关，普通最小二乘法（OLS）仍一致，但缺乏效率。最有效率的方法为极大似然估计法（MLE）。

表 5　空间滞后模型估计结果

决定因素	联合 OLS	空间固定效应	时间固定效应	时空固定效应
pgdp	-0. 9478*** [-3. 7886]	0. 2744** [2. 4196]	0. 0474 [0. 1917]	0. 2480** [2. 0325]
open	1. 7882*** [6. 3774]	0. 2306 [1. 6442]	2. 0463*** [7. 9498]	0. 3085** [2. 0323]
urban	-2. 3231** [-1. 9783]	0. 7798 [1. 1369]	-2. 8801** [-2. 1335]	1. 1605 [1. 1299]
hc	0. 4485*** [6. 8628]	0. 0132 [0. 3400]	-0. 2514** [-2. 3244]	0. 0079 [0. 1225]
infra	0. 1218 [0. 7070]	0. 2080* [1. 9532]	-0. 1636 [-1. 0659]	0. 3073** [2. 3566]
govern	-0. 3682*** [-4. 1299]	-0. 2602** [-2. 1493]	-2. 1322*** [-12. 6847]	-0. 3137* [-1. 8975]
enterprise	0. 7196*** [23. 8022]	0. 0819*** [4. 7039]	0. 5442*** [18. 4964]	0. 0762*** [4. 2663]
R^2	0. 8492	0. 9945	0. 8935	0. 9945
Log Likelihood	-493. 6969	68. 8010	-434. 7742	70. 7971
*W * dep. var*	-0. 0980*** [-2. 6924]	-0. 3209*** [-2. 5790]	-0. 1460*** [-4. 5591]	-0. 3300*** [-2. 6698]

注：方括号内为假设检验的 t 值。

本文通过拟合优度和自然对数似然函数值（*Log Likelihood*）对不同效应下的回归结果进行选取。从估计结果上看，在时空双固定效应下的回归结果拟合程度最高且自然对数似然函数值最大，因此后续的研究选择时空双固定效应下的模型的回归结果进行讨论。相对于无空间效应的普通面板数据模型，时空双固定效应下的模型在拟合优度和自然函数估计值上都有所提高，解释变量的系数估计值也较为显著。

时空双固定效应下空间相关系数为 -0. 3300，且统计结果在 1% 的水平下显著，这说明流通产业集聚在全国整体区域上具有显著空间滞后负向效应，即各省市流通产业的发展与其邻近省市存在较强的资源竞争关系（资本、技术、人力与市场等），即集聚经济在全国范围内的溢出效应并非普遍，相反，流通产业发展水平高的省份可能存在对流通产业水平低的临近省份资源要素的虹吸效应，这也进一步解释了集聚的“马太效应”。上述结论也再次验证了在模型中纳入空间因素的必要性。

从时空双固定效应模型的回归结果看出，地区经济发展水平、对外开放水平、交通基础设施水平和流通企业比重均至少在5%的显著性水平下对流通产业发展具有带动效应。（1）地区经济发展水平每提高1%，将使流通产业集聚度提高0.2480%。因为区域经济发展能够为流通产业集聚带来广阔的消费市场和优越的营商环境，进而有利于流通企业扩大生产规模和精细化经营。（2）对外开放水平每提高1%将使得产业集聚度提升0.3085%。一方面，对外开放将促进了产业重构，加速了人口、资本和产业在空间地理上的分散；另一方面，也将通过扩大市场规模、降低贸易成本和加强技术积累等途径促进产业在开放程度高的区域集聚。空间经济计量模型的回归结果表明，对外开放具有引致流通产业集聚分布的作用。（3）交通基础设施水平每提高1%，将使流通产业集聚度提高0.3073%。新经济地理理论认为产业集聚是规模经济、运输成本和要素流动三大要素相互作用的结果[22]。交通基础设施水平的完善能够有效降低流通成本和生产要素成本并促使流通资源加速流动，为区域内流通和贸易提供便利性，从而间接促进流通产业在高速公路、高速铁路干线节点上的区域集聚和链条化分布。（4）区域流通企业占全国的比重每提高1%，将使流通产业集聚度提高0.0762%，这也证明了流通产业的集聚首先是流通企业的集聚。

政府干预程度每提高1%将使得产业集聚度降低0.3137%，且在10%的水平下显著。服务业集聚发展过程中政府介入，以提供完善公共产品、引导区内企业、构建企业发展的良好外部环境是有必要的[23]。但同时，自由进入和开放对于服务业集聚发展至关重要，政府的职能应定位于服务产业集聚的市场失灵领域，直接干预应适当减少甚至消失。实证表明，政府干预对于流通产业集聚存在显著的抑制效应，政府在职能定位和干预程度上未达到理想状态，阻碍了流通产业的集聚发展。

城镇化水平和人力资本水平每提高1%，将分别使流通产业集聚度提高1.1605%和0.0079%，但二者均不显著。理论上，城镇相对于农村地区具有卓越的区位优势，能够凭借良好的地理位置和交通基础设施条件吸引流通企业在城镇集聚，同时城镇能够提供更广阔的市场，为流通产业服务网点扩充加密，降低营运成本、加快流通产业业态结构和技术结构优化提供条件，这些都有利于吸引产业资本进入，进而促进流通产业的空间集聚。高人力资本存量使得区域具备比较优势，可以满足产业发展的多层次人才需求，有助于增强区域流通产业知识传递和信息化改造能力并提高专业化分工水平，进而实现产业结构优化升级。从上述实证结果上看，城镇化水平和人力资本水平的提高尚未对流通产业集聚发展发挥应有的促进作用。

3. 固定效应系数说明

不妨将式（5）中的随机误差向量ψ_{it}分解为：

$$\psi_{it} = \eta_i + \delta_t$$

其中 η_i 和 δ_t 分别表示空间固定效应系数和时间固定效应系数，系数估计值见表 6 和表 7。从空间固定效应系数上看，不同省份的 η_i 估计值表现出很大的差异性，尤其是东部与西部地区的系数估计值存在鲜明对比，这使得各解释变量对于流通产业集聚的影响体现出明显的区域差异性。这进一步说明了，如果忽略各区域空间结构上的差异性，则可能使模型的估计值出现偏差[24]。从时间固定效应系数表（表 7）可以看出 δ_t 系数值随时间的推移呈上升趋势，这表明各解释变量对流通产业集聚的影响愈加明显和有效。固定效应系数的时空特征使得我国省域流通产业的集聚发展水平在考察期间均具有逐渐分化的趋势，即省域流通产业发展差距在逐步加大。

表 6　SLM 模型的空间固定效应系数表

东部	η_i 估计值	中部	η_i 估计值	西部	η_i 估计值
北京	3.8051	山西	2.1924	四川	3.0613
天津	2.5288	吉林	1.8403	重庆	1.7640
河北	4.8217	黑龙江	2.4032	贵州	1.4117
辽宁	4.3141	安徽	2.3370	云南	1.6133
上海	5.0356	江西	1.9301	西藏	0.1064
江苏	9.3675	河南	4.3538	陕西	2.1492
浙江	6.1594	湖北	3.3657	甘肃	0.9008
福建	3.3806	湖南	3.5519	青海	0.2263
山东	9.5311			宁夏	0.3463
广东	10.9136			新疆	0.9546
海南	0.5789			广西	1.9795
				内蒙古	3.0759

资料来源：作者计算。

表 7　SLM 模型的时间固定效应系数表

年份	2005	2006	2007	2008	2009	2010
δ_t 系数值	9.4221	9.4844	9.5956	9.8642	10.4093	10.3916
年份	2011	2012	2013	2014	2015	
δ_t 系数值	10.6799	10.8017	10.9353	11.0049	11.2165	

资料来源：作者计算。

四、结论与政策建议

（一）研究结论

本文以流通产业集聚度作为测度指标，运用探索性空间数据分析方法、空间计量模型等分析技术，尝试从空间维度说明2005－2015年中国31个省、直辖市、自治区流通产业集聚的现状。主要的研究结论如下：

第一，空间统计分析显示，我国流通产业发展具有明显的空间依赖性和异质性，产业集聚的空间分异格局与我国东中西部经济发展水平的阶梯形差异状态相符。我国省域流通产业集聚“核心—边缘”的空间结构发育典型，空间格局的动态演变不明显，但集聚的空间阶梯性特性以及“马太效应”则表现显著，固化了产业发展的不均衡性。

第二，空间滞后模型适用于研究流通产业集聚的空间溢出，结果表明我国省域流通产业的发展与其邻近省份存在较强的资源竞争关系，说明集聚经济在全国范围内的溢出效应并不显著。空间计量模型分析显示，增加流通企业比重对流通产业集聚而言属于重要因素，推进区域经济发展、城镇化进程和交通基础设施建设对本地区流通产业集聚的提高有显著的正向溢出效应，而目前我国对外开放水平、人力资本、政府干预则表现出对产业集聚具有抑制效应。

第三，固定效应系数的时空特征表明：在观察期内，我国省域流通产业发展差异具有不断扩大的趋势，即省域流通产业的集聚发展水平逐渐分化。

（二）政策建议

我国省域流通产业发展呈现出显著的产业集聚特征和空间分异格局，为促进流通产业协调发展，提出如下政策建议：

第一，作为我国国民经济基础性、先导性产业，政府在流通产业发展的政策导向上应建立跨区域协调机制，加大对欠发达地区流通经济发展的扶持力度，加强跨区域经济协作，因地制宜地走集约化、错位化的流通产业发展道路，促进区域流通资源优势互补，逐渐缩小地区间流通产业发展差距，从而使流通产业在相邻省域的经济溢出从负向效应扭转为正向效应。

第二，地区经济发展水平、对外开放水平、交通基础设施水平和流通企业比重对流通产业发展具有带动效应。因此，在流通产业发展过程中，各区域就需要结合经济发展现状合理促进流通产业招商引资，扩大对外开放水平，吸引现代化流通企业及其先进技术、管理理念、商业模式和品牌，鼓励跨国公司在本地区设立采购、配送、营销等功能性区域中心；推动新常态下区域经济结构调整升级，实现经济增长方式转变，为流通产业集聚争取更广阔的市场提供支撑。同时，要从推进商贸市场转型升级、加强交通基础设施规划建设等方面加强流通基础设施建设。

第三，在人才培养上，采取以流通产业需求为导向的创新型人才培养路径，培养有明确指向性和针对性的现代化流通人才，缓解目前人才资源缺乏给流通产业发展带来的制约；在东、中、西部流通产业发展中实施差异化的政策引导，东部地区流通产业特发达省市的市场化程度很高，应采取市场主导型的发展模式，东、中、西部地区流通产业发达城市应采取市场机制—政府机制共同作用型的发展模式，中西部流通产业欠发达城市应采取政府主导型的发展模式。在对外开放方面，要依托跨境电商的发展、自贸区的政策和“一带一路”国家战略，创新发展模式，优化发展格局，带动我国省域流通产业的集聚化、外向型发展。此外，稳妥推进新型城镇化建设，以满足流通产业发展对人口和生产要素集聚的需求，促进流通产业实现规模化和现代化。

注释

[1] 赵萍．论流通产业集群与区域经济发展［J］．财贸经济，2007（2）：111－115.

[2] 孙敬水，章迪平．浙江省流通产业集群与流通经济增长的实证研究——基于人力资本视角［J］．中国流通经济，2009，23（1）：18－21.

[3] 王健，范月娇．我国物流服务业集聚对区域经济增长的动态效应检验与分析——基于动态面板数据模型的实证［J］．中国流通经济，2014（7）：39－46.

[4] 詹浩勇．商贸流通业集聚对制造业转型升级的作用机理——基于集群供应链网络竞合的视角［J］．中国流通经济，2014（9）：59－65.

[5] 朱黎明，刘彦志．我国流通产业集聚与流通产业产值增长关系检验［J］．统计与决策，2015（4）：139－142.

[6] 尹涛．区域产业经济活动的空间分布特征研究——以广东省流通业为例［J］．广东社会科学，2010（4）：12－19.

[7] 钟祖昌．空间经济学视角下的物流业集聚及影响因素——中国31个省市的经验证据［J］．山西财经大学学报，2011（11）：55－62.

[8] 程艳．流通产业集聚背景下的厂商投资选择分析［J］．经济学家，2011（7）：102－104.

[9] 舒辉，周熙登，林晓伟．物流产业集聚与全要素生产率增长——基于省域数据的空间计量分析［J］．中央财经大学学报，2014（3）：98－105.

[10] 谢守红，蔡海亚．中国物流产业的空间集聚及成因分析［J］．工业技术经济，2015（4）：51－58.

[11] 金煜，陈钊，陆铭．中国的地区工业集聚：经济地理、新经济地理与经济政

策 [J]. 经济研究，2006（4）：79－89.

[12] 袁海. 中国省域文化产业集聚影响因素实证分析 [J]. 经济经纬，2010（3）：65－67.

[13] 李红，王彦晓. 金融集聚、空间溢出与城市经济增长——基于中国 286 个城市空间面板杜宾模型的经验研究 [J]. 国际金融研究，2014（2）：89－96.

[14] 潘文卿. 中国的区域关联与经济增长的空间溢出效应 [J]. 经济研究，2012（1）：54－65.

[15] 吴玉鸣. 中国区域农业生产要素的投入产出弹性测算——基于空间计量经济模型的实证 [J]. 中国农村经济，2010（6）：25－37.

[16] 吴玉鸣，李建霞. 中国省域能源消费的空间计量经济分析 [J]. 中国人口资源与环境，2008，18（3）：93－98.

[17] 宋晓雨，丁正山，卢晓旭，等. 江苏省服务业发展时空格局演变 [J]. 经济地理，2014，34（8）：111－117.

[18] Anselin L. Spatial econometrics：methods and models [J]. Studies in Operational Regional Science，1988，85（411）：310－330.

[19] 李婧，谭清美，白俊红. 中国区域创新生产的空间计量分析——基于静态与动态空间面板模型的实证研究 [J]. 管理世界，2010（7）：43－55.

[20] Anselin L，Florax R. New directions in spatial econometrics [M]. Heidelberg：Springer－Verlag，1995.

[21] 林光平，龙志和. 空间经济计量：理论与实证 [M]. 北京：科学出版社，2014.

[22] 刘荷，王健. 交通基础设施对制造业集聚的溢出效应：基于地区和行业的实证分析 [J]. 东南学术，2014（4）：96－105.

[23] 梁华峰. 政府在产业集聚过程中的作用和影响 [J]. 人民论坛，2011（14）：98－99.

[24] 杜家廷. 金融资产结构调整、产业结构升级与污染排放控制 [J]. 经济地理，2014，34（11）：112－119.

第四篇

哲学思维与新营销

共有观念：新制度经济学核心涵义
——重读青木昌彦《比较制度分析》

周泽信[①]

（天津财经大学商学院　天津　300222）

摘　要：著名制度经济学家青木昌彦先生2003年访问中国时，以苏联和日本的经验告知我们，在经济转型过程中，制度的因素很重要。而他此时所说的制度，已非传统意义上的制度了。他告诉人们："制度并非是所谓的维持各种生产关系、社会关系趋于秩序化，降低交易成本达成的规则、法律等形式。其涵义就是参与交易的交易者的共有观念。非此莫属。"在他2001年完成了《比较制度分析》后，人们对他在制度、制度经济学方面的新思想给予了很高评价，尊称他为新制度经济学的创始人。我国，正处在经济制度新的转型过程中，读他的书，厘清他的思想价值，对于我们来说是不乏重要意义之事。

关键词：经济制度；共有观念；比较经济制度分析；青木昌彦

一、引言

本文内容分为两个部分：

第一部分，制度、经济制度涵义的再认识。在传统涵义基础之上，把握好青木昌彦先生在涵义上做出的新的论述，以期我们能准确地把握涵义内容。①制度的相互影响和内容的相互渗透；②不同制度是可以相互比较的，在比较中选择适宜于自己的；③制度是"内生"的，是有其自身的历史的、社会的、文化的渊源的。传统制度在转换中存在"制度惯性。"；④不同政治、社会体制内的经济制度

① 作者简介：周泽信（1942－），男，天津财经大学商学院教授，原全国高校商务管理研究会副会长，现为顾问。

往往是对抗性的，要防止“制度陷阱”和“制度对抗。”

第二部分，新制度经济学思想的价值。传统制度经济学的价值在于三点：低生产成本、低交易成本，保护产权（包括知识产权）以及法律约束和产权保护等激励。新制度经济学价值则在于它开辟了新的维护传统价值，及激励经济发展的新思路。博弈双方当事者的思想、观念、意识与制度建设方向的一致性，即当事者观念的相互影响、相互通融、相互合作等，即“共有观念”是制度价值能否实现的基础。而并非是传统意义上的依靠法、法治的手段。

2015 年 8 月 12 日深夜，天津港危险品仓库爆炸，震惊全国。而后叶檀先生发表《制度的裸奔》一文予以抨击：“从专家、政府到企业每一层的基本尊严都被撕碎，这让人无法接受……。”制度，被他们当作遮羞的布都不够了。事后，当事者认为是：“制度的监督出了问题。”但人民群众都认为事情并非如此简单，是他们心灵出了问题。

事后静思，自然想起了新制度经济学大师青木昌彦教授，重新拾读《比较制度分析》中部分章节，有了过往未曾有过的心得，期与同事们共习。

二、制度、经济制度涵义的再认识

（一）制度的新义

著名制度经济学家青木昌彦先生 2003 年来中国访问时，以苏联、东欧和日本的经验和教训告诫：在经济转型过程中，制度因素很重要。但此时，他所说的制度涵义已被赋予了新的内容。

1. 减少人与人之间的抵牾是制度价值的核心，而减少抵牾的路径不能离开当事者的意识和观念。青木昌彦先生所指的制度，是以经济现象为对象的，而其他学科如社会学、心理学是以其特定研究对象构建自身体系的。如维布伦（Veben）作为心理学家对制度的定义是：“是人的普通和稳定的思维习惯。”而社会学家则说：“社会制度是由符号系统——知识、信仰、集体情感和集体观念系统构成的。”经济学家亚当·斯密在《道德情操论》中说：“在人类社会大棋盘上，每个个体都有其自身的行动规律，与立法者试图施加的规则不是一回事。如果他们能够相互一致，按同一方向作用，人类社会的博弈就如同行云流水，结局圆满。但如果两者抵牾，那博弈的结果将苦不堪言。”不同学科虽然在制度研究对象上有差别，但共同点显而易见：制度，是以活动中的人为基点，以人与人之间相互作用、相互影响为对象的。制度建立和存在的目的，均是试图以某种共同遵守的规则和条例解决人与人之间不相协调的关系，构建新型的和谐的关系。显然，协调人与人之间的关系，离不开独立主体人，离不开利益的对立关系，而人，又离不开意识和观念，离不开观念和意识方面的相互接近和求同，从而谋得新的秩序。“共有观念”则在《比较制度分析》中被青木昌彦先生开创性地提了出来。[1]

2. 制度作为博弈规则，是在特定的“域内”和“条件”内产生的，不是无缘无故的，因而青木昌彦先生称其为“内在产生的”。道格拉斯·诺斯在《制度、制度变迁与经济成就》（1990）中将制度定义为“博弈规则”。“规则”分为两类：即正式规则和非正式规则。正式规则为法律、合约、条例和协定等。非正式规则为人们行为中的仪式、习俗、信仰、价值等。二者是内在统一的。而青木昌彦先生是这样定义的：博弈规则是内在产生的，它们通过包括实施者在内的博弈参与人之间的策略互动，最后成为自我实施的（Self - enforcing）。涵义的区别又出现了，即规则，原本的含义是参与者依据外部环境的特点，相互共同制定和遵守的，并未提到“内生”这个属性，“内在产生”性质的提出，是青木昌彦先生的创见。这个新属性的提出在其著作中可以看出，是他指出“制度的惯性”，这个在制度变迁中必须引起人们的注意的问题。

3. 青木昌彦先生在其《比较制度分析》中对制度涵义做了递进的层次分析。

（1）不同制度相互影响、渗透。制度是某一“域”内生的，有着自身的特点，不可能将其构建成可以复制的某某模式。因为，域外因素会不间断地影响域内，发生新的制度性变化的效应。同时，内部条件也相应地发生变化。如有关民生福利的制度因素，原本是资本主义制度域外社会主义制度的因素，但它却在20世纪早期悄悄地渗进了资本主义域内。反之，亦然。

（2）制度，虽然是现实环境的选择，但命中注定是不能与其历史（过去的现实）分割的，即过去的历史状况对现实的影响是重要的。我们知道，制度是相关的社会经济团体和个人在过去的时间段里设计的，很现实地和团体及个人的观念、意识、利益、意志、目的紧紧相连，现实地存在着一定的利益、目的的格局。但与外界环境发生博弈的长期运行中，相对稳定，原有的利益、格局显然要受到冲击，但利益当事者在决策中的影响是客观存在的。这正是青木昌彦先生告诫我们的“制度变迁中的路径依赖”，用我们的话说就是穿新鞋走老路。总之，制度是被打上历史的烙印的，有它自身发展的历史轨迹。在制度自身变迁过程中，有一个重要性质，即“路径依赖”。

（3）不同域境、不同体制内所构造的制度之间存在着可比较的性质。不同制度内的决策者他们在长期的实践中，都能理性地观察外部与已相近的制度中累积的经验与信息，从而汲取有益、有效的因素，以补充自身欠缺的经验与规则等。同时，又能理性地、批判性地看待自身的制度系统中存在的弱点以及优点和长处，充实完善新的制度或是更新旧制度。这就是制度的互补性。

（4）不同制度在相互补充、学习过程中，由于不同制度所处的环境条件的不同，决策者们参与建设和积累的组织体系、决策方式、思维方式以及包括理念、宗旨等都存在差异，甚至差异很大；制度的决策者们理性客观分析问题能力不足，缺乏经验，容易导致问题性质转化，矛盾愈发严重。此时就容易出现制度与制度间的抵触，甚至对抗。青木昌彦教授以苏联（20世纪90年代初）制度改革的失策为例，提醒人们要防范“制度陷阱”导致的“制度危机”。当“制度危机”没能得到充分重视和认真对待时，一个相对较好的制度的移植就很难成功而半途而废。

制度涵义的充实和延伸，是对制度涵义的创新。制度决策者们意识、观念在制度建设中全新的地位，即“共有观念”是涵义的核心；制度，是内生的，有自己的历史轨迹，从而导致制度的惯性；制度不可成为某某模式，它在客观环境中不仅是发展、变化的，且是有自身传承的特色的；制度在变革过程中，或是在新制度建设中会出现“制度陷阱”导致的“制度危机”等。正因如此，青木昌彦被称誉为新制度经济学创始人，其代表作为《比较制度分析》。

（二）经济制度的新义

1. 传统经济制度的意义。经济制度是全部制度体系中一类重要制度。道格拉斯·诺斯在其《制度、制度变迁与经济成就》中指出：“经济制度，是人们在经济交往中希望建立的秩序。减少交易的不确定性和生产的不确定性，从而降低交易成本和生产成本。”[2]

经济交往，不外乎就是商业交易活动，在此类交易活动中，不论是个人的或是企业组织的行为，其动源、方向、深度等都深深与行为主体的利益相关，不可能试想是某个权力机构（党派、政府、行业会所）凭借某种形式（政策、文件）横加干预，或是以“大局”、“整体”利益出面而予以替代的。双方是在公开、公平、自愿基础上协商而达成双方都能接受和予以承认的某种交易秩序，即经济契约。当契约（合约、合同、协约等）转化成具有法律效力的文本时，规则的内在属性得以实现。经济制度，即商业交易规则的内在属性有三点：降低交易成本、降低生产成本、保护物品产权和知识产权。

（1）关于降低交易成本。诺斯在《制度、制度变迁与经济成就》（1990）中说：“随着贸易扩张，交易成本则因为那种密集的社会网络被替换掉了而急剧上升，因此更多的资源被用于度量与执行。”（P40）“当某区域或组织（村庄、集市、城市）经济发展时，由于其产品、物品等必须与外界交换、长程贸易成为必然……为此带来两个问题：其一，贸易商品长程押运，安全交易、交换商品安全返回，安全结标等加大了费用开支；其二，去往陌生之地交易，标准的安全、治理的安全、信用的风险、人身的安全等皆加大了费用支出。”（P142）随着经济规模范围的发展，交易成本随之上升，规则的制定，信用的增强则为交易费用下降提供了机会。

（2）关于物品产权安全。物品安全是货主通过自身的保护措施解决的。诺斯说：“传统是由货主自主的武装或向当地强力集团（黑社会）支付通行费或保护费而得到解决”而去陌生地交易则涉及度量标准化、会计单位、交易媒介、公证、领事、商事法庭、贸易法则等。此时，适应这种变化要求的交易规则、法则的体系就应运而生并逐步完善。”保护了货主的物品安全，从而推动了商业、生产的发展。随经济的发展，物品交易的扩大，而其中建立有效的保护交易正常进行的规则和条例，约束和规范，安全和节约资源的规则、条例、法律等都不断应运而生。从而，物品产权得到了保护。

（3）关于知识产权安全。在商品交易活动的制度建设和完善过程中，知识、知识的产权（专利）问题在经济交往中愈显重要。诺斯对经济制度涵义的表述中反复强调：所谓经济制度是人们都希望建立在经济交往中的秩序，减少交易的不确定性和生产的不确定性，从而降低交易成本和生产成本。但是，他还有一个层次涵义的交待是极为重要的：“经济制度提供了一个经济的激励结构。而随着这种激励结构的演进，决定了经济变革（行为）是趋于增长、停滞还是衰退。”这里所指的“激励结构”即制度中的“知识产权保护制度”。知识、知识的技术、工艺、材料、设备、数字化等等的不断的变革和不断的创新，是经济发展的第一动力。而知识的创新作为一种产权能否得以保护，关乎着产权所有者（公司或个人）的直接经济利益，关乎着产权所有者的声誉和尊严，甚至关乎着一个国家和一个民族等重大利益，从此点看已具有“激励”的重大意义。显然，在经济制度中知识、知识产权的尊重、知识、知识产权的保护是经济制度的重要属性。对此属性的把握，不仅关系着企业组织的秩序和运作成本、竞争力，更重要的是它的“激励结构”关系着一个特定经济组织，或是一个特定经济体系（国家、地区）内在的持续发展的动力之源，或者说是持续激励力。传统的经济制度正是通过规则、法律予以保护的。

2. 经济制度新的意义。激励，是经济制度涵义中不可或缺的内容，道格拉斯·诺斯在《制度、制度变迁与经济成就》（1990）中对激励、激励结构，通过完善的法律制度体系建设，保护产权和知识产权的法律体系建设、完善，从而保护产权所有人利益，推动经济快速发展。制度激励的涵义得以体现。然而，青木昌彦先生在《比较制度分析》一书中，对制度的激励涵义、作用机理作了全新的分析。他将人们对制度关注的焦点从体系、规则完善、监督严密、奖惩分明等引向了全新的方向，即博弈制度建设参与者们的意识、思想、观念的共有化，即参与者的“共有观念”。

青木昌彦先生在《比较制度分析》中指出，制度、规则、条例、公约等的建设、完善固然重要，但制度建设的根本不在于此，而在于参与构建制度的参与者们头脑里的东西，即思想、意识、观念。只有参与者们在博弈中意识到参与者们思想、意识、观念有了相接近、相融洽、直至相同之时，规则的建设和完善才有实现的前提和可能。

在书中，他极自信地告诉人们：“制度，并非是所谓的维持各种生产关系、社会关系趋于秩序化，降低各类交易、交易成本的博弈各方达成的各类规则、法律等形式。”“它的深层次的涵义是参与交易的交易者‘共有的观念’（价值、利益）。”并坚定地告诉人们：“非它莫属”。我以为，在这里传统意义上的制度、经济制度的涵义在某种程度上推翻了。诺奖获得者青木昌彦先生历经数十年对原苏联经济体制改革、日本经济的转型、还有对中国改革等的缜密、细微的观察，在研究方法上摒弃了文化比较的方法，采用了严谨的一般性经济学分析工具，运用信息经济学、博弈理论，科学分析了制度对微观经济结构的影响。对制度的惯性、制度的陷阱、制度的危机做了全新的科学分析，从而极负责任地告诉人们：制度的规则、条例、约定等均是制度的外在形式，其内在的核心是人，是人心。具体说，是参与者的思想、意识、观念和价值。是参与者们观念上能否接近和一致，这就是他提出的“共有观念”。重读《比较制度分析》后，对青木昌彦先生的思想有了新的认知。而这个新思想，为我国经济在向“新常态”转型过程中提供了全新的视野。

三、新制度经济思想的价值

（一）新经济制度思想为“博弈规则”实现和“新秩序”构建，开辟了新的思路

青木昌彦先生对制度和财产安全的关系，在其著述中做了系统的阐述，将之视之为“产权制度模式”。在资本市场内，资本所有权的安全是投资者最为关心的，资本安全与否直接关系着财产拥有者在资本市场内的行为。一个国家、一个地区能否将资本市场内有关制度建设得更为安全、更有效、更公平、更公正，是确保一个国家或地区市场能否得到社会的承认，能否得到市场投资者和交易者的信任，保证市场健康、稳定发展的关键。这是被历史和现实都证明了的。

如果一个部门、一个省市、一个地区的政治与经济交易制度的构建者、执行者、监督者可以不受约束的运用手中的行政权力，以所谓合理、合法的手段、方式去“黑箱操作”、“垄断操作”、“掠夺式操作”、“偷袭操作”、“罚没操作”、“设套操作”、“掺假操作”甚至是“暴力操作”去收敛社会财富、改变社会财富的价值，这个社会将会是一个什么样的局面？不仅严重损失了财产所有者增加财富的信心，更造成了社会道德、社会伦理的堕落，付出的代价是无法计算的。特别在互联网创新的时代，如果经济制度、交易制度的设计和执行如上的话，知识产权的保护则成为奢论了。毕竟此时的抄袭、偷窃所导致被发现而可能付出的成本，比受到的惩罚要小多了。

正是这种自21世纪以来经济交易中出现新的境况，我们才理解青木昌彦所说的：现在不是什么靠制度约束还是不约束的问题，而在于交易双方之间有没有“共有观念”，即意识形态内的理念和道德了，否则的话，双方签字而承诺的文件，

随时会成为一堆废纸。互联网某些不足为不良商人提供了低成本作弊的手段。制度的监管、惩罚显然有时也鞭长莫及，因此必须对现有的制度加以改进和完善。虽然一个国家或地区构建对财产所有权、对知识财产所有权保护和承诺的制度是何等重要，而在互联网时代从伦理、道德上，即“共有观念”的建设上，给予重视是极为重要的，否则这个时代实质上是对人、对人的劳动的不尊重，对信任、承诺等信誉道德的不敬重。制度被丧失了应有的尊严，其后果是不堪设想的。

历史发展至今，经验和教训深刻地影响着我们对制度、经济制度等的认知。选择严格规范地保护财产和知识财产所有权制度的，经济发展则稳定而持久，反之，则相反。推动人类第一次工业革命发生发展的是英国，原因是教育和科学技术的成熟，但人们不会忘记1688年英国爆发的宪章革命，推翻了王权所建立的议会政体，选择了私有财产不可侵犯的宪法制度，剥夺了王权随意侵犯私有财产的特权。从而激发了人们对发明创造和积累财富的热情。新技术、新工艺、新设备、新材料不断涌现，英国社会财富持续增长的机会才得以来到。

（二）新制度经济中“共有观念”思想，是新制度经济价值实现的思想基础

青木昌彦先生说：“深层含义的制度是渊源于参与游戏的人们的‘共有观念’，从而是有自我约束功能的政治、经济以及商业的规则。”在这里青木昌彦先生阐述了：第一，规则，并非是制度的内涵，而参与游戏的决策者头脑中的“共有观念”是规则的内在涵义；第二，有了决策者们“共有观念”，规则才具有了“约束”的功能，有了约束，规则（条例、协议）才在真正意义上有了实现的可能和实现的条件。

为此，他列举了实例，以验证观念与制度规则实现的关系。第一，20世纪90年代，在苏联经济制度转轨过程中，世界货币基金组织（IMF）及世界银行向莫斯科派了很多专家，敦促引进美国的法律、规则等制度，经过五年的努力，很多西方的规则倒是引进了，但成效甚微。显然，美苏原本从经济、政治、社会等都是截然不同的体制和运行规则、法制，在不进行“思想、观念转变”之时，强行引进新的规则、法律，等待的只能是抵牾。终于损失过大不了了之。第二，二战后，日本在引进美国大公司制度时，谨慎而为，关注自身传统的思想、观念，注意自身国情。美国人传统的“雇佣制度”是依法而为，不近人情的，日本在引进时注意了东方人近情感的观念，不随意解雇工人，保留了终身雇佣的日本味的制度，缓和了雇佣制度先天的缺陷，构造了较和谐的劳资关系，促进了60年代的大发展。日本工业史与美国存在较大差别，虽然都是资本主义，在日本人思想观念里集体主义高于个人主义；工商业组织内的秩序是依人的年龄、社会地位、公司内工作年限等为基础确立的；社会中也自然传承着官僚、商人之间的利益渗透的关系；企业与主银行间的传统的利益互补的关系。与西方比较纯的商业法治关系

有重大区别。90 年代初，当经济发生停滞，须要新的变革之时，他们很谨慎，通过媒体、社会团体升高变革的声音，渐趋影响“既得利益”者，使之被迫同意某些改革，在思想观念方面做足工作，以期与“要求变革者”们在思想、观念方面实现某种融通，削弱既得利益者的阻挠，缓和了各方相互间的对立。在构造当事者“共有观念”过程中，达成了新的默契。经过近 20 年悄悄地无声的改革，如今变革后新的东西（制度、法律等）正在发挥作用。

2015 年 8 月 12 日天津港危险品仓库爆炸事件作为反面教材。众所周知，天津港占地、设施、设备、吞吐量均为世界一流。其管理机构设置、管理规则、条例、法律等建设堪称一流。但为何能发生惊动全国的危险品仓库爆炸？后经调查证实，爆炸原因不是出在管理的“规则”方面，也不是出在监管方面，而是出在人的方面。管理港口的人虽然建了很多规则，但秩序不存。部分管理者虽然管理着世界一流大港，但头脑中仍残存着的码头上封建把头的思想和观念。拉小圈子，建小山头，维护既得利益者利益，无视管理制度和法律，导致规则、条例、法律虚设，产业交易的各方勾结，酿成大灾。

我国已故著名学者杨小凯先生 90 年代初时就提醒，设备、技术、生产线是可以买来的，效果立竿见影，即先发优势。但如果没有与先进设备、先进技术共存的“观念的先进组织”、“先进的与制度匹配的意识”就不行了。而与制度相匹配的意识、价值、观念是买不来的。为此，青木昌彦大师提醒我们，建立硬的文字的规则、法律、条例容易，但建构一整套有效果的制度体系，特别是观念、意识的适应，不是一蹴而就的，它需要一个长时间不断提醒、不断强制、不断警醒改变传统观念和意识的一个过程，毕竟在传统游戏规则内，部门、团体、上级、下级、个人的利益已经形成了一个架构，这个架构内的利益格局已经相对稳定。参与者由传统的某种观念、意识、价值支配着这个格局，相互默契，不会轻易动摇这个格局的。但是事物总是要发展、要进步的，而这类发展和进步往往都在与先进、与发达“比较”的互补之中实现的，特别是在一个相对公正、公平的竞争的经济制度环境内，比较优势的选择则会是经常的，因此，一类新的由“共有观念”支配的在博弈中产生的新的格局，会在渐进中形成。

在经济制度的比较中，“路径选择”、“制度的内生性质”都会告知你，当一个先进的规则、条例等试图渗透进原有的制度体系内（是由一些有着相同传统思想、观念组成的治理体系）时，如果是没有碰触原有的利益架构，则相安无事。但引进先进的规则、条例触碰了原有利益者利益，必然会出现传统利益者的抵触。如果是组织内的既得利益者和组织外权利拥有者相结合，其实应该说是相互勾结，那么这种改革就则另当别论了。我以为就不是青木先生所说的所谓“制度陷阱”了，它要比“制度陷阱”的后果更严重。他们把用规则、条例、法律做成的遮羞布都扔掉了。可能这就是天津港爆炸后，在制度层面应该做的反思。

青木教授告诉我们，制度经济学家们也曾提醒我们，当制度在比较中演进时，原有制度内利益集团的利益格局相对均衡。此时，他们的行为被监管的成本就提高了，当监管力度和成效下降时，利益集团内的既得利益者们会对变革加以抵触，甚至有的渐行渐远，变本加厉。例如他们为了维护既得利益，超越一般应遵循的伦理道德，不惜破坏法律的尊严，将利益扩散至手握政府权力的执法者手中，与他们结成“新的利益集团”，用政府的权力来维护既得利益。而这在制度演进，或者称为“制度转轨”的历史中，屡见不鲜。

（三）新制度经济是在秉承传统经济制度基础之上，不仅为现实服务，也为未来发展奠定基础

青木昌彦认为，制度，虽然是某一“域”内生的，但不是为它构造的一种模式，因为“域外”的因素也存在影响“域内”制度的效应。如民生福利制度原本应是社会主义的因素，但它却悄悄地渗透进了资本主义制度内，反之，亦然。制度，虽然是现实中的选择，但它命中注定是不能与“过去的现实”分割的，也就是说历史对制度的影响是重要的。制度，是人设计，绝非是任意的或是随意去变更的和执行的，准确地说制度的设计是和人的意志、利益、目的相关的。因此制度设计、执行、完善等从一开始就因人、因集团、因利益而存在分歧，特别是整体性的制度设计和安排，不言自明是存在自觉和不自觉的“路径依赖”。制度，是被打上历史烙印的，是有它自身发展的历史轨迹的。

青木昌彦先生强调，系统性的、整体性的制度，如经济的、政治的、社会的有着与历史的内生关联的。而如技术的、设备的、市场的往往与制度的内因存在着非关联性。但是制度的性质还在于即一种制度与另一种制度之间是有一定的关联性的，是有一定相互依赖性的。青木昌彦先生为此提醒：“当政府为了引进一项新制度而颁发法令，法令的实施在一定的经济、政治和社会背景下经常产生意想不到的后果，即产生背逆的结果。”如20世纪90年代中期，我们在国有企业改革中引进西方的“公司制度”，以构造我们国有企业的新的公司治理结构，新制度是在中国国有经济基础制度内建立的，很多意想不到的后果就出现了，甚至在初期出现抵牾。换句话说新制度不是在纯粹的新环境内建立的，它要在逐渐改变旧制度的环境内去重新构造，而旧的制度的影响往往是不愿自动离去的，当你在新治理结构中确定委托——代理关系时，原有的领导体制怎么可能自愿离去呢？其后果就是新治理制度徒有形式，实际控制权依然在原有领导们的手中，他们依然会按原有制度的路径做出决策，甚至变本加厉，偷梁换柱、暗度陈仓将国有资产“改换门庭”，据为己有。

对此，青木昌彦先生告诫我们：“意外情况出现的一个主要原因是在理想计划和现存环境制度之间缺乏必要的‘耦合’。”这说明我们在推进新制度建设时，必须注意寻找新旧不同制度间的“耦合”，其中领导人思想、观念的“耦合”是很重要的，而思想、观念间的“共有”，才可使新制度的建设有活力和可维系。“耦

合”的关键是要具体分析旧制度中原有的特点是可以移植到新制度之中的，如我国企业中存在的有人情味的雇佣关系，亲属间的相互信任，就会影响现实中正在发生变革的新的制度。其二，青木昌彦告诫人们甲制度与乙制度在竞争中是相互影响的，当其中一个制度在竞争中失利，且累积的信息（资料、数字）均已证实这个制度间的差异时，对于理性的参与人来说即要“借鉴”、“学习”、“模仿”那个优秀的制度，从而追逐新的均衡博弈。但是，问题在于参与人在不同环境内开发、积累的管理技能、决策能力、思维方式，甚至包括理念、宗旨均存在差异时，一个严重的问题就会出现，即青木昌彦先生所说的“制度危机”。“制度危机”的表现往往是严重的，因为关键在于“两个不同制度的背景，准确地说是两者没有共同的信念，没有共同的符号系统，没有共同的文化，没有共同的法制系统等。”当“制度危机”没能得到充分重视和认真对待时，优秀制度的移植就很难成功，即很难与原有的制度环境相适应，从而内生出新的优秀制度。为此，青木昌彦先生告诫“新制度的出现只有当参与人的决策规则在新的条件下相互一致。”即参与者的“制度观念”是相同的，参与者的行为是合作的，是趋向于减少摩擦而逐渐默契的。一旦在磨合中达成新的默契使规则趋于秩序内运作，从而实现规则要达到的目的。而这正是新制度经济要强调的“共同观念”导致的新的合作、新的和谐，从而为未来的发展奠定了基础。

综上所述，回顾我们在制度转型的过程中，很大程度上偏重于正式规则的完善，而失之于对非正式规则，特别是对“共有观念”的建设，导致在降低交易成本、保护产权和知识产权、激励组织积极性、增强约束能力方面做得不够。为了确保博弈参与者权利和义务之间的平衡，维护参与者利益，激励参与者的积极性，保证经济能够在转型中稳定持续发展。新制度经济的“共有观念”，即领导者决策的意识和观念的建设是务必要注意的。

注释

[1] 青木昌彦．比较制度分析［M］．上海：上海远东出版社，2001.

[2] 道格拉斯·诺斯．制度、制度变迁与经济成就［M］．生活·读书·新知三联书店，1994.

[3] 崔文元．财产权与宪法［J］．读书，2003（4）.

[4] 彼得·什托姆普卡．信任［M］．北京：中华书局，2005.

[5] 卢梭．社会契约论［M］．北京：外文出版社，1998.

[6] 万俊人．信用伦理及其现代解释［J］．哲学，2003（2）.

重新定义的人：虚拟自足的物种

——感性营销学的哲学[①]

田伟明

（哈尔滨商业大学 工管理学商院　黑龙江 哈尔滨　150028）

摘　要： 营销哲学的核心，应当是对人的根本看法。人，在虚构故事中生活，也在虚构故事中行事。感性消费，为人类所特有，因而是文化的体现。“虚构故事”中的人，以非现实的方式，实现自我满足，即虚拟自足，是人类感性消费的本质。人，是能够以虚拟方式自我满足的物种。人类需求的满足，并不仅仅以现实的实体属性获得而实现，更以心理的非现实的方式予以实现。虚拟自足是人独有的属性，是文化的一种表象。这是我们对人的根本看法，也是感性营销学的哲学。

关键词： 人；虚拟自足；感性营销；营销哲学

营销哲学的本质是什么？

核心应当是对人的根本看法。

追溯营销学的历史，其哲学计有生产观念、销售观念、市场营销观念、社会市场营销观念、服务营销观念和关系市场营销观念。顺次地，这些不同的营销哲学，所对应的关于人的本质认识，可以分别解释为等待的人、被动的人、未被满足的人、伦理觉醒的人、寻求附加值的人以及利益共享的人。

在我看来，人，是能够以虚拟方式自我满足的物种。

---

① 作者简介：田伟明（1963－），男，黑龙江五常人，哈尔滨商业大学工商管理学院副教授。

一、“虚构故事”中的人

虚构故事一词，见于尤瓦尔·赫拉利著《人类简史》。他说：“人类几乎从出生到死亡都被种种虚构故事和概念围绕……让数百万计的陌生人遵照这种人造而非天生的直觉合作无间。这种人造直觉就是‘文化’”。[1]

现在，让我们粗略的检点文化几个重要侧面。

（一）货币和经济

从前有三个人，住在一座小岛上，只靠捕鱼为生。他们的菜单上只有一道菜：鱼。

一天夜里，仰望着繁星点点的夜空，其中的一个人想到了一个好主意：渔网。这个虚构的工具制成之后，捕获的鱼越来越多，岛上也吸了更多的人。一些人专门做渔网，一些人加工咸鱼，一些人开垦种植。岛上实行物物交换。但有些时候，织渔网的人想要得到咸鱼，而做咸鱼的并不需要渔网……由此造成交换困难和混乱。为了解决这个难题，岛上的人们又虚构了一种另一种物品，它能被岛上所有人接受并能换取岛上所有物品。因此鱼被指定为货币。

随着居民增加，有时会产生诉诸武力的矛盾。其他岛上的偷鱼贼也会成群结队而来。岛民们不得不组建政府，并同意缴纳一些鱼，存放在银行特别账户中，作为税款。随着政府开支越来越庞大，特别账户中的鱼捉襟见肘。议长有了一个好想法，发行纸币——鱼帮储备券。《经济为什么会崩溃》如此为我们讲述了这样的货币故事。作者说：“1913 年，美联储成立。美联储发行纸币，承诺纸币持有者可以随时兑换成黄金，从而取代了当时流通的私有银行发行的钞票”。[2]

以后的事我们都知道了。现实中的货币已经与最初的有价值的商品与财富无关，它不过是虚构的财富符号。

经济一词最初最质朴的含义，其实就是日常生活的问题。人的衣食住行等生活里的种种问题。让我们简化当下的日常生活：如果所有的“现代条件”都去除，会是什么样子？那一定是原始人的状态。人类今天的日常生活，也就是人们的经济活动，从货币到交易，从激励制度到经济体制，都不过是“虚构故事”的逐级实现而形成的叠加效应的结果。

（二）科学

我们所信赖的科学，其实只有在特定条件下才具有“客观性”，例如牛顿的物理学。在日常生活尺度下，物理学够准确解释和预见物理现象，因而是客观的、科学的。

而在日常尺度的观察和实验无法实现的条件下，例如这个尺度极大，达到星系团以上；又或是极小，在原子核以下的小，又会是什么情形呢?

作为一个好奇的观测者，想象一下以下情景：夜空下，你的视线从地球出发，朝着一个你喜欢的方向向前飞。离开太阳系后，渐渐远离了“本星系群”银河系。视线继续向前，穿越前面的星系团，越过更巨大的超星系团，一路向前，你的视线在几万亿个星系闪耀的浩瀚黑暗之中以不可思议速度穿越着。最终，你的视线大约可以到达约一百三十八亿光年的最远的“远方”，物理学称之为“临界最后散射面”。因为我们所有的望远镜限制了我们。事实上，你的视线选择了任何一个方向都是如此，临界最后散射面，这是我们的“宇宙地平线”。而即使是这样一个被严重限制了的旅行，也只是我们想象中的宇宙。广义相对论其实是人类在头脑中描述宇宙的一种语言。

在极端小的尺度下，例如量子力学的研究，情况也是如此。薛定谔实验证明，在量子的世界里，存在一只既活着又死去的猫，即量子尺度下的“状态叠加”。因为我们没有办法把自己缩小到比原子更小，去进行观察和实验，只能进行“思想实验”。法国物理学家克里斯托弗·加尔法德博士说：“自有人类开始，哲学家们，现在还包括理论物理学家们，就一直试图在自己的头脑中绘出世界”[3]。所以说，我们的科学，哪怕是理论物理学这样的科学，也是在虚构中完成的对世界的一种描述和解释。

（三）政治与社会理想

作为美国政治理念和社会价值观念的象征，《独立宣言》有一个极为著名的段落：

> “我们认为下述真理是不言而喻的：人人生而平等，造物主赋予他们若干不可让与的权利，其中包括生存权、自由权和追求幸福的权利。为了保障这些权利，人们才在他们中间建立政府，而政府的正当权利，则是经被统治者同意授予的。任何形式的政府一旦对这些目标的实现起破坏作用时，人民便有权予以更换或废除，以建立一个新的政府”。

这也如同所谓“原初状态”自由。

1971 年，美国哲学家约翰·罗尔斯在《正义论》中提出了公平的正义原则（the principle of justice as fairness），强调：每个人在“原初状态”（the original position）中，都是“自由而平等的道德人”，只要与其他人同等的基本自由不相矛盾，每个平等而自由的人，都自然拥有最大限度的基本自由。[4]

平等也好，自由也罢，在人类的政治实践中，这些“原初状态”的理想，从未被真正实现。它们仅仅是一种假定状态，是一种纯粹的状态，是一种假想的逻辑状态，因而只能是一种虚构。

二、虚拟自足的人

感性消费，为人类所特有，因而是文化的体现。“虚构故事”中的人，以非现实的方式，实现自我满足，即虚拟自足，是人类感性消费的本质。我们也将粗略的审视与消费相关几个方面，印证以上论点。

（一）游戏

孔子曾问弟子们的愿望，子路等诸生各讲了高大上的抱负。轮到曾点时，他说：暮春者，春服既成，冠者五六人，童子六七人，浴乎沂，风乎舞雩，咏而归。圣人听了，不禁赞叹：吾与点也。

足见圣贤的游戏观。

最初的游戏，体现了“模仿的本能”，通过模仿获得必要的生存技能，它的功利意义是幼龄动物为准备对付生活而进行的训练。同时得以身心放松。这一点，与动物行为观察结果是一致的。

荷兰文化学者约翰·赫伊津哈说：

> 正如我们已经指出的，游戏中的所有基本角色，包括个人和公众，都已表现出动物的特性，即竞争、表演、展览、挑战、夸示、炫耀和自吹、装假和遵守规则。在种系上和人类相隔很远的鸟类居然也同人类有如此多的相同之处，这一点更是引人注目，丘鹫表演舞蹈，乌鸦进行飞行比赛，林鸟和其他鸟装饰它们的巢穴，会鸣唱的鸟咏唱它们的动人曲调。所以作为娱乐的竞赛和展览不是从文化中产生，它们实在是产生于文化之前。[6]

人类的游戏，并未止步于此。游戏以心理释放实现身心愉悦，以模仿现实又超越现实的方式使欲求得以满足。游戏在假定的情境中完成了远离功利性自我实现。“这样，原始的游戏成分就完全隐藏到文化现象的背后”。

游戏和“平常的”生活截然不同。

例如，电子竞技类游戏情境中，爱情失意者，完全能够化身游戏中的白马王子；月光族即便到了一个月“最后的时刻”，也能在游戏中为美人一笑千黄金；自卑的边缘化小人，游戏王国里，则一呼百应呼风唤雨。游戏超越了生活的眼前现实的需要。游戏的过程在新异、刺激、艰难、险象环生的游戏之路上，化险境，闯难关……最后的胜利，给游戏的人带来无以言表自我满足和自我肯定。

总之，虚拟世界里的成功带给游戏者现实的满足感。

（二）饮食与烹饪

中国烹饪早在远古，已煮海为盐用于调味。春秋时期即开始使用动物性油脂和调味品，当时主要是肉酱和米醋。史书上更有彭祖五味调羹的记载。即以酱、醋、肉酱、盐和梅子等五味调雉羹。

考古发现，商墓中有大量狗、羊、猪、鸡等很多动物性食材。这些原料烹饪时除掉异味味道才更好。而依据《香料传奇——一部由诱惑衍生的历史》一书的观点，中世纪的欧洲人一直为他们所吃的变质有味的肉所困扰，而香料的作用就是遮盖那些难闻的味道。所以调味在最初是有功能性意义的。

《礼记·内则》："脍，春用葱，秋用芥。豚，春用韭，秋用蓼。脂用葱，膏用薤，三牲用藙，和用醯，兽用梅。"从那时起，日渐丰富调味品用于烹饪，使得"滋味"这种形式感渐渐有了独立的意义。味道不仅是一种气味，更是艺术的产物，令人回味无穷。[7]味道本身成为饮食的目的。

在这种味觉追求的过程中，人类的饮食，已经远非生物学意义上的进食——摄取肌体代谢所需的能量，而成为实现感官乐趣，"表现其精神内核"（保罗·弗里德曼）文化行为。

饮食中礼仪与氛围，更是形式感的内容。形式感的追求，是虚拟自足的显著体现。

（三）艺术与审美

艺术，让人成为人。[8]艺术和审美活动是人的本质特征之一。艺术创作是构建审美符号系统，艺术欣赏是解码这些符号，同时以虚拟的方式实现自我满足。

例如音乐艺术审美，有三个基本层次：艺术感知、情感体验、审美评价。

欣赏莫扎特《C 大调长笛与竖琴协奏曲》，有人因为旋律、配器和音色，感知到仿佛置身春天的原野。这种音乐感知，无疑是欣赏者在头脑中的虚构。尽管是"仿佛置身"，欣赏者仍然能如闻流水，如闻鸟鸣，如沐春风，心旷神怡，心满意足。这种由音乐所带来的情感体验，就是一种虚拟的内心满足。虚拟的满足，艺术品消费的自然结果。

（四）品牌与广告

在 20 世纪 60 年代，大卫·奥格威提出品牌形象说（Brand Image）。每一品牌、每一产品都应塑造一个形象，经由广告等手段传达给顾客。消费者购买的是"实质利益 + 心理利益"，广告尤其应该重视运用形象来满足其心理的需求。

百岁山的广告经典、浪漫、难忘：1650 年的斯德哥尔摩街头，瑞典公主天克莉丝汀偶遇笛卡尔，那时她 18 岁。在此之前，52 岁笛卡尔窘困潦倒，流浪汉一样醉心于数学研究。很快笛卡尔被邀请去做公主克莉丝汀的老师。尽管身世和年龄相去甚远，相爱并没有被阻隔。国王发现后下令处死了笛卡尔。在写给公主的最后一封书信中，写有 $r = a(1 - \sin\theta)$ 的神奇数学方程，它被解出来——个心形图案，也就是后来人们熟知的"心形线"。这最后的情书被收入欧洲笛卡尔博物馆中。

RULE YOURSELF 广告由菲尔普斯代言。广告情节主线，是一个强劲的泳者，从容坚定地划过幽深的水面直到终点，并登上万众瞩目光彩照人的领奖台。镜头不断切换到训练场，展现漫长单调、常人难以承受的日常训练。贯穿全片的歌曲“看得见的闪耀，源自黑暗中的历练”，和震撼人心的镜头，共同为品牌虚构了一种鼓舞人心的精神。

当你打开一瓶百岁山，慢慢饮尽，犹如亲历了一场传奇的浪漫。

你身着 RULE YOURSELF 运动服饰，你脚下就有百炼成钢的力量。品牌和广告，带给消费者的是虚拟的满足。

人类需求的满足，并不仅仅以现实的实体属性获得而实现，更以心理的非现实的方式予以实现。虚拟自足是人独有的属性，是文化的一种表象。这是我们对人的根本看法，也是感性营销学的哲学。

注释

[1]［以色列］尤瓦尔·赫拉利．人类简史［M］．北京：中信出版社，2012.

[2]［美］彼得·D. 希夫等．经济为什么崩溃［M］．北京：中信出版社，2011.

[3]［法］克里斯托弗 加尔法德．极简宇宙史［M］．上海：上海三联书店，2016.

[4]［美］约翰·罗尔斯在．正义论［M］．北京：中国社会科学出版社，1988.

[5]［荷］约翰·赫伊津哈．游戏的人［M］．北京：北京大学出版社，2014.

[6]［美］保罗·弗里德曼．食物：味道的历史［M］．杭州：浙江大学出版社，2015.

[7]［美］理查德·加纳罗．艺术让人成为人［M］．北京：清华大学出版社，2014.

思维模式与战略导向的选择：基于创业型企业的多案例分析

陈转青[①]

（河南科技学院 经济与管理学院 河南 新乡 453003）

摘 要：企业内部因素对战略导向选择的影响日益受到学者的关注，但思维模式对创业型企业战略导向选择的影响缺乏系统研究。本文首先运用信息双加工理论和创造力理论，区分出创业型企业三种典型的思维模式：创造式思维、启发式思维和算计式思维；其次，以创业认知理论的“情境→思维→行为”研究范式为基础，构建思维模式影响战略导向选择的理论框架；最后，运用多案例纵向比较分析创业型企业决策者思维模式对战略导向选择的影响。

关键词：思维模式；战略导向；创业型企业；多案例

一、研究问题的提出

战略导向是企业战略管理的基础和出发点，正确战略导向的选择对创业型企业的长期发展至关重要。纵观战略导向影响因素研究文献，思维模式对战略导向选择的影响研究缺乏。杨俊等认为以行为为驱动的、关注认知过程而非认知偏见的微观层次研究是创业认知研究发展的重要方向。[1]由此可知，思维模式作为微观的认知层面自然而然进入创业研究者的视域，并成为近年来战略导向研究领域的重要课题。

在焦点小组访谈中，创业型企业谈及度最高的战略导向是：创业导向、市场导向和网络导向。结合焦点小组访谈和文献研究，归纳出创业型企业三种典型的

① 作者简介：陈转青（1971－），女，河南辉县人，硕士，河南科技学院经济与管理学院副教授。

思维模式：创造式思维、启发式思维和算计式思维。思维模式属于决策者的个体特征，本研究运用个体特征的思维模式作为企业战略导向选择的影响因素进行研究，原因在于创业型企业缺乏现代规范制度，决策者个体特征对战略导向的影响较大，创业型企业在发展过程中会逐渐形成和决策者个体特征相匹配的战略导向。

二、理论回顾与框架设计

（一）理论回顾

1. 信息双加工理论。Shiffrin & Schneider 提出了信息的“双加工”理论，被学者不断完善，广泛运用于心理学。[2] 信息双加工理论把人的决策思维分为两个系统：一个是直觉的系统的，不受外部环境信息刺激和社会情境的影响；一个是分析的逻辑的，受到已有的认知结构（经验、知识）等的影响。从信息处理的角度观察，分析思维在处理信息时走的是中心路径，即决策者注重收集问题的相关证据，通过逻辑推理做出判断，进而决策；直觉思维走的是边缘路径，即决策者通过与目标相关的启发式线索做出判断，进而决策。认知心理学认为个体的决策差异是因为人在信息加工时的思维模式不同。企业决策者思维模式不同，对环境与企业关系的认知不同，从而企业与环境关系的处理方式也不同。换句话说，思维模式具有一定的惯性，当一种思维模式在一定的环境实践中得到应用时，它就有可能被应用到其他的环境中去。在决策过程中，决策者有什么样的思维模式，就影响其对外界信息的加工过程，进而影响其战略决策，而一系列的战略决策会逐渐形成决策者固定的战略决策模式，进而形成不同企业的竞争优势。

2. 创造力理论。Guilford 在美国心理学会会长的就职演说《论创造力》，标志着现代创造学的建立。Guilford 的创造力定义为“有创意的人最特别的那些能力。”[3] 在对创造力研究的各种结构模型中，以 Guilford 的研究最为典型。他认为创造力具有内因和外显两种形态，即创造力的静态结构和动态结构，前者是指个体内在的创造性表现，后者是指个体的外在的创造性表现。在 Guilford 看来，创造力只不过是与人类智力相关的某种能力，并且如同智力一样，也是有多种因素构成的。通过因素分析，Guilford 形成了智力及其成分的一般理论模式。该模式将人类智力分为运演（包括 5 种心理操作方式，即认知、记忆、发散性加工、收敛性加工和评价）、内容（5 种信息内容，即视觉、听觉、符号、语义和行为）和产品（六种产品，即单位、门类、关系、系统、转化和涵义）三个心理维度。每一维度中的任何一项同另外两个维度中的两项结合，就可构成一种智力因素，这样就最终产生 150 种智力因素。

（二）创造式、启发式和算计式思维

1. 创造式思维。创造式思维是创造力的重要组成部分，它是围绕主题展开想象从多视角思考求解答案的创造思维模式。因此，创造式思维是企业创新的关键。或许和20世纪相比，企业面临着创新和适应的更大压力。许多外部力量比如国际竞争的增加和信息技术的升级换代促使企业必须进行创新。创造式思维本身因具有企业创新所需的创造力而备受企业青睐。Woodman et al认为企业创造力是企业创新和改变的关键因素。[4] Eisenberger et al则认为，即使是企业面临的是相对稳定而且可预测的环境中，不需要做出改变，企业的生存也会受益于因创造力而带来的质量、效率、安全的提高或员工满意度等。[5]

2. 启发式思维。Tversky & Kahneman解释人们在不确定的环境下如何做出决策时，提出了启发式思维的概念，即人们根据以往（相同或类似甚至是无关的情况）经验来对当前所遇到的事情进行判断。[6] 相比较算计式思维、创造式思维而言，启发式思维是一种直观的、快速的、依据下意识对事情做出判断的思维模式。Simon也认为由于特殊情况的存在、时间紧迫以及大脑算计能力不足等原因，人们做决策时往往不能做到经济学所假设的完全“理性人”状态，只能是“有限理性”，因此，在做决策时往往会以更简单、更节省脑力的“满意原则”代替“最优原则”。[7]

3. 算计式思维。算计式思维的源头可追溯到Williamson对组织机制的描述。Williamson把信任分为算计的信任、制度信任和个人信任三种类型，三类信任背后都有算计的痕迹。[8] 现代汉语词典中“算计”一词，具有“谋划、计划”的意思。在古典经济学理论中，“经济人”的内涵之一：“经济人”是理性的而且是自利的，追求利益最大化是人类经济活动的根本动力。处于经济活动中的经济人一方面具有自利性，另一方面精于算计。因此，“算计式思维”体现了经济理性的意思。

根据信息双加工理论和创造力理论，可以使用两个维度把三种思维模式区别开来。第一个维度是依据信息双加工理论，把思维分为依据理性（中心路径）和依据经验（边缘路径）两种模式；第二个维度是依据创造力理论对思维品质的描述，把思维分为常规性思维和创造性思维两种类型。三种思维模式区分象限如图1所示。

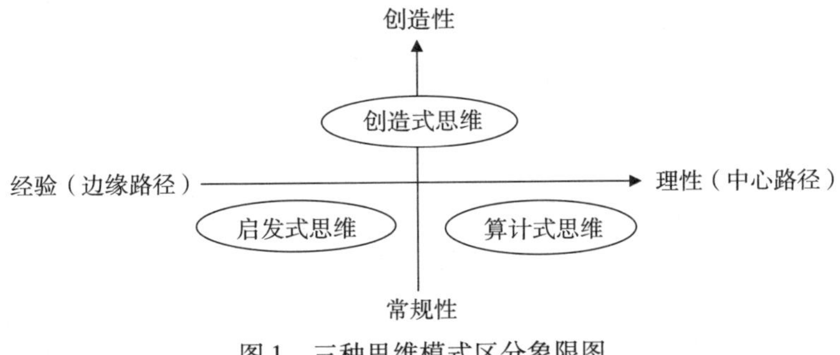

图1　三种思维模式区分象限图

（三）创业、市场和网络导向

1. 创业导向。Lumpkin & Dess 最早提出创业导向的概念，把创业导向定义为导致新进入行为所引起的程序、实践和决策活动，认为创业导向关键维度包括自主行动的倾向、创新和承担风险的意愿、对竞争者积极行动的倾向和对市场机会的超前行动。[9] Covin & Slevin 认为创业导向具有三种明显的行为特征：创新性、风险承担和超前行动。[10] 因此，研究者把这三种明显的行为特征作为企业创业导向的三个维度。Stone & Good 从个人层面对创业导向进行研究，认为个人层面的创业导向维度包括风险承担性、超前性、创新性、自信性、自主性。[11] Elenurm 对个人层面的创业导向进行明确表述，将其界定为个体寻求新商机并通过不同的流程、实践和决策制定活动来创建和运营新企业的倾向，并认为个人层面的创业导向可以使用创新性、模仿性和共创性创业三个维度。[12]

2. 市场导向。Kohli & Jaworski 从行为角度对市场导向进行界定，认为市场导向反映了企业对与顾客需求有关的市场信息的收集、扩散和反应的促进和支持的导向。Narver & Slater 从组织文化角度界定市场导向，认为市场导向是促使企业建立并维持与顾客间长期互利的关系具有效率和效果，最终促进组织长期绩效最大的组织文化。两种市场导向概念的界定形成两大基本研究框架。Kohli & Jaworski 提供的侧重于过程驱动模型，包括三个维度：市场情报的产生、市场情报的传播和企业对市场情报的反应。[13] Narver & Slater 从竞争优势视角出发，认为市场导向包括顾客导向、竞争者导向和跨部门协调三个维度。[14] 两个研究框架共同之处在于都关注消费者的需求、对市场机会反应的决策行为和企业内跨部门的协作。

3. 网络导向。网络导向由 Barnir & Smith 首次引入管理学领域，从企业战略联盟视角将网络导向界定为：管理者创建和维系网络关系的态度和倾向。[15] Sorenson 等在创业领域讨论了网络导向，从冲突管理理论和组织倾向视角讨论了合作对女性管理者的重要作用，认为网络导向是创业者和创业组织构建内外网络以形成合作解决问题，促进商业成功的态度和倾向。[16] 王小伟认为新创企业为了获取生存及成长资源所构建和维系网络关系时的态度和倾向即是网络导向。[17] 董保宝从新企业组织层面出发，认为网络导向是“在创建与成长过程中，新企业与外部环境主体建立网络关系的倾向、期望与态度。”[18]）网络导向的分析维度具有个人和组织层面的区别。网络依赖性、网络价值性和网络利用性是网络导向个人层面的分析维度（Fryer & Fagan）。[19] 董保宝在前人研究的基础上，对网络导向的维度和测度问题进行了研究，利用新企业的数据，开发出网络导向的网络思考、网络构建、网络关注和网络开放性四个维度。[18]

（四）研究框架

创业认知学派的基本研究范式为：“情境→思维→行为”，致力于探索创业者行为背后的认知成因和机制。基于创业认知学派的研究范式，构建本文的研究框架如图2所示。

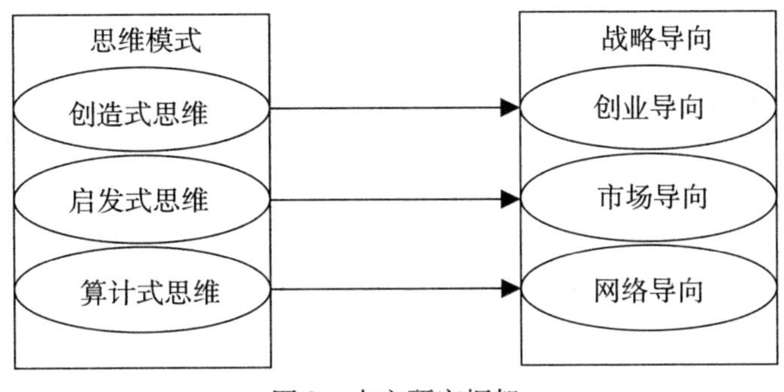

图2　本文研究框架

三、研究命题的提出

（一）创造式思维与创业导向

创造式思维是创造力的重要组成部分，创造力是促进创新的思维品质，因此，创造式思维的可贵之处在于创新。在寻求解决问题的答案时，创造式思维在思路的选择、思考的技巧，甚至在思维的结论上，经常会有不同于常规的新颖想法出现，甚至能“无中生有”，从而引致创新行为的发生。

创新是创业导向的重要维度之一，也是众多创业企业奉行创业导向引领企业成功的动力之一。Knight 认为创业导向中的创新性是指公司追求具有创意的解决之道来应对所面临的挑战，包括发展或强化产品与服务以及使用新技术或新管理技能。[20]在企业的经营活动中，产品新构想、研发活动的活跃、新产品的数量，是企业追求新机会市场表现，也是展现创业导向的特殊工具。

结合以上分析，创造式思维和创业导向具有共通之处，因此提出本研究命题1：

P1：创造式思维模式的创业型企业倾向于选择创业导向

（二）启发式思维与市场导向

Bingham & Eisenhardt 认为启发式思维能给企业带来更好的而不是更快的抓住机会的战略行为。[21]启发式思维的特性在于依赖个体的经验，促使个体在复杂多变的环境下迅速抓住事物本质，找到合适的解决方案。杨超越认为从生态进化的角度来看，启发式思维是一种适应性思维，具有生态合理性。[22]所以，尽管启发式思维受限于个体的经验，也会出现各种各样的偏差，由于其能给予决策者有限的时间内的解决方案而受决策者的青睐。孙彦等归纳了启发式系统占优于理性分析系统解释机制包括：锚定与调整、认知繁忙、信心以及直觉等。[23]

从本质上说，市场导向是着力于解决顾客“需求”的战略导向，其哲学理念在于思考企业“如何做”才能为顾客创造价值，满足顾客的市场需求。市场导向型企业在满足顾客需求之前，存在提供产品或服务的很多思路，最终落实下来是真正为顾客能接受的市场提供物。企业在给顾客创造价值时，思路不是无源之水，而是考虑市场、竞争对手和产品本身，即企业提供给市场“对”和“好”的产品或服务。从企业处理自身与市场环境的关系考虑，市场导向指导企业进行产品创新活动，增加产品的创造力，满足顾客需求，赢得顾客满意和忠诚。

综合以上分析，启发式思维和市场导向具有共通之处，因此提出研究命题2：

P2：启发式思维模式的创业型企业倾向于选择市场导向

（三）算计式思维与网络导向

Williamson 提出的组织之间存在的“算计性信任”，可以看作是算计式思维的发端。在交易过程中，由于机会主义的存在，如果一方为谋利违反先前合同的约定，致使双方产生交易成本。为防止这种事情发生，企业之间制定各种防范机会主义出现的各种合同，这种行为本身就是企业之间各自的算计式思维。算计式思维的本质是企业之间的博弈较量。

在企业彼此之间的竞争与合作中，企业需要谋划占据网络关系中的中心位置，构成结构洞，利用关系或嵌入优势获取生存、发展所需资金、技术等资源，从而形成有利于自身的竞争优势。在构建内、外网络关系时，企业的算计式思维充分体现在彼此关系的决策上。从市场整体观察，企业之间的暂时均衡是彼此之间博弈的结果。

结合以上分析，算计式思维和网络导向具有共通之处，因此提出研究命题3：

P3：算计式思维模式的创业型企业倾向于选择网络导向

四、研究方法与设计

（一）多案例研究法

本研究采取多案例研究方法，以创业型企业决策者为分析单元，探索创业型企业决策者思维模式对企业战略导向选择的影响。Eisenhardt & Graebner 认为案例分析强调现象所处的现实情境并能够对其进行丰富描述。[24] Elsbach 认为和大样本研究相比，案例研究的先天优势体现在展示动态过程、关系网络、人际互动等方面，通过揭示其中的关系逻辑和触发情境，能把理论和现象之间的关系展现在读者面前。[25]

（二）案例研究实施

根据第三方专业调查咨询公司提供的创业型企业目录，随机选取20家进行访谈。根据研究主题，设计访谈提纲。算计式思维是一种理性思维，本研究借鉴Gilliland & Bello对算计性信任和算计性忠诚的测量量表，用4个问题考量算计式思维；[26]启发式思维是一种直觉思维，本研究借鉴Elbanna & Child对直觉的测量量表，用4个问题考量启发式思维；[27]创造式思维包括发散思维和聚合思维两个过程，其中发散思维占主导成分。本研究借鉴Torrance的创造式思维测量量表，用7个问题考量创造式思维。[28]设计好访谈提纲以后，访谈由本研究两个成员进行，对创业型企业决策者进行正式访谈。访谈提纲见表1。

表1　思维模式访谈提纲

1. 您认为贵公司和其他组织建立关系会增加企业的利润和收益吗?
2. 贵公司喜欢和什么样的组织保持关系，为什么?
3. 贵公司会投入很多的资源和人力去构建企业的关系网络吗?
4. 贵公司和目前的合作伙伴保持关系的原因是什么?
5. 您在做决策时是依赖数据还是个人感觉?
6. 您依赖过去的经验做出决策的程度大还是小?
7. 在信息不足的情况下，您依赖直觉进行判断吗?
8. 凭感觉做出决策和比较备选方案的优劣做出决策，您更倾向于哪一个?
9. 如果有些问题根本没有解决方案，您尝试提出哪些解决方案?
10. 对于比较棘手的问题，您如何重新组织问题，使其更容易操作?
11. 你如何从不同的角度来思考企业遇到的问题?
12. 请介绍一例您将其他领域中解决问题的方法应用到当前的工作中去。
13. 您如何灵活地改变自己的观点以符合事实。
14. 您是如何想出您认为企业中难以解决问题的方案的?
15. 您喜欢解决没有正确答案的问题吗?

访谈结束后，本研究小组成员对访谈进行了归纳、整理，在文献查阅的基础上，归纳出三类不同的思维模式，分别具有不同的关键词表述。三类不同思维模式编码见表2。

表 2　思维模式编码表

企业个数	思维模式	编码条目	证据事例	关键词
4	创造式思维	10	创新为企业提供了生存与发展的机会，所以我们公司特别重视创新。	创新
			在我们这一行，只有比竞争对手更富有创造力，才有机会有明天。	创造力
			只有时刻关注行业前沿性的知识，才能成为行业的佼佼者。	前沿
6	启发式思维	15	在处理公司出现的问题时，我认为凭感觉处理是一种有效解决问题的方法。	感觉
			我们公司根据市场需求的快速变化，经常以先于竞争对手的决策取胜。	快速决策
			我经常通过联想过去的经验，进而想出解决目前企业困境的方法。	联想
8	算计式思维	20	在现代市场竞争中，企业要想长远发展，只有通过合作才能取得共赢。	合作
			市场中所有企业是一种共生状态，我们企业的反应取决于其他企业对我们的态度和做法。	共生
			我认为公司和其他组织的商业关系非常重要，有助于公司获取一些缺乏的资源。	关系
2		5	模仿是最快的成长方式，而且成本花费不大，所以我们公司喜欢模仿行业老大的做法。	模仿
			我认为，企业在发展过程中，抓住商机很关键，有时候决定企业的生死。	商机

根据表 2 的编码表和 20 个创业企业决策者的访谈记录，发现 20 个企业决策者的思维模式分属三个比较典型的不同类型，其中 4 个企业决策者属于启发式思维，6 个企业决策者属于创造式思维，8 个企业决策者属于算计式思维，2 个企业决策者思维模式不易界定。

（三）研究样本选择

在 20 个创业型企业三种决策者思维类型中，随机选一个企业进行案例研究，见表3。

表3　案例企业的基本信息

企业名称	成立年限	规模（人）	行业类型	受访者职务
上海百姓网	2005	120	互联网	总经理
安阳华强	2007	500	房地产	总经理
中原NCG	2012	19	新能源	总经理

（四）数据收集

现场深度访谈和二手资料（企业网站、新闻资料）、直接观察是本文主要数据收集方法。在本研究中，对案例企业的负责人进行为期六个月的跟踪观察，从而收集了每个企业的具体经营数据、内部相关文件、外部公开文件、新闻报道和企业创业描述等，由此获取了案例企业相关的档案数据。

（五）案例简介

1. 上海百姓网。上海百姓网是上海领军的分类信息网，成立于2005年。其创办宗旨是方便百姓生活。作为分类广告平台，有关百姓生活需求的二手信息都可在百姓网上查找和免费发布。通过百姓网的平台，各种各样的生活需求被连接了起来，让人们享受到网络带来的便利。截至2016年9月，百姓网月活跃用户数过亿，月新增信息量超过千万条，覆盖全国367个城市。其中，来自移动的流量已超过全站流量的90%。2016年3月14日，百姓网在新三板挂牌，同年半年财报显示实现盈利。

2. 安阳华强新城市发展有限公司。安阳华强新城市发展有限公司，成立于2007年12月，是由华强集团和安阳市政府签订战略合作协议而成立的公司。运营的华强城项目包括高尚住宅区、中心商务区、酒店等项目，总占地面积千余亩，总开发量约200万平方米，总投资金额约为100亿元。2013年4月，华强集团又投资30亿元，建设了“安阳历史文化科技园”项目。截至2016年底，安阳华强已完成投资63亿元，累计上缴各项税金3.32亿元，对地方财政贡献连续五年位列安阳市前六名，高新区第一名，直接解决就业岗位千余个，产业带动区域发展的投资理念已初见成效。

3. 中原鑫达加气有限公司。中原鑫达加气有限公司成立于2012年4月，注册资金500万元。是一家专业从事CNG（压缩天然气，即Compressed Natural Gas，简称CNG）、LNG（液化天然气，即Liquefied Natural Gas，简称LNG）汽车加气业务的股份制企业。现有员工19人，资产净值1900万元。公司加气站为CNG母站规模，由“西气东输”管道直接供气，并与河南省中原天然气开发有限公司签订了长期供气合同，气源丰富，气质优良，经营兴旺。

五、案例分析与结果

本研究从比较和分析的角度，在三个案例企业思维模式、企业战略导向表现等方面详细描述的基础上，提炼创业型企业思维模式对战略导向选择的影响关系。

（一）案例企业对环境的认知及表现的思维模式

上海百姓网决策者分析企业有两种基本生存状态：一种是处在变化无常的环境中，企业如茫茫大海中的小舟，前途未卜；一种是处在相对稳定的环境中，企业如固定赛道上的汽车，方向明确。上海百姓网属于网络创业企业，所处环境千变万化且竞争惨烈，在此生存环境中需要决策者审时度势，以不停的创新引领企业发展。百姓网的决策者在谈论成功企业家的思维模式时，强调经验仅适用于快速变化的行业。百姓网所处的分类信息市场尚处于动态变化之中，需要根据所处环境做出合适的决策，最好能创造出企业所需的市场。

安阳华强新城市发展有限公司属于房地产行业。目前，中国房地产行业处于困局，一方面是大城市地价、房价居高不下，另一方面是三、四线城市，需求有限、效益不好。安阳市大体上属于四线城市之列，也面临着市场需求不振困境，因此，如何开发市场是安阳华强面临的主要问题。安阳华强决策者在谈论解决问题的方法时，认为应该多思多想，运用独特的办法解决企业管理过程中遇到的困难和问题。尤其在面对复杂多变的市场环境时，市场灵感很重要。

中原鑫达加气有限公司，是顺应国家能源发展方向的绿色环保企业。公司决策者宣称："本企业在追求经济效益的同时，更注重追求社会效益。公司的目标是落实国家节能减排的基本国策，公司的愿景是实现低碳生产模式和生活模式。"能源行业创办初期最重要的事情也是比较棘手的事情是取得各种资质证件，因此，做好各种相关部门的工作并获取他们的支持非常重要。在取证的过程中，通过企业员工、股东的多方社会网络的参与，鑫达加气公司决策者和省、市建设部门、质检部门、安监部门、消防部门和行业协会等机关、机构和专家进行有效的沟通，在公司各方面达到相关部门的要求后，目前鑫达加气站证照已大部分到位。公司强调领导、员工、合作伙伴之间的双向沟通，积极听取并采纳员工的各种合理的意见和建议。通过职代会、员工调查等模式，为员工提供参与管理的平台，促进部门、职位和员工之间的有效沟通和技能共享并通过各种途径，与客户、政府职能部门、金融机构等进行外部沟通，建立良好关系，创造良好发展氛围，树立良好企业形象，为公司持续健康发展提供良好环境。

根据创业认知学派"情境→思维→行为"的研究框架，可以得知，情境不同，思维模式会有差异，但同时人又是复杂的，即使是面临同样的情境，由于个体知识背景、经验等的不同，不同个体的思维模式也是有差异的。本研究中三个案例企业决策者面领着不同的创业环境，基于他们各自对环境的认知，表现出不同的思维模式。根据访谈，案例企业决策者思维模式差别关键词表述见表4。

表4　环境认知与思维模式比较

企业名称	环境认知	关键词	思维模式
上海百姓网	竞争规则变化快、环境激烈	创新、想象力、创造、前沿	创造式思维
安阳华强	市场需求疲软、刺激需求	联想、感觉、快速、独特思维	启发式思维
中原鑫达	能源企业，内外合作、支持	关系、共生、合作、理性	算计式思维

（二）案例企业对战略导向的倾向

为了清晰明白案例企业决策者战略导向的倾向性，本研究运用战略导向量表检验。具体做法是：使用创业导向、市场导向和网络导向的混合量表，让案例企业决策者根据同意程度，在1－7的得分中进行选择，比较不同企业决策者三个战略导向得分均值，以观察其表达和行为的一致性程度。统计描述结果如图3所示。

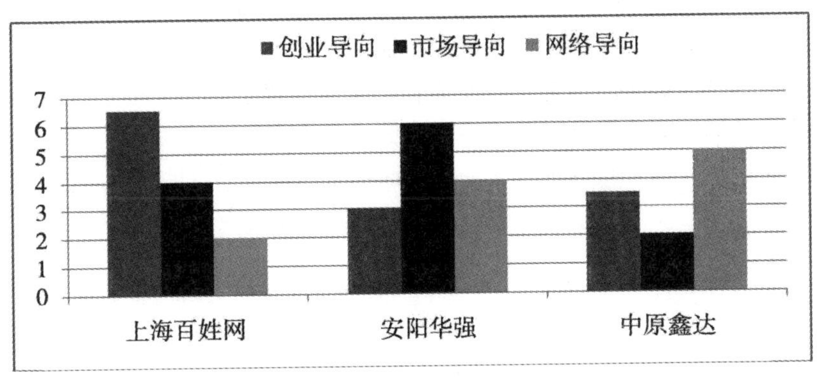

图3　案例企业不同战略导向倾向性

根据表5和图3，归纳出创业型企业决策者思维模式对战略导向的影响关系。

表5　思维模式与战略导向的选择匹配结果

战略导向 思维模式	创业导向	市场导向	网络导向
创造式思维	√		
启发式思维		√	
算计式思维			√

（三）分析结果

1. 创造式思维选择创业导向。表 5 表明，创造式思维模式的创业型企业会选择创业导向。上海百姓网是典型的网络平台企业，定位于网络二手交易市场，目的是为了上海地区用户方便交易二手商品，提供一个免费发布信息的平台。上海百姓网 CEO 王建硕认为：信息分类行业是一个巨大的市场，目前，中国的信息分类市场还处在不成熟的阶段，如进入成熟阶段，仅上海每年的规模就可达 1 亿美金。[29]在网络经济时代，互联网企业的竞争异常惨烈，如果不立足于创造式思维，企业的创业之路堪忧。上海百姓网在决策者创造性思维模式指导下，才会有百姓网的创新、超前行动和承担风险的创业导向行为表现。

2. 启发式思维选择市场导向。表 5 表明，启发式思维模式的创业型企业会选择创业导向。在本案例分析中，安阳华强的决策者是典型的启发式思维。安阳华强在创业过程中，始终围绕消费者需求，依靠市场导向调整经营结构：以市场供求信息为指南，及时调整产品结构；在产业结构上广泛开展多角化经营。图 3 显示上海百姓网和中原鑫达在启发式思维模式和市场导向之间的匹配度不如安阳华强。

3. 算计式思维选择网络导向。从表 5 和图 3 数据分析表明，中原鑫达在发展过程中，算计式思维和网络导向匹配度很高。首先，中原鑫达内部网络开放性促使企业上下协作，有效地解决了企业面临的突发危机；其次，由于属于新能源行业，资质证件的办理离不开企业决策者及企业本身的网络关系的支持；再次，创业初期，交易伙伴的寻找也是得益于企业现有的网络关系力量。

六、研究结论

（一）研究结论

1. 在创业型企业中，思维模式对企业战略导向选择具有重要影响。和成熟企业相比，创业型企业往往经济实力较弱，同时存在现代企业制度不规范的特点，企业决策者在企业管理决策中起主体地位，其思维模式甚至决定着企业的生存和发展。

2. 创业型企业不同的战略导向背后对应着不同的思维模式。多案例分析表明，三种思维模式分别侧重于三种战略导向：启发式思维倾向于选择市场导向、创造式思维倾向于选择创业导向、算计式思维倾向于选择网络导向。

（二）研究局限性

1. 本文试图从思维模式视角分析创业型企业战略导向选择的影响因素，只分析了启发式思维、创造式思维和算计式思维对市场导向、创业导向、网络导向的选择影响，可能还存在其他思维模式对其他战略导向选择的影响，由于研究时间和精力的限制，本文并没有涉及其他思维模式，显然会影响本文研究结论的系统性。

2. 本文对思维模式与战略导向之间的关系只是进行了逻辑理论推演，没有进行实证检验。如果收集大样本对理论模型进行实证检验，所得结论会更具有说服力。

注释

[1] 杨俊，张玉利，张依冉．创业认知研究综述与开展中国情景化研究的建议 [J]．管理世界，2015 (9)：158 - 169.

[2] Shiffrin R. M.，Schneider W. Controlled and automatic human information processing：II. perceptual learning，automatic attending and a general theory [J]．Psychological review，1977，84 (2)：127 - 190.

[3] Guilford J. P. Creativity [M]．New York：Mc Graw Hill，1950.

[4] Woodman R. W.，Sawyer J. E.，Griffin R. W. Toward a theory of organizational creativity [J]．Academy of management review，1993，18 (2)：293 - 321.

[5] Eisenberger R.，Fasolo P.，Davislamastro V. Perceived organizational support and employee diligence，commitment，and innovation [J]．Journal of Applied Psychology，1990，75 (1)：51 - 59.

[6] Tversky A.，Kahneman D. Heuristics and biases：judgement under uncertainty [J]．Science，1974，185 (27)：1124 - 1130.

[7] Simon H. A. The functional equivalence of problem solving skills [J]．Cognitive Psychology，1975，7 (2)：268 - 288.

[8] Williamson O. E. Calculativeness，trust，and economic organization [J]．The Journal of Law and Economics，1993，36 (1，Part 2)：453 - 486.

[9] Lumpkin G. T.，Dess G. G. Clarifying the entrepreneurial orientation construct and linking it to performance [J]．Academy of management Review，1996，21 (1)：135 - 172.

[10] Covin J. G.，Slevin D. P. A conceptual model of entrepreneurship as firm behavior [J]．Entrepreneurship theory and practice，1991，16 (1)：7 - 25.

[11] Stone R. W.，Good D. J. Measuring entrepreneurial orientation in an individualized technology context [J]．Journal of Business and Entrepreneurship，2004，16 (2)：1 - 22.

[12] Elenurm T. Entrepreneurial orientations of business students and entrepreneurs [J].

Baltic Journal of Management, 2012, 7 (2): 217 - 231.

[13] Kohli A. K., Jaworski B. J. Market orientation: the construct, research propositions, and managerial implications [J]. Journal of Marketing, 1990, 54 (2): 1 - 18.

[14] Narver J. C., Slater S. F. The effect of a market orientation on business profitability [J]. Journal of Marketing, 1990, 54 (4): 20 - 35.

[15] Barnir A., Smith K. A. Interfirm alliances in the small business: the role of social networks [J]. Journal of small Business management, 2002, 40 (3): 219 - 232.

[16] Sorenson R. L., Folker C. A., Brigham K. H. The collaborative network orientation: achieving business success through collaborative relationships [J]. Entrepreneurship Theory and Practice, 2008, 32 (4): 615 - 634.

[17] 王小伟．网络导向与新创企业绩效关系：一个综合模型［J］．经济研究导刊，2014（24）：16 - 18.

[18] 董保宝．中国新企业网络导向：维度与检验［J］．外国经济与管理，2015（5）：3 - 13.

[19] Fryer D., Fagan R. Toward a critical community psychological perspective on unemployment and mental health research [J]. American Journal of Community Psychology, 2003, 32 (1 - 2): 89 - 96.

[20] Knight G. A. Cross - cultural reliability and validity of a scale to measure firm entrepreneurial orientation [J]. Journal of business venturing, 1997, 12 (3): 213 - 225.

[21] Bingham C. B., Eisenhardt K. M. Rational heuristics: the 'simple rules' that strategists learn from process experience [J]. Strategic Management Journal, 2011, 32 (13): 1437 - 1464.

[22] 杨超越．浅析管理决策中的启发式思维［J］．现代商业，2008（29）：93 - 94.

[23] 孙彦，李纾，殷晓莉．决策与推理的双系统———启发式系统和分析系统［J］．心理科学进展，2007，15（5）：721 - 845.

[24] Eisenhardt K. M., Graebner M. E. Theory building from cases: opportunities and challenges [J]. Academy of management journal, 2007, 50 (1): 25 - 32.

[25] 黄江明，李亮，王伟．案例研究：从好的故事到好的理论［J］．管理世界，2011（2）：118 - 126.

[26] Gilliland D. I., Bello D. C. Two sides to attitudinal commitment: the effect of calculative and loyalty commitment on enforcement mechanisms in distribution channels [J]. Journal of the Academy of Marketing Science, 2002, 30 (1): 24 - 43.

[27] Elbanna S., Child J. Influences on strategic decision effectiveness: development and test of an integrative model [J]. Strategic Management Journal, 2007, 28 (4): 431-453.

[28] Torrance E. P. Ten ways of helping young children gifted in creative writing and speech [J]. Gifted Child Quarterly, 1962, 6 (4): 121-127.

[29] 郝凤苓. 百姓网的长期“贪婪” [J]. 中国民营科技与经济, 2011 (8): 48-49

鲁商文化核心要素的发展研究

代梦阳　胡保玲①

（青岛理工大学商学院　山东 青岛　266520）

摘　要：鲁商文化传承于儒家思想，“义”“勤”是儒家思想的典型体现，也是鲁商文化的核心要素，其内涵在不同的历史阶段有不同的发展，本文将鲁商文化分为三个阶段，分别是传统鲁商、新鲁商及“互联网+”时代下鲁商，研究了传统鲁商和新鲁商阶段下的“义”“勤”要素内涵表现，并在此基础上提出了“互联网+”时代下鲁商文化核心要素的新内涵。

关键词：鲁商文化；义维度；勤维度

一、引言

商业文化是在商品经济交换中呈现出来的文化特征，区域商业文化特性影响着区域经济的发展。鲁商是在传统儒家文化的滋养下形成的，受其影响深刻。传统鲁商萌芽于春秋两汉时期，发展于唐宋，又在明清阶段实现完形与繁荣。大多数学者将新鲁商界定为改革开放之后，但“互联网+”的兴起改变了人们传统的生产经营方式，应是新鲁商抓住机会蓬勃发展的新阶段。

不同时代的鲁商文化呈现出不同特征，以往研究主要从鲁商文化精神角度进行探索，王兴元，李斐斐（2014）从儒家文化角度将鲁商文化分为仁义、勤奋、和、诚信、官民五个维度[1]42-49；江颖颖（2011）认为鲁商精神主要体现在吃苦耐劳、义利兼备、重情重义三方面[2]62-64。但先前学者只是对鲁商文化内涵笼统概括研究，缺乏从鲁商文化内涵的发展方面对其进行深入分析。儒家思想崇尚“以义

---

① 作者简介：代梦阳（1995-），女，山东沂南人，青岛理工大学商学院硕士研究生；胡保玲（1975-），男，山东嘉祥人，管理学博士，青岛理工大学商学院副教授。

为先”“舍生取义”的优良品质，倡导“天将降大任于斯人也”的吃苦耐劳精神，因此，本文认为鲁商文化要素核心主要体现在“义”和“勤”两维度上，并且其文化内涵在不同历史阶段有不同的发展。

二、传统鲁商文化的核心要素

儒家文化是中国传统文化的核心，它不仅使中国形成了特征鲜明的等级制度，丰富了人们思想，更影响了中国千年的经济文化，而山东作为儒家思想的发源地受其影响最为深刻。传统鲁商根植于儒家传统文化的沃土，在不同时期的文化表现不同，但基本都是以“义”“勤”两维度不断继承和发展。

（一）传统鲁商的义维度

春秋两汉时期，儒家文化最为鼎盛，传统鲁商在此萌芽，圣人们虽不反对商人求利，但指出求利必须在合乎规范的标准之下。孔孟告诫商人“义利并重”，“以义为先”，荀子讲究“以义制利”，义不仅指道义，与高尚道德挂钩[3]68-72，更是指儒家的思想规范，如同现在有形或无形的社会规范，商人必须在规范之下行动，如果逾越就会受到惩罚。孔子弟子子贡是这时期鲁商的典型代表，他遵从师长规范，在“义”的框架之内进行经营活动，成就历史上第一位儒商[4]61-63。

明中期，商帮形式的商人群体、商业集团陆续兴起。经济政策的宽松使山东商人奔走于各地经商并在上海、汉口、北京等地逐渐建立一些商会会所[5]92-93，鲁商商帮在此时基本形成，商人的“义”更是得到了发扬，主要体现在诚信经营和同乡抱团两方面。与顾客诚信，“人无信不立”，“言忠信，行笃敬”，体现在商业上是质优价廉、买卖讲求信誉，不欺骗消费者，孟子后裔孟洛川的店训就是“重信用、讲礼仪、市价不二、童叟无欺”，这无疑是诚信经商的典型代表。与同乡抱团，即团结共赢。由于明清时期处于资本主义萌芽阶段，商人技术、资金等缺乏，鲁商在外地建立商会讲究同乡同业叠合、共享资源、互帮互助，同时明清时期“官本位”思想明显，大型企业多为政府开办，民营企业和平共处、团结一致使他们能在当地存留一席之地，并最终跻身成明清时期的十大商帮之一。

（二）传统鲁商的勤维度

传统鲁商的勤维度主要体现在吃苦耐劳精神。孟子曰：“天将降大任于斯人也，必先苦其心志，劳其筋骨，饿其体肤，空乏其身，行拂乱其所为，所以动心忍性，曾益其所不能”。孔子周游列国宣扬言论，饱经风霜，弟子们弃之而去，但他终成大事。传统鲁商萌芽期深受孔孟思想影响，深谙“吃得苦中苦，方为人上人”的道理，中国传统封建体制下小农经济盛行，而齐地不同于鲁地，多鱼盐，土地贫瘠，百姓常常食不果腹[3]44-45，商人鼻祖管仲在此期间顶着君、臣、民的压力大兴经济改革，鼓励百姓坐地经商，男女均可，将鱼盐出售给来往客乡人以养家糊口，传统鲁商就是在这艰苦的环境条件下萌芽的。至明清时期，传统鲁商吃苦精神尤为显著。史上“闯关东”时山东商人常年来往于关东与山东两地，风餐露宿，贩运粮食、布匹、丝绸、染料等货物到关东各地，返程时装载柞蚕、杂粮、山货等货物销售，终使山东商人在东北商界执牛耳[6]35-38。除了去关东谋生外，山东商人亦承揽江浙沿海一带的货物，并且许多手工业者、农民在北京从小饭馆、小裁缝铺做起，一步步拼搏、坚持，终在北京、江浙等地的餐饮、粮食批发零售等领域有所成就。

尽管在儒家文化“义”“勤”要素的滋养下传统鲁商成就了许多的商业巨子，但同时也带来了某些思想上的束缚。“以义制利”使部分商人固步自封，过度守义而不敢言利；“克己复礼”的保守文化使山东人循规蹈矩、缺乏创新精神；“安土重迁”的守土文化使山东人安于现状，缺乏冒险精神。

表1　传统鲁商文化要素内涵

	义维度	勤维度
传统鲁商	1. 道德、社会规范 2. 诚信、抱团	勤劳苦干

三、新鲁商文化核心要素的继承与发展

改革开放后，新鲁商迎着改革开放的春风锐意进取，卷土重来，成为五大商帮之一，其千年的文化传承与创新功不可没。结合徐尚昆（2012）[7]124-132以内容分析法编制的中国企业文化本土构建量表部分数据（见表2）及新鲁商的现实文化特征，归纳性分析概括海尔、海信、青岛啤酒三家具有代表性的新鲁商企业文化及其他普通鲁商的企业文化要素，并以新鲁商文化要素与浙商作对比，体现新鲁商文化要素的继承发展及其独特性与局限性。

表2　领先新鲁商文化要素

企业	文化要素
海尔	核心价值观、创新、奉献、追求卓越、敬业报国、行动、速度、服务、真诚
青岛啤酒	进取、奉献、创新、严谨认真、务实高效、股东、消费者、社会责任、服务、人才
海信	社会、敬人、敬业、创新、高效、严格、雷厉风行、立信、质量、团结、众志成城、人才、客户

（一）义维度

1. 新鲁商的义维度。新鲁商文化下的义维度不再只是一种规范，而是在诚信和抱团的基础上多了些具体内容。第一，新鲁商将诚信维度发扬光大，不仅体现在产品质量，更体现在服务质量，新鲁商把诚信作为自己的企业理念以承诺消费者，如“海纳百川，信诚无限”的海信，“真情到永远”的海尔等优秀企业。第二，新鲁商的义体现在对利益相关者负责，与员工为义，企业以人为本，为员工提供良好的医疗卫生、养老基金等福利保障，如济南钢铁集团传承已久的以人为本战略，新鲁商尊重人才，为企业员工提供良好的学习条件和晋升机制，帮助其实现其自我价值；与消费者为义，秉承“童叟无欺”观念为消费者提供质量上乘的产品和服务，做良心企业；与股东为义，冲破传统鲁商“以义制利”的观念，不过分言义，在不违背社会道德和社会规范的前提下大胆获利分红股东；与横向合作者竞争者为义，诚信交易，以期长远合作，信守传统鲁商义的道德规范，不恶意竞争。第三，义还表现在商人大义，即企业社会责任，“穷则独善其身，达则兼济天下”，这一思想在新鲁商身上得到了充分体现，如华夏集团参与助学、修路、赈灾等公益活动，并以身作则保护城市生态环境等。新鲁商的社会责任行为数不胜数，真正体现了“达则兼济天下”。

2. 新鲁商与新浙商的义维度对比。在义维度上，新浙商最显著的特点是抱团能力，尽管传统鲁商在明清时期抱团能力明显，但未得到良好传承，新浙商的抱团能力体现在商人的互帮互助，浙江企业家更懂得积少成多，分工协作，把不同行业的不同资源聚集在一起，以巨大的财力物力赢得市场先机，如高度专业化分工的簇群经济以及以商会为引领与全国各地签订的广泛战略联盟等[1]42-49。而鲁商在这一点上表现差强人意，鲁商的团结协作更多的是在国家政府引导下的合作，如国有企业的合并、资源整合等，而在民营企业自发的横向纵向合作中问题层出不穷，这就使新鲁商国有企业发达于民营企业。

（二）勤维度

1. 新鲁商的勤维度。勤在传统鲁商是指埋头苦干，认准一件事就踏踏实实做下去，但在新时期，勤更多了一些灵活、巧干的元素，即追求创新。就数据资料来看，创新是三大领先鲁商都十分看重的一项文化要素。改革开放以来，国家出台各项政策支持企业发展，国有企业、民营企业和外来企业借此机会层出不穷，企业经营范围辐射到各个行业，新鲁商开始认识到创新的重要性，不再埋头苦干，循规蹈矩，而是选择灵活巧干，创新思变。在这个阶段，大部分鲁商都是以技术创新、产品创新为主，如海信、青啤等，着重于以新技术、新工艺、新产品等常态化创新满足消费者多元化需求，但也有海尔独树一帜进行管理思想和经营模式的创新，但尚未达到成熟阶段。

勤的另一种演变是在苦干的基础上寻求速度和效率，即高效。改革开放后的近40年间，企业尤其是民营企业的竞争十分激烈，传统鲁商更多的强调了企业思想高度的提升，侧重于企业道德层面，而忽略了对于一个企业最重要的要素——效率。企业存在的基础是盈利，只靠价格调整买卖的慢节奏盈利方式已然不足，因此必须通过高效化管理运营提升竞争力。三大领先新鲁商为适应时代变化，都将效率作为企业文化的一个重要因素，如行动强调员工的执行力，速度和高效务实强调员工应该高效率办实事，严谨认真、严格、雷雳风行更多强调中高层领导层面，应说一不二，细致认真工作，上下一体，使企业无缝连接，高效运营。

2. 新鲁商与新浙商的勤维度对比。就勤维度来看，新鲁商和新浙商最明显的区别在于创新。浙商作为当今第一大商帮走到今天靠的不止是“草根文化”下的艰苦奋斗，更是冒险勇干的持续创新，浙商的创新具有独立自主性、市场敏感性和冒险主义精神[8]76-78，其民营企业的繁荣就说明了这一点，浙商不靠政府指引方向，而是根据自己敏锐的市场洞察力寻求创新发展，看准了一个商机便会赴汤蹈火般投入、苦干，有舍弃一切、从头再来的冒险主义精神。而鲁商的创新有着儒家文化的特质，那便是稳妥、稳中求胜，凡事追求稳扎稳打，不打没有准备的仗，这造就了山东传统实体经济的成功，但也使鲁商失去了某些机会，减缓了创新的速度，使山东在新网络经济时代处于被动地位。

表3 新鲁商文化要素内涵及新鲁商与新浙商文化要素的对比

		义维度	勤维度
新鲁商		1. 诚信（重点体现在服务上） 2. 与消费者、员工、股东、竞争者合作者为义，厚道 3. 商人大义即企业社会责任	1. 灵活巧干、创新 2. 高效、速度
对比研究	新浙商	抱团、凝聚力显著	冒险主义式创新
	新鲁商	崇尚个人主义、刚愎自用	稳妥主义式创新

四、“互联网+”时代下鲁商文化要素新走向

自2014年李克强总理提出“抓紧制定‘互联网+’行动计划，促进电子商务、工业互联网和互联网金融健康发展”以来，全国范围内企业都开始将“互联网+”作为自己发展的新方向。而山东是实体经济大省，互联网思维尚有欠缺，在此大背景下，新鲁商不仅应转变自己生产观念、盈利模式，更应该丰富自己的企业文化，使全体上下在新环境下形成新型的企业文化氛围，以应对愈演愈烈的竞争。为此，本节整理传统鲁商和新鲁商的文化要素，提出未来在“互联网+”环境下鲁商应具备的文化要素特征。

（一）义维度

山东可谓是大义之省，古有儒家文化的“以义制利”，文学作品中有山东好汉的义薄云天，新时代有新鲁商的商人大义，作为“五常”之一的“义”在鲁商身上体现得淋漓尽致。“互联网 + ”时代下，山东企业更应该将“义”传承并发扬光大。

首先与消费者为义，在信息透明的网络时代，企业对消费者某一点的不负责都会被无限放大、再放大，影响整个企业甚至整个地区的形象，如“青岛大虾”事件。因此，无论线上线下，或全价或折后价，或当地人或外地人，企业都不应区别对待，应为消费者提供优质统一标准的产品和服务，重视消费者建议，帮助消费者维权，为其提供完备的售后服务，避免因细节造成的公司形象受损。其次，人是企业最重要的资源，企业应充分发挥人才的优势，既要为员工谋福利，又要给员工终生学习的机会，在互联网环境下组织员工学习新思想、新技术，使员工核心价值观与企业保持一致，为员工创新打下坚实基础。第三，与其他鲁商抱团。新时期鲁商好个人主义，刚愎自用，不愿与人合作，但正由于这个原因，我们比浙商多走了许多弯路，“天下鲁商是一家”，无论在山东还是其他地区创办企业、发家致富，都不能忘本忘根，应发挥明清时期天下鲁商抱团的能力，在新时期借助互联网加强联系与合作，汇聚资金、资源互补，以求合作共赢；第四，继续传承商人大义精神，在互联网新时代，绿色、低碳成为时代的代名词，先进企业有责任号召中小企业行动起来，将企业社会责任纳入企业文化之列，使其自觉关闭高污染生产线，保护生态环境，关注社会问题，为实现良好秩序的新时代贡献自己的力量。

（二）勤维度

传统鲁商靠着“勤能补拙”的思想在千百年前萌芽生长，又在明清时期的各地将生意做得有声有色，事实证明凡是有所成就的人必先经历痛苦。山东是实体经济大省，“互联网 + ”时代的来临对鲁商的转型来说着实是一大挑战，因此鲁商应该要勤，更应该在苦干的基础上巧干，以智获胜，险中取胜。

第一，勤干苦干，当前企业 80 或 90 后开始顶起半边天，为企业注入新鲜血液的同时也给企业带来困扰，因为他们没有体验过艰苦的生活，吃苦能力尚有欠缺，企业应培养员工的吃苦意识，配套以奖惩制度，使人人埋头苦干，使企业上下形成艰苦奋斗的工作风格；第二，高效务实，山东是儒文化大省，但并不意味着制度和体制的作用微弱，尤其在“互联网 + ”时代下，科技创新日新月异，低效就意味着失败，企业更应该以高效、速度、贡献等为指标评价员工，使收入与效率挂钩，让员工永远以组织利益为第一要务；第三，大力创新，一方面，既要在技术、产品、服务层面增加投入，与众不同，提升企业核心竞争力，又要在管理思想、经营模式层面勇于创新，使企业管理符合互联网时代特征。另一方面，企业高层应具备市场判断力和冒险主义精神，带领企业开拓进取；第四，多方参与创新，创新不只是企业研发部的工作，也是企业全体员工的工作，企业在培训员工终生学习的基础上应鼓励员工提出创新想法，集体创新，另外，粉丝经济带来了用户参与创新这一新模式，企业应多关注消费者意见，鼓励顾客参与创新。

表4 “互联网+”时代下鲁商文化要素内涵

	义维度	勤维度
互联网环境下鲁商新发展	1. 信息透明时代下平等对待消费者 2. 重视人才，为员工提供终生学习机会 3. 抱团，天下鲁商是一家，共同发展 4. 倡导中小企业的企业社会责任行为	1. 引导80、90后员工艰苦奋斗 2. 追求每位员工的速度和效率，使企业形成高效氛围 3. 大力创新，技术层面、产品层面及管理思想层面，加强市场判断力和冒险主义精神 4. 鼓励多方参与创新，尤其员工及消费者

五、总结与展望

鲁商文化传承于儒家思想，千百年来其文化要素内涵丰富且呈现动态发展的特征，本文在已有研究的基础上将鲁商文化分为三个阶段，即传统鲁商文化、新鲁商文化及“互联网+”时代下鲁商文化，并根据前期鲁商发展的文化要素内涵提出了“互联网+”时代下企业应具备的文化要素特征。鲁商文化的“义”由一个规范式的道德约束演变成诚信、团结，又在新时期内化为每个鲁商企业都具备的品质特征，“勤”要素中体现的不再是苦行僧式的吃苦耐劳精神，而是在苦干的基础上灵活巧干、创新思想。但文章只分析了鲁商文化的核心要素，对其他要素尚未进行研究，如“和”“仁”等，未来研究可以在此基础上结合史料进行探索，并且应进一步对鲁商文化要素与浙商、徽商、粤商等南方商帮文化要素进行对比分析研究。未来是“互联网+”的时代，鲁商应在继承传统文化要素的基础上，不断创新思想，丰富自身文化，以良好的姿态阔步向前，迈向新时代。

注释

[1] 王兴元，李斐斐．基于儒家价值观的鲁浙商业文化比较研究［J］．商业经济与管理，2014（1）．

[2] 江颖颖．鲁商文化精神分析［J］．中共济南市委党校学报，2011（4）．

[3] 邵志勤等. 新鲁商文化与现代企业文化建设［M］. 济南：山东人民出版社，2010.
[4] 杨秉强. 仁智合一：鲁商历史与文化［M］. 青岛：青岛出版社，2016.
[5] 刘学良. 鲁商的发展与完形［J］. 传承，2009（5）.
[6] 余同元，王来刚. 关东鲁商之兴起、发展与分布［J］. 鲁东大学学报，2011（5）.
[7] 徐尚昆. 中国企业文化概念范畴的本土构建［J］. 组织与战略管理，2012（19）.
[8] 葛卫芬. 现代商帮比较视角下的浙商自主创新［J］. 中共福建省委党校学报，2008（3）.

多渠道服务环境下顾客迁移的效果：基于顾客的视角①

楼 尊 陈启杰

（上海财经大学 国际工商管理学院 上海 200433）

摘 要： 随着越来越多的服务企业导入基于信息技术的自助服务渠道，促进顾客渠道迁移并多渠道服务环境下顾客行为和客户关系管理成为日益重要的问题和挑战。本文以商业银行导入自助服务技术（SSTs）为例，从顾客的视角探讨渠道迁移效果，实证研究顾客对渠道迁移的评价及其对顾客认知和行为的影响。研究发现，顾客从新渠道服务体验、多渠道协同性等方面是否符合预期来评价渠道迁移满意；这一评价显著影响顾客对多渠道服务提供商的能力信任和善意信任，进而加强了顾客忠诚；而顾客间的渠道使用行为差异对以上影响具有明显的调节作用。

关键词： 顾客迁移满意；善意信任；能力信任；渠道使用习惯；品牌忠诚

一、引言

近年来，众多服务企业纷纷导入允许顾客在没有服务企业的员工的帮助下，自行完成服务产品生产的技术界面——自助服务技术（Self - service Technologies，SSTs），例如ATM机、网上银行、商店的自动扫描、电子机票、网上购物和网上客户服务等等，以期最优化地利用服务资源，降低服务成本、提升服务效率（Meuter et al. 2000；Bitner 2001；楼尊 2009），[1][2][3]。作为一种综合运用先进通讯、

---

① 基金项目：教育部青年基金项目（10YJC630164）。

作者简介：楼尊（1971 -），女，博士，上海财经大学国际工商管理学院副教授；陈启杰（1949 -），男，上海财经大学国际工商管理学院教授，博士，博士生导师。

信息和多媒体技术的服务递送方式，SSTs 也可以理解为一种虚拟的服务递送渠道（e－服务），它改变了传统服务渠道以“人际互动”为基础的服务模式，顾客通过与技术界面的“人机互动”自行生产（创造）服务产品，不需要直接服务员工的介入，从而突破了时间、地域、服务设施等对服务递送能力的诸多限制，被现代服务企业视为竞争优势重要来源的渠道创新。越来越多的服务企业通过创新的虚拟渠道和传统的实体渠道为目标客户递送服务，成为多渠道服务提供商（multi－channel service providers）（Sousa，Voss 2006）[4]。

值得注意的是，服务企业能否成功地导入创新性服务渠道，既取决于其对新细分市场的吸引力，更取决于其短期能否保持和推动原有顾客选择和使用新渠道接受服务即顾客迁移（Customer Migration），和长期能否正确评价迁移效果，在多渠道服务环境下有效管理客户关系。现有的研究大多关注如何有效激励和帮助顾客选择和使用新渠道，即集中于顾客迁移的前置因素，注重从技术吸引力和创新扩散的角度探讨影响顾客渠道迁移的主要因素及其作用机制（Meuter 等人，2000；Bitner 2001；Dabholkar 1996；Neeli，Leone 2003；Dabholkar，Bagozzi 2002；Meuter 等人 2005），[1][2][5][6][7][8]，虽然已有实践表明采用基于网络技术的创新渠道与传统渠道共同递送服务的企业比单一渠道的企业更加成功（Vishwanath，Mulvin 2001；Porter 2001），[9][10]但人们对渠道迁移后的顾客认知与行为讨论不够。本文从顾客的角度关注渠道迁移后的效果及其影响，力图以商业银行用户为例，实证研究在多服务递送渠道环境下顾客迁移后的评价和行为，为现代服务企业在多渠道服务环境下深刻理解和有效管理顾客行为提供有价值的启示。具体地，本研究主要涉及以下问题：（1）顾客如何评价自己从传统服务渠道向自助服务渠道迁移的体验？（2）顾客渠道迁移的满意程度如何影响他们的认知（信任）和行为（品牌忠诚）？（3）顾客渠道使用倾向的差异是否会导致这一影响有所不同？

二、文献回顾与研究假设

（一）顾客迁移及其效果评价

当企业推出新产品或渠道时，保留和敦促现有顾客转而接受新产品或渠道，完成顾客迁移是维持客户关系的重要内容（Sampathkumaran 1994）。[11] Ansari 及其合作者（2008）将顾客迁移定义为顾客在同一企业的多种渠道中重复购买，而不转换其他供应商。[12]本文特指在企业导入 SSTs 的情境下，现有顾客从传统的人际服务渠道转向同一家企业的技术界面实现自助服务的行为。

显然，顾客对渠道迁移效果的评价对其日后的服务接受行为，尤其是渠道和服务商选择具有重要影响。目前，关于这一问题的研究主要集中在顾客对自己迁移至的新渠道（SSTs）的服务质量的评价（Schoebachler 等人 2002；Birgelen 等人

2003；楼尊 2010）。[13][14][15]接受新渠道本身的特点和为顾客创造的利益是驱动顾客渠道迁移的重要动因，但并不能真实和全面地反映顾客渠道迁移后的感知和行为。许多学者将顾客满意作为消费者在之前合作过程中形成的对企业总体表现的正面评价。为此，我们基于“预期－结果”一致性理论（Expectation－Performance Confirmation）（Anderson 等人 1994）[16]引入顾客渠道迁移满意这一概念，总体评价顾客迁移效果。

（二）顾客迁移满意对顾客忠诚的影响

顾客忠诚度是企业持续增长的重要前提，促进和帮助顾客建立品牌忠诚是每个企业的追求。Jones 和 Sasser（1995）将顾客忠诚定义为“顾客对特定公司的人员、产品或服务的依恋或好感，及对某特定产品或服务的未来再购买意愿”。[17] Rust 等人（1993）认为一个忠诚的顾客应该具有以下特征：重复购买、交叉购买、向他人推荐，以及对竞争者的营销活动具有免疫力。[18] Selnes（1998）将忠诚视为“一种对待品牌的积极态度，它能够导致长时间对该品牌的持续购买行为”。[19]

许多学者在众多领域的研究已经证明了满意对顾客忠诚的正向作用（Oliver，1999；Gremler 等人 2001）。[20][21]大量的实证研究表明，满意对顾客购买意图、关系保持和口碑具有正向影响，满意的顾客会继续购买和使用公司的产品和服务，并更乐于接受公司推出的新产品、服务（Bolton 1998；Bolton and Lemon 1999）[22][23]和渠道（Shankar 等人，2003；Bart 等人，2011）。[24][25]所以，我们推断顾客对迁移体验的满意评价会提高其对服务品牌（或企业）忠诚，即：

假设 1：顾客对渠道迁移体验的满意程度正向影响其品牌忠诚。

（三）顾客信任

信任一直被认为是建立交易关系的关键，指一种对他人的可靠及诚实有信心的认知（Morgan 和 Hunt，1994）。[26]顾客对其交易伙伴的信任往往表现相信和依赖对方，相信对方不会采取对自己不利的行动，而且自己愿意采取可能带有一定风险的行动（接受新产品或采用新渠道）来表示这种信任（韩小芸和汪纯孝，2003）。[27]因此，建立顾客对自己的信任是企业维持客户关系的前提。关于信任的维度和形成机制，不少学者有过深入的研究，提出了信任的两大维度——能力信任和善意信任。前者指顾客相信企业有能力以可靠的方法达成其对于顾客的承诺；后者指顾客认为企业将维护顾客利益的重要性置于维护自身利益之上的可能性。顾客通常从两大方面——服务接触过程中可观察到的行为，和交易过程中的政策和惯例——来判断服务提供商是否值得信任（Sirdeshmukh 等人，2002；McKnight 等人，2002）。[28][29]

能力信任与企业满足消费者期待、实现允诺的能力相关。由于 SSTs 服务环境不能提供顾客与服务人员面对面的交流机会，顾客对服务质量常常面临更高的不确定性，顾客对企业满足期待、实现承诺的能力的判断往往借助企业是否提供有安全保障的支付手段、技术、服务及时性、服务失败的补救等多种努力有效提高顾客满意来进行。善意信任是受顾客积极或消极情感因素影响的一种主观判断。传统渠道中服务人员的笑容、语言交流和服务行为等人际互动有利于顾客建立对服务企业的善意信任。SSTs 渠道通过即时、高度互动和周到热情的在线客服，配合严格的服务保证、个性化的服务等，仍然能够使顾客获得良好的照顾和体验，感到满意，进而形成善意信任。因此，我们推断：

假设 2：顾客渠道迁移满意有利于其建立对多渠道服务提供商的能力信任和善意信任。

许多学者的研究证明，顾客的忠诚感受到顾客满意与信任的直接影响。买方只有对卖方感到满意，并产生信任感，才愿意继续合作，建立长期关系（Anderosn 等人，1993）。[30]因此，作为顾客忠诚感的前提和基础，顾客信任感也是购买前后行为之间一个关键的中介变量，能够导致顾客长期忠诚，并将交易双方关系紧密地连结在一起（Singh 等人，2000）。[31]为此，我们推断：

假设 3：顾客渠道迁移满意通过信任的中介作用积极影响品牌忠诚。

（四）渠道使用习惯及其调节作用

SSTs 的发展改变了顾客与服务企业的互动行为。在多渠道服务环境下，顾客的渠道选择和使用行为更加复杂，呈现不同的渠道偏好和选择动机，甚至在购买过程的不同阶段（如信息收集、购买决策）偏好不同的渠道。已有的多渠道研究证实采用不同渠道的消费者在消费行为上存在明显差异。例如，Shankar 和 Smith（2003）发现，虽然在网络可以更轻易地访问其他商户，但虚拟渠道的高风险仍然阻碍顾客放弃已经取得满意的店铺转而尝试新店铺的积极性。[24]所以，当顾客对线上线下两种渠道的服务水平的满意度相当时，对线上服务商的忠诚度要高于线下服务商。在多渠道服务环境下，顾客对不同渠道的满意评价互相影响和强化，增加对服务提供商的整体满意水平。例如，Lariviere 等人（2011）证明，采用不同渠道的消费者表现不同的忠诚和购买行为，[32]而通过多种渠道进行交易的消费者有更高的满意度和更高的忠诚度（Kumar and Venkatesan，2005）。[33] Wallace 等人（2004）针对零售行业所做的研究也证实，对多渠道顾客而言，顾客满意能够更有效地预示忠诚度。[34]因此，我们推断，顾客渠道使用习惯对顾客迁移满意与品牌忠诚之间的关系具有调节作用，即：

假设 4：相比于单一渠道使用者而言，多渠道使用者的渠道迁移满意程度对品牌忠诚的影响更加显著。

综上所述，我们构建概念模型（如图 1），认为顾客渠道迁移效果好坏直接影响了顾客信任的建立，进而影响了他们对该服务品牌的忠诚。而对于不同渠道使用习惯（单一渠道偏好、多渠道偏好）的顾客而言，渠道迁移满意的影响存在明显差异。

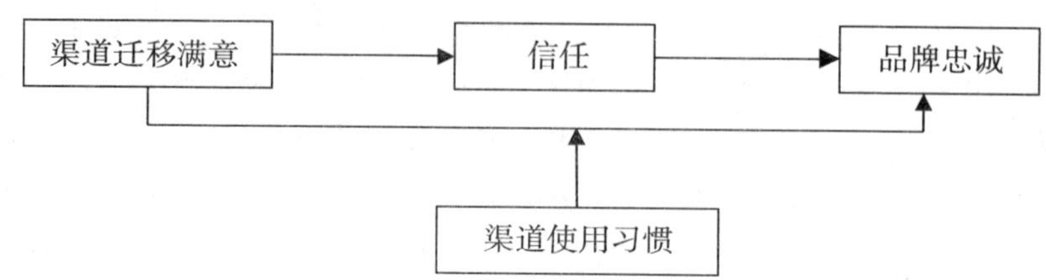

图1　多渠道服务环境下顾客迁移满意对品牌忠诚度的影响

三、研究设计与数据收集

（一）问卷设计与变量测量

本研究所用问卷由三部分构成。第一部分了解受访者使用银行渠道的情况，并请受访者确定一家自己最常惠顾的银行和最常使用的电子银行或自助银行。第二部分请被调查者就其确定的最常惠顾银行为对象，进行主要变量的测量。其中，顾客渠道迁移满意的测量借鉴 Meuter 等人（2000）[2] 的研究成果，采用“我对自己转移到新渠道感到满意”；“转换新渠道的经历符合我的预期”等6个问项；顾客信任参考 McKnight 和 Chervany（2002）[29] 的研究，分为能力信任维度和善意信任维度，分别采用“该银行能够非常有效地为我提供服务”，“该银行的服务能力很强”等5个问项；和“该银行总是尽力帮助我”，“该银行从未企图欺骗我”，“该银行很关心顾客的福利”等4个问项。“品牌忠诚”参考 Sirdeshmukh（2002）等人[28] 的研究，以再购意愿、推荐亲友、态度忠诚和是否把企业作为首选来衡量。以上变量的测量皆采用1～7级的 Likert 量表，“1”表示完全不同意，“7”表示完全同意。对渠道使用习惯的测量采用了语义极差法，请受访者根据自己的实际偏好打分，以“单纯使用网点服务”为“1”，“单纯使用网上银行等自助服务技术渠道”为“10”，描述顾客使用银行服务的渠道选择情况。问卷的最后部分是受访者个人统计资料，包括年龄、性别、职业等。

为检验前测信度和效度，问卷经三位银行经理人员审阅后，在48位 MBA 学生中进行了预调研，利用 SPSS21.0 进行信度和效度分析发现，所有的问项都能较好地反映所测量的变量，表明各量表具有良好的信度和效度，可以用于正式调研。在此基础上，我们进一步对部分问项进行了顺序调整和文字润色，形成最终的正式问卷。

（二）数据收集与样本特征

正式调查于2016年1－2月在上海东北部一所大学的 MBA 和在职硕士研究生班展开，并采取滚雪球的办法，请每位学生联系2－3位同事和朋友参加调查。我们认为这两类学生较多使用银行业务，对相关情况比较了解，而且根据 Shuptrine（1975）的研究，当被访学生熟悉所研究的内容或与实际研究对象有相同经历时，采用学生样本进行研究可以获得较好的外部效度。[33] 所以，本探索性研究可行且具有说服力。此次调查共发放问卷 268 份，回收 265 份，剔除回答不完全的问卷，最终得到有效问卷 235 份。在所有有效样本中，年龄在 25～50 岁之间的中青年人占到多数（213 名，91%）；女性 99 人（42%）。被调查者全部有同时接受一家银行多渠道服务的经历，具有 SSTs 使用经验的时间平均为 6.7 年。

四、数据分析与假设检验

（一）数据信度与效度分析

Cronbach' s α 值是检验数据信度的常用指标，本研究所涉及的主要概念的 α 值都在 0.72 以上（见表 1），表明数据具有良好的信度。效度分析主要包括内容效度和结构效度。本文所采用的测量题项皆以现有文献中经过实证验证并已发表的量表为基础，结合银行业务的实际特征进行修正，且受到业界专业人士审核，并通过预调研，因而可以认为数据的内容效度比较理想。

表 1　主要变量的信度和效度检验

变量	测量题项	Cronbach's α	因子载荷取值范围
渠道迁移满意（CCIS）	6	0.783	0.734～0.872
能力信任（CT）	5	0.871	0.753～0.823
善意信任（BT）	4	0.801	0.765～0.901
品牌忠诚（BL）	4	0.864	0.805～0.862

同时，对各变量测量问项的验证性因子分析（CFA）表明，KMO 值都在 0.78 以上，并通过 Barlett' s 球形检验（$p < 0.000$），且所有的因子载荷系数都处于 0.734～0.901 之间（见表 1），所有题项在各自测量的概念上的因子载荷都在 $P < 0.01$ 水平上显著，说明数据的收敛效度很好。测量模型中各个潜变量的相关性显著地低于 1.0，其置信区间内均不含有 1.0，表明本研究中所使用的测量具有良好的判别效度。

（二）假设检验

1. 顾客渠道迁移满意对品牌忠诚的影响。顾客对渠道迁移体验的评价总体上比较好（样本均值为 4.03），说明顾客认为迁移至新渠道所得到的利益符合甚至超过预期，对渠道迁移比较满意（该题项的均值为 4.20）。以品牌忠诚为因变量，顾客渠道迁移满意为自变量，建立回归模型1（见表2）发现，顾客渠道迁移满意对顾客品牌忠诚有显著的正向影响（β=0.871，p=0.000），假设1得到支持。结果表明，渠道迁移体验对顾客的品牌忠诚行为具有较强的促进作用。

表2 顾客渠道迁移满意对品牌忠诚的影响：信任的中介作用

	回归模型1（因变量：品牌忠诚）	回归模型2（因变量：能力信任）	回归模型3（因变量：善意信任）	回归模型4（因变量：品牌忠诚）
渠道迁移满意	0.871（0.000）	0.642（0.000）	0.631（0.000）	0.320（0.005）
能力信任				0.502（0.000）
善意信任				0.540（0.002）

注：表格中显示的是标准回归系数β，括号中是p值。

2. 顾客信任及其中介作用。为考察顾客渠道迁移满意对品牌忠诚的影响路径，我们引入信任作为中介变量。首先，我们分别以能力信任和善意信任为因变量，渠道迁移满意为自变量，建立回归模型2和3（见表2），结果发现顾客对渠道迁移的评价显著促进了他们对多渠道服务商的能力信任（β=0.642，p=0.000）和善意信任（β=0.631，p=0.000）。假设2得到支持。随后，我们再以牌忠诚为因变量，渠道迁移满意、能力信任和善意信任三者为自变量，建立回归模型4（见表2），结果发现，自变量加入信任变量后，顾客渠道迁移满意对品牌忠诚的直接促进依然达到统计意义上的显著（β=0.320，p=0.005），但影响力明显降低（β值从0.871降至0.32），表明顾客对多渠道服务商的能力信任（β=0.642，p=0.000）和善意信任（β=0.631，p=0.001）起到了部分中介作用，有效地传递了渠道迁移满意对品牌忠诚的直接影响。假设3得到支持。

3. 渠道使用习惯的调节作用。为考察顾客渠道使用行为的差异对渠道迁移效果的影响，我们将品牌忠诚作为因变量，引入渠道使用习惯与迁移满意的交互项作为自变量，建立回归模型。如表3所示，随着交互项的引入，模型调整后的R^2明显增加（从模型5的0.403，增加到模型6的0.490），表明加入交互项后能够更好地解释消费者渠道迁移满意的影响。从模型6中可知，顾客渠道使用习惯对顾客渠道迁移满意与品牌忠诚的关系存在正向调节作用（β=1.246，p=0.001），表明顾客越频繁地使用新渠道，其迁移满意对品牌忠诚的促进作用越强，假设4得到支持。

表 3　渠道使用习惯的调节作用

变量	模型 5	模型 6
渠道迁移满意	0.502（0.002）	1.457（0.009）
渠道使用习惯	0.035（0.873）	3.117（0.003）
渠道迁移满意 * 渠道使用习惯		1.246（0.001）

注：表格显示标准回归系数 β，括号中是 p 值。

五、研究结论与营销建议

（一）研究结论与意义

基于技术的服务创新是现代服务企业竞争优势的源泉，也是理论和实践界关注的热点。本研究拓展现有对自助服务技术的研究，重点考察顾客渠道迁移的满意评价对其迁移后认知和行为的影响，并引入顾客渠道使用习惯作为调节变量考察这种影响的实现条件，更贴近服务组织面临的实际问题。我们基于数据分析的结果证实，顾客迁移满意有利于顾客对服务组织形成能力信任和善意信任，并通过信任的中介作用显著影响品牌忠诚；而多渠道使用者比偏重单一渠道的顾客产品更看重迁移满意对品牌忠诚的影响。

与以往文献多研究营销者如何促进顾客形成向基于技术的创新性服务渠道迁移的行为（意愿）不同，本研究从顾客角度探索渠道迁移的真实效果，实证顾客对渠道迁移体验的评价（满意）对其认知和情感（能力信任和善意信任）具有积极影响，进而促进对企业有利的行为（品牌忠诚）。对力图通过导入自助服务技术采用多渠道战略建立竞争优势的企业，如何理解和优化顾客渠道迁移的效果具有重要指导意义。

（二）营销启示与建议

1. 维持和强化顾客渠道迁移的满意体验。本研究结果表明，顾客渠道迁移满意是影响顾客迁移后建立信任和品牌忠诚的重要条件，因此，企业不能仅仅满足于利用各种促销和激励手段将顾客吸引至新渠道，而应该重视顾客对迁移满意的评价和影响，围绕顾客对核心服务的基本需求以及差异化的利益，来改善各渠道提供的服务以及渠道之间的协同。根据顾客对新渠道的预期和实际使用之间一致性的判断，服务企业应该深刻理解顾客对虚拟渠道的预期，发现迁移过程中的困难和忧虑，及时提供过渡选择和互动支持，不断改善迁移体验。

2. 建立和培养顾客信任。企业要培育真正忠诚的顾客，必须在顾客满意的基础上，逐步增强顾客对企业的信任感。为此，多渠道服务企业必须在各种渠道上建立可靠的服务，强调以顾客为中心的服务能力一致性的同时，借助服务品牌化和企业形象建设，争取顾客的认同和情感依附，让顾客相信企业卓越的服务能力和良好的服务意愿。

3. 促进顾客形成新渠道使用习惯。顾客迁移满意与品牌忠诚之间的关系受到顾客渠道使用习惯的调节。因此，导入 SSTs 的服务企业要准确区分细分市场，不断教育和鼓励消费者试用和使用，做好传统渠道向电子渠道过渡和推荐，并及时关注顾客反馈，随时给予服务支持，在新渠道服务失败时及时补救。利用网络、移动渠道和社交媒体联系和提醒顾客，培养使用习惯。

六、研究局限与未来的研究方向

本研究不可避免地存在一些有待未来研究的完善和深入的不足之处。首先，本研究的调查在样本和行业范围上有一定的局限性，由于方便抽样可能带来的选择偏差和不同行业顾客行为的差别，使得本研究对其他人群或行业的渠道迁移效果有可能得出不一样的结论。后续研究需要考虑不同特点的人群、行业和业务，以提高研究结论的可推广性。其次，多渠道服务商的顾客关系管理是一个日益受到关注的复杂领域，除了需要从心理和行为等更多方面完善顾客视角的研究外，还应该考察顾客渠道迁移行为对企业经营绩效的具体影响，这些问题都值得未来进一步深入研究。

注释

[1] Meuter, M. L. , A. L. Ostrom, R. I. Roundtree, and M. Jo Bitner. self – service technologies: understanding customer satisfaction with technology – based service encounters [J]. Journal of Marketing, 2000, 64 (3): 50 ~ 64.

[2] Bitner, M. Jo. Self – service technologies: what do customers expect? [J]. Marketing Management, 2001, 32 (1): 10 ~ 17.

[3] 楼尊. SSTs 条件下的顾客迁移：感知促销强度和产品熟悉度的影响 [J]. 华东经济管理, 2009 (10): 28 – 33.

[4] Sousa, R. and Voss, C. A. Service quality in multichannel services employing virtual channels [J]. Journal of Service Research, 2006, 8 (4): 356 – 371.

[5] Dabholkar, P. A. Consumer evaluations of new technology – based self – service options: an investigation of alternative models of service quality [J]. International Journal of Research in Marketing, 1996, 13 (1): 29 ~ 51.

[6] Neeli, B. , and Leone. , R. P. Psychological implications of customer participation in co – production [J]. Journal of Marketing, 2003, 67 (2): 14 ~ 28.

[7] Dabholkar, P. A. and Bagozzi, R. P.. An attitudinal model of technology – based self – service: moderating effects of consumer traits and situational factors [J]. Journal of the Academy of Marketing Science, 2002, 30 (3): 184 ~ 201.

[8] Meuter, M. L., Bitner, M. J., Ostrom, A. L. and Brown, S. W. Choosing among alternative service delivery models: an investigation of customer trial of self – service technologies [J]. Journal of Marketing, 2005, 69 (2): 61 ~ 83.

[9] Vishwanath, V. and Mulvin, G. Multi – channels: the real winners in the B2C Internet wars [J]. Business Strategy Review, 2001, 12 (1): 25 – 33

[10] Porter, Micheal. Strategy and the Internet [J]. Harvard Business Review, 2001, 79 (3): 62 – 78.

[11] Sampathkumaran, Screekanth. Migration analysis helps stop customer attrition [J]. Marketing News, 1994, 28 (18): 18 – 19.

[12] Ansari, A., Mela, C. F. and Neslin, S. A. Customer channel migration [J]. Journal of Marketing Research, 2008 (2): 60 – 76.

[13] Birgelen, M. V., Jong, A. and Ruyter, K. Multi – channel service retailing: the effects of channel performance satisfaction on behavioral intentions [J]. Journal of Retailing, 2006, 82 (4): 367 – 377.

[14] Schoenbachler, D. D. and Gordon, G. L., Multi – channel shopping: understanding what drives channel choice [J]. Journal of Consumer Marketing, 2002, 19 (1): 42 – 53.

[15] 楼尊，消费者对 SSTs 的评价与使用——企业形象、自我效能的调节作用 [J]. 管理评论，2010，22 (1): 29 – 36.

[16] Anderson, E. W., Sullivan, M. W. The antecedents and consequences of customer satisfaction for firms [J]. Marketing Science, 1993, 12 (2): 125 – 144.

[17] Jones, T. O. and Sasser, W. E. "Why Satisfied Customers Defect" [J]. Harvard Business Review, 1995, Vol. 73, No. 6, pp. 88 – 99.

[18] Rust, R. T. and Zahorik, A. J. Customer satisfaction, customer retention and market share [J]. Journal of Retailing, 1993, Vol. 69 (2): 193 – 215.

[19] Selnes, F., Antecedents and consequences of trust and satisfaction in buyer – seller relationships [J]. European Journal of Marketing, 1998, Vol 32 (3/4): 305 – 322.

[20] Oliver, R. L. Whence customer loyalty [J]. Journal of Marketing, 1999, (63): 33 – 44.

[21] Gremler Dwayne D., Stephen W. Brown, Mary Jo Bitner, A. Parasuraman. Customer loyalty and satisfaction: what resonates in service contexts? [J]. Journal of Marketing. 2001, Vol 35 (2): 189 – 203.

[22] Bolton, R. A dynamic model of the duration of the customer's relationship with a

continuous service provider: the role of satisfaction [J]. Marketing Science, 1998, 17 (1): 45-65.

[23] Bolton, R. and Lemon, K. N. A dynamic model of customers' usage of services: usage as an antecedent and consequence of satisfaction [J]. Journal of Marketing Research, 1999, 36 (MAY): 171-186.

[24] Shankar, V., Smith, A. and Rangaswamy, A. The relationship between customer satisfaction and loyalty in online and offline environments [J]. International Journal of Research in Marketing, 2003, 20 (2): 153-175.

[25] Bart Lariviere, Lerzan Aksoy, Bruce Cooil, Timothy L. Keiningham Does satisfaction matter more if a multichannel customer is also a multicompany customer? [J]. Journal of Service Management Vol. 22 No. 1, 2011 pp. 39-66.

[26] Morgan, R. M. and Hunt, S. D., The commitment-trust theory of relationship marketing [J]. Journal of Marketing, 1994 (58): 20-38.

[27] 韩小芸，杨立新，汪纯孝，住院病人满意感与忠诚感关系的实证研究 [J]. 中山大学学报（社会科学版），2003，43 (2): 108-128.

[28] Sirdeshmukh, D., Singh, J., Sabol, B. Consumer trust, value, and loyalty in relational exchanges [J]. Journal of Marketing, 2002, 66 (1): 15-36.

[29] McKnight, D. H., C. Kacmar and V. Choudhury, Dveloping and validating trust measures for e-commerce: an integrative typology [J]. Information System Research 2002 (13): 334-359.

[30] Anderson, Eugene W. and Mary W. Sullivan, The antecedents and consequences of customer satisfaction for firms [J]. Marketing Science. 1993, 12 (2): 125-143.

[31] Singh, J. Understanding the structure of consumers' satisfaction evaluations of service delivery [J]. Journal of the Academy of Marketing Science, 1991, 19 (3): 223-44.

[32] Lariviere, B., Keyser, A. D., How technical and functional service quality drive consumer happiness: moderating influences of channel usage [J]. Journal of Service Management 2014, 25 (1): 39-66.

[33] Kumar, V., Raj Venkatesan, Who are the multichannel shoppers and how do they perform? Correlates of multichannel shopping behavior [J]. Journal of Interactive Marketing. 2005, 19 (2): 44-62.

[34] Wallace, David W; Giese, Joan L; Johnson, Jean L. Customer retailer loyalty in the context of multiple channel strategies [J]. Journal of Retailing, 2004, 80 (4): 249-263.

[35] Shuptrine, K. F., On the validity of using students as subjects in consumer behavior investigations [J]. The Journal of Business, 1975, 48 (3): 383~390.

木地板品牌消费者口碑传播形成机理实证研究
——基于福建省的调查数据①

刘路星②

（1. 福建省政府发展研究中心 福建 福州 350003；
2. 福建农林大学 安溪茶学院 福建 泉州 350015）

摘 要： 以福建省的木地板消费者的调查数据为依据，运用结构方程模型的统计分析方法，对木地板品牌的消费者口碑传播影响因素进行了研究，确定了具有显著影响的三大因素和其影响机理：服务质量（0.737）、满意度（0.302）和品牌形象（0.253）。研究结果表明：这三个因素会直接影响口碑传播的形成，而服务质量和品牌形象还会通过满意度的中介效应而间接地形成口碑传播。研究提出应在木地板的选材、加工和环保等方面超越消费者的期望、建立自己独特的品牌形象、在连锁门店实施金牌服务提升工程和打造一条龙服务等，以提升消费者今后的口碑传播。

关键词： 木地板消费者；口碑传播；满意度；服务质量；品牌形象

中国是木地板生产和消费大国，据中国林业工业协会数据统计，2015 年中国地板企业总数达到 5 000 多家，主要集中在浙江、江苏、上海和广东等地。木地板总销量达到 3.8015 亿 m2，其中占主要比例的是强化木地板，大约达到 54%；其次是实木复合地板，大约占 25%；实木地板和竹地板分别占到 10% 和 9%；其他类地板占 2%[1]。随着国内外经济形势变化，木地板生产企业面临一系列威胁和挑战[2]。在此背景下，行业终端市场需求成为关注的热点，消费者心理和消费行为

① 基金项目：福建省中青年教师教育科研项目资助（JAS150227）。

② 作者简介：刘路星（1983－），男，河南洛阳人，管理学博士，福建农林大学安溪茶学院讲师，福建省政府发展研究中心博士后。

对产业起到重要的影响作用[3-5]。国内外学者的研究主要集中于，木地板支付意愿[6-7]、产业集群、企业竞争力[8]，木制林产品的质量安全、风险识别、风险控制[9-11]，以及木地板产品消费者满意模型等[12]。而木地板消费者口碑传播方面的研究相对较少。木地板产品购买是消费者家装的重要开支项目，通常都会征求亲戚或朋友的意见，非常注重外部信息的搜集，最常见和较可靠的外部信息来源就是人际传播，即口碑传播[13]。口碑传播具有非商业性、传播者之间社会关系较紧密、易受消费者关注等特点，已成为消费者决策的重要参考依据[14-16]。一旦消费者形成良好的口碑，就会通过朋友圈、人脉关系和线上社交媒体等为企业进行宣传，从而提升产品的知名度和美誉度。本研究从消费者口碑传播视角切入，采用木地板零售企业实地调研的数据进行实证分析，找到口碑传播形成的重要影响因素，并有针对性地提出政策建议。

一、材料与方法

（一）调研方法

课题的调研团队由 3 位老师和其指导的 5 位硕士研究生构成，调查的对象针对福建省福州市、泉州市、厦门市的红星美凯龙、百安居和居然之家等家装市场展开，选择 2015 年 1 月至 2015 年 12 月曾经在这些店铺有购物经历的消费者作为抽样的总体，以回访消费者的形式进行问卷调查。涉及的木地板品牌包括了国内主流的大自然、圣象、德尔、扬子、安信、升达、世友、菲林格尔、福人和木臣一品等。在问卷的回收过程中，为了保证问卷的质量，调查人员会剔除掉问卷在作答时前后矛盾的样本和作答内容过少的样本，以保证问卷的质量。调查在 2016 年 3 ~ 4 月展开，总共发出问卷 450 份，收到的有效问卷为 382 份，有效率达到了 85%，样本的基本情况如表 1 所示。

表 1　调查样本基本情况

基本信息	组别	频数	比例/%
性别	男	214	56.02
	女	168	43.98
年龄	25 岁及以下	22	5.76
	26 ~ 35 岁	121	31.68
	36 ~ 45 岁	108	28.27
	46 ~ 55 岁	73	19.11
	56 岁及以上	58	15.18

续表

基本信息	组别	频数	比例/%
受教育程度	高中及以下	148	38.74
	大专	134	35.08
	本科	81	21.20
	硕士及以上	19	4.98
职业	公务员	41	10.73
	国有企业单位	49	12.83
	外资单位职员	68	17.80
	私营企业职员	126	32.98
	个体工商户	78	20.42
	其他	20	5.24
人均月收入	2 000 元以下	16	4.19
	2 001 ~4 000 元	47	12.30
	4 001 ~6 000 元	143	37.43
	6 001 ~8 000 元	112	29.32
	8 001 元及以上	64	16.76

（二）分析方法

1. 研究设计

在口碑传播的形成机理中，有学者认为品牌形象会影响消费者在实际生活环境和网络环境中的口碑传播。当某一品牌形象涉入度高时，消费者会更加主动地进行扩散宣传[17]。品牌形象高的产品能降低消费者的感知风险，增进消费者的好感，从而提升口碑传播的意愿[18-19]。同时，还有学者认为在服务业中，服务品质是关键的变量，其可以通过消费者的内心感受形成满意度，并提升消费者的推荐意愿[20]。口碑传播可以认为是消费者满意度的回馈方式，一种消费者满意与否的总体评价[21-23]。在满意度的研究中，普遍认为其是口碑传播的主要前置变量，当消费者的满意度更高时，他们就更愿意免费为企业做出推荐[24-26]。

另一方面，有文献提出消费者的忠诚度也会提升其与品牌之间的联系，会让消费者更多的公开推荐和转介绍[27]。但是其研究的对象主要集中在餐饮、旅游、住宿和快速消费品行业，这些行业的性质让消费者有再惠顾、再购买的可能性，而本文研究的对象是木地板零售业，属于耐用消费品，大多数情况下是一次性购买，即使遇到有些家庭翻新旧房、装修第二套房二次购买时，其购买周期也变得很长。因此，研究基于上述原因将忠诚度这一变量剔除掉。

综上，根据前人的文献研究成果，在木地板销售行业中，构建了口碑传播形成机理的结构方程模型[28]，具体如下所示：

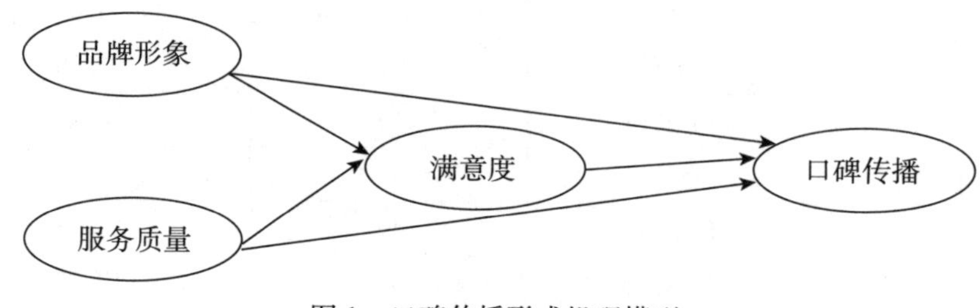

图 1 口碑传播形成机理模型

结合图 1 的理论模型和相关文献的观点，可以认为：满意度、品牌形象和服务质量都会直接影响到消费者口碑传播的形成，服务质量和品牌形象还可能会通过满意度的心理变量间接地影响口碑传播。因此，提出如下假设：

H_1：木地板企业的品牌形象会显著正向影响口碑传播

H_2：木地板企业的品牌形象会显著正向影响满意度

H_3：木地板企业的满意度会显著正向影响口碑传播

H_4：木地板企业的服务质量会显著正向影响满意度

H_5：木地板企业的服务质量会显著正向影响口碑传播

2. 变量选取

口碑传播被认为是顾客在经历了消费活动之后，主动推介给他人，和身边的朋友相互讨论，或者将购物、就餐、产品使用感受作为经验向别人分享的行为[26]。通过产品或服务特点的讨论或交流，进而影响他人评价与消费倾向的过程[29]。因此，研究按照此定义设计口碑传播的测量内容，主要包括了向他人推荐，提及产品的优点等内容。

品牌形象指的是在人们心中存在的对于企业的印象，即当人们听到企业的名称或看到企业的商标时，头脑中浮现出来的对于该企业品牌、企业文化、企业精神、企业价值观的联想[30-31]，主要是由消费者在过去和企业的接触过程中形成的经验，由这些经验形成的主观的印象和感知。品牌形象不仅具有通常的物理属性，同时也具备消费者的心理特征，是企业的产品和服务在消费者的心中的定位。根据上述文献，研究认为品牌形象主要包括品牌标志、品牌等级等属性。

随着 2007 年以来服务业的高速发展，服务质量的研究备受关注。服务质量是消费者的一种主观感受，不仅包括在服务过程中商家所使用到的各种设施，重点还包括处在一线的服务人员与顾客接触时给其留下的感受。学术界普遍认为，服务质量可以从有形性、可信赖性、响应性、确保性和同理心等 5 个角度来测量[32]，通过七级打分的李克特量表形式对服务质量进行具体的观测。因此，研究内容包括木地板零售企业的实体店铺中的有形性、店员服务的可信赖性、店员对于客户的问题的回应性、服务过程中的保障性和服务员能够设身处地的替顾客考虑等方面。

满意度早期通过“期望不确认模型”提出，通过消费者的期望和感知绩效相比较而得出，反映了消费者认为特定的产品或服务能够满足自身需要的程度[33]。满意度是经过消费体验后愉悦或失望程度，有学者从整体性来评价满意度，也有学者从分层次的角度来评价满意度[34]。结合上述定义，认为满意度从木地板使用的分层角度出发，主要包括木地板产品的质量、环保和后期保养方面的评价。

综合已有的研究成果，共确定了口碑传播、服务质量、品牌形象和满意度4个潜变量作为研究对象，选取了33个测试题目作为上述4个变量的观测变量，用李克特七点尺度量表进行测量，其中最高分为7分，表示“非常同意”；6分表示“同意”，5分表示“稍微同意”，4分表示“没意见”，3分表示“稍微不同意”，2分表示“不同意’，最低分1分表示”非常不同意”。具体题目如表2所示。

表2　口碑传播形成要素的潜在变量、观测变量指标

潜在变量	符号	观测变量	符号
服务质量的有形性	TAN	该品牌的店铺位置宽敞，易于停车	TAN_1
		该品牌的店铺装修、装潢舒适	TAN_2
		该品牌的销售人员统一着装、仪容端正	TAN_3
		该品牌的各种产品的标价清晰，并配有产品简介	TAN_4
		该店铺的木地板商品分类陈列，店面环境整洁	TAN_5
服务质量的可信赖性	REL	该品牌的店员关于木地板的了解很全面	REL_1
		该品牌的店员经过相关知识的培训，比较专业	REL_2
		该品牌的店员能够客观的评价每种地板的优劣	REL_3
		该品牌的店员在不同时间的说法前后一致	REL_4
服务质量的响应性	RES	该品牌的服务人员很乐意帮助顾客解决家装方面的需求	RES_1
		该品牌的服务人员会很热情地回答顾客的问题	RES_2
		该品牌的服务人员会通过微信、QQ和电话等形式和顾客保持联系	RES_3
服务质量的确保性	IND	我相信该品牌的服务人员提供给我的信息	IND_1
		我认为该品牌的后续安装、保养的服务技能过硬，值得信赖	IND_2
		该品牌会针对不同的户型提出解决方案	IND_3

续表

潜在变量	符号	观测变量	符号
		该品牌的店铺营业时间长、方便购物	IND_4
服务质量的同理心	EMP	该品牌的服务人员能够设身处地地为顾客考虑	EMP_1
		该品牌的服务人员能够预先知道顾客的需求	EMP_2
		该品牌的服务人员能够提供个性化的产品	EMP_3
		该品牌的服务人员在送货时间、安装时间上给予了顾客很多方便	EMP_4
		该品牌的服务人员能够积极地为顾客争取优惠的力度	EMP_5
品牌形象	CI	该品牌是全国名优木地板	CI_1
		该品牌形象代言人、品牌标志等有个性	CI_2
		该品牌在消费者中的口碑较好	CI_3
满意度	CS	该品牌有明确的厂名、等级、木材名称（树种）、检验合格证等	CS_1
		该品牌的木纹层清晰、拼缝平整、光滑，榫槽咬合合适	CS_2
		该品牌在环保方面（例如甲醛）的标准合格	CS_3
		该品牌后期的铺装工作容易解决	CS_4
		该品牌后期的保养容易，易打理	CS_5
口碑传播	WOM	我会关注该品牌地板各方面的信息	WOM_1
		有人请我推荐时，我会推荐该品牌的地板相关品牌	WOM_2
		我会主动向亲朋好友提及该品牌地板的优点	WOM_3

3. 计算方法

对于样本中口碑传播、服务质量、品牌形象和满意度等变量，为了了解样本的分布情况，研究采用 SPSS 的描述统计的分析方法，测算了不同变量分布的百分比区间[35]。因为问卷采用的是七点尺度，因此 4 分为中立的选项，单独列示，其余的项目是用取平均值的方法确定其归属的区间。为了检验问卷数据的可信赖性和一致性的程度，采用 SPSS20.0 软件对数据进行检验。通过计算样本数据的克隆巴赫系数（Cronbach’s a）来判断数据的可靠性和量表的信度[35]。而样本数据的效度和因子载荷量通过结构方程模型的 AMOS21.0 软件计算验证性因子分析而计算得出[28]。

对于口碑传播的因变量计算，由于其是消费者内心的状态变量，无法直接衡量，需要通过调查问卷的形式进行观测。这种潜变量的处理适合用结构方程模型的 AMOS21.0 软件来完成[28]。研究的结构方程模型如下：

$$\eta = B\eta + \Gamma\xi + \zeta$$

公式中 η 表示 $m*1$ 向量，内生潜变量，即品碑传播；B 表示 $m*m$ 矩阵，内生潜变量 η 的系数，代表内生潜变量之间的相互影响；Γ 表示 $m*n$ 矩阵，外生潜变量 ξ 的系数，代表外生潜变量对内生潜变量的影响；ξ 表示 $n*1$ 向量，外生潜变量，即品牌形象、服务质量和满意度；$\zeta m*1$ 向量，为结构方程模型中的随机误差项。

其中外生潜变量的最终影响因素由直接效应和间接效应两部分构成，直接效应来自路径的影响系数，间接效应来自于中介变量作用下两条影响路径系数的乘积。

二、结果与分析

（一）消费者口碑传播形成要素分析

在品牌形象的认知方面，除了6.8%的消费者保持中立的态度以外，有7.2%的消费者表示不了解、或不认同该品牌，有86%的消费者表示该木地板品牌是有知名度的，品牌是有独特的特征的（表3）。该数据的指标较高可能是因为研究的抽样地点选择的是百安居、红星美凯龙等全国知名家具卖场，其经营的木地板属于较高端的品牌，在品牌建设、广告宣传等前期投入的成本较多。同时，随着网络、媒体等信息传播效率的提高，消费者接触到的信息更多，更容易去了解相关信息。因此，市场的品牌认可度较高。

在服务质量的认知方面，除了6.3%的消费者保持中立的态度以外，有22.8%的消费者表示在购买过的木地板品牌中，存在着服务质量的缺陷，有70.9%的消费者表示认可该品牌的服务（表3）。该数据的指标表明，消费者对于品牌的服务投诉和不满较多，主要集中在有些大品牌在售后服务上参差不齐，在安装环节请了第三方的安装队来施工，出现了相互推诿的情况。另外，木地板品牌在房屋勘测、测量面积和花色挑选等方面服务还不到位，还有提升的空间。

在满意度的认知方面，除了10.5%的消费者保持中立的态度以外，有15.2%的消费者表示不满，有74.3%的消费者表示满意或非常满意（表3）。该数据的指标表明消费者的不满主要集中在木地板的纹理和色差、环保达标和后期保养等方面。因此，木地板品牌要特别注意在上述方面达到消费者的预期，超越消费者的期待。

在口碑传播的认知方面，除了8.9%的消费者保持中立的态度以外，有

23.8%的消费者表示没有向他人传播的意愿，有67.3%的消费者表示今后可能会向他人谈论或推荐该品牌（表3）。该数据的指标表明消费者的后期传播的意愿还是偏低的，相比较于其满意度而言。数据说明木地板品牌虽然做到了一定程度的满意，但是消费者后期的积极性、主动性还有待提高。因此，木地板品牌需要运用营销策略，打开消费者的绝对心理阈值。

表3　消费者对于各潜变量评价的分析/%

评分区间	服务质量评价	品牌形象评价	满意度评价	口碑传播评价
1.00~2.00	5.0	0.2	1.0	1.8
2.01~3.00	6.8	3.1	6.3	8.1
3.01~3.99	11.0	3.9	7.9	13.9
4	6.3	6.8	10.5	8.9
4.01~5.00	36.1	36.9	33.2	36.9
5.01~6.00	22.3	30.9	24.9	19.4
6.01~7.00	12.5*	18.2*	16.2*	11.0*
合计	100.0	100.0	100.0	100.0

说明：*考虑到了尾差的处理

（二）信度、效度及验证性因素分析

信度、效度检验结果（表4）发现，各个潜变量的克隆巴赫系数都在0.501~0.779之间，其组成信度在0.799~0.947之间，因子的负荷量在0.534~0.955之间，符合结构方程模型分析的标准[36]，问卷量表具有较高的一致性和可靠度。为下一步进行结构方程模型的分析奠定了基础。

表4　信度、效度检验及验证性因素分析

潜在变量	观测变量	FL	SMC	1-SMC	CR	AVE	Cronbach's a
TAN	TAN_1	0.819	0.671	0.329	0.896	0.636	0.633
	TAN_2	0.817	0.667	0.333			
	TAN_3	0.635	0.403	0.597			
	TAN_4	0.852	0.726	0.274			
	TAN_5	0.843	0.711	0.289			
REL	REL_1	0.835	0.697	0.303	0.826	0.545	0.541
	REL_2	0.725	0.526	0.474			
	REL_3	0.710	0.504	0.496			
	REL_4	0.672	0.452	0.548			

续表

潜在变量	观测变量	FL	SMC	1 - SMC	CR	AVE	Cronbach's a
RES	RES_1	0.800	0.640	0.360	0.804	0.579	0.575
	RES_2	0.784	0.615	0.385			
	RES_3	0.694	0.482	0.518			
IND	IND_1	0.685	0.469	0.531	0.826	0.543	0.541
	IND_2	0.731	0.534	0.466			
	IND_3	0.737	0.543	0.457			
	IND_4	0.792	0.627	0.373			
EMP	EMP_1	0.672	0.452	0.548	0.842	0.517	0.513
	EMP_2	0.755	0.570	0.430			
	EMP_3	0.769	0.591	0.409			
	EMP_4	0.711	0.506	0.494			
	EMP_5	0.684	0.468	0.532			
CI	CI_1	0.823	0.677	0.323	0.853	0.660	0.657
	CI_2	0.809	0.654	0.346			
	CI_3	0.805	0.648	0.352			
CS	CS_1	0.690	0.476	0.524	0.838	0.511	0.509
	CS_2	0.820	0.672	0.328			
	CS_3	0.676	0.457	0.543			
	CS_4	0.735	0.540	0.460			
	CS_5	0.639	0.408	0.592			
WOM	WOM_1	0.663	0.440	0.560	0.822	0.609	0.604
	WOM_2	0.892	0.796	0.204			
	WOM_3	0.769	0.591	0.409			

（三）实证结果分析

结构方程模型分析的实证结果表明（表5），在消费者口碑传播的形成机理过程中，有3个因素起到了重要的作用，按照影响程度大小来排列分别是：服务质量、满意度和品牌形象。在影响的路径方面，满意度会直接影响口碑传播的意愿，而服务质量和品牌形象不仅会直接影响口碑传播，而且会通过满意度的心理中介变量间接影响口碑传播的形成。

服务质量对于消费者的口碑传播有显著正向影响，在显著性 $p = 0.01$ 的情况下通过了检验。其标准化路径下的直接效应系数为0.552，间接效应系数为0.185，总效应系数为0.737。在服务质量的量表测量中，可信赖性和确保性的影响因素最大，其次是同理心、有形性和响应性。这可能是因为在木地板品牌的销售过程中（研究的调查范围是在各主要家居卖场的连锁门店中进行，不同于网络店铺），消费者最多接触的是品牌的一线销售人员，因此销售人员的态度和表现就极大地影响了顾客后续的传播意愿。消费者特别关注服务人员对于木地板的专业程度、热情程度及可信任程度，如果消费者认为该销售人员是具备专业素质并且人品可信赖的，就会渐渐产生对于品牌的满意，由此衍生出下一步向他人宣传的想法。同时，因为木地板的购买不是一次性的交易活动，不仅包括在现场的谈判和选购，还涉及了前期的房屋勘测和后期的铺装，因此消费者也特别关注木地板品牌的一系列服务和后期的保养服务。如果后期的服务能够得到顾客的好评，那么也会增加他们向亲朋好友宣传的可能性。

满意度对于口碑传播有显著的正向影响。在显著性 $p=0.01$ 的情况下通过了检验。其标准化路径系数为0.302。从测量的5个题项上看，CS1的影响系数最大，反映了消费者对于木地板的厂名、等级和木材名称比较关注。这可能是由于木地板区别于手机、电视等品牌，消费者首先关注的是材质。因此优异的选材，例如中国或国外的稀有、珍贵树种往往能得到消费者的认同。其次达到消费者满意的因素是CS2木纹层清晰、拼缝的做工、含水率等指标，这可能是由于消费者也同时关注木地板的做工和工艺，因为木地板毕竟是一种家庭的装饰品，需要消费者在审美方面的认同。最后同样重要的是CS3甲醛环保方面的指标，这可能是由于2014～2016年的负面新闻报道增多，尤其是针对首套购房者的年轻夫妇，会着重考虑对于婴幼儿的影响，因此会考虑环保的因素。

品牌形象对于消费者的口碑传播有显著正向影响，在显著性 $p=0.01$ 的情况下通过了检验。其非准化路径下的直接效应系数为0.186，间接效应系数为0.070，总效应系数为0.253。从3个题项的测量中，CI1的影响系数最大，表明消费者在购买后期的再推荐意愿的形成中，首先考虑的是品牌的知名度和品牌效应。这可能是由于在国内的消费环境中信息不对称引起，消费者处于“不完全理性”的状态，没有精力去成为该行业的专家，只能通过品牌广告、行业协会、国家政府的宣传来进行购买决策。其次重要的是CI2品牌的形象的辨识度，实证结果表明，个性鲜明的品牌形象、品牌形象的设计也可以提升消费者后续的口碑传播。

表 5　实证研究结果

原假设	影响系数	实证结果
H_1	0.183***	支持
H_2	0.231***	支持
H_3	0.302***	支持
H_4	0.611***	支持
H_5	0.552***	支持

说明：*、**、***分别表示在10%、5%和1%水平下通过显著性检验。影响系数为标准化路径系数。

三、结论与建议

（一）结论

第一，对于口碑传播而言，有67.3%的顾客愿意在今后向他人推荐，说明木地板品牌在此方面还有提升的空间。今后需要运用市场营销的策略和方法来提升顾客之间的口口相传的意愿，从而提升品牌的市场空间。

第二，从口碑传播的形成要素描述性统计来看，有86%的消费者对木地板的品牌有普遍的认可，说明木地板品牌在前期的宣传深入人心，有较强的影响力。而消费者对于木地板的满意度比例只有74.3%，表示不满的原因主要是产品的质量方面的问题。对于服务质量而言，有70.9%的消费者认为服务过程的体验较好或很好，出现投诉服务的领域集中在售后服务的领域，例如地板的铺装和施工质量监督等。

第三，从口碑传播的路径系数来看，服务质量是最重要的影响因素，影响力排在第二位的是满意度，其次的因素是品牌形象。

（二）建议

为了提高木地板品牌在消费者中的口碑传播效果，提升品牌在消费人群中的声望，结合研究的结论，木地板品牌营销工作的重点是提高服务质量，其次是打造较高的满意度，最后是营造独特的品牌形象。具体包括3个方面：

第一，木地板品牌应该在提升品牌的质量的同时培养实体连锁门店的优秀店长，提升门店的服务管理水平。在连锁门店实施“金牌服务提升工程”，打造优秀的服务之星，以提升一线的销售人员的业务素质和销售技能；打造一条龙服务，完全解决顾客的后顾之忧，倡导一站式服务的理念，从免费的测量、地板铺装的方案设计、免费送货、提供安装、免费仓储和售后终身维护等贴心服务，解决消费者潜在的顾虑，将事前、事中和事后的服务做到极致。

第二，木地板品牌需要设计令人消费者满意的品牌，因为高的满意度就会慢慢地演变为今后的口碑传播。研究结果表明，使消费者满意的因素主要集中在木地板的选材、加工和环保等方面，因此应该着重宣传“硬木材树种、稳定性佳、耐磨耐腐蚀、通过泡水膨胀测试、承重力测试和横向密度测试”等品质，设计高性价比的品牌，全面的超越消费者的期待，从而形成高的满意度。

第三，木地板品牌应该建立自己独特的品牌形象，包括一整套统一的 CIS 品牌识别系统，这样才能让消费者在众多的木地板品牌中有辨识度。在品牌的职工着装及各连锁门店所开展的一切营销活动都要围绕着品牌所宣传的核心理念而展开。木地板品牌的核心理念要和消费者潜在的观念契合一致，反映其普遍关心的“通过国外的环保认证标志、细菌符合标准、甲醛排放合格、是否环保”等主题。

注释

[1] 中国林产工业协会地板专业委员会.2015 年我国地板行业销量情［EB/OL］. http：//www.cnfloor.org/show.php? contentid = 415，2016 - 02 - 03/2016 - 06 - 06.

[2] 林伟明，吴语香，陈忠.后危机时代木制品国际竞争力影响因素研究［J］. 林业经济，2015，37（11）：57 - 62.

[3] 郑志浩.城镇消费者对转基因大米的需求研究［J］. 管理世界，2015（3）：66 - 75.

[4] 李光明，蔡旺春，黄永春.基于消费者价值视角的购物网站特性对电子忠诚度的影响［J］. 软科学，2015，29（7）：98 - 101.

[5] 吴林海，王淑娴，朱淀.消费者对可追溯食品属性偏好研究：基于选择的联合分析方法［J］. 农业技术经济，2015（4）：45 - 53.

[6] 刘睿雅，李小勇，张砚.消费者购买森林认证木地板产品的支付意愿分析［J］. 资源开发与市场，2016，32（4）：453 - 458.

[7] 田明华，王东亮，程宝栋.中国木地板企业开展森林认证的思考［J］. 林产工业，2008，35（6）3 - 8.

[8] 李志刚.基于 GEM 模型的浙江南浔木地板产业集群竞争力的实证分析［J］. 林业经济问题，2011，31（4）：351 - 356.

[9] 崔敏.木质林产品质量安全风险评价与控制研究［D］. 北京：中国林业科学研究院，2014：173 - 174.

[10] 张卫军.强化木地板生产企业的原材料品质管理［J］. 中国人造板，2012（8）：44 - 48.

[11] 黄军，李玉平，邓绍宏.湖南林产品质量安全现状及发展对策［J］. 湖南林

业科技，2007，34（6）：68－69.

[12] 周伟忠．木地板产品顾客满意度理论与实证研究［D］. 南京：南京林业大学，2011：49－60.

[13] BONE P. Determinants of word－of－mouth communications during product consumption［C］//JOHN F S，BRAIN S. Advances in Consumer Research Volume 19. Provo，Utah：Association for Consumer Research，1992：579－583.

[14] HARRISON－WALKER L J. The measurement of word－of－mouth communication and an investigation of service quality and customer commitment as potential antecedents［J］. Journal of Service Research，2001，4（1）：60－75.

[15] VOYER P A. Word－of－mouth processes within a services purchase decision context［J］. Journal of Service Research，2000，3（2）：166－177.

[16] WIRTZ J，CHEW P. The effects of incentives，deal proneness，satisfaction and tie strength on word－of－mouth behaviour［J］. International Journal of Service Industry Management，2002，13（2）：141－162.

[17] HSIEH A，LI C. The moderating effect of brand image on public relations perception and customer loyalty［J］. Marketing Intelligence & Planning，2008，26（1）：26－42.

[18] DODDS W B，MONROE K B，GREWAL D. The effects of price，brand，and store information on buyers' product evaluations［J］. Journal of Marketing Research，1991，28（3）：307－319.

[19] ANGELIS M D，BONEZZI A，PELUSO A M，et al. On braggarts and gossips：A self－enhancement account of word－of－mouth generation and transmission［J］. Journal of Marketing Research，2013，49（4）：551－563.

[20] OH H. Service quality，customer satisfaction，and customer value：a holistic perspective［J］. International Journal of Hospitality Management，1999，18（1）：67－82.

[21] CRONIN J J，BRADY M K，HULT T M. Assessing the effects of quality，value，and customer satisfaction on consumer behavioral intentions in service environments［J］. Journal of Retailing，2000，76（2）：193－218.

[22] HARTLINE M D，JONES K C. Employee performance cues in a hotel service environment：influence on perceived service quality，value，and word－of－mouth intentions［J］. Journal of Business Research，1996，35（3）：207－215.

[23] GITTEL J H. Relationships between service providers and their impact on customers［J］. Journal of Service Research，2002，4（4）：299－311.

[24] HUTCHINSON J，LAI F，WANG Y. Understanding the relationships of quality，value，equity，satisfaction，and behavioral intentions among golf travelers［J］.

Tourism Management, 2009, 30 (2): 298 – 308.

[25] CARPENTER J M, FAIRHURST A. Consumer shopping value, satisfaction, and loyalty for retail apparel brands [J]. Journal of Fashion Marketing and Management, 2005, 9 (3): 256 – 269.

[26] WIRTZ J, CHEW P. The effects of incentives, deal proneness, satisfaction and tie strength on word – of – mouth behaviour [J]. International Journal of Service Industry Management, 2002, 13 (2): 141 – 162.

[27] REICHELD F F, SASSER W E. Zero defections: quality comes to services [J]. Harvard Business Review, 1990, 68 (5): 105 – 111.

[28] 吴明隆. 结构方程模型：Amos 实务进阶 [M]. 重庆：重庆大学出版社，2013: 23 – 75, 143 – 187.

[29] AGARWAL S, TEAS R K. Perceived value: mediating role of perceived risk [J]. Journal of Marketing Theory & Practice, 2001, 9 (4): 1 – 14.

[30] LAU G T, LEE S H. Consumers' trust in a brand and the link to brand loyalty [J]. Journal of Market – Focused Management, 1999, 4 (4): 341 – 370.

[31] KELLER K L, HOUSTON M J. The effects of brand name suggestiveness on advertising recall [J]. Journal of Marketing, 1998, 62 (1): 48 – 57.

[32] PARASURAMAN A, ZEITHAML V A, BERRY L L. Servqual: a multiple item scale for measuring consumer perceptions of service quality [J]. Journal of Retailing, 1988, 64 (1): 12 – 40.

[33] OLIVER L A. Cognitive model of the antecedents and consequences of satisfaction decisions [J]. Journal of Marketing Research, 1980, 17 (4): 462 – 470.

[34] FORNELL C. A national customer satisfaction barometer: the Swedish experience [J]. Journal of Marketing, 1992, 56 (1): 6 – 21.

[35] 陈胜可. SPSS 统计分析从入门到精通 [M]. 北京：清华大学出版社，2013: 77 – 89, 436 – 443.

[36] HAIR J F, BLACK W C, ANDERSON R E, et al. Multivariate data analysis [M]. Englewood Cliffs, NJ: Prentice Hall, 2009: 677 – 679.

OTC 药品的品牌偏好及其影响因素分析

高　翔　张艳霞　谢棚晖①

（1. 广州医科大学 卫生管理学院　广东 广州　511436；
2. 广州工商学院 经贸系　广东 广州　510850）

摘　要：了解消费者对 OTC 药品品牌是否存在偏好，哪些因素影响品牌偏好的形成，进行问卷调查，使用 SPSS 和 EXCEL 进行结果分析和验证。结果显示，大部分消费者对 OTC 药品品牌存在品牌偏好，存在“品牌接触→品牌认知→品牌形象→品牌偏好”的循序渐进过程。在品牌偏好的形成过程中，各环节存在影响关系，推动消费者对 OTC 药品品牌偏好的形成。

关键词：品牌偏好；影响因素；OTC 药品

一、研究背景和目的

随着科技的不断进步和国家政策的逐次开放，我国 OTC 药品市场不断地完善和扩大。根据《2016—2021 年中国 OTC 行业市场前瞻与投资战略规划分析报告》数据显示，我国现有药物大约 1.5 万种，而 OTC 产品有 4727 个，其市场规模已超过 2000 亿人民币。到 2020 年，我国 OTC 药品市场规模将位居全球第一。[1] OTC 药品市场的不断扩大，使得更多的企业看到商机。医药企业要想在剧烈变化而又竞争激烈的 OTC 药品市场中生存下来，必须制定出合理的营销策略，为企业的发展创造出众多的业绩。

在本次研究中，本文以问卷调查的方式，对不同年龄、不同身份、不同地域的消费者进行调查，通过了解对 OTC 药品品牌的认知、品牌的接触、品牌的形象、

---

① 作者简介：高翔（1978 - ），男，管理学博士，广州医科大学卫生管理学院讲师；张艳霞（1974 - ），女，法学硕士，广州工商学院经贸系讲师；谢棚晖（1995 - ），管理学学士，从事医药营销工作。

品牌的偏好、竞争者品牌信息来判断消费者是否对 OTC 药品存在品牌偏好，分析影响形成（或不形成）品牌偏好的因素。从而基于数据分析对 OTC 企业的经营提出营销策略建议。

二、文献综述

在以消费者主导的现代市场，品牌是消费者选择产品的一个非常重要的因素，由此形成的消费者品牌偏好表现为情感偏好、认知偏好和行为倾向偏好。在过去的研究中，有学者认为品牌偏好的形成是一个过程，而这个过程会经历哪些步骤，不同学者持有不同的意见。马鸿飞（2008）在研究中认为消费者形成品牌偏好要经历“品牌认知→情感偏好→行为倾向偏好→品牌偏好”。[2]蔡培（2008）则认为品牌偏好的形成是“品牌认知→品牌态度→品牌偏好”。[3]整体而言，品牌偏好的形成须经历品牌认知、品牌接触、品牌形象、品牌偏好等几个重要阶段，它们会因具体情况不同而在位序上有所差异。

根据 Sha Yang 等 2002 年的研究，品牌偏好的影响因素应归为两个方面，一是消费者自身的因素，包括性别、年龄、教育程度等，另一个则是外部环境因素。朱凌，王盛，陆雄文（2003）提出中国消费者对中外品牌的偏好以及实际购买行为会因产品类型的不同而产生变化。年龄、个人收入、文化程度和地域会对消费者中外品牌偏好的形成产生显著影响[4]。赵占波，何志毅（2009）根据 2004 年 7—10 月北京大学管理案例中心在全国 32 个大中城市调查收集的数据，探讨了消费者中外品牌偏好的关键影响因素。研究发现年龄、教育程度和家庭月收入是主要影响因素[5]。

综上，当前主要以品牌偏好的定性研究居多，尚缺乏专门针对 OTC 药品品牌偏好的实证研究，本文对此加一探讨。

三、研究设计

（一）调查对象的选择和样本分布

本次研究面向社会，调查对象是具有 OTC 药品消费能力且自行购买过 OTC 药品的 18 岁以上消费者。样本分布主要以北京和广州为主，同时涉及部分其他城市。

（二）调查实施

本研究采取问卷调查法，数据运用 Microsoft Excel 和 SPSS17.0 for Windows 软件进行描述统计和差异性检验，对量表部分的几大因素将会采用相关分析和回归分析。

（三）研究假设

在文献分析基础上，提出以下假设：
H_1：消费者个人条件与OTC药品品牌偏好的形成具有相关性。
H_2：OTC药品品牌接触与OTC药品品牌认知具有正相关关系。
H_3：OTC药品品牌认知与OTC药品品牌偏好具有正相关性。
H_4：OTC药品品牌形象与OTC药品品牌偏好的形成具有正相关性。
H_5：相互竞争的OTC品牌与OTC药品品牌偏好具有负相关性。

四、研究结果

（一）描述性分析

1. 基本信息概况。样本中的男女比例差距较大，女性被调查者占36.2%，男性被调查者占63.8%。年龄分布主要集中在18～35岁，城市居民（66.3%）较多。中等收入的人数比例较大，大多数被调查者拥有较高学历（本科及硕士以上）（71.4%）。在职业方面，主要集中在学生、企业职员和事业单位职员。总体来说，问卷的派发比较合理，基本上能够反映不同特征人群的意见和态度，具有较好代表性。

2. 药品了解程度。将被调查者对药品了解的不同程度赋予分数进行分析，不了解=1分、比较了解=2分、非常了解=3分。统计分析后发现，均值只有1.92，说明了大部分被调查者对药品并不了解。所以总体上看，消费者对于药品的了解程度并不高。

消费者购买OTC药品首先是生病所需，占55.34%；其次是家里备用，占36.21%；此外为给长辈使用或其他用途。调查显示大部分消费者购买OTC药品的主要途径为通过普通药店和医院，而部分消费者也通过便利店选购OTC药品。

3. 影响消费者购买OTC药品的渠道。调查显示，消费者在选购OTC药品时非常关注药品生产商的地位、声誉和疗效以及身边亲友的推介，而对产品的包装、价格、口感、开启或服用的方便性、药店促销员的推荐等则关注度一般。

（二）量表信度和效度分析

本文采取Cronbach，s α法进行信度分析。$\alpha<0.35$，表示信度低；$0.35<\alpha<0.7$，表示信度中；$\alpha>0.7$，表示信度高。本研究所用量表的各部分都大于0.7，甚至大部分大于0.85，表示这份量表具有较高的信用度。

本文采用相关系数分析法进行效度检验。各变量之间存在相关性且相关系数绝对值都大于0.5，说明各变量间的关系紧密。KMO值大于0.8，表明此问卷具有非常高的有效性。

（三）量表变量分析

1. 量表变量相关性分析

表1 各变量相关系数表

	品牌认知	品牌接触	品牌形象	品牌偏好	竞争品牌
品牌认知	1				
品牌接触	0.693**	1			
品牌形象	0.668**	0.791**	1		
品牌偏好	0.592**	0.702**	0.828**	1	
竞争品牌	0.521**	0.627**	0.662**	0.616**	1

注：**表示在0.01水平（双侧）上显著相关

表1可见各变量间的相关系数r皆大于0.5，$P<0.01$。按$\alpha=0.05$标准，变量间的相关系数有统计学意义，即存在正相关关系。

2. 个人自身条件和OTC药品品牌偏好的形成

个人自身条件包括许多方面，本文主要探讨的是个人条件中的月平均收入和个人学历对OTC药品品牌偏好形成的影响。对月平均收入和个人学历的数据采用单变量方差分析方法进行研究。

分析得知$P=0.011<0.05$，按照$\alpha=0.05$标准，认为个人条件（个人学历）与OTC药品品牌偏好的形成具有相关性。分析得知$P=0.0186<0.05$，按照$\alpha=0.05$标准，认为个人条件（月平均收入）与OTC药品品牌偏好的形成具有相关性。

3. 品牌接触与品牌认知、品牌形象的关系

1）品牌接触与品牌认知。对数据进行回归分析，得出$P=0.000<0.01$，按0.05标准，认为拟合回归方程具有统计意义，说明品牌接触与品牌认知具有显著相关性。标准化系数β值的绝对值为0.693，说明品牌接触对品牌认知的作用较大。根据拟合回归方程绘制品牌接触与品牌认知的线形图，显示品牌接触与品牌认知有正向的相关性。

2）品牌接触与品牌形象。同上，将品牌接触和品牌形象的数据进行分析，得知$P=0.000<0.01$，按0.05标准，认为拟合回归方程具有统计意义，说明品牌接触与品牌形象具有显著相关性。标准化系数β值的绝对值为0.791，说明品牌接触对品牌形象的作用较大。根据拟合回归方程绘制品牌接触与品牌认知的线形图，显示品牌接触与品牌形象有正向的相关性。

4. 品牌认知与品牌偏好。就品牌认知对品牌偏好三个维度之间的相关系数来

看，P＝0.000＜0.01，说明品牌认知对认知偏好、情感偏好、行为倾向偏好具有显著相关性。而三个维度的标准系数β值都在0.5左右，说明品牌认知对品牌偏好三个维度的作用都差不多，没有太大的差异。

为了进一步验证和分析品牌认知与品牌偏好的关系，对品牌认知与品牌偏好做回归分析。P＝0.000＜0.01，说明品牌认知对品牌偏好具有显著相关性。而标准系数β＝0.592，说明品牌认知对品牌偏好具有一定的作用。

5. 品牌形象与品牌偏好。表2显示了模型的拟合情况，决定系数R方为0.625，表明品牌偏好的62.5%可由品牌形象的变化来解释，说明该回归方程数据的拟合程度比较好。表3展示的是通过给出回归模型拟合过程中每步的方差分析结果，回归平方和为7353.483，残差平方和为3366.877，回归平方和远大于残差平方和，说明线性模型解释了总平方和中的绝大部分，拟合效果较好。通过图1品牌形象和品牌偏好的线性模型，品牌形象对品牌偏好具有较高的相关性和紧密性，并且两者的关系属于正相关关系。

表2　模型汇总

	自变量	R	R方	调整R方	标准估计误差	非标准化系数		标准系数	t	Sig.
						B	标准误差	试用版		
品牌偏好	品牌形象	0.791	0.625	0.624	4.13728	1.078	.037	.828	29.483	0.000

表3　ANOVA[b]

		平方和	df	均方	F	Sig.
1	回归	7353.483	1	7353.483	869.258	0.000
	残差	3366.877	398	8.459		
	总计	10720.360	399			

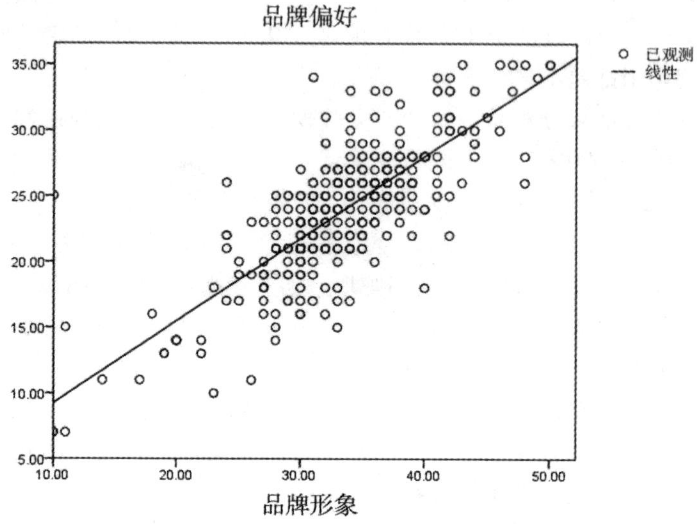

图 1　品牌形象与品牌偏好线性图

6. 竞争者品牌与品牌偏好

在 OTC 药品市场中繁多的产品信息会给消费者的选择带来困扰，因此预先假设为竞争品牌对品牌偏好具有反作用关系。但是数据分析显示，竞争品牌对品牌偏好具有促进作用。结合表 4 和表 5，P = 0.000 < 0.01，说明了竞争者品牌对品牌偏好具有显著相关性。

表 4　模型汇总

	自变量	R	R 方	调整 R 方	标准估计误差	非标准化系数		标准系数	t	Sig.
						B	标准误差	试用版		
品牌偏好	竞争者品牌	0. 616	0. 380	0. 378	4. 08733	1. 119	0. 082	0. 567	13. 700	0. 000

表 5　ANOVA[b]

		平方和	df	均方	F	Sig.
1	回归	4071. 272	1	4071. 272	243. 698	0. 000
	残差	6649. 088	398	16. 706		
	总计	10720. 360	399			

五、解释和营销意义

（一）解释

通过相关性和回归分析，对假设进行了验证，验证结果见表6。

表6　假设结果汇总

假设	假设内容	验证结果
H_1	消费者的个人条件与OTC药品品牌偏好的形成具有相关性	支持
H_2	OTC药品品牌接触与OTC药品品牌认知具有正相关关系	支持
H_3	OTC药品品牌认知与OTC药品品牌偏好具有正相关性	支持
H_4	OTC药品品牌形象与OTC药品品牌偏好的形成具有正相关性	支持
H_5	相互竞争的OTC品牌与OTC药品品牌偏好具有负相关性	不支持

进一步对假设分析结果进行讨论：

H_1假设研究的是消费者个人条件对OTC药品品牌偏好形成的影响，本文主要研究的是消费者个人条件中的个人学历和月平均收入对OTC药品品牌偏好形成的影响，具体来说，消费者个人条件对OTC药品品牌偏好的形成具有直接性的影响。因为个人学历和月平均收入直接影响着消费者的生活环境，而生活环境直接影响着消费者的购买行为。当他们的生活环境较优越的时候，不太会注重产品的价格，而是更注重产品的质量，只要是产品质量好的，他们不会随意变换产品。长时间下来，会形成产品的品牌偏好。反之，当消费者的生活环境较差的时候，购买产品的时候更多注重的是产品的价格，会根据市场中产品的价格波动对产品进行更换，这样就难以形成产品品牌偏好。

H_2假设研究表明：人的记忆是有限的，须通过不断的产品接触才能产生深刻的记忆。消费者可以通过不同的渠道、场景接触到OTC产品。消费者对特定的OTC品牌进行接触的场景越多，频率越高，对该品牌产生的认知就越深。除此之外，消费者对特定的OTC品牌接触的场景越多，频率越高，对该品牌产生的品牌形象（或印象）也越丰富。

H_3假设研究表明：消费者通过不断地接触OTC产品产生认知，之后逐渐会产生情感偏好，最后形成行为倾向偏好。认知偏好、情感偏好、行为倾向偏好构成品牌偏好的主要判断维度，而消费者的品牌认知直接或间接地对这三个维度产生正向的影响。

H_4假设研究表明：品牌形象有正面也有负面，其影响因素有公司形象、服务态度、产品质量等。产品品牌形象影响着消费者对该品牌的情感和购买行为。品牌形象越正面，消费者信任度越高，产生更多正面的情感。

H_5假设研究表明：通过分析验证，相互竞争的 OTC 药品品牌对品牌偏好产生促进作用。原假设不成立的原因应在于只考虑到过多的产品信息会使消费者产生认知混乱，并没有考虑到相互竞争的 OTC 品牌对品牌偏好的调节作用，当相类似的品牌出现在消费者面前的时候，会引起消费者对原品牌的记忆，反而加深了对原品牌记忆，从而强化品牌偏好。

（二）营销策略建议

通过对 OTC 药品品牌偏好的研究，对 OTC 企业提出以下营销建议。

1. OTC 药品品牌在广告推广时，要注意突出其特色，尽量以重复性或创意性的语言进行宣传。消费者的记忆是有限的，只有通过不断地接触 OTC 药品品牌，才会留下深刻记忆。品牌的接触会使消费者在有意或无意间对品牌加深印象。OTC 企业若希望消费者对其品牌产生品牌偏好，首先要使消费者接触到产品，认知产品。而广告宣传是消费者接触到品牌信息的主要途径，所以企业在对产品进行广告宣传时候要以重复性或创意性的语言进行宣传，从而增强消费者对产品品牌的记忆。

2. OTC 企业要时刻注意和维护品牌形象，在传播过程中要注重产品质量、公司形象、服务态度。品牌形象是影响品牌偏好的一个重要因素，它能够直接或间接地影响品牌偏好的形成。企业在传播过程中要注重品牌形象的维护和传播，在消费者心目中树立正面的品牌形象。消费者在选购 OTC 药品时，除了产品品质也会在乎品牌个性的定位。所以企业在推广过程中，不仅要突出产品品质，还需要将企业品牌个性加以强化宣传，方能使品牌形象深入消费者心中。

3. OTC 企业要注重口碑营销。OTC 药品是一种特殊食品，它与消费者的生命健康息息相关。所以消费者在选购此类产品时会很谨慎，也更依赖于口碑影响。通过个人途径和经验途径传播的信息在消费者中的信任度都比较高，企业通过加强这两个途径的推广宣传，可以较高提升其品牌形象。OTC 企业在宣传推广产品质量的同时，要将产品服务作为附带条件一同体现。优秀产品质量和良好服务的结合，较易形成良好口碑，使消费者愿意向周围人推荐。

4. OTC 药品企业要重视体验营销。体验营销可增加消费者与企业之间的互动性。OTC 药品企业的体验营销并不局限于将企业产品直接交给顾客试用，还可在产品推广活动中变换与消费者互动的形式与层次，如增设与产品相关的知识讲座，让消费者更加了解产品信息，加深对产品的印象和了解。从而通过互动体验促进对品牌偏好的形成。

注释

[1] 2016－2021 年中国 OTC 行业市场前瞻与投资战略规划分析报告［R］. 前瞻网 . http：//www. qianzhan. com/indynews/detail/214/15202－8ab13bf1. html.

[2] 马鸿飞 . 消费者品牌偏好的形成及行为经济学视野的分析 . 中国流通经济［J］. 2008（07）：62－64.

[3] 蔡培 . 消费者个体差异对品牌偏好改变的重要干扰 . 西安交通大学学位论文［D］. 2008：21－24.

[4] 朱凌，王盛，陆雄文 . 中国城市消费者的中外品牌偏好研究 . 管理世界［J］. 2003（09）：123－129.

[5] 赵占波，何志毅 . 中国消费者中外品牌偏好及关键影响因素实证研究 . 财经论丛［J］. 2009（04）：94－99.

基于 AHP 分析法的网络精准营销研究

陈静怡[①]

（福建商学院 工商管理系 福建 福州 350012）

摘 要：大数据技术的发展和移动网络的普及，给企业营销活动带来了新的契机。越来越多的企业开始关注客户个性化需求，一种新型营销模式——网络精准营销应运而生。网络精准营销强调利用大数据技术，在合适的地方，通过合适的渠道，向合适的客户提供合适的产品和促销信息，进而提高营销效率。针对网络精准营销影响要素，构建 AHP 层次分析模型进行量化分析，为企业营销实践提供参考。

关键词：网络精准营销；AHP 分析法；大数据

一、引言

伴随互联网技术日新月异的更替，网络营销从大众互动走向个性精准。2009 年大数据概念和技术的兴起，给网络营销带来新的契机。与传统网络营销强调覆盖率和创意性相比，大数据背景下的网络营销更强调“海量数据挖掘”和“个性精准营销”，尤其是随着 MapReduce 降维技术的成熟和 Hadoop 数据处理平台的搭建，能更好地帮助企业追踪用户需求，用合适的产品、服务、价格和渠道为客户提供精准化的营销信息。

Zaixia HAN（2015）结合云计算，从技术环境角度分析网络精准营销实施的条件[1]；万红玲（2014）从技术支持和消费者心理角度，强调大数据背景下的网络精准营销必须软硬结合，将理性数据和感性思维有机结合在一起[2]；玄文启

① 作者简介：陈静怡（1984 - ），女，福建宁德人，硕士，福建商学院工商管理系讲师。

(2015) 提出，通过人工智能、信息决策系统的数据优化分析，更好地推进网络精准营销[3]；仲凯旋（2015）构建AISAS模型深入分析和优化网络精准营销[4]。不难发现，目前对网络精准营销的研究，主要是质性分析网络精准营销的特质和对策，较少涉猎网络精准营销的量化研究。而随着网络精准营销的日渐深入，从实证角度开展科学有效的研究，值得理论和实务界关注。

二、网络精准营销的特点和现状分析

得益于大数据处理技术，网络精准营销能够针对特定的目标受众，开展系统全面的信息追踪搜集，进而有针对性地实施个性化营销活动，增进客户感知价值，提高企业营销活动的效果和效率。

（一）网络精准营销的特点

1. 拥有综合庞大的数据信息。相关资料显示，截至2016年末，我国拥有7.31亿网民，比2015年同期增长6.25%，大量网民带来海量的网络数据。尤其是随着AWS、Rackspace、Azure等云服务的深入，预计到2020年，我国的数据量将突破8.6ZB，涵盖事务、网页、视频、传感等多种类型，从而对信息的存储过滤、甄选分析、营销挖掘提出更高的要求。

2. 具有系统精准的市场定位。海量数据背景下的网络营销更强调精准性。企业集合Cookies追踪技术、LBS定位技术等追踪用户轨迹，获取客户信息全貌，并利用Mapreduce、Hadoop等数据存储分析工具来顺利锁定目标顾客，实现精准定位。

3. 强调客户为上的互动沟通。在追求高效率快节奏的现代社会，互联网的发展加剧了人们生活的“碎片化”，即使面临大量广告的狂轰滥炸，也很难让消费者关注不熟悉的产品和服务，导致营销的效果差强人意。而网络精准营销强调以客户为中心，一方面，通过实时信息的搜集分析、追踪预测，找准受众，实施恰如其分的营销活动，提高客户满意度；另一方面，企业还鼓励客户积极参与反馈，分享消费体验，互通有无，进而优化服务类目，增强客户粘性。

4. 实施多方资源的共享整合。网络精准营销强调对多方资源进行共享整合、实时更新，通过开放云数据平台的搭建，整合企业内部各方数据，如顾客购买数量、消费评价、网站建设、营销手段、供应链服务等，实时追踪更新，互通有无，进而优化决策过程，深化营销精准程度。

（二）网络精准营销的流程

网络精准营销借助大数据技术开展客户信息收集挖掘、更新应对，不断完善客户关系，实现个性化的精准营销。具体包括以下五大步骤：

1. 制定营销目标。结合企业的实际情况，遵循SMART原则，即确立“具体

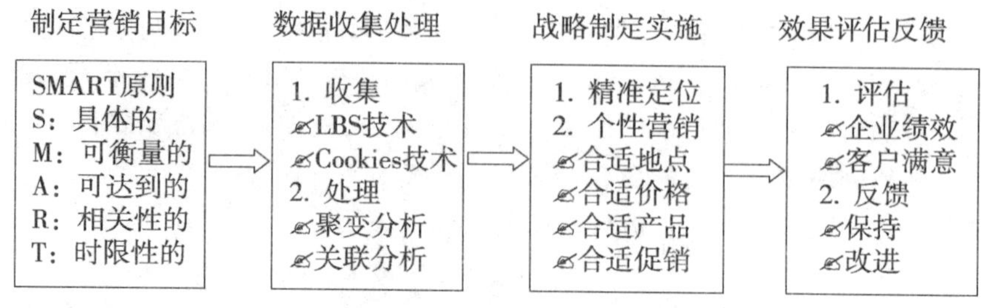

图1 网络精准营销流程

的、可达到的、可衡量的、相关性的、时限性的”目标，帮助营销人员更好地开展工作，具体包括老客户维护和新客户开发两个方面。

2. 数据收集处理。首先，企业借助 LBS 位置服务技术和 Cookies 网址追踪技术，有效地追踪记录客户的 IP 地址、个人资讯、位置信息、浏览数据等，较全面系统地收集客户信息；其次，借助多元数据挖掘技术，开展相关信息的聚类和关联分析，整理优化信息资源，去伪存真，提高信息的价值量。

3. 战略制定实施。结合企业各级营销目标和客户信息分析情况，精准定位，制定恰如其分的营销战略，在合适的地点，通过合适的渠道，将合适的产品和服务，以合适的价格、合理的促销模式，传递给合适的客户，从而实现网络精准营销。

4. 效果评估反馈。通过客户消费体验的真实反馈，解读客户的满意程度，进一步帮助企业了解营销目标的实施情况，更好地优化网络营销活动，形成有效的闭环反馈。

（三）网络精准营销存在的问题

近年来，依托大数据技术开展的网络精准营销发展速度极快，已成为众多传统行业营销转型的救命稻草。但网络精准营销在实际应用过程中仍存在以下问题：

1. 观念盲目。当下过热的网络精准营销概念宣传，导致众多企业盲目跟风，片面地把“网络精准营销”等同于“销量提升的唯一法宝”，而忽略信息的“碎片化”和个人关注的分散性，所开展的相应数据分析和营销工作偏离“精准”，导致企业整体营销绩效不佳。

2. 技术缺陷。目前，大数据技术虽然发展迅猛，但面对封闭复杂的网络世界，海量信息或变化莫测，或有限开放，或实时更新，很难实现专业化、精准性的研判，无法获取系统全面的客户信息，导致网络精准营销无从下手。

3. 人员缺失。众所周知，网络精准营销工作的开展得益于大数据技术。目前我国从事大数据工作的人员仅46万，未来3－5年内该缺口将高达150万。而在企业中，能够将数据技术和营销模式有机结合、充分利用多元知识背景、开展网络精准营销的专业人才更是少之又少。

4. 安全隐患。当下，网络环境缺乏有效监督，导致网络平台上充斥各式各样的安全隐患。有数据显示，2015 年全球数据泄密事件高达 1673 起，涉及 7 亿多条数据记录，甚至过半数的世界 500 强企业都曾遭遇数据泄密事件，严重损害网络用户的生命财产安全。因此，企业在利用数据技术开展网络精准营销时，应该慎之又慎，谨防出现恶性信息泄漏事件。

三、基于 AHP 分析法的网络精准营销模型构建

层次分析法（Analytic Hierarchy Process，简称 AHP），作为一种系统决策分析的工具，强调把与决策有关的内容按照相应层次分解为目标——准则——方案，并结合定性、定量分析，设置相关权重，开展层次鲜明的系统分析。

（一）构建网络精准营销的 AHP 层次分析模型

根据 AHP 分析法的相关要求，结合网络精准营销的基本流程和存在问题，从目标层 O、准则层 C 和因素层 P 三个方面入手，构建网络精准营销的层次分析模型，深入探讨如何更好地应用数据和网络技术，进一步挖掘客户的真实需求，推进良性互动沟通，为客户提供适合的产品和服务，优化网络精准营销的效果，具体情况如图 2 所示。

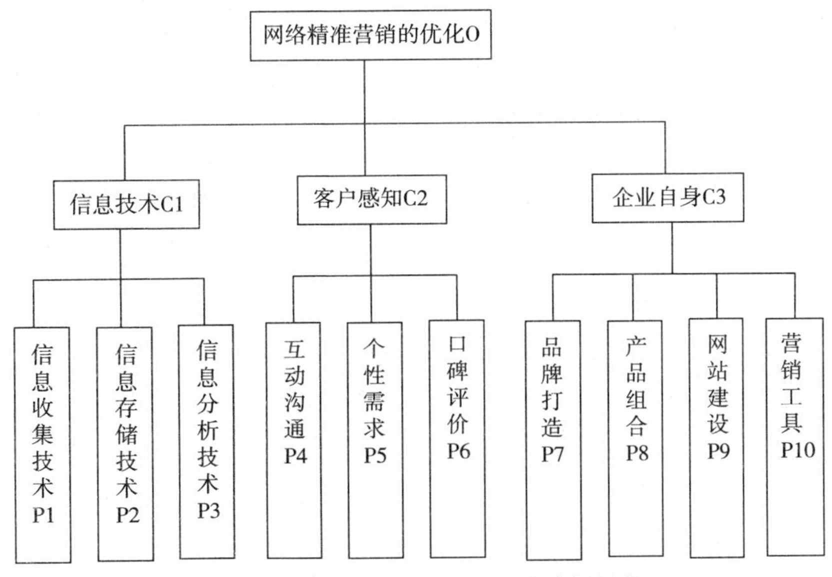

图 2　网络精准营销的 AHP 层次分析结构

1. 目标层 O。强调构建该模型的目标在于分析影响网络精准营销的相关因素，更好地优化网络精准营销的效果。

2. 准则层 C。表示影响网络精准营销的相关因素，具体包括：（1）信息技

术——C1。在互联网高速发展的今天，数以亿计的信息数据渗透到各行各业，加上移动科技和实时通信技术的大量普及，不断推动企业营销环境的剧变。企业要在纷繁复杂的海量数据环境中，更好地实施网络精准营销，就必须建立从信息收集、存储到分析，全方位、多方面的有效系统：第一，信息收集技术 P1，企业应结合 LBS、COOKIES 等多元追踪定位技术，实时追踪和捕抓目标用户的各种信息，如个人 ID、消费习惯、浏览路径、兴趣偏好、购买方式等；第二，信息存储技术 P2，面对多渠道收集来的海量数据，企业必须及时存储，这就需要一个足够强大的信息存储平台，借助 MPP 数据库、Hadoop 数据平台等存储介质，收集各类结构或非结构化的数据；第三，信息分析技术 P3，面对大数据的狂轰滥炸，企业很容易被各种数据淹没而无从下手，获取真正有效的客户信息，这就要求企业拥有过硬的数据分析技术，通过自建或外包，开展切实有效的数据分析挖掘，并利用聚类、交叉、个性、仿真等分析工具，力争从海量数据中寻找有价值的资源，全面深入地掌握客户需求动向。

（2）客户感知——C2。传统的网络营销只重视渠道的拓展和流量的集聚，导致客户普遍满意度不高。而网络精准营销则是以客户为中心，依托大数据技术，通过全方位、立体化地解读客户的消费习惯、个人偏好等信息，重塑和优化客户关系，增加客户感知。它强调，第一，互动沟通 P4，企业利用各种实时沟通工具，在第一时间与目标客户开展直接、有效的沟通，实时掌握客户需求动向，增进对客户的精准了解；第二，个性需求 P5，互联网时代强调“用户为王”，客户不再满足于大众消费，更多追求个性体验，企业创造条件，让客户参与到产品的设计、生产、营销、流通中，充分发挥想象、释放个性，用个性化的产品、价格、渠道和促销，满足其需求，从而完善购买体验；第三，口碑评价 P6，对于新晋消费者和过客型消费者而言，良好的口碑评价有利于吸引客户，推动购买行为，因此企业重视口碑营销，通过正面、有价值的信息传播来扩大对目标受众的影响，完善和提升营销渠道。

（3）企业自身——C3。在市场竞争日益激烈的今天，大众化的网络营销方式很难脱颖而出，取得成功。企业要实施个性化网络精准营销就必须重视自身建设，不断提高竞争力。第一，加大品牌打造 P7，众所周知，良好的品牌形象是企业的无形资产，能够不断加深用户对品牌的认知，在实现品牌忠诚的同时，自觉主动地为企业开展品牌推广，扩大营销效果；第二，产品组合的设计 P8，要获得客户的持续购买，企业就必须在全面获取客户信息的基础上，通过多元化的产品组合，达到差异化的竞争效果；第三，网站建设 P9，网站作为客户接触企业的第一门面，应该通过合理的布局、顺畅的浏览、个性的设计和互动的界面等，逐步完善用户体验；第四，营销工具的选择 P10，企业可以借助大量流行、易用的营销工具，如搜索引擎、微信、微博、二维码等，为网络精准营销带来新鲜血液。

（二）确定标度

构建重要性标度定量表，反映两两比较的情况，具体见表1。

表1　重要性标度定量表

标度	含义
1	表示两要素相比，同等重要
3	表示两要素相比，前者比后者稍重要
5	表示两要素相比，前者比后者明显重要
7	表示两要素相比，前者比后者强烈重要
9	表示两要素相比，前者比后者极端重要
2，4，6，8	表示上述判断中间状态的对应值
倒数	以上相反状态

（三）构造判断矩阵，并进行一致性检验

根据重要性标度原则，结合问卷调查、专家评价和德尔菲法，获取基础数据，并针对准则层C和方案层P，构造两两判断矩阵，对网络精准营销的影响因素进行大致估计，因存在一定主观因素，故引入自由度指标，开展一致性检验。

首先，求得每个判断矩阵的最大特征根 λ_{max} 和特征向量Q；其次，求出CI和CR，其中，$CI = \frac{\lambda_{max} - n}{n - 1}$，$CR = \frac{CI}{RI}$，而RI作为自由度指标的修正值可查表得，具体见表2；

表2　自由度指标

维数n	1	2	3	4	5	6	7	8	9	10
RI	0.00	0.00	0.58	0.90	1.12	1.24	1.32	1.41	1.49	1.51

最后，开展相应判断，当且仅当CR≤0.1时，判断矩阵才有意义，否则必须开展调整。

现根据以上步骤，利用MATLAB数学软件开展计算，具体结果见表3－6。

表3　目标层O与准则层C之间的判断矩阵

O	C1	C2	C3	Q	
C1	1	1/5	1/3	0.1047	λ_{max} =3.0385
C2	5	1	3	0.6370	CI =0.0193
C3	3	1/3	1	0.2583	CR =0.0332≤0.1

表 4 准则层 C1 与方案层 P 之间的判断矩阵

C1	P1	P2	P3	Q	
P1	1	2	1/5	0. 1666	λ_{max} =3. 0142
P2	1/2	1	1/7	0. 0938	CI =0. 0071
P3	5	7	1	0. 7396	CR =0. 0122≤0. 1

表 5 准则层 C2 与方案层 P 之间的判断矩阵

C2	P4	P5	P6	Q	
P4	1	1/3	2	0. 2385	λ_{max} =3. 0183
P5	3	1	4	0. 6250	CI =0. 0071
P6	1/2	1/4	1	0. 1365	CR =0. 0122≤0. 1

表 6 准则层 C3 与方案层 P 之间的判断矩阵

C2	P7	P8	P9	P10	Q	
P7	1	2	3	5	0. 4694	λ_{max} =4. 2913
P8	1/2	1	3/2	5/2	0. 2347	CI =0. 0071
P9	1/3	3/2	1	5/3	0. 2020	CR =0. 0079≤0. 1
P10	1/5	2/5	3/5	1	0. 0939	

（四）层次总排序

综合考虑准则层 C 和方案层 P 中每个要素的影响程度，得到网络精准营销影响因素的层次排序总表 7。

表 7 层次总排序表

层次	C1	C2	C3	总权重	总排序
	0. 1047	0. 6370	0. 2583		
P1	0. 1666			0. 0174	9
P2	0. 0938			0. 0098	10
P3	0. 7396			0. 0774	5
P4		0. 2385		0. 1519	2
P5		0. 6250		0. 3981	1
P6		0. 1365		0. 0870	4
P7			0. 4694	0. 1212	3
P8			0. 2347	0. 0601	6
P9			0. 2020	0. 0522	7
P10			0. 0939	0. 0243	8

由层次总排序表 7 可得，各要素对网络精准营销的影响效果从强到弱的排列顺序分别是：P5 个性需求的满足，P4 互动沟通的实现，P7 重视品牌打造，P6 开展口碑营销，P3 强化信息分析技术，P8 优化产品组合，P9 重视企业网站建设，P10 创新营销工具，P1 重视信息收集，P2 提高信息存储能力。说明企业在开展网络精准营销过程中，除了要充分利用数据技术挖掘客户信息外，还要强化以客户为中心的思维，用个性化的产品、良性的沟通、优质的品牌来完善自身素质，不断提高网络精准营销效率。

四、展望

随着互联网的发展和个性消费观念的升级，越来越多的企业开始青睐网络精准营销。这种依托数据技术的新型营销模式要想得到更快速的发展，首先必须先从客户角度入手，建立良好的沟通渠道，学会换位思考，真正了解客户的所需所想，并通过全方位、多层次个性产品和服务的提供，不断提高客户的满意度；其次，加强企业自身建设，强化品牌形象打造，推动产品创新升级，完善企业网站建设，为网络精准营销的实施练好内功；最后，强化海量数据的收集、挖掘和分析技术，进而为网络精准营销提供更有效的技术平台。

注释

[1] Zaixia HAN, Design and implementation of novel precision internet marketing patterns under the big data and cloud environment [J]. International Journal of Technology Management, 2015 (7): 86 - 88.

[2] 万红玲. 大数据时代下的精准营销 [J]. 新闻传播, 2014 (1): 70 - 71.

[3] 玄文启. 大数据背景下的网络营销模式 [J]. 中国科技信息, 2015 (17): 105 - 106.

[4] 仲凯旋等. 大数据时代的微博精准营销 [J]. 通信企业管理, 2015 (10): 80 - 82.

微信营销研究现状与展望

牛全保　陈少星①

（河南财经政法大学 工商管理学院　河南省 郑州市　450046）

摘　要：随着智能手机的普及和移动互联网的发展，微信成为大家耳熟能详的社交媒体，而移动端的微信营销也随之受到了企业的青睐，更吸引了国内外学者对微信营销的研究。梳理国内外微信营销相关研究，界定微信营销概念及其对企业和消费者的影响。从营销价值理论出发，归纳移动营销和顾客价值、精准营销和关系营销、创意传播和整合品牌传播等相关研究热点。最后，针对研究动态提出微信营销未来研究方向。

关键字：微信营销；价值；营销创新

一、引言

在信息化时代的今天，随着工业 4.0 和中国制造 2025 计划的相继提出，移动互联网时代已然到来。在中国，以智能手机为代表的移动互联网建设已经提上日程。依托智能手机，相继出现了 Facebook、Twitter、微博和微信等各类社交媒体。这些平台庞大的用户和智能的功能让营销者看到了另一片广阔的天地。国内越来越多的企业在微信这一社交媒体上开展营销，并有更加重视微信营销之势。2016 年互联网发展统计报告显示，在企业互联网渠道使用中，微信营销推广占了 25.2%，加之微信营销模式显著区别于传统营销模式，因此，微信营销引起了学术界的广泛关注。

目前，已经有不少学者对微信营销进行了不同视角的探索，但主要基于定性

---

① 作者简介：牛全保（1963 -），男，河南长垣人，博士，河南财经政法大学工商管理学院教授；陈少星（1994 -），女，河南滑县人，河南财经政法大学工商管理学院硕士研究生。

角度，定量和实证研究相对匮乏。国内学者对微信营销的概念界定已比较成熟，并且结合微信营销的特点研究了微信对企业和营销者的影响。进而，不同学者从营销的价值创造、价值传递和价值传播角度研究了微信营销，主要包括移动营销的顾客价值创造，结合精准营销和关系营销的价值传递过程，以及包括创意传播和整合品牌传播的微信营销的价值传播渠道等方面。国外主要通过对 Facebook、Twitter 等与微信具有同质功能的社交媒体进行研究。鉴于国外的社交媒体出现时间早、发展相对成熟，其相关研究结论和成果，剔除国内外文化差异因素后对微信营销的研究和发展具有借鉴作用。同时，本文在梳理和客观评价国内外微信营销的相关文献后，提出具有现实意义的未来研究方向。

二、微信营销概念界定和相关影响

（一）微信营销的概念

微信（WeChat）自 2011 年由腾讯公司推出以来，成为继电视、微博的另一种营销媒介。微信平台独具免费、开放、操作简单、社交性的特征。微信用户截至 2016 年底，达到 8.89 亿。微信作为新兴的自媒体，其双向传播的特性可以更好地宣传企业，让更多的人了解企业、认识企业。而在此基础上的微信营销，具备了现代社会宣传和推广方式所要求的即时性、互动性、可见性、影响性以及无边界的传播特点。企业纷纷利用微信营销推广公司产品和品牌，采取创新的营销方法，并获得让人满意的效果。新的营销方法也引起学术界的关注，纷纷从不同角度定义相关概念。

现有微信营销概念主要从微信平台、企业角度和价值理论角度来定义。从微信平台角度，微信营销是在移动互联网热潮下诞生的新型的营销方法，企业以微信为载体、以微信功能为方法开展营销，向用户发送营销信息（余小艳，2016）。从企业角度，微信营销通过强调创新，用新的方式、理念和低成本向顾客提供产品，是一种社会化的营销方式（张丽丽，2016）。从事微信营销的主体不仅包括企业，还包括微商。微商主要包括个体户、个人，在他们朋友圈发布相关商品信息，以微信私信聊天方式达成交易。但是专门研究微商的文献相对较少，本文主要关注企业的微信营销行为。从价值理论角度，微信营销的首要目标是为顾客创造价值，并基于大数据和移动互联网的特点满足顾客个性化的需求。微信营销的客体为微信用户，主要是大学生、上班族等。更广为接受的定义是从营销原理出发的关于价值理论的定义。

笔者认为微信营销的定义应该从营销基本原理出发，囊括微信营销活动的价值创造、传递和传播，并包含营销创新的理念。随着微信平台功能整合和微信用户的偏好变化，微信营销的概念也在不断发展。

（二）微信营销的影响

微信营销作为中国典型的社交媒体，能激发个人和公司及时沟通，彼此共享信息、观点、想法并在线交流，对公司和消费者产生了巨大影响（Kaplan & Haenlein，2010；Xiang & Gretzel，2010）。

1. 对企业营销的影响。微信营销 B2C 的营销渠道不同于 B2B 等其他渠道，相关文献主要研究微信营销对销售者的影响，主要是精准定位和关系营销方面（James E. Richard & Fruen Purnell，2017）。关于精准定位的研究主要集中于微信庞大的潜在客户群、营销成本低、营销定位精准且方式多元及信息到达率高等特点（黄嘉敏，2016）。同时微信营销的内容优势也极大方便了企业的营销者。关于关系营销的研究指出，微信营销的即时性、互动性、可见性、影响性以及无边界的传播性可以更好地进行创意传播和整合品牌传播，让更多的人了解企业、认识企业。同时大数据的应用提高微信服务水平和量化商业价值，从而有利于关系营销。上述文献主要强调微信对企业有利的方面。而研究微信营销对企业负面影响和绩效评价的文献较少。一方面，由于微信营销的具体运营模式不同于传统营销模式，微信营销对企业影响的研究也应关注负面影响，以及企业如何规避这些不利影响。另一方面，如何评价现有营销活动以提升营销质量、不断出现的网购平台和竞争者开拓微信营销对企业竞争力的影响都需要进一步研究。

2. 对消费者的影响。现有文献主要对微信消费者持续使用意向和购买意愿进行研究。关于微信消费者持续使用意向，Adnan Veysel Ertemel & Buğra Çelik（2016）指出微信营销同网购一样，都有利于顾客充分利用碎片时间来满足需求，节约时间提高用户粘性。企业微信端推出的产品或服务信息，便于消费者对比产品和服务，商家信息更加透明化，从而提高了用户体验（张丽丽，2016）。詹恂（2014）最早提出用户持续使用微信受感知易用性、感知趣味性及满意度的影响较为显著，而受感知有用性、感知转换成本和感知隐私风险的影响并不显著。随着微信运用日益广泛，微信持续使用意向相关研究也越来越深入。曹园园（2016）运用 ECM－ISC 模型研究发现用户的持续使用意向将同时受到情感与认知影响，而情感依赖决定用户持续使用意向的形成。在此基础上，侯如靖（2016）对詹恂的相关假设从网络规模角度进行了验证。综上可以发现，微信消费者持续使用意向的研究已经有所拓展，但具体影响机制众说纷纭，缺乏系统和突破性的权威理论研究。

关于微信消费者购买意愿的研究较多，主要包括以下方面。对购买意愿有正向影响的主要有产品属性；信息相关性、有用性、真实性；感知状况；微信涉入度；品牌态度四个层次（温亚平，2016；牛全保，2016；Suélen Bebber et al.，2017）。同时学者又对消费者进行细分发现，不同特征消费者对认知态度、知觉风险、感知水平有部分干扰效果。此外，群体购买决策对消费者有深刻影响

(Norazah Mohd Suki et al., 2017)。对购买意愿产生负向影响的要素有感知风险。感知风险首先是频繁的信息推送和朋友圈刷屏引起顾客反感；其次是产品质量欠佳，消费者维权难；最后是用户隐私安全，主要包括个人信息泄露、个人用户隐私暴露和支付安全。现有研究从正负面进行了论证和检验，同时也提出很多新概念，成果较为丰富。需要指出的是微信营销的购买意愿不同于传统实体营销，研究者应参考微信营销的环境进行分析和检验。

通过分析现有文献发现，在新的购买环境下消费者产生了巨大变化。尤其是消费者的持续使用微信意向和购买意愿方面，学者对其进行了深入的研究。但新的微信营销对消费者的影响具有周期性，在不断认知微信的过程中，消费者行为日益回归理性。需要重点关注的是在营销微信中，消费者的个性化需求逐渐凸显。微信营销对消费者影响的相关研究，可以归纳为表1。

表1　微信营销对消费者影响的相关研究

研究内容		学者
对消费者的影响	持续使用意向	Adnan Veysel Ertemel (2016)；张丽丽 (2016)；詹恂 (2014)；曹园园 (2016)；侯如靖 (2016) 等
	购买意愿	温亚平 (2016)；Suélen Bebber et al. (2017)；牛全保 (2016)；Norazah Mohd Suki et al. (2017) 等

三、微信营销的价值创造

(一) 移动营销

企业可以借助手机或者平板电脑的微信客户端，向消费者传递及时的个性化信息，实现移动营销。出版业、旅游业、连锁餐饮业都非常注重移动营销，试图充分利用微信用户的碎片时间。移动营销的实现主要是通过定义社交社区、社交娱乐、信息推送和交易四个方面。锁箭 (2016) 以 STV 三角模型从公司战略、公司策略和公司价值来研究微信移动营销的各个环节，具体借助于微信的功能，如二维码扫码、微信公众平台（三号）漂流瓶、签名栏、LSB + 查看附近的人和朋友圈转发等。移动营销的出现，给营销实践带来许多商机，消费者变得易于接触，并且可以随时刺激消费者形成购买动机。移动营销可以和壁窗等其他营销方式结合，丰富了营销方法和理论。现有研究形成了以微信扫码为出发点，线上线下结合提高微信公众平台关注粉丝量；以微信漂流瓶、签名栏、信息推送为手段，吸引用户持续关注微信平台，增加用户粘性；以抢红包、场景营销、折扣推送激发用户购买消费（李东进，2016）；以朋友圈转发扩大影响，增加粉丝量这样的一个循环。同时该循环方便企业更好地为顾客服务，也给顾客带来便捷。需要指出，移动营销作为营销的起点也不是孤立存在的，需要与其他营销方式配套来实现其作用。后续研究可以重点关注移动营销和哪种营销方式结合更高效。

（二）顾客价值

基于移动平台的售前不可触摸性，顾客价值创造不同于传统的产品创造的价值，顾客只有感知了价值才有可能形成购买意愿（Ying wei & Xi Taesoo Moon, 2015）。感知价值是顾客基于他所了解或者既定的信息，总体评价某样产品的使用价值或者消费者得到的和失去的权衡。在微信营销中，感知价值包括高质量产品、友好的界面、客户体验、视觉化营销、个性化服务和产品质量，以此来提高微信用户的感知易用性、感知趣味性及满意度。另外，Stefanie Sohn（2017）研究发现移动营销中顾客更注重购买流程的连贯性和一致性。大多数研究一致认为顾客粘性显著影响顾客忠诚，顾客忠诚直接驱动顾客价值，其中用户粘性的提高路径应注意区分产品的享乐型程度（董晓舟，2015）。微信营销更应强调“顾客粘性—顾客忠诚—顾客价值”这一微信营销的价值实现路径。现在关于顾客价值的研究较多且结论已经过多次验证，但笔者认为需要根据新的营销环境随时分析消费者，研究消费者变化进而拓展营销理论。

四、微信营销的价值传递

（一）精准营销

微信营销所达到的精准营销是其他营销渠道所无法比拟的。微信营销的精准主要包括精准定位和营销时间精准。

1. 精准定位。随着消费者个性化、定制化的要求越来越强烈，社交媒体中的定位与传统营销有所区别。微信用户中消费者众多且行为迥异，精准定位至关重要。在微信营销中大数据可以记录每一特定微信号的消费行为，进而智能分析企业优势与用户资料，并基于用户标签与个性需求，精准匹配品牌与服务信息，精准制定营销方案。此外，微信平台还能精准管理顾客关系，针对不同的用户需求展示差异化的产品（周蓉，2016），从而形成拓展用户、维护用户关系、鼓励用户分享、老用户带新用户的良性循环（张超，2016）。实践表明，通过社交媒体渠道与消费者沟通互动，企业能获得营销洞见并逐渐形成差异化营销。精准定位理论指导了营销实践，但并不是一成不变的。精准定位理论的发展也应该根据微信功能和消费者偏好变化来调整，这需要研究者的不断追踪。

2. 营销时间精准。研究表明，微信营销的推广度为1600个用户左右，并且可以保证信息到达率，并且在微信上可以实现用户分组、地域控制等精准的消息推送功能。营销者可以借助节日、事件、假日等具有仪式感的营销方式来提高曝光率（李晨光，2016）。此外，推送时应注重时间点和时效期。根据不同客户群体，企业应该重点在以下时间点发布：10－20岁人群的活跃度高峰期为21：00－24：00,30－50岁人群的活跃度高峰期为每天的8：00－11：：00和21：00－24：00。微信营销的转发时效为12小时，浏览时效为26小时内，营销者应该在推广后的12小时内努力增加转载量（康瀛心，2016）。现有研究从大时间到小时间都进行了检验，也完善了营销理论。但是，这些结论需要在不同国家、不同地区和城市进一步验证，以便检验理论的正确性和实用性。

（二）关系营销

微信能突破地域、时间、空间的限制，以及实现信息双向传播，这让巴巴拉·本德·杰克逊提出的关系营销成为可能。现有文献中对营销者和消费者间的关系研究较多。企业微信公众号的粉丝会由于网络关系的不确定性，并受粉丝利益驱动，随时可能取消关注，甚至产生对公司口碑不利的影响。营销者与消费者的关系营销关键是顾客满意和顾客忠诚，重视顾客长期的培养而不是仅关注成交量。Kasavana，Nusair & Teodosic（2010）也认为，一旦建立与潜在顾客情感的联系，那么潜在顾客更有可能消费，应注重可持续策略。AISAS模式认为微信关系处理包括引起注意、引起兴趣、进行搜索、购买行为和人人分享五个阶段。李辉（2013）将这一关系营销精简为感染期、培植期和爆发期。

对于微信关系营销的实施，学者们看法不一。首先，应了解细分群体，了解顾客心理，注重个性化服务。其次，开展领红包、新人免单等活动刺激消费，建立顾客关系（张超，2016）。最后，刘全兴（2016）建议协同“阅读公众平台”和“购物公众平台”，来提高顾客忠诚度。总之，关键要有稳定的顾客，不断利用创意推送和优惠会员措施刺激消费者多次购买，并不断提供优质的产品和服务，才能不断提高消费者忠诚度（龚艳萍，2015）。同时，连思宇（2016）认为营销者与顾客关系应坚持适度原则，控制好信息发送的频率和质量，实施售后措施来鼓励消费者提出建议。微信客户关系的维护是微信营销的一大挑战，相关理论尚未成熟。这也是所有网购消费行为所面临的难题，亟待解决。

五、微信营销的价值传播

（一）创意传播

研究微信营销价值传播的文献总体都是围绕运营创新化、及时化。在当下营销市场下，客户难免会形成视觉疲劳，如果进行创新，势必会让用户眼前一亮。因此，微信营销必须抓住用户心理，吸引用户。小米提前造势的饥饿营销、欧莱雅的美丽秘密、星巴克的“自然醒”系列、广东思埠的金色大厅会议等都是成功的创意传播。平台推送信息最好可以多样化，增加信息可读性。在微信平台信息推送方面，有的学者提出推送内容具体的科学设置等相关建议，主要包括话题类型、文章标题、内容形式、控制广告数量等方面（Garrett A. Johnson，2017）。在微信的分享式广告方面，要能巧妙地进行“情怀”营销，适当加入高唤醒性的广告和提高广告的相关性（Daniel Belanche，2017；Hyejin Kim，2017）。在自主搜索设计上，达到与用户面对面的效果。综上而言，微信营销必须创造新的宣传途径和差异化传播内容，注重 O2O 线上线下合作，共同体验；线下扫码，线上分享和消费；线上沟通、策划主题活动，线下参与体验；线上下单、线下消费等（倪璇瑶，2016）。

（二）整合品牌传播

整合品牌传播是传播学与营销学结合发展的新概念，Nikolaos Pappas（2017）在探索用户购买决策过程中，发现产品的品牌是重要的影响因素。不同学者通过研究酒店、水果、连锁餐饮业、小工艺品、旅游、化妆品、海外代购、小米等不同行业公司微信营销后，也不约而同提出要打造品牌。品牌在消费者处就是口碑（施卓敏，2015），Inyoung Chae et al.（2017）发现口碑营销中的溢出效应，并且企业可以利用 SMCs 方法在口碑竞争中获胜。对于品牌的塑造，一方面要利用官微塑造品牌个性、品牌关系，提高营销的生动性、互动性、内容有用性和趣味性以及名人效应，加大微信的宣传（杨学成，2015）。另一方面，要注重培养意见领袖。品牌意见领袖微信内容质量、微信活跃度、与粉丝的互动正向显著影响品牌关系质量。同时，将大数据运用到微信营销中，不断整合媒体资源（张丽丽，2016），主要是企业利用报纸、网站、电视等媒介多渠道宣传企业，扩大企业微信平台的知名度（Emma Beuckels，2017）。跟踪顾客评论和建议能够让公司发现提升的空间进而保护口碑，如若一旦发生消费者不满，公司应采取补救措施，否则会影响网络口碑。整合品牌传播处于萌芽阶段，相关理论大多以传播理论为基础。后续研究应注重营销理论化，结合品牌营销和传播不断完善整合品牌传播。

微信营销是对营销价值理论的创新，基于移动营销的精准营销和关系营销不仅为理论指明了实践方向，更是极大丰富了原有营销理论。但微信营销中顾客价值并不是一成不变的，会伴随新的营销环境发生动态变化；同时创意传播和整合品牌传播仅仅是基于传统营销推出的概念性研究，缺少大量的实证来验证。以上对微信营销价值理论相关研究归纳见表 2。

表 2　微信营销价值理论相关研究

相关研究		学者
价值创造	移动营销	锁箭（2016）、李东进（2016）等
	顾客价值	Yingwei Xi & Taesoo Moon（2015）、Stefanie Sohn（2017）、董晓舟（2015）等
价值传递	精准营销	周蓉（2016）、张超（2016）、李晨光（2016）、康瀛心（2016）等
	关系营销	Kasavana，Nusair & Teodosic（2010）、李辉（2013）、张超（2016）、刘全兴（2016）、龚艳萍（2015）、连思宇（2016）等
价值传播	创意传播	Beech & Hannah（2014）、Garrett A. Johnson（2017）、Daniel Belanche（2017）、Hyejin Kim（2017）、倪璇瑶（2016）等
	整合品牌传播	Nikolaos Pappas（2017）、Inyoung Chae 等（2017）、杨学成（2015）、张丽丽（2016）、施卓敏（2015）、Emma Beuckels（2017）等

六、研究展望

微信营销的研究方兴未艾，但又缺乏突破性的理论整合。本文分析了近年来微信营销的相关研究，归纳了微信营销对企业和消费者的影响，并在此基础上从营销价值理论角度，梳理了微信营销的价值创造、价值传递和价值传播三方面的研究热点。通过以上分析可见，以下几个问题值得继续关注。

1. 微信用户顾客价值。由于微信各种功能和运用在不断完善，同时消费者需求也在不断变动中，微信用户的顾客价值也会随之产生动态变化。而企业营销恰恰就是抓住顾客价值，并创造价值。因此微信的顾客价值研究是微信营销价值理论的出发点。

2. 微信朋友圈研究。在微信营销这一新兴的社交媒体中，客户关系将会基于传统关系理论重新定义。企业除了运营三号以外，还可以作为个人发布朋友圈，通过图文结合的表达方式扩大知名度。目前，对这种直接进入用户朋友圈的营销方式研究还比较少。作为关系营销的一种，企业发朋友圈对微信用户、企业、竞争者都产生了不同的影响，并不断丰富关系营销的内涵。

3. 整体逻辑性和突破性研究。微信营销的总体研究日渐丰富，集中于总结实践当中微信营销的方式并提出新概念，但各个概念之间的逻辑性较差，缺乏整合。因而，微信营销研究重点是揭示微信营销的模式和作用机理，进而不断完善微信营销的理论框架。

注释

[1] 余小艳．企业微信营销中存在的问题以及解决策略探讨［J］．经营管理者，2017，(03)：238.

[2] 张丽丽．促进企业发展微信营销模式的研究［J］．现代商业．2016，(15)：17－18.

[3] 黄嘉敏．基于AISAS模型的小微企业微信系统设计－以东莞H食品贸易公司为例［J］．科技创新与生产力，2016，(09)：39－41.

[4] 詹恂，严星．微信用户持续使用意向影响因素及使用与满足研究［J］．现代传播，2014，(11)：130－134.

[5] 曹园园，李君君，秦星红．SNS采纳后阶段用户持续使用行为研究型——基于情感依恋与ECM－IS的整合模型［J］．现代情报，2016，(10)：81－88.

[6] 侯如靖，张初兵．微信用户持续使用意向的实证研究——网络外部性与期望确认度的影响［J］．消费经济，2016，(01)：63－67.

[7] 温亚平，王志遥，许安心，潘邦贵．微信营销对百货消费者购买意愿的实证研究［J］．特区经济，2016，(06)：89－91.

[8] 牛全保，张岩．消费者微信涉入度对微信渠道购买意愿的影响——产品类别的调节效应［J］．品牌研究，2016，(02)：79－84.

[9] 锁箭，张晶．基于STV三角模型的中小企业微信营销现状及对策研究［J］．经济问题探索，2016，(04)：66－71.

[10] 李东进．微信红包，消费者抢还是不抢——基于参与动机与心理抗拒中介模型的解释［J］．营销科学学报，2016，(12)：18－37.

[11] 董晓舟．网络购物情境下的顾客行为粘性、消费动机与顾客价值的关系研究——基于随机概率模型的实证研究［J］．营销科学学报，2015，(11)：39－57.

[12] 周蓉．构建深度融合的传播体系－以“南方人物周刊”微信公众号为例［J］．山西广播电视大学学报，2016，(4)：84－88.

[13] 张超．企业微信营销价值分析和策略研究［J］．管理观察，2016，(5)：78－80.

[14] 李晨光．论微信营销在童书推广中的应用［J］．营销策略，2016，(27)：28－43.

[15] 康瀛心．基于小世界网络的微信营销效用评价及策略研究［J］．通讯世界，

2016，(7)：218－220.

[16] 李辉，王青．出版企业的微信营销策略分析［J］．科技与出版，2013，(12)：69－71.

[17] 刘全兴．关于微信营销未来发展的探究［J］．经营管理者，2016，(14)：251.

[18] 连思宇．浅析微信平台营销的发展现状及前景［J］．营销策略，2016，(02)：57.

[14] 杨学成．品牌微博如何吸引粉丝互动——基于 CMC 理论的实证研究［J］．管理评论，2015，(01)：158－168.

[15] 龚艳萍，侯伟，田爽．打折还是赠品？不仅仅是因为省钱——消费者对网络促销信息决策模糊性的神经机制研究［J］．营销科学学报，2015，(02)：99－117.

[16] 施卓敏，陈永佳，赖连胜．网络面子意识的探究及其对社交网络口碑传播意愿的影响［J］．营销科学学报，2015，(02)：133－151.

[17] Michael Haenlein，Andreas M. Kaplan. An empirical analysis of attitudinal and behavioral reactions toward the abandonment of unprofitable customer relationships［J］. Journal of Relationship Marketing，2010（9）：200－228.

[18] Xiang，Z，Gretzel，U. Role of social media in online travel information search［J］. Tourism Management，2010，31（2）：179－188.

[19] James E. Richard，Fruen Purnell. Rethinking catalogue and online B2B buyer channel preferences in the education supplies market［J］. Journal of Interactive Marketing，2017（37）：1－15.

[20] Adnan Veysel Ertemel，BuğraÇelik. An exploratory analysis of online shopping behavior in Turkey［J］. International Journal of Commerce and Finance，2017（1）：67－80.

[21] Suélen Bebber，Gabriel Sperandio Milan，Deonir De Toni，Luciene Eberle，Luiz Antonio Slongo. Antecedents of purchase intention in the online context［J］. Journal of Relationship Marketing，2017（1）：82－98.

[22] Norazah Mohd Suki，Norbayah Mohd Suki. Modeling the determinants of consumers' attitudes toward online group buying：do risks and trusts matters?［J］. Journal of Retailing and Consumer Services，2017（36）：180－188.

[23] Yingwei Xi，Taesoo Moon. Influence of trust and perceived value on Chinese consumers' actual purchase through WeChat friend circle［C］. Academic Conference Papers of Korea Institute of Intelligent Information Systems，2015：185－196.

[24] Stefanie Sohn. Consumer processing of mobile online stores：sources and effects of processing fluency［J］. Journal of Retailing and Consumer Services，2017（36）：

137 – 147.

[25] Michael L. Kasavana, Khaldoon Nusair, Katherine Teodosic. Online social networking: redefining the human web [J]. Journal of Hospitality and Tourism Technology, 2010 (1): 68 – 82.

[26] Garrett A. Johnson, Randall A. Lewis, David H. Reiley. When less is more: data and power in advertising experiments [J]. Marketing Science, 2017 (1): 43 – 53.

[27] Daniel Belanche, Carlos Flavián, Alfredo Pérez – Rueda. Understanding interactive online advertising: congruence and product involvement in highly and lowly arousing, skippable video ads [J]. Journal of Interactive Marketing, 2017 (37): 75 – 88.

[28] Hyejin Kim, Jisu Huh. Perceived relevance and privacy concern regarding online behavioral advertising (OBA) and their role in consumer responses [J]. Current Issues and Research in Advertising, 2017, (39): 92 – 105.

[29] Nikolaos Pappas. Effect of marketing activities, benefits, risks, confusion due to over – choice, price, quality and consumer trust on online tourism purchasing [J]. Journal of Marketing Communications, 2017, (2): 195 – 218.

[30] Inyoung Chae, Andrew T. Stephen, Yakov Bart, Dai Yao. Spillover effects in seeded word – of – mouth marketing campaigns [J]. Marketing Science, 2017 (1): 89 – 104.

[31] Emma Beuckels, Veroline Cauberghe, Liselot Hudders. How media multitasking reduces advertising irritation: the moderating role of the facebook wall [J]. Computers in Human Behavior, 2017 (73): 413 – 419.

第五篇

投融资与风险管理

我国金融竞争力评价及提升路径

熊正德 姚柱 王柏清①

（1. 湖南大学工商管理学院 湖南 长沙 410082；
2. 湖南省两型社会与生态文明协同创新中心 湖南 长沙 410082）

摘 要：本研究认为我国金融竞争力是由金融组织规模竞争力、金融资产规模竞争力、金融效率竞争力、综合经济竞争力、区域开放竞争力、教育科技竞争力和基础设施竞争力构成，据此构建了我国金融竞争力评价指标体系，运用主成分分析从时间与空间上实证了我国金融竞争力总体发展趋势及各省域金融竞争力对国家金融竞争力的推动和制约作用。实证结果表明，我国金融竞争力在逐年稳步上升，各省域金融竞争力整体上是从西向东逐渐增强，且中西部省域金融竞争力各二级指标普遍低于全国平均水平。最后，从一带一路、互联网金融、中西部发展战略和互联网+等提出了提升我国金融竞争力的政策建议。

关键词：金融竞争力；指标体系；主成分分析；互联网+

一、文献综述

金融竞争力是指金融产业作为一个整体所显现出来的竞争力。它作为一种动态的系统能力，具有自身的特点，是资产竞争力与过程竞争力、现实竞争力与潜在竞争力的统一，对国家经济竞争力、产业竞争力和企业竞争力都是决定性因素[1]。对金融竞争力评价研究最权威的是由世界经济论坛（WEF）和瑞士洛桑国际管理发展学院（IMD）合作构建的金融竞争力评价指标体系，该指标体系具体

---

① 作者简介：熊正德（1967－），男，湖南湘潭人，博士，湖南大学工商管理学院教授，博士生导师；姚柱（1992－），男，湖南岳阳人，湖南大学工商管理学院硕士研究生；王柏清（1993－），男，湖南株洲人，湖南大学工商管理学院硕士研究生。

分成了27个指标，比较全面地体现了金融竞争力的内容。周伟和王健康[2]运用主成分分析法对湖南金融产业竞争力进行了实证检验，并构建了中部省域金融产业竞争力评价指标体系。梁小珍等[3]通过建立各城市金融竞争力评价体系，运用灰色关联法和主成分分析对中国21个城市的金融竞争力进行了评价，并据此将上海划分为国际金融中心、北京和深圳划分为全国性金融中心。谢太峰和朱璐[4]对中国主要城市的金融竞争力进行评价，提出采取梯度倾斜的战略或政策，有意识地将一些经济城市打造成不同层次的金融中心。刘伟和潘宏胜[5]根据中国金融资源配置的特点设计了金融竞争力的指标体系，将金融竞争力具体量化成29个指标。也有学者通过实证得出金融稳定与金融竞争力具有高度相关性，并通过聚类分析认为中国与美国和瑞士等国家或地区差距较大[6]。Reed[7]运用成簇分析方法比较了76个城市的9个金融和银行变量，并根据金融中心的金融竞争力大小进行排名，最后发展11个最大的金融中心具有的一些共同特征。此外，还有Zhao等[8]分别从“信息不对称”、“信息腹地”等解释金融中心金融竞争力的发展对金融腹地的影响，并据此提出了对策建议。

综上，尽管很多学者对金融竞争力指标进行构建，并提出了一些对策建议，但已有研究仍存在两方面不足：一是评价指标不够全面，随着大数据金融的影响日益增大，对金融竞争力的衡量也应与时俱进，加入互联网相关指标；二是对金融竞争力的评价主要集中在经济区域或城市层面上，但各省省情均有较大差异且较易忽略中西部地区的金融竞争力情况。故本文结合我国和各省域特点，构建相对客观合理的金融竞争力评价指标体系，以研究各省域在金融发展方面的优劣势，帮助各地区有针对性地的提升金融竞争力。

二、我国金融竞争力评价指标体系构建

科学的金融竞争力评价指标体系，是国家经济竞争力建设综合检测体系的重要组成部分，本文借鉴由WEF和IMD合作构建的金融竞争力评价指标体系及部分学者构建的各市州金融竞争力评价指标体系，根据科学性原则、客观性原则、全面性原则和可获得性原则进行了改进。该指标体系由三级指标构成，并从7个二级指标的内涵出发选取了37个具有代表性的三级指标。具体指标和内容解释见表1。

表1　我国金融竞争力评价指标体系

一级指标	二级指标	三级指标	指标说明
我国金融竞争力（X）	金融组织规模竞争力（X_1）	X_{11}社会融资规模	反映金融对实体经济支持力度（亿元）
		X_{12}金融业固定资产投资额	反映金融基础设施投入状况（亿元）
		X_{13}金融业从业人员数量	反映全国专业人员的专业水平（亿元）
	金融资产规模竞争力（X_2）	X_{21}金融保险业生产总值	反映金融生产活动的最终劳动成果（亿元）
		X_{22}金融机构存款余额	反映可用投资的资金总量（亿元）
		X_{23}金融机构贷款余额	反映地区资金的总量实力（亿元）
		X_{24}保费收入	反映地区保险市场的发展状况（亿元）
		X_{25}保险赔偿及给付	反映保险公司赔偿和给付状况（亿元）
		X_{26}境内上市公司数量	反映地区金融市场发展水平（家）
		X_{27}证券市场年交易量	反映金融市场的发展规模（亿股）
		X_{28}股票市场筹资额	反映证券市场所募集资金的总量（亿元）
	金融效率竞争力（X_3）	X_{31}金融保险业 GDP/GDP	反映金融保险业产业规模和发展程度（%）
		X_{32}金融相关率	反映地区金融发展水平（%）
		X_{33}金融贡献率	反映地区对金融资源的实际掌控能力（%）
		X_{34}保费深度	反映地区的保险业在国民经济中的位置（%）
	综合经济竞争力（X_4）	X_{41} GDP	反映地区经济发展水平（亿元）
		X_{42}人均 GDP	反映区域经济综合实力（元）
		X_{43}全社会固定资产投资	反映固定资产投资规模、速度（亿元）
		X_{44}地方财政收入	反映地区经济发展的实力和水平（亿元）
		X_{45}农村居民人均纯收入	反映农村居民经济收入水平（元）
		X_{46}城镇居民人均可支配收入	反映城镇居民经济收入水平（元）
		X_{47}规模以上工业企业利税额	反映达到一定规模企业的利润总额（亿元）
		X_{48}在岗职工平均工资	反映地区的经济发展水平（元）
		X_{49}第三产业所占比重	指地区第三产业生产总值与 GDP 的比值（%）

续表

一级指标	二级指标	三级指标	指标说明
我国金融竞争力（X）	区域开放竞争力（X_5）	X_{51}实际利用外资额	间接反映地区交易成本的高低（亿美元）
		X_{52}进口额	反映拉动地区经济增长的能力（亿元）
		X_{53}出口额	反映推动地区经济增长的能力（亿元）
		X_{54}外资金融机构总资产	反映地区外资规模情况（亿元）
	教育科技竞争力（X_6）	X_{61}技术成交金额	反映地区科技专利成果交易成交金额（万元）
		X_{62}科研经费支出	反映地区对科研的支持程度（亿元）
		X_{63}专利授权量	反映地区的创新能力（件）
		X_{64}科研全时人员数量	从人员方面反映地区的科技实力（万人）
	基础设施竞争力（X_7）	X_{71}邮电业务总量	反映邮电通信企业提供服务的总量（亿元）
		X_{72}货物周转量	反映地区的物流状况（亿吨）
		X_{73}旅客周转量	反映地区的人流状况（亿人）
		X_{74}互联网上网人数	反映地区的信息化水平（万人）
		X_{75}电话普及率	反映地区邮电和电信水平（人百部）

三、我国金融竞争力评价分析

（一）主成分分析

主成分分析旨在利用降维的思想，把多指标转化为少数几个综合指标，其中每个主成分都能够反映原始变量的大部分信息。在主成分分析之前，我们利用SPSS19.0软件对数据进行了KMO－Barlett球度检验。结果显示所有二级指标的Barlett球度检验的P值均为0.000，同时KMO的值均大于0.6，表明适合进行主成分分析。进行主成分分析后，用主成分载荷矩阵中的数据除以主成分相对应的特征值开平方根，最终计算得到各二级指标的评分值。因此可得金融组织规模竞争力（X1）、金融资产规模竞争力（X2）、金融效率竞争力（X3）、综合经济竞争力（X4）、区域开放竞争力（X5）、教育科技竞争力（X6）、基础设施竞争力（X7）的综合评价函数如下（其中ZXij是Xij的标准化数据）。

$$X_1 = 0.483ZX_{11} + 0.501ZX_{12} + 0.504ZX_{13} + 0.510ZX_{14} \quad (式1)$$

$$X_2 = 0.375ZX_{21} + 0.375ZX_{22} + 0.374ZX_{23} + 0.375ZX_{24} + 0.372ZX_{25} + 0.364ZX_{26}$$

$+0.333ZX_{27}+0.238ZX_{28}$ （式2）

$X_3=0.500ZX_{31}+0.535ZX_{32}+0.494ZX_{33}+0.469ZX_{34}$ （式3）

$X_4=0.335ZX_{41}+0.334ZX_{42}+0.334ZX_{43}+0.335ZX_{44}+0.335ZX_{45}+0.335ZX_{46}$
$+0.333ZX_{47}+0.335ZX_{48}+0.324ZX_{49}$ （式4）

$X_5=0.498ZX_{51}+0.499ZX_{52}+0.500ZX_{53}+0.503ZX_{54}$ （式5）

$X_6=0.498ZX_{61}+0.503ZX_{62}+0.500ZX_{63}+0.499ZX_{64}$ （式6）

$X_7=0.315ZX_{71}+0.479ZX_{72}+0.466ZX_{73}+0.476ZX_{74}+0.476ZX_{75}$ （式7）

将标准化数据代入（1）~（7）可得我国金融竞争力各二级指标的评分值，结果见表2。

表2　2003—2015年我国金融竞争力各二级指标评分值

	X1	X2	X3	X4	X5	X6	X7	X
2003	-2.191	-3.153	-1.136	-3.517	-3.175	-2.307	-3.419	-3.265
2004	-2.136	-2.949	-1.795	-3.305	-2.532	-2.179	-2.765	-3.060
2005	-2.086	-2.773	-2.008	-2.965	-2.149	-1.956	-2.287	-2.817
2006	-1.859	-2.174	-1.946	-2.502	-1.620	-1.725	-1.750	-2.368
2007	-1.423	-1.304	-1.999	-1.764	-0.775	-1.373	-0.975	-1.696
2008	-1.011	-1.221	-1.303	-1.091	-0.165	-1.020	-0.318	-1.070
2009	-0.047	-0.350	0.821	-0.311	-0.639	-0.489	0.371	-0.087
2010	0.350	0.744	1.529	0.467	0.745	0.164	1.295	0.952
2011	0.734	0.826	0.319	1.464	1.701	0.805	1.227	1.229
2012	1.587	1.308	0.759	2.430	1.795	1.746	1.905	2.010
2013	2.226	2.107	1.414	3.390	2.183	2.299	1.795	2.673
2014	2.701	3.387	1.714	2.945	2.417	2.699	2.275	3.158
2015	3.155	5.551	3.632	4.761	2.213	3.336	2.643	4.340

（二）我国金融竞争力主成分分析

根据表2的结果，我们可通过主成分分析法求出我国金融竞争力的综合评分值。再次运用SPSS20.0软件，对表3的数据进行KMO-Barlett球度检验，结果表明Barlett球度检验的P值为0.000，且KMO值为0.810，主成分F1的特征值大于1，解释方差累计贡献率达到95.248%，最终计算得到我国金融竞争力评价函数如下：

$$X=0.385X_1+0.381X_2+0.360X_3+0.385X_4+0.373X_5+0.384X_6+0.377X_7$$

（式8）

将表2数据代入式（8）中，计算可得我国金融竞争力评分值，如表2所示。再根据表2的数据，得出我国金融竞争力及其各二级指标的变化趋势如图1。

由式（8）可知，各二级指标对我国金融竞争力具有显著的推动作用。相比较而言，综合经济竞争力（0.385）和金融组织规模竞争力（0.385）所占比重最高，也说明了一国的综合经济和组织规模在金融竞争力中的核心地位；其次是教育科技竞争力（0.384）、金融资产规模（0.381）和基础设施竞争力（0.377），从中可体现出专业人才培养与科技创新以及对基础设施的建设与投资对国家金融竞争力的保障作用；最后是区域开放竞争力（0.373）和金融效率竞争力（0.351），二者对国家金融竞争力也至关重要。只有这七个竞争力共同作用，协同发展，才能快速全面提升我国金融竞争力。根据表2和图1，我们可以了解到：

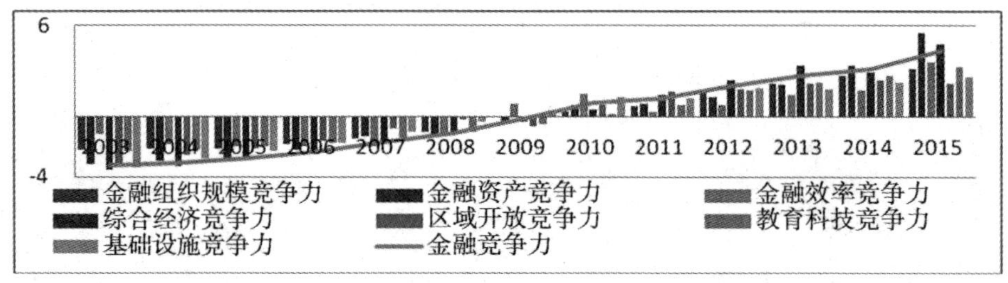

图1　2003－2015年我国金融竞争力及其各二级指标的变化趋势

（1）总体上，2003－2015年我国金融竞争力的各二级指标均处于上升状态，并对我国金融竞争力的提升有显著的影响。这七个竞争力共同促使我国金融竞争力2015年的评分值达到4.430。其中，金融资产竞争力和综合经济竞争力的贡献最大，区域开放竞争力贡献最小。这说明中国金融竞争力在金融资产实力和综合经济实力方面具有较大的优势，这也符合中国现阶段已经成为世界第二大经济体的国情。

（2）2010年是我国金融竞争力发展中非常重要的一年，我国金融竞争力评分值由负转正。2010年之前，我国金融竞争力评分值每年呈逐渐上升的趋势，但整体评分值仍为负，这一时期被认为金融竞争力处于逐年上升，但整体竞争力较弱。主要是因为当时我国综合经济竞争力相对于其他大型经济体还处于较低水平，且金融效率竞争力也较低，因而拉低了整体评分值。

本文以我国31个省域2015年的指标数据为样本，通过主成分分析得出2015年各省域竞争力各二级指标评分值，将我国金融竞争力的发展水平分为五个层次。具体结果见表3。

（1）各省域金融竞争力大小比较。第I层次有广东、江苏、上海、北京、浙江和山东。广东作为我国金融大省，省域GDP总量历年来都位居全国首位，更有深圳、珠海、汕头三个经济特区，金融组织规模竞争力、金融资产规模竞争力、区域开放竞争力、基础设施竞争力均位于全国之首。江苏、浙江、山东、上海均为沿海省域，对外开放程度高，金融竞争力强。江苏省人均 GDP 居全国首位，是中国综合发展水平最高的省域，综合经济竞争力最强。首都北京作为我国政治文化中心，金融效率竞争力位居全国之首。第 II 层次有辽宁、四川、福建、河南与河北。金融资产规模竞争力和金融效率竞争力均较强。第 III、IV、V 层次的省域，均为中西部省域（黑龙江、吉林、天津、海南除外），由此看出中国金融竞争力水平的高低与经济实力和地理位置有着密切联系，大致趋势为自西向东逐渐增强。

（2）各省域金融竞争力与中国金融竞争力的比较。从表 3 中可以看出，各省域金融竞争力对中国金融竞争力的促进和制约作用，2015 年中国金融竞争力主要是第 I、II 层次中广东、江苏等全国十强的推动作用，其余省域分别在不同程度上制约着中国金融竞争力的发展，同时也可看出，金融竞争力在各省域的发展的不平衡现象。

（3）第 I 层次省域部分三级指标原始数据比较。社会融资规模指标中，广东位居全国之首，但与其他省域（第 I 层次的省域）差距较小；在金融业固定资产投资中，位于第 II 层次的辽宁省（159.5 亿元）却是首位，江苏（116.6 亿元）次之，但北京（48.2 亿元）和上海（15.2 亿元）与江苏仍较大差距，这大大制约了北京和上海的金融组织规模竞争力发展水平。而在金融保险业生产总值，第 I 层次省域均大于 2000 亿元，远高于其他层次的省域。在保费收入指标上，广东、江苏、山东、浙江四省均上 1000 亿元，但广东省保险赔偿给付金却是北京和上海的总和，由此可见在金融资产规模竞争力上，北京和上海较广东占劣势。在 GDP 指标上，广东、江苏和山东分别占据前三，而北京和上海在人均 GDP 上略占优势。在全社会固定资产投资指标上，江苏最高，北京和上海处于中等偏下的水平。综合经济竞争力中，北京和上海除在规模以上工业企业的利税额和在岗平均工资较其他省域有优势外，其余指标均不明显。这制约了北京和上海的金融竞争力发展水平。

从二级指标的评分值上看，由于各省域地区优势不同，对国家金融竞争力的促进或制约作用也不同。2015 年，我国金融组织规模竞争力和金融资产规模竞争力广东最高，主要是因为广东围绕“三个定位、两个率先”总目标，花大力气稳增长、调结构、促改革，产业结构不断升级，产业分工不断深化的结果。而吉林、贵州、新疆等省域都极大地制约了我国金融组织规模竞争力和金融资产规模竞争力的发展。

在金融效率竞争力上，北京和上海优势明显，首都北京作为全国政治中心，也是中央银行总部所在地，在经济政策制定上始终占据主导地位。上海作为一个国际化的金融城市，金融产业极为发达，因而上海和北京金融效率竞争力位居全国前列。在区域开放竞争力、综合经济竞争力、教育科技竞争力和基础设施竞争力上，广东、江苏有较大优势，广东和江苏 GDP 总量一直位居全国前列，交通便利，开放程度高，综合经济竞争力占据绝对优势，而两省在区域开放竞争力和基础设施竞争力（尤其是在互联网普及率方面）上优势依然明显。其中，江苏教育改革走在全国前列，各省更是纷纷效仿江苏教育改革并结合各省省情促进教育发展，因而江苏教育科技竞争力位居全国首位。而宁夏、青海、西藏等西部省域则极大地拉低了全国的平均水平，对我国金融竞争力产生了极大的制约作用。

表 3　2015 年我国各省域金融竞争力及各二级指标评分值

	排名	层级	X1	X2	X3	X4	X5	X6	X7	X
广东	1	I	**4.133**	6.019	0.129	3.261	**5.959**	4.943	**4.792**	5.883
江苏	2	I	3.908	5.050	-0.486	**3.729**	4.439	**5.128**	1.927	4.730
上海	3	I	0.914	2.621	4.240	2.326	3.884	0.429	1.511	2.918
北京	4	I	2.570	3.286	**6.335**	1.629	0.780	0.904	0.827	2.791
浙江	5	I	2.065	2.814	0.730	2.149	0.614	3.358	2.166	2.732
山东	6	I	2.202	2.729	-1.586	3.021	0.510	2.498	1.207	2.219
辽宁	7	II	0.623	0.338	-0.496	0.434	0.008	-0.517	0.771	0.305
河南	8	II	0.012	1.005	-1.416	0.553	-0.288	0.198	0.818	0.279
四川	9	II	0.185	1.424	0.270	0.150	-0.478	-0.170	0.195	0.262
福建	10	II	0.228	-0.257	-0.803	0.291	0.201	0.124	0.392	0.120
湖北	11	III	0.348	0.145	-1.139	0.467	-0.613	0.149	0.165	-0.009
河北	12	III	0.602	-0.208	-1.306	0.036	-0.641	-0.323	0.925	-0.040
安徽	13	III	0.589	-0.323	-0.826	-0.304	-0.564	0.093	0.218	-0.149
湖南	14	III	0.818	-0.437	-2.031	0.392	-0.776	-0.160	-0.015	-0.275
天津	15	III	-0.539	-0.799	0.454	0.456	0.191	-0.026	-0.989	-0.293
山西	16	III	-1.156	0.328	2.539	-1.160	-0.794	-0.993	-0.661	-0.612
重庆	17	III	-0.825	-0.655	0.405	-0.677	-0.433	-0.536	-0.642	-0.718
陕西	18	III	-0.774	-0.778	-0.625	-0.519	-0.628	-0.445	-0.251	-0.757
江西	19	IV	-0.548	-1.079	-1.136	-0.755	-0.655	-0.797	-0.656	-1.046
黑龙江	20	IV	-0.720	-1.098	-0.822	-0.789	-0.907	-0.903	-0.788	-1.154
云南	21	IV	-1.409	-1.035	0.193	-0.630	-0.885	-1.096	-0.856	-1.170
广西	22	IV	-0.686	-1.242	-1.189	-0.915	-0.759	-1.058	-0.586	-1.196
内蒙古	23	IV	-0.829	-1.384	-1.844	-0.493	-0.870	-1.014	-0.743	-1.298
吉林	24	IV	-0.800	-1.491	-1.497	-0.787	-0.780	-1.058	-0.862	-1.345
新疆	25	IV	-1.407	-1.540	0.066	-1.168	-0.955	-1.214	-0.879	-1.427

续表

	排名	层级	X1	X2	X3	X4	X5	X6	X7	X
甘肃	26	V	-1.350	-1.839	0.627	-1.747	-0.960	-1.152	-1.032	-1.542
贵州	27	V	-1.165	-1.704	-0.841	-1.319	-0.928	-1.112	-0.942	-1.545
海南	28	V	-1.805	-2.334	0.220	-1.679	-0.782	-1.324	-1.253	-1.808
宁夏	29	V	-1.862	-2.398	0.681	-1.886	-0.953	-1.302	-1.448	-1.892
青海	30	V	-1.992	-2.485	0.894	-2.045	-0.961	-1.335	-1.520	-1.966
西藏	31	V	-1.330	-2.675	0.261	-2.023	-0.976	-1.289	-1.793	-1.996

四、结论与建议

本文认为提升国家金融竞争力是一个复杂、烦琐而又系统的工程，要提升国家金融竞争力，从时间上看必须注重可持续战略，即在认清我国现阶段的国情基础上，用长远眼光制定科学合理的目标。从空间上看，我国必须注重区域一体化战略，进一步实施与推进西部大开发与中部崛起战略，即不仅要重视中西部省域的经济总量的增长，也应提升金融竞争力，进一步缩小中西部省域与东部省域的差距。

（一）抓住“一带一路”所带机遇，增强综合经济竞争力

目前我国已成为全球第二大经济大国和世界发展速度最快的经济体，这均体现了我国综合经济竞争力的提升。但是各省的综合经济竞争力差距仍然较大，中西部省域（河南、河北、湖南、湖北、四川除外）的综合经济竞争力普遍低于全国平均水平，具有十分显著的制约作用。随着我国经济步入“新常态”，必须从出口推动逐渐转型成消费需求拉动，防止我国经济过度依赖出口的外部风险。目前我国正在实施“一带一路”国家级顶层战略，加快与沿线国家的合作，大力推动经济带上各省经济发展。因而抓住“一带一路”战略带来的机遇，加快开发中西部省域，提高中西部省域经济活力，是增强我国综合经济竞争力从而提升国家金融竞争力的一个重要的途径。

（二）借助互联网金融发展潜力，提升金融规模和效率竞争力

我国金融竞争力的提升，重点和难点都在西部省域。随着互联网的发展，金融业许多业务操作都是在网上完成的，经营成本大大降低，同时也方便客户业务办理，更加速资金周转，提高融资效率。利用大数据能快速整合出有贷款需求的企业的信用情况，并对信用情况进行信用评分，金融机构可根据信用评分等大数

据确定可贷金额，这也是金融效率竞争力不断增强的体现。再次，互联网方便了客户全天候的自助办理业务，减轻了金融机构从业人员的工作强度，这在一定程度上有助于增强金融组织规模和金融资产规模竞争力。

（三）加快西部开发和中部崛起，提高区域开放和基础设施竞争力

金融竞争力存在的前提就是竞争性和开放的金融市场，随着现代资产管理技术的快速发展，离岸金融市场的扩大，证券市场国际化发展，极大的推动着国内金融市场国际化，因而地区开放的环境对我国金融竞争力与国际接轨、促进我国金融市场国际性的金融合作与发展具有重要的作用。根据实证研究的结果，除广东等七个省域外，其余省域的区域开放竞争力均不同程度的低于全国平均水平，这意味着提高中西部省域区域开放度对我国整体区域开放竞争力的提升有十分显著的作用。坚持并加快西部大开发和中部崛起战略的实施，提高中西部地区区域开放程度，从而促进我国金融竞争力整体的提升。

（四）“互联网+教育科技”深度融合，提升教育科技竞争力

随着我国经济的发展及教育水平的不断提高，教育普及率不断提高，教育科研经费投入也持续增加，但与发达国家相比，我国在教育科技竞争力方面差距依然明显。“互联网+”是互联网思维的进一步实践成果，为改革、创新和发展提供广阔的网络平台。“互联网+教育科技”是利用信息技术及互联网平台，使互联网与教育科技深层次的融合，创造新的发展态势。在互联网时代，提升教育科技竞争力必须大力发展教育科技，普及互联网教育，培养具有互联网思维的科技创新素质。

注释

[1] 詹继生．金融竞争力探讨 [J]．江西社会科学，2006，(4)：136－141.

[2] 周伟，王健康．基于主成分分析的湖南金融产业竞争力综合评价 [J]．系统工程，2010，28 (5)：112－116.

[3] 梁小珍，杨丰梅，部慧等．基于城市金融竞争力评价的我国多层次金融中心体系 [J]．系统工程理论与实践，2011，31 (10)：1847－1857.

[4] 谢太峰，朱璐．中国主要城市金融竞争力的实证研究 [J]．武汉金融，2010，(2)：12－14.

[5] 刘伟，潘宏胜．城市金融竞争力的测度与比较 [J]．生产力研究，2004，(1)：74－76.

[6] 李正辉，闫瑾．金融稳定与金融竞争力协同效应测度及其国际比较研究 [J]．统计与信息论坛，2012，27 (2)：3－8.

[7] Reed H C. The preeminence of international finance centers [M]. New York: Praeger Publishers, 1981.

[8] Zhao X B, Zhang L, Wang T. Determining factors of the development of a national financial centre: the case of China [J]. Geoforum, 2004, 35 (4): 577 - 592.

跨国公司对我国经济安全的影响与我国的应对策略

陈宏军　江若尘①

（1. 安徽财经大学 商务学院　安徽 蚌埠　233030；
2. 上海财经大学500强企业研究中心　上海　200433）

摘　要：在对跨国公司的重要性进行创新性阐释和对我国投资情况简介的基础上，剖析了横向垄断、纵向垄断、包围垄断和价值链节点垄断等垄断形式，着重分析了跨国公司的垄断对我国经济安全等方面的负面影响，提出了我国应对跨国公司垄断风险的策略：念（练）好规、帮、创三字经，建构保护国家经济安全的战略体系。

关键词：跨国公司；我国经济安全；影响；对策

在自由贸易区、一带一路等战略的驱动下，国内创造出无限的商业机会，跨国公司正在中国依然有条不紊地加以布局，其对我国经济安全到底产生什么样的影响，以及我们需要采取什么样的应对之策，是时代摆在我们目前不容回避的一个课题。因此，必须对跨国公司对中国带来的影响进行前瞻性、战略性的研究，才能够做到应对自如。

---

① 陈宏军（1961－），男，安徽淮南人，安徽财经大学商务学院教授，硕士生导师；江若尘（1963－），女，安徽滁州人，管理学博士，上海财经大学500强企业研究中心教授，博士生导师。

一、跨国公司的重要性及在我国投资的概况

所谓跨国公司（又称多国公司）① 是指在两个及以上国家开设分支机构，并在内部有一个统一的经营策决策体系下从事生产经营活动的国际性企业。在一定意义上，跨国公司是唯一能够在一个国家政府之外建立权力中心的机构，是唯一可以超越国家领土、主权和城市管理范畴的企业权力，凸显出跨国公司的重要性，现具体阐释如下：

（一）跨国公司是超越国家领土、主权和城市管理范畴的企业权力

跨国公司是如何形成超越国家领土和主权的企业权力（也可以称为企业强权或霸权）的呢？它是通过将国内、国际市场进行企业内部化的整合，在全球范围内主导和控制着一些行业和领域里的价值链、行业标准、技术研发、国际分工、市场和财富分配等环节，实现了资源配置的优化组合，达成经济规模、产业控制力、品牌、市场和价值链控制力，进而形成了超越国家领土和主权的企业权力。因此，一个国家的跨国公司的经济规模、产业控制力、品牌、市场和价值链控制力，决定了该国是不是经济强国。所谓的国际分工，不过是跨国公司内部分工的外在表现，更多的表现是企业强权，就是被控制国家和地区受制于人的尴尬局面。因此，中国经济的话语权，必须建立在中国拥有一大批足以超越西方一流企业的跨国公司，才能改变被人控制和掠夺的被动局面。

跨国公司是超越城市管理者范畴的企业强权。一个城市的地位不仅仅取决于城市管理者，还取决于跨国公司②的进入。跨国公司不同层级的总部集聚在什么城市，就决定了这个城市的控制能力。如跨国公司一级总部集聚在纽约、伦敦等城市，使得它们成为全球城市。跨国公司一些总部逐渐聚集在中国的北京、上海等地，使得这些城市能级快速提升，正在加速进入全球城市之列。

（二）跨国公司在中国的投资情况简介

中国改革开放的历程，就是跨国公司逐步加大在中国投资和布局的嬗变过程。相关资料表明：跨国公司在中国东部地区和西部地区的投资有明显的落差，跨国公司在中国东部地区的投资约占全国的比例为65%以上。从资金来源方面来看，

---

① 联合国等国际组织对跨国公司的界定是：一是跨国公司须在2个及其以上的国家设立分支机构，且在国外分支机构不少于6个；二是内部有统一的经营决策体系；三是海外业务必须占总公司业务的25%以上。

② 全球化的表征就是在跨国公司导演下的国际分工，进而导致产品、值链的变化，将城市间的水平关系演变成为垂直关系，形成全球城市、区域城市的金字塔式垂直层级关系网络，进一步强化了不同层级城市分工协作控制能力。

香港的跨国公司年均在35%以上，台湾地区10%左右，日本、美国和韩国约在6%～9%之间。从行业的角度来看，跨国公司布局中国的行业绝大部分公司集中在交通运输、仓储和邮政业、制造业大类里。不可否认，跨国公司的进入，有助于优化中国的产业结构，有助于解决部分就业问题，有助于提升中国产业的市场竞争能力和促进中国的经济增长。

二、跨国公司的垄断对我国经济安全等方面的负面影响

跨国公司在中国的加速布局和规模扩大，凸显出对中国经济发展的不利一面，导致国内许多行业自主品牌的流失、新技术转移的壁垒、市场竞争秩序紊乱，甚至对中国重点行业和战略产业实行了一定程度的控制，对我国的经济安全构成威胁。事实上，我国很多行业都被跨国公司垄断或控制，现列举一些如下：日化行业的宝洁、联合利华、欧莱雅等日化巨头，高端服装行业的皮尔卡丹、路易威登、华伦天奴、阿玛尼和香奈儿等，饮料行业的可口可乐和百事可乐，大型零售行业的沃尔玛和家乐福等，中央处理器的英特尔，现代高端生产性服务业的四大会计师事务所，铁矿石供应商进口中的必和必拓、力拓、淡水河谷，农业种子的孟山都，客机供应商的欧洲空客和波音公司，软饮料包装的利乐公司的无菌灌浆生产线及相应的包装材料，软件行业的微软等，还有汽车行业、机器人等诸多行业，跨国公司实现了不同程度的对中国的市场垄断、品牌垄断、技术垄断和资源垄断等，不仅攫取了高额的垄断利润，还使中国企业在所谓的引进消化吸收过程中，慢慢就丧失了自主品牌和相关资源配置的控制权，国内、国际市场的份额被挤占，使得许多民族品牌消失，阻碍了中国企业的可持续发展，危及国家经济安全。对此，我们必须要有清醒的认识，有所警惕。

跨国公司垄断是指跨国公司依靠其规模、产权、品牌、核心技术和人才等方面的优势，单独（或合谋）在生产、流通、服务领域的排斥或者人为控制的行为。① 跨国公司的垄断形式有横向垄断、纵向垄断、包围垄断和价值链节点垄断等。

目前跨国公司的垄断对我国经济安全等方面的负面影响主要表现如下：

1. 零售终端控制，既直接蚕食和瓜分了有限的市场空间，又间接抑制了我国相关制造企业的发展，对中国本土零售业的发展构成了威胁。零售终端跨国企业形成的纵向一体化垄断（纵向垄断）往往不容易被察觉，我国相关规制的法律欠缺，更加剧了这一现象。事实上，零售业是具有很强市场空间特征的行业，是消费终端，相当于一个国家的国土，具有战略性的制高点——谁掌握了终端，在一

① 基本是对某种行业、产业的独占而形成了对市场的支配和影响权力，即：基于企业等市场主体自身行为产生的控制与垄断。

定意义上就控制了市场。由此可见，跨国公司在中国的零售布局是极其具有战略意义的，对中国经济的伤害是明显的。

2. 利用知识产权获取市场垄断利润，既可以阻碍国内技术的研发与创新，又可以获取关系国计民生重要行业不宜对外披露的信息，对我国国家安全构成威胁。我国在知识产权和关键核心技术方面对外依赖度高。跨国公司针对我们的劣势提前布局，实现权利独占的垄断市场，获取垄断利润。例如我国是电子行业领域里的生产大国，电视机、计算机、手机的产品产量分别占世界总产量的50%、68%和70%，所需要的芯片大部分依赖进口。国产芯片在中国国内的市场份额仅仅只占10%，而全球45%的芯片都出口到中国市场，由此形成了依赖外国芯片的尴尬格局。特别是中国企业在核心器件、高端芯片、基础软件上还没有很好的创新突破，形成了受制于人的局面，迫使我们选择电子工业全球产业链的中下端。芯片的垄断，不仅仅使得中国企业蒙受重大经济损失，盈利能力下降，无法进行自己的研发与创新，导致中国企业难以建立自己的产业核心技术体系，加之外国芯片已广泛使用在中国的各个领域，全国大部分软件使用微软系统，我国的芯片进口是“不设防”，使得外企很容易就能够窃取到公众、企业、行业和国家的信息，对我国的产业安全和国家安全构成威胁。

3. 利用制定的技术标准形成垄断壁垒，既可以导致我国对国外标准和核心技术的依赖，又遏制了我国自主技术创新的能力和技术标准的创立，对我国科技人才成长和创新体系形成构成威胁。全球范围的技术标准的形成和制定，成就了技术壁垒，形成了发达国家跨国公司的超强垄断的全球竞争力。事实上是，谁掌握了制定全球技术标准体系的控制权，在一定程度上就成就了国际技术标准的壁垒，就等于掌握了国际市场的主导权和解释权，可以获取垄断利润，并掌握竞争对手的命脉，迫使许多企业从事相关的配套产业，在价值链的中低端进行生存和发展。如微软公司的个人电脑操作系统标准，就是一个公认的国际技术标准，微软依靠这个技术标准，形成了个人电脑操作系统的技术壁垒和垄断，迫使国内很多硬件制造企业必须和微软签订协议，进而使得微软掌握了国内市场的主导权和获取超额的垄断利润。

任何一项技术标准的形成，并在全球范围内进行推广，在某种意义上代表某些集团的利益。因此，国际技术标准的制定和形成，往往都是利益的博弈，在一定程度上代表一些大的跨国公司、国家和地区的利益。以中国高铁为例，在中国的高速铁路发展过程中，形成了自己的技术标准，其实这些标准都受到实践的检验，形成了中国高铁的时速、运营里程都是世界第一的既成事实。由此可见，中国的高铁技术是世界上任何一个国家都没法比拟的。当中国高铁走出去的时候，却发现中国高铁走出去的最大障碍在于高铁标准被国外垄断，国外主要采用欧洲的标准，中国标准国际上不接受。因此，中国高铁这一事实启迪我们，中国企业绝不能够偏隅一角，必须积极主动的深度参与国际标准的制定，突破其他国家设立的国际标准的壁垒和垄断，逐步打破我国企业在国际标准制定领域里受制于国外跨国公司的被支配地位，不断增强中国企业在国际技术标准领域里的话语权，并逐步引领其发展。

4. 跨国公司利用品牌优势形成隐形垄断壁垒，既可以消灭中方品牌，又占据了中国市场，对中方品牌的成长构成威胁。品牌优势既意味着拥有较高的市场份额和消费者忠诚度，同时也意味着企业的承诺和质量保障。跨国公司在多年的国际化运营过程中，利用其自身在资金、人才、技术和经验等方面的优势，经年累月凝聚成品牌方面的优势，在全球范围内攻城略地，获利颇丰。特别是在中国改革开放的初始阶段，跨国公司淋漓尽致地发挥了这方面的优势和特长，通过企业并购等方式，把相当多的中国不同行业名列前茅而又有一定知名度和影响力的企业和品牌揽入怀中，对中国企业原有的营销渠道和品牌进行整合，进而实现自己对中国市场的市场份额的占有和扩大。然后是在合作经营的过程中，一旦时机成熟，就把中国的本土品牌占为己有，加以改造和冷藏，待时机成熟，甚至取代中国本土品牌，进而达到最终占有中国市场的目的，形成对中国经济安全的潜在威胁。这方面的案例很多，中国洗涤行业的品牌几乎就是如此消失殆尽。

5. 跨国公司的超国民待遇，既导致跨国公司追求总利润最大化和利润转移，又人为的制约了本国企业的发展，还导致区域发展的不平衡。在改革开放初期，国家为了吸引更多的外资，制定了一些优惠政策，各地方政府为了提升政绩，把招商引资作为促进经济增长的主要抓手，出台土政策（零地价、送厂房、配套贷款、五免十减等）进行引资竞赛，这种一味依靠外资的发展，导致跨国公司和本土公司待遇的不平等，而竞相提供的倾斜政策，致使相关利益尽数流失给外资，失去引进外资的意义。长期的优惠政策，不仅严重制约本国企业的发展，而且外资投入的地区过于集中，还导致区域发展不平衡的问题，给我国经济的全局发展带来了不利影响。

6. 互联网 VIE（协议控制）① 以规避而出生，既达到里应外合禁止外资进入互联网业务的目的，又击垮中规中矩的国内企业，还带来了巨大的信息安全、金融安全等隐患，严重威胁到国家的稳定和安全。互联网 VIE 模式（又称为 VIE 结构，在国内被称为“协议控制”，其英文是 Variable Interest Entities，可以直接翻译

---

① 国家明确规定互联网业务（也就是电信增值业务）严格禁止外资进入的业务领域。因此，不在注册地进行实质业务的离岸公司（又称为非居民公司）被视作外资方是不允许收购境内的电信增值业务经营实体。鉴于中国法规的不足，相关律师在针对中国法规缺陷的基础上设计出了“协议控制”的模式。也就是离岸公司采取投资的方式在国内成立一个独资的企业，成为境内的经营实体，并通过为国内经营实体提供咨询管理和服务等项目，将国内经营实体所挣得的利润通过所谓的“服务费”的方式收归自己所有。该外商独资企业还通过合同方式，攫取了对境内企业股权的优先购买、抵押、表决和经营控制等权利。加之政府部门和相关司法机关的一些人的“不作为”，使得这个模式愈演愈烈，被众多境外上市的国内互联网企业所复制，继而扩大到教育、出版等禁止外资进入的行业的境外上市公司。

为可变利益实体)，以规避而兴盛的，现已成为我国互联网行业获取投融资的重要方式，继而大规模实现境外资本和中国互联网建立企业的合作，这一现象表征中国互联网监管问题重重。相关统计数据表明，中国已有上百家企业利用VIE模式在境外资本市场上市，国外私募股权基金（PE）、风险资本（VC）投资运用VIE架构投资的中国企业数千家。不可否认，境外资本如此大规模的投资中国互联网行业，有利于加速中国信息产业的发展。但勿庸讳言，如此大规模的境内外结合，不仅仅使得我国相关法律法规成为摆设，而且凸显出相关执法监管部门的不作为，更为严重的是挤占了我国市场空间，造成一定的经济损失，甚至形成了我国互联网安全隐患。网络企业在中国市场迅速成长而获得的大量红利，源源不断地输送到境外资本那里。

网络企业利益输送的背后，凸显出的是企业和国家竞争力的角逐。数据时代的数据资源日益成为企业和国家战略层次的资源，全球竞争焦点正在由商品和物质的争夺向数据控制的转变。在网络十分发达的今天，企业通过消费者在网络消费过程中的日常行为和相关机构的日常运作，通过长期积累，掌握了大量的数据，在某种程度上关系到消费者的个人行为的隐私、一些相关机构的运作信息、政府部门的信息安全，甚至关系到社会的稳定。众所周知，网络使我们的生活和工作突破时空限制，伴随互联网的迅速崛起，数据传输的跨国界挑战了传统的国家主权概念，互联网作为一个工具和载体已经没有国界，将人类带入了新的发展纪元。但其承载的数据是有相关主体和国界的，取代领土的将是承载海量数据的服务器。因此，伴随互联网的深度发展，网络主权和数据主权应运而生。网络主权要求在网络空间中确定各个主权国家的权力边界，数据主权就是互联网企业对海量数据的占有和使用。未来国家、地区和企业的竞争力，在一定程度上表现为拥有数据的规模和处理数据的能力。换而言之，也就是信息控制能力。因此，数据主权将是继边防、海防、空防之后值得重视的主权范畴。互联网企业经年累月汇集聚合的海量数据，不仅仅能够洞悉每个用户的行为习惯、企业的日常运作，而且能够洞悉和掌控一个地区和国家的相关数据，如果处置不当，必将给国家安全带来隐患。综合观察中国境内众多的互联网企业多数为外资控股，这些境内企业的控制权、运营权名誉上还属于中国公民，但其潜在的安全威胁依然存在，必须引起我们高度的警觉，谨慎地对待，防范外资控股的互联网公司利用掌控的数据攫取经济利益等，进而引发危及国家安全行为的发生。

7. 利用农业生物技术和市场垄断，通过控股并购等方式进入中国农业产业链，阻碍了我国农业生物技术及其产业的发展，延缓了农业可持续发展能力及其综合实力的提升，有可能会对我国的粮食安全问题、植物基因库的保护问题产生无法估量的毁灭性打击！

综上所述，跨国公司利用人才、技术、管理和品牌等方面的优势，加之我国相关法规、政策的优惠和欠缺，既取得了超国民的待遇，又占据了相当大的中国市场，还遏制了我国高端产业的发展，进而形成了不容易被察觉的包围式垄断（包围垄断）。因此，需要我们有所警惕，未雨绸缪。

三、中国应对跨国公司垄断风险的应对策略：规范、帮助和创新

跨国公司进入中国，首先是通过销售——技术转让——合资循序发展的探索式开始，其次是合作、合资到独资建厂的渐进式中间阶段，再次是大规模并购具有发展潜力优秀企业的斩首式阶段，进而建立控股公司，形成垄断格局。中国市场快速成长使得跨国公司在中国的实力急剧增加，快速形成跨国公司对我国许多行业的垄断格局。因此，需要我们从国家、行业、企业三个层面来建构保护国家经济安全的战略体系。

（一）国家层面应对跨国公司垄断风险的策略：规范

1. 要建立完备的国家经济安全法律体系，完善反垄断法及其实施细则，健全反垄断审查机制。在跨国公司进行国际并购和运作的时代背景下，国家安全审查法、外资准入立法、证券法、反垄断法等组成了一个国家和地区的经济安全保护体系。因此，针对外资垄断对国家经济安全带来的威胁，我国就需要进一步健全完善现有的法律保障体系。一是在外资准入立法方面，应立足并购投资与新建投资的差异，提高并购标准。特别是对外资并购涉及了国家安全的相关行业和企业，必须提高并购的标准和进入壁垒，并通过《反垄断法》完善与细化外资并购的相关规定。二是完善《反垄断法》及其细则，尤其要加强对外资纵向垄断、包围垄断、互联网垄断和高端现代服务业垄断的界定及规制。我国现阶段的《反垄断法》仅仅是一个法律框架文件，有些法律条文规定过于简单，缺乏操作性，有些法律条文则是弹性与原则性比较强，难以落到实处。因此，还需要进一步出台更多项配套细则，才能够真正加以实施。在国家实施简政放权的背景下，国家相关部门必须在法治轨道上有所作为，也就是在《反垄断法》配套细则上花大力气，进而对相关行业进行明确的界定，尤其要制定清晰可行的监管程序。在这一过程中，还要注意与现有法律法规和政策的相互协调与衔接，与时俱进的把很多新的政策精神融入监管程序中，如《中共中央关于国有企业改革和发展若干重大问题的决定》和国务院《关于推进国有资本调整和国有企业重组的指导意见》等，形成更加可行的监管机制。三是不断完善外资并购的安全审查制度，进一步明确申报标准，增加申报内容的透明度，量化反垄断审查实体标准，如量化市场占有率和市场集中度的认定等，补充或者制定反垄断审查申报的操作细则，明确外资并购的审查机构等。

2. 强化产业政策引导，加快供给侧改革。我国工业生产能力存在结构性过剩和短缺：低端严重过剩，高端依旧短缺。在世界产业链纵向分工体系中，制造业

发达的国家基本上处于产业链的高端，而我国的制造业大都处于产业链低端，尽管经过多年的奋斗，局面有所改观，仍然还处在比较低的位置。相关数据表明，我国光纤制造设备全部依赖进口、芯片制造设备的95%、机械装备制造业的高档数控机床90%和轿车制造关键设备的70%由国外厂家提供。以芯片为例，2016年集成电路进口2271亿美元，中国集成电路的进口产品近50%来自美国，目前中国芯片产业仍然落后，更是需在高端产品有所突破。有关专家认为，中国企业在高端芯片要赶上美国，至少还需要10年时间的学习和追赶。又如化学工业领域低端产品的产量和销量都名列世界前茅，但在高端专用化学品和化工新材料等方面还是依赖进口。由此可见，我国制造业呈现出这样尴尬的格局：产能过剩和供给不足并存。产能过剩主要体现在低端的产业领域，供给不足主要体现在高附加值的高新技术产业和新材料等方面。在高端方面的不足，更是给国内企业提供了很好的发展空间，需要我们迎头赶上。《中国制造2025》也正是在经济结构调整转型升级的关键期推出，是中国经济转型、建设制造强国和迈向创新社会的重要举措和关键环节，强化工业基础能力，提高综合集成水平，完善多层次多类型人才培养体系，促进产业转型升级，实现制造业由大变强的历史性跨越。因此，在实现制造业由大变强的历史性跨越进程中，必须正视与发达国家的技术差距，把缩小与发达国家的差距作为新的经济增长点的立足点和出发点，采取小步快走的措施，争取通过引进、吸收、创新，实施技术超越，逐步形成自主的技术系统和创新系统。特别是要强化产业政策引导作用，力求在电子通信、高铁、精密仪器、精细化工、新材料等领域缩小与发达国家的差距和形成自主的技术体系，特别是要在高性能和智能化机械装备制造业方面必须有所突破，有所创新。加快供给侧改革的进程，必须在钢铁、有色金属、非金属材料、石油化学、水泥、玻璃、机械装备制造和煤炭等工业领域里调整结构，实现要素的最优配置，提升相关行业的经济增长的质量和数量，争取到2025年迈入制造强国行列。

3. 加大本土跨国公司的培育力度。在中国经济步入“新常态”和一路一带的时代背景下，本土企业和本土资本的发展也展现了不同的特点，一是中国加入净资本输出大国行列。国家商务部、统计局、外汇管理局联合发布的《2015年度中国对外直接投资统计公报》公报显示：一是2015年我国对外直接投资跃居全球第二，并首次成为资本净输出国，有利于中国本土跨国公司的成长。二是本土跨国公司的所有制结构将从以国有为主向民营为主的阶段迈进。我国企业海外并购表现抢眼，尤其是非公企业境外并购在数量和金额上均首次超过了公有经济的企业，非公企业境外并购金额占当年境外并购金额的75.6%，在数量和金额上均首次超过了公有经济的企业。由此可见，民营企业必将成为中国企业国际化的主力军。三是向“资本和能力输出”阶段迈进。中国企业入围世界500强达到三位数时代，表征了我国整体经济实力、企业竞争力水平的增强。四是境外并购趋向多元化，“一带一路”和国际产能合作正在引领我国企业“走出去”，成为新热点。由此可见，中国企业国际化已经是大势所趋，国家必须加大本土跨国公司的培育力度。

中国自贸试验区为本土跨国公司打开了海外投资的窗口，未来将会有更多的国内优势企业通过自贸区“借船出海”，走向国际市场，成为本土跨国公司。以上海自贸区为例，在《国务院关于印发中国（上海）自由贸易试验区总体方案的通知》中规定：“构筑对外投资服务促进体系，改革境外投资管理方式，对境外投资开办企业实行以备案制为主的管理方式，对境外投资一般项目实行备案制”；明确规定“在风险可控前提下，可在试验区内对人民币资本项目科兑换、金融市场利率市场化、人民币跨境使用等方面创造条件进行先行先试”。这类金融制度创新和管理模式创新无疑会吸引有意向的本土优势企业的海外投资公司入驻自贸区。上海正在全力推进自贸试验区的改革创新，“并将制定贸易型总部集聚扶持政策，发挥各类总部政策的辐射和叠加效应，加快聚集一批贸易型总部，更好地发挥总部的采购、分拨、营销、结算、物流、品牌培育等功能。同时，借着自贸试验区的东风，上海国际航运中心建设也在提速，各项政策壁垒将被促进政策取而代之，更多的有大宗海外货品往来的国内优势物流公司或是大企业的物流总部将会陆续集聚上海。此外，随着上海全球科技创新中心城市建设的推进，更多国有优势企业的研发总部和研发中心会入驻上海。”① 总之，中国（上海）自贸试验区、上海四个中心建设和全球城市的目标都将不断吸引着国内优势企业的目标，并逐步吸引着国内优势企业不断聚集，将职能型总部新设或搬迁至上海，通过上海实现国际化运营的目标。

培育一批市场化、专业化、国际化发展的本土跨国公司，可以全面提升中国企业在全球价值链竞争与合作的整体地位，有效的遏制跨国公司的垄断，确保国家的经济安全。

4. 构建全球自主创新价值链体系。我国大部分地区的企业，基本处于全球创新价值链中研发附加值最低的部分。为了防止中国在新型的国际分工中遭受新的低端锁定问题，中国需要加强区域整合和创新互动，构建国家级的自主创新价值链体系，发挥大国的规模经济优势，鼓励有实力的中国本土企业走出去，就有可能进入国际研发创新的前沿，把握构建全球创新价值链的历史性机遇，积极主动的发展，才能够实现从全球生产网络到全球价值链网络的历史性跨越。因此，我国企业必须从被动嵌入全球研发网络，转变为主动构建，使得两者有机地结合起来。特别是要利用我国的规模优势，进行国内和国际的有机整合，有效地配置研究资源，既要构建国家级的创新链条，又要通过走出去本土企业主动构建全球创新链，从而在全球价值链中获得较有利的定位。

---

① 江若尘：《世界与中国跨国公司发展趋势及对上海未来发展的影响》，《科学发展》2016－05－20

（二）行业协会层面：帮助

1. 大力协助政府对外资引入审查的监管，大力协助政府对外资反垄断审查。行业协会是社会中介组织，通常是维护一个行业全体企业的共同利益，既是政府与企业之间的桥梁，又是协调本行业企业间的行为，更是制定并执行行规行约和各类标准，并进行严格监督，维护行业信誉，鼓励公平竞争，打击违法、违规行为。由此可见，行业协会具有在政府职能和市场双重失灵状况下维护市场正常运行的作用。建议行业协会应该正确行使职权，以国家《反垄断法》为基础，对进入中国境内而又怀有恶意并购中国企业的跨国公司，进行严格监督和审查，确保相关行业的并购的标的企业不被恶意并购，保障我国经济运行的经济秩序和安全。

2. 积极帮助和推进龙头企业对本行业的行业标准的制定。标准对技术发展和市场竞争的特殊垄断作用，能够控制市场。因此，行业协会应该主动出击，带领行业龙头企业广泛深入地参与国际标准的制定，持续不断地促使中国企业在国际标准的制定中增强竞争力。众所周知，中国具有广阔的国内市场和巨大的消费能力，同时中国又有规模巨大的生产能力和对外投资、贸易优势，可以通过产品的出口、对外直接投资、自主标准的标准出口和技术援助等方式，逐步扩大我国自主标准的消费者的基数和规模，实现国内标准走出国门，在更大的范围内，推行中国的自主标准，并逐步成为世界认可的标准，是当前国内标准参与国际标准竞争的一个重要路径。同时要加强技术创新，引领相关行业的国际标准的制定，如全世界第一大通信设备制造商华为方案入选5G标准，就是靠技术创新争取到了国际标准话语权。

3. 制定完善行业协会的相关行业规范制度，行业协会要由散而小向规模化的行业协会转型。中国在许多大宗原料的国际贸易中是最大的买家，却没有自己的定价权，作为制造业大国的经济发展安全必然受到严重的威胁。造成这一困境的主要原因是中国买方市场的讨价还价能力不行。我们没有形成高度集中的买方市场集度，不同的企业和行业协会分散出击，没有办法在和垄断寡头的卖方博弈中占据有利地位。因此，要规范中国的行业协会，要使中国的行业协会由小而散向规范和规模的行业协会转型，加强行业协会内部的企业的交流和合作，为购买大宗商品定价权营造信息通道及谈判筹码，逐步确立中国企业在定价权方面的优势。

4. 建立有效预警机制。要警惕境外跨国企业对我国高端先进制造业、高端生产型服务业、大型零售业等行业的渐进型的垄断和对重要资源（木浆、铁矿石）寡头型的垄断。那么就需要对关系到国家经济安全的重点行业和相关产业进行定期的市场占有比例的评估，建立相关的预警监测模型和预警指标体系，进行预警机评估，得出外资垄断的风险评级，通过相关渠道及时有效的发布预警监测信息，评估外资垄断所采取的方式和该方式带来的对中国经济的影响。同时还必须跟踪重点行业和相关产业中的中国重点企业的发展情况，协调它们快速而又尽可能地与国内外市场环境相协调，尽可能阻止外资的垄断，以保障我国的产业安全和国家经济安全。

（三）中国企业应对策略：创新

中国跨国企业的国际化经营能力，必须以创新驱动为动力，需要从内部不断地培养和提升内生性驱动要素，如技术创新能力、市场化运营能力、品牌推广力等，形成自己的核心竞争力作为支撑。但还必须注意到，与成长在市场经济环境中的境外跨国公司相比，中国本土的跨国公司，尤其是国有跨国公司，几乎没有经历国内的竞争阶段，靠其庞大的国内市场和雄厚的国家资源支持，直接演变成为走向国际的“大企业”。未来走向世界舞台的国有大企业面临的关键问题是，国际市场的竞争规则与国内市场俨然不同。中国企业“走出去”特别是在研发、设计和营销、品牌这两个“上下游”领域里要可持续地提升国际竞争力，实现国际化与转型的同步实现。

在物联网、云计算、自动化、人工智能、3D 打印、新材料、生物工程和大数据等领域，加之现在新兴的跨界竞争，新业态和新模式的新型本土跨国公司将会不断涌现。本土企业要结合国家战略大势和世界经济的发展趋势，加快经济转型升级和创新驱动，抓住自贸试验区建设、“一带一路”建设、“亚投行”的建设契机，抓住国有资产国有企业深化改革的契机，加强企业的自主创新能力和国际化能力培育，提升本土跨国公司的活力、影响力和控制力，真正做优做强做大，实现国家的战略要求。

注释

[1] 江若尘．世界与中国跨国公司发展趋势及对上海未来发展的影响［J］．科学发展，2016（5）：20.

[2] 周婧．外资恶意并购中国企业的现状及对策研究［D］．广西大学硕士论文，2014（5）：1.

[3] 吕政．中国经济新常态与制造业升级［J］．财经问题研究，2015（10）：5.

[4] 孙韶华．我国首次成为资本净输出国．经济参考报，2016－09－23，http://www.360doc.com/content/16/1227/13/8507568_ 618145522.shtml

[5] 黄浩．外资控股中国互联网企业的隐患与解决对策［J］．经济纵横，2015（7）：10.

[6] 卢玲．资并购背景下国家经济安全法律保障体系的构建［J］．甘肃社会科学，2014（3）：25.

[7] 新华社．中国首成资本净输出国 今年已海外并购近 500 个项目．http://mil.news.sina.com.cn/dgby/2016－09－23/doc－ifxwevmc5299443.shtml.

[8] 吕政．制造业新增长点在于缩小与发达国家差距，http：//jjckb. xinhuanet. com/2015－08/21/c_ 134539267. htm.

[8] 侯俊军．重视跨国公司在中国标准化中的作用［J］．中国标准化，2012（3）：5.

[9] 钟磊．上海自由贸易试验区对中国国际投资合作的影响初探［J］．中国标准化，2013（11）：25.

[10] 石述思．中企掀海外并购潮是经济强国的体现，http：//cen. ce. cn/more/201609/23/t20160923_ 16222016. shtml.

[11] 陈琦．国际贸易型企业借助上海自贸区提升核心竞争力路径分析［J］．企业经济，2014（8）：25.

[12] 侯俊军，肖璞．提升我国标准国际竞争能力［N］．光明日报，2012－05－09.

[13] 侯俊军．重视跨国公司在中国标准化中的作用［J］．中国标准化 2012（3）：5.

[14] 国务院关于印发中国（上海）自由贸易试验区总体方案的通知《国际商报》．2013－10－11.

[15] 张战仁，李一莉．全球创新价值链模式的国际研发投资转移研究［J］．科学学研究，2015（10）：15.

[16] 宋新潮，方敬春，董智，章建良．拆除 VIE 模式下的企业税务处理［J］．财务与会计，2016（20）：15.

[17] 杨振华，曹光四．中国高铁项目整体出口现状及发展对策［J］．财务与会计，2015（12）：10.

[18] 黄武双．技术标准反垄断的特征及其对我国反垄断立法的启示——从微软垄断案说起［J］．科技与法律，2007（3）：15.

[19] 张战仁，李一莉．全球创新价值链模式的国际研发投资转移研究［J］．科学学研究，2015（10）：15.

[20] 刘国政，李芮．中国市场的芯片安全忧患［J］．集成电路应用，2014（8）：10.

[21] 李克强，李克强．装备走出去倒逼提高企业竞争力．http：//www. gov. cn/xinwen/2015－04/06/content_ 2843151. htm.

[21] 走出去．卖装备更要推标准［J］．装备制造，2014（6）：1.

[22] 曾繁华；陈建军．技术垄断竞争问题研究回顾及评析［J］．财务与金融，2015（2）：15

[23] 章玉贵．打造国有跨国公司的路径选择［N］．企业观察报，2013－12－23.

[24] 胡宇翔，王子风．洋 PE 领跑跨境并购业务［J］．新产经，2013（11）：1.

[25] 吕政．国经济新常态与制造业升级［J］．财经问题研究，2015（10）：5.

中国高技术企业参与国际标准竞争风险管理研究
——基于中国通信和中国高清碟机的跨案例研究

董伶俐①

（河南财经政法大学 工商管理学院　河南 郑州　450002）

摘　要：随着技术的迅猛发展，越来越多的国家和企业把技术标准与知识产权相结合，借助于技术标准的特殊地位强化知识产权保护，以追求经济利益最大化和国家竞争力的提升，顺应这一趋势，我国高技术企业也开始不断加入到技术标准研发和国际技术标准制定的轨道上。然而国际标准竞争不仅仅意味着利益的获得，还意味着大量风险的承担，如何识别这些风险并对其进行有效管理，从而降低高技术企业参与标准竞争的损失就变得越来越重要。本文借助于中国通信和中国高清碟机参与国际标准竞争这两个新旧案例的对比分析，指出了中国高技术企业参与国际标准竞争存在的风险和对风险的管理策略，以期对未来中国高技术企业参与国际标准竞争提供一定的指导和借鉴作用。

关键词：高技术企业；标准竞争；风险管理

当今，随着技术的迅猛发展，开发和推广技术标准已成为建立企业竞争力的核心要素之一（Hidetaka Yoshimatsu，2007）[1]。尤其近十几年来，在现代产业发展和国际市场竞争中出现了把技术标准与知识产权相结合，借助于技术标准的特殊地位，强化相关知识产权的保护；借助知识产权的专利性，来实现某些技术标准事实上的垄断，以追求经济利益最大化和国家竞争力的提升。这种技术标准与知识产权相结合的趋势，对我国刚刚起步的高技术产业逐渐形成了围困堵击的态势，迫使我国高技术企业也不断加入技术标准研发和制定的轨道上，以便在这一

① 作者简介：董伶俐（1976－），女，汉族，河南辉县人，管理学博士，河南财经政法大学工商管理学院副教授。

趋势竞争中获得自己的话语权和相应利益。

然而技术标准主导权的取得不是一件易事，它需要大量的人力、财力和物力的投入，并且要承担多种风险，如 Jarunee Wonglimpiyarat（2012）在研究中间接论述了技术标准战争中面临的技术生命周期风险[2]；董伶俐（2011）在其研究中分析了高技术标准竞争中存在的竞争风险、市场风险和联盟风险[3]，以及后期研究中提到的消费者有关产品知识不确定性的风险[4]；伍燕妩（2006）在通信技术标准联盟的风险研究中重点分析了通信技术标准中的联盟风险[5]；张运生（2009）则分析了高科技企业创新生态系统风险，包括：依赖性风险、结构性风险、专用性资产投资风险、信息不对称风险、资源流失风险和收益分配风险[6]。尽管有不少学者从不同角度分析了高技术企业标准竞争的风险，但是对风险管理的研究还相对较少，尤其结合中国企业参与国际标准竞争案例进行实证分析的则更少，中国通信和高清碟机标准竞争作为中国企业参与标准竞争的两个典型案例，以其竞争程度之激烈，参与成员之多而受到多方关注，本文借助中国通信参与国际标准竞争这一正在进行、并且相对成功的案例，和中国高清碟机参与标准竞争这一历史失败案例的对比分析，试图研究中国高技术企业参与国际标准竞争面临的风险及其对风险的管理策略。

一、中国通信行业参与国际标准竞争案例分析

对于通信行业而言，在激烈的国际竞争中只有参与标准的制订，才能抢占市场制高点，掌握产业话语权。因此从第一代（以下简称 1G 时代）标准到第三代（以下简称 3G 时代），乃至到最新的第四代（以下简称 4G 时代）标准而言，每一代标准的推出都充满激烈的竞争。中国企业参与国际通信标准竞争的历程也是一波三折，从最初的零参与到开始关注，再到具有标准主导权，这一斗争的历程更为艰辛。

（一）1G 时代模拟蜂窝移动通信系统

移动通信系统的第一代标准起始于二十世纪七十年代中期至八十年代中期，当时有几大标准并存，主要有：美国的 AMPS，英国的 TACS，北欧的 NMT，日本的 NTT 和 JTACS/NTACS，意大利的 RTMI，而中国企业并没有参与其中。

（二）2G 时代数字蜂窝移动通信系统

第二代系统以传输话音和低速数据业务为目的，始于二十世纪 90 年代初，它解决模拟系统中存在的一些根本性技术缺陷，其典型代表是美国的 CDMA 和欧洲的 GSM 系统。当时我国的通信设备制造业刚刚处于起步阶段，技术力量十分薄弱，基本没有企业有能力参与相关标准的制定，所以在此时我国企业仍然没有话

语权。但是这一时期中国企业开始有了标准竞争的意识，从20世纪80年代末到90年代初期原中国邮电部电信科学技术研究院（现大唐电信科技产业集团，以下都简称大唐）一直在努力跟踪美国高通公司研发的CDMA技术，并寻求多种技术方面的突破。

（三）3G时代移动通信无线传输系统

随着网络、数据和多媒体通信的发展，以移动宽带多媒体通信为目标的第三代移动通信应运而生。3G时代标准早期主要有两个：一个是欧洲和日本主导的WCDMA；一个是美国高通公司主导的CDMA2000。由于2G时代的积累，我国在电信网络规模、科技和经济实力上都有了一定基础，于是在邮电部科技司的领导下，开始谋求在国际标准上有所突破。1998年1月，在科技部、邮电部等部委组织的香山会议上，大唐电信提出了基于SCDMA技术的“TD－SCDMA”。并于1998年6月30日向ITU提出了该标准。2000年5月，ITU正式公布TD－SCDMA成为国际标准，与WCDMA、CDMA2000成为3G时代最主流的三大技术标准之一。2001年3月TD－SCDMA标准被3GPP正式接纳。2002年3月，大唐移动通信设备有限公司挂牌成立，拉开了中国TD－SCDMA技术全面产业化的序幕。2002年10月TD－SCDMA产业联盟正式成立，联盟成员由最初的8家发展到2013年9月份的97家，覆盖了TD产业链从运营、系统、芯片、终端到测试仪表的各个环节。2005年7月TD－SCDMA顺利结束产业化专项测试。2009年1月7日，中国政府正式向中国移动颁发了TD－SCDMA业务的经营许可，中国移动也已经开始在中国的28个直辖市、省会城市等进行TD－SCDMA的二期网络建设。2009年初工业和信息化部、国家发展改革委、财政部、科技部等部门联合发布了一系列支持TD－SCDMA发展的扶持政策。截至2012年9月底，在网TD－SCDMA用户总数达到7559.5万户。

（四）4G时代移动通信技术标准

由于技术更新换代速度的加快，使得标准制定厂家在前一代技术还没完全推广时，都已开始研发和布局下一代技术标准的竞争。通信行业也是如此。当很多国家消费者还没来得及好好享受3G时代带给他们的新鲜与刺激时，4G时代便已悄然走近。

4G主要以提高无线通信的网络效率和功能为目标，技术主要是LTE技术（Long Term Evolution，长期演进技术），是3G的演进（4G网络标准演进见图1），包括FDD－LTE、TDD－LTE两种标准模式。

FDD－LTE标准最早由欧洲提出来，目前是最为成熟，在世界各国推广最为普遍的模式，截至2012年1月，全球共有285个营运商正在93个国家和地区中投资FDD－LTE。TDD－LTE是由我国主导制定，大唐电信、中国移动、华为技术、

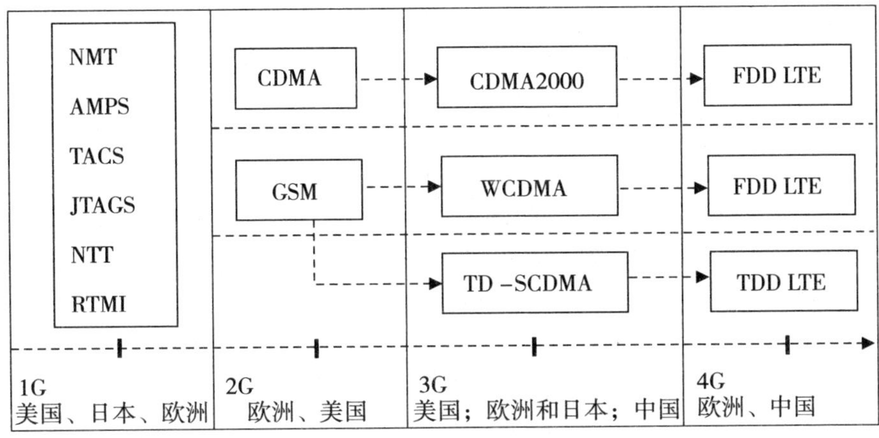

图 1 4G 网络标准演进路线图

中兴通讯等合作提出的 4G 标准，是 TD - SCDMA 的后续演进技术。2012 年 1 月，TDD - LTE 被国际电信联盟确定成为 4G 国际标准，和 FDD - LTE 站在了同一竞争轨道上。但是目前从国际上看，多数运营商还是支持 FDD - LTE 技术。在国内也只有中国移动基本上确定其将会采用 TDD - LTE 制式，中国联通和中国电信都倾向于采用 FDD - LTE 标准。2013 年 3 月中国电信集团公司董事长王晓初公开道出想采用 FDD - LTE 的原因："因为 FDD 可以令中国电信现在的 3G 网络较顺利进入 4G，而 TD 制式的 4G 网于技术上、商业上，以及产业链等方面仍存在未解决的问题"。但是最终采用哪种标准，跟政府最后的牌照发放和政策要求还有最大的关系。

二、中国高清碟机参与标准竞争案例分析

视听是人类接收外界信息最重要的手段之一，但人类利用科学技术记录活动的图像和声音还是近 100 多年的事情（视听消费产品的发展历程见图 2）。激光盘及其播放机从最早的商业化产品 LD，依次经历了 CD、VCD、DVD 等进化产品和技术，直到 BD 和 HDDVD 标准的竞争。在短短的 40 多年中，激光盘经历了一个又一个发展里程碑，演绎着一轮又一轮的技术创新和技术标准争夺，展现出高技术标准制定权、市场主导权争夺的魅力。新一代 DVD（以 BD 和 HD DVD 之争为主）标准争夺战更成为标准竞争中一个非常典型的案例（Jarunee Wonglimpiyarat，2012）[2]，中国企业也曾积极投身其中，研发属于我们自己的标准——EVD。

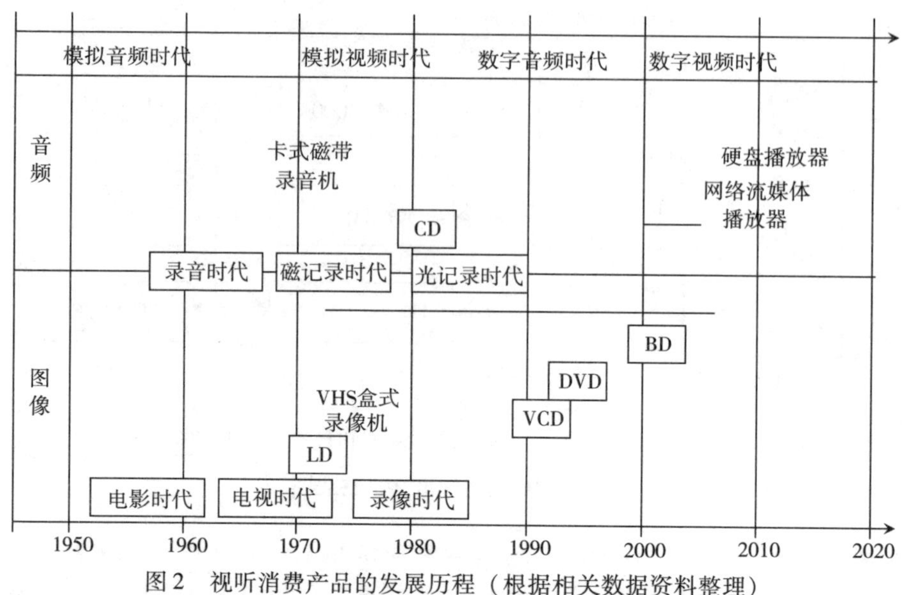

图2　视听消费产品的发展历程（根据相关数据资料整理）

（一）新一代 DVD 国际标准竞争背景

蓝光（BD）是由索尼和飞利浦利研发的一种光学存储格式。1998 年飞利浦与索尼率先发表了下一代光盘的技术论文，给业界带来了一个惊喜。2002 年 2 月，以索尼、飞利浦、松下为核心，联合日立、先锋、三星、LG、夏普和汤姆逊共同发布了 0.9 版的 BD 技术标准，正式表明下一代 DVD 候选人——蓝光盘的诞生。

HD DVD（High Definition DVD）是一种数字光储存格式的蓝色光束光碟产品。正当 2002 年 6 月 BDF 开始向外发售 BD 标准 1.0 版的时候，几乎在同一时刻，东芝决定在新一代使用蓝色激光光源的 DVD 光盘开发中与 BD 彻底决裂，决定采用“更容易与现行 DVD 光盘保持兼容性的光盘规格”。双方的竞争也由此开始。HD－DVD 规格主要卖点是，由于它的盘片结构和 DVD 光盘是一样的，可以利用现有的 DVD 生产线和光头，DVD 制造商并不要为规格升级再投入庞大资金和更新生产设备，从产业的过渡性比 BD 平滑得多。东芝提出这个标准也是要利用现有的 DVD 的产业环境来加速 HD DVD 的普及。

（二）中国高清碟机标准 EVD 参与竞争实证研究

由于我国 DVD 产业不拥有相应的知识产权，历来一直受制于人。为使下一代的碟机不再重蹈 DVD 产业的覆辙，从而掌握中国高清产业发展的主导权，1999 年，新科、上海广电等企业联合成立北京阜国数字技术有限公司（以下简称阜国）进行 EVD 标准开发。并于 2002 年 7 月 15 日通过国家经贸委的科技成果鉴定，鉴定委员会认为 EVD 是真正意义上的中国造；2003 年 11 月，“中国 EVD 联盟”成立；2004 年 1 月具有中国自主知识产权的 EVD 宣布研发成功，并于同年 11 月份成功上市。由于技术路线上的分歧，2004 年 6 月 EVD 的原合作伙伴之一北京火马微电子公司成立了北京凯诚高清，并迅速联合一些影碟供应商、内容和经销商等构建自己的产业联盟，推出了 HDV 标准。2004 年 4 月，上海晶晨突然牵头成立了 HVD 标准联盟，并迅速推出产品与 EVD 竞争。所以国内碟机标准竞争出现了三足鼎立局面。2004 年 7 月，今典投资集团有限公司与阜国共同投资设立今典环球数字技术有限公司，力求加快 EVD 产业化。2005 年 2 月 23 日，中国信息产业部将 EVD 确定为“电子行业推荐性标准”。2006 年，随着 BD 和 HD－DVD 的推出，中国高清碟机产业面临更加严峻的挑战，因此 2006 年 12 月 6 日，真正的 EVD 产业联盟高调成立，联盟成员包括 EVD 技术提供商、芯片制造商、硬件生产商、内容供应商及渠道销售商。但是由于 EVD 本身的一些缺陷和外部环境等因素，EVD 在几经挣扎后还是退出了市场。

三、中国高技术企业参与国际标准竞争面临的主要风险

从以上两个高技术企业参与国际标准竞争案例分析，标准争夺的背后不仅仅是利益的获得，还需要承担着多种风险。

（一）技术风险

高技术企业参与标准竞争因其本身的一些特性，就承担着大量的技术风险。如从图 3 视听消费产品的发展历程和国际通信标准竞争看，几乎每代标准的生命周期都在十年左右，这就意味着每次大量投入的人力、财力等研发的标准，即时最后胜出，投资的回报也只有十年，而且随着未来高技术产品更新换代速度的加快，每代标准的生命周期也会越来越短，这是技术生命周期本身所决定的。以通信标准为例，目前国内多数消费者仍使用的是 2G 网络，3G 使用者仍占少数，如果 3G 通信因为系统或终端的短缺而导致延迟的话，那么号称 4G 的技术随时都有可能威胁到 3G 的赢利计划，此时 3G 漫长的投资回收和赢利计划将变得异常的脆弱。甚至从目前中国移动的态度看，中移动也盼望早日颁发 4G 牌照，这样我国企业前期研发的 TD－SCDMA 标准的投资就很难收回，将承担较大的经济损失。

事实上，除了技术生命周期所带来的风险外，每个技术本身的优劣程度也决定了参与标准竞争所要承担的技术风险。从高清碟机标准竞争看，EVD 是 DVD 的升级产品，与 DVD 相比，技术优势明显，如高清晰度、远优于 DVD 的环绕立体声效果，可向下兼容市面上所有的 DVD、VCD、CD、SVCD 等碟片等。但是由于 EVD 相比 BD 和 HD DVD 在技术上的明显滞后，如 EVD 单面双层光盘的容量只有 8.5GB，而 BD 单层存储容量却可达到 25GB 左右，HD DVD 也可以达到 15GB（三种标准基本技术参数比较见表 1）。而且按照电视视频的发展趋势，将来高清电影

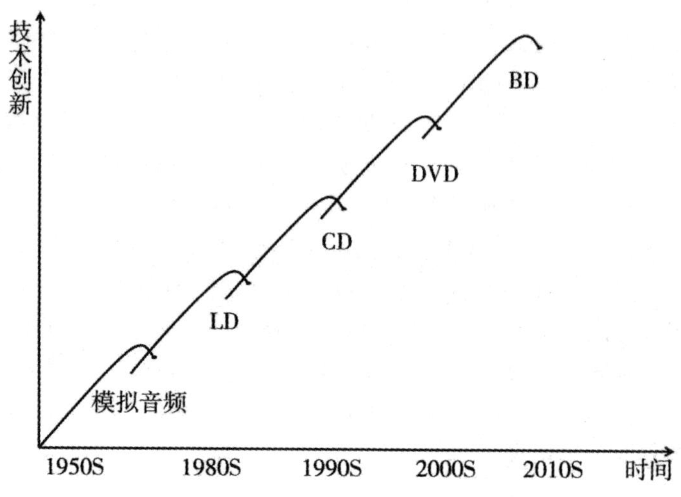

图 3　视听消费产品技术标准的演变周期

（注：基于 Utterback and Abernathy（1975）创新生命周期得来[7]）

的分辨率会更高，视频文件的大小也会更大，这使得 EVD 技术在竞争开始就承担着较大的技术风险。

表 1　BD、HD DVD 与 EVD 存储容量比较

规格		BD	HD DVD	EVD
存储容量	ROM（只读）单层	23.3/25/27（GB）	15（GB）	8.5（GB）
	WO/－R（追记）单层	25（GB）	15（GB）	8.5（GB）
	－RW（复写）单层	23.3/25/27（GB）	20（GB）	8.5（GB）
激光波长		405nm（蓝紫色激光）	405nm（蓝紫色激光）	650nm（红色激光）

（二）联盟风险

从两个标准竞争案例对比看出，联盟风险一方面来源于联盟外部，如政府的主导和参与；另一方面来源于联盟内部，如内部成员风险。

从本研究中两个案例分析看出，政府在标准联盟组建中都起到了主导作用，但是由于两个产品的市场属性不同，政府的主导效应却产生了不同的结果。通信是具有一定垄断性质的行业，政府有时需要站出来说话，如在 TD－CDMA 申请成为国际标准时，受到了 WCDMA、CDMA2000 等标准成员，以及其他产业链成员的反对，但最后我国政府明确表态：就算国际上不接纳 TD－SCDMA，中国也要自己做 TD－SCDMA。中国政府的强硬态度，再考虑到中国的庞大市场需求，使得很多产业链条上的国际巨头开始转变态度，纷纷宣布支持 TD - SCDMA，并加入 TD 联盟。而与通信行业不同，高清碟机是充分的市场竞争产品，政府在标准竞争中应该起到引导，而不是主导作用。因此这种由政府撮合在一起，完全脱离了国际上技术标准联盟松散开放的规范运行模式形成的产业联盟，市场竞争能力较弱，更难在国际市场上有所建树。

（三）市场风险

所谓市场风险指由于企业市场实现环节，会遇到这样或那样的不确定性，由此导致企业失败或给企业带来损失的可能性。总体看，一个新产品或创新技术市场实现环节的风险主要在于产品或技术的创新扩散。而对于技术的扩散过程，技术标准会影响竞争环境（Hawkins，Mansell，& Skea，1995；Wonglimpiyarat，2005）[8-9]。且一项技术的创新扩散是技术的推动和消费者拉动相互作用的结果（Freeman，1982；Schmookler，1962）[10-11]。因此，高技术标准竞争中的市场风险既可以来源于竞争对手，也可以来源于替代技术和消费者。如 TD - CDMA 面临来自 WCDMA、CDMA2000 带来的市场争夺风险，以及来自于 4G 标准的替代风险；EVD 面临来自同行业 BD 和 HD DVD 竞争风险，同时也面临来自被网络、智能电视等取代的风险。而消费者风险不仅来源于普通个体消费者，也来源于产业链条上下游的企业消费者，如通信行业的标准采用不仅仅是最终消费者的选择，同时也是各大运营商的选择；EVD 的市场推广，也不仅仅是消费者的支持，也来源于影业公司对 EVD 标准的支持，EVD 最终失利的原因跟各大影业公司不支持也有一定的关系。事实上，无论是 DVD 标准还是 BD 的胜出，很大程度上都与全球各大影业公司的支持密不可分。

四、中国高技术企业参与国际标准竞争的风险管理

从以上两个案例分析看出，我国高技术企业参与标准竞争存在着多方风险，如果能很好地对这些风险进行预防和管理，将更加有利于我国高技术企业参与国际标准竞争，并且取得更多胜利，承担更少损失。依据所存在的风险，以及标准研发和竞争的时间顺序，本文将高技术标准竞争风险管理分为标准研发前期、研发中期和研发后期的管理。

（一）标准前期风险管理

尽管标准竞争的背后是企业和国家的利益，但是并不是所有的高技术标准竞争我国企业都要参与，因为参与竞争不仅要投入大量的人力、财力和物力，而且还要承担来自多方面的风险。对于标准前期的风险管理，主要在于“是否参与标准竞争”这一决策权的制定。

从高清碟机演进历程看，历代的标准竞争都是在欧洲企业（以飞利浦为主）和日本企业（以索尼、松下等为主）之间展开（见图2），这在很大程度上决定了这些企业拥有的深厚技术基础，此时如果中国企业很贸然地直接参与标准竞争是不明智的。事实上，无论是从高清碟机技术上、还是市场竞争的经验来看，中国企业显然差距都很大，我国企业想在国际市场上同 BD、HD DVD 竞争，并取得最终胜利的概率几乎为零，即便是想占领国内市场，在经济开放程度这么强的今天也是很难实现的。因此从理智的角度看，我们与其把大量资金投入到我们没有一点技术基础的行业中去，不如投入到我们有一定竞争优势的行业上去，从我们有优势的领域获取利益，不一定所有的技术和行业我们都要参与国际标准竞争。

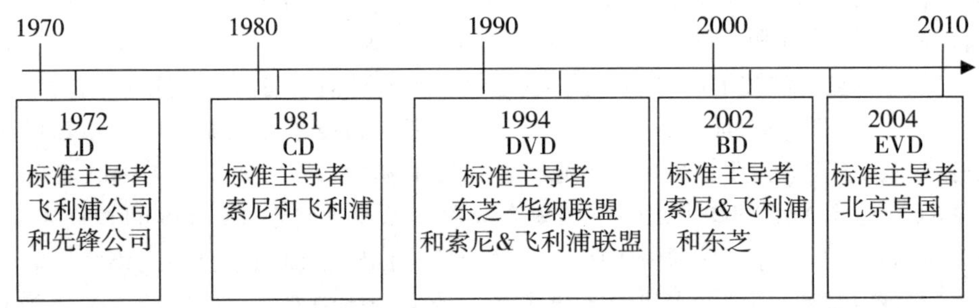

图4　光盘各时代标准主导厂家

而应对前期风险管理的方法主要有两种：一是中国企业应该在自己技术有优势的领域展开标准竞争；二是最初在没有技术优势时先采取“关注”、“跟随”的策略，等取得一定的技术优势时再参与竞争。从案例 1 可以看出我国通信技术标准参与竞争采取的就是这一策略，我国的企业界在 1G 时代还没有反应过来，2G 时代开始关注和跟进，3G 时代我国提出的 TD - SCDMA 成为国际电信联盟（ITU）批准的标准之一，在 3G 向 4G（新一代移动通信）演进的 TD - LTE 技术方向上，我国拥有了主导相关国际标准制订的话语权，也拥有了较为完整的产业链和为产业发展提供保驾的专利集，成为 LTE 产业的引领力量。

（二）标准研发中期风险管理

1. 技术风险管理。每一次的标准竞争，相对于前期标准来讲都是一次技术革命，只有在技术上取得重大突破的新技术才有可能进入市场或消费者的选择范围。如果企业的技术创新只是对原有技术的局部的改进，虽然从消费者角度或从产品进步的角度，产品也是在不断创新，但是这些技术优势给消费者带来的价值，会因消费者的转换成本、学习成本等而使消费者获得的让渡价值为零甚至为负值，从而使得市场或消费者放弃对该技术的采用，或者跳过该标准，直接应用下一代标准，如现在 TD - CDMA 不尽快完善技术成熟，一些持观望态度的消费者有可能就会从 2G 直接过渡到 4G。

因此，从技术风险管理的角度看，一方面随着技术生命周期的缩短，对于有技术基础和技术上有一定竞争优势的企业，就需要不断进行技术跟进和研发；而当技术上很难超越竞争对手时，最早可以先采取“关注”或“跟进”策略，然后逐步追赶，等待时机成熟再参与技术标准竞争，有时跟踪几代，不气馁，最终也有可能在该领域做成最强标准（Choung，2011）[12]。另一方面，高技术企业在技术标准研发中一定要勇于进行破坏性技术创新。该冒险时就要具有冒险精神。

2. 联盟风险管理。对于联盟风险的管理，主要从两个方面进行管理：一是联盟成员的选择。从以上案例分析看，联盟成员的选择应该以市场为导向，是每一位成员利益考虑后的选择，而不应该由政府主导，尤其在竞争性行业，所以政府的角色是“该出手时才出手，不该出手时要冷眼旁观”。且从主导标准的企业来看，选择成员时要更注重从产业链条的角度出发，获得整个产业链的支持才有可能让标准推广的更顺利。二是成员目标的管理。董伶俐（2011）在《高新技术企业标准竞争风险产生机理研究》一文中指出，联盟成员目标差异也是联盟风险来源之一[13]。从 EVD 案例来看，EVD 联盟最后的土崩瓦解很大程度上跟联盟成员追求自己获利目标，没有把成员目标与联盟目标很好地统一在一起有很大关系。因此树立联盟成员目标，将整体蛋糕做大，并将联盟目标与各成员利益目标挂钩，使得各联盟成员能够清晰看到自己最终的利益，才有可能不会因目标差异而导致联盟的失败。

（三）标准研发后期风险管理

标准研发成功后的风险管理主要在于市场风险的管理，而市场风险的管理主要在于在两个方面：

1. 确保标准胜出管理。在标准已经研发出来后，要想确保标准胜出，就要求标准主导者主动出击，争取得到行业价值链条上下游企业或产业的支持，因为标准的竞争不再仅仅是一家企业的竞争、也不仅仅是一个联盟的竞争，而变成了一个产业链条的竞争。TD - CDMA 成为第三代移动通信三大国际标准之一，实现了中国百年通信史上国际标准“零的突破”，其中原因之一就与 TD - CDMA 争取到产业链条上各企业的支持密不可分，到 2012 年 9 月联盟成员已发展到 97 家，覆盖了 TD 产业链从运营、系统、芯片、终端到测试仪表的各个环节，还吸纳了部分海外成员，如三星电子株式会社、NetAfrique Dot Com Ltd、艾法斯有限公司等。相比 EVD 联盟成员覆盖面小、数量少，TD 联盟具备了较强的竞争优势，这也是两个标准最后命运不同的原因之一。所以我国高技术企业在未来的技术标准竞争中一定要提高产业链条企业间的联盟或合作意识，使得整个产业链的力量参与标准竞争，这样才能更增强标准的竞争力。

2. 标准胜出后市场推广管理。标准胜出后，并不代表标准最终的胜利，而要以标准被市场所接收并带来良好的市场效益为最终衡量标准。从 BD 和 HD DVD 竞争来看，虽然BD胜出了，但以BD在中国市场表现来看，却并未像想象中的那么好，完全没有达到预期的收益。其中最重要的原因之一在于：BD之前并未考虑到可能会出现的形式竞争产品（所谓形式竞争指凡是满足消费者需求的产品之间都构成竞争），这一形式竞争产品就是网络。当消费者每天以最便捷和低成本的方式享用电脑、IPAD、智能手机等设备所带来的丰富视频内容时，BD的市场又在哪里？所以以我国主导的3G标准TD－CDMA，和4G标准TDD－LTE来看，虽然都被确定为国际标准，也并不代表标准主导厂家就可以高枕无忧，反而此时当标准研发的前期投资已经几乎达到最大化时，如果标准最终带不来预期经济效益，此时标准研发厂家要承担的风险更大。事实上标准推广时间滞后也往往是影响标准扩散的重要原因（Fontana，Roberto，2008）[13]。因此，做好标准胜出后的快速推广，避免错过技术标准推广的最佳时间，并以最快的速度完善标准中的一些缺陷以应对来自替代产品的竞争，是标准胜出后风险管理的重要内容。

总之，我国高技术企业参与国际标准竞争才刚刚起步，以后的路还很长，未来的参与企业需要了解在标准竞争中存在哪些风险，并做到提前准备和应对，力求将风险和损失降到最低，争取在未来的国际标准市场上有我们更多更强的声音。

注释

[1] Hidetaka Yoshimatsu. Global competition and technology standards：Japan's quest for techno－regionalism［J］. Journal of East Asian Studies，2007，7（3）：439－468.

[2] Jarunee Wonglimpiyarat. Technology strategies and standard competition—comparative innovation cases of Apple and Microsoft［J］. Journal of High Technology Management Research，2012（23）：90－102.

[3] 伍燕妩．通信技术标准联盟的风险研究［J］．科技与管理，2006（5）：99－101.

[4] 张运生．高科技企业创新生态系统风险产生机理探究［J］．科学学研究，2009（6）：925－931

[5] 董伶俐．高新技术企业标准竞争风险产生机理研究［J］．科学学与科学技术管理，2011（6）：133－139.

[6] 董伶俐．消费者知识对高新技术标准产品创新扩散影响研究［J］．科学学研究，2012（1）：152－160.

[7] Utterback，J，&Abernathy，W．．A dynamic model of process and product innovation［J］．Omega，1975，3（6）：639 － 656.

[8] Richard Hawkins，Robin Mansell，Jim Skea. Standards，innovation and competitiveness［J］．Aldershot：Edward Elgar，1995.

[9] Wonglimpiyarat，J. Standard competition：is collaborative strategy necessary in sha-

ping the smart card market? [J]. Technological Forecasting and Social Change, 2005, 72 (8): 1001 -1010.

[10] Freeman, C.. Schumpeter or Schmook ler? In C. Freeman, J. Clark, & L. Soete (Eds.), Unemployment and technical innovation [M]. London: Pinter, 1982.

[11] Schmookler, J.. Economic sources of inventive activity. In N. Rosenber g (Ed.), The economics of technological change [J]. Harmondsworth: Penguin Books, 1962.

[12] Choung, Jae - Yong Hameed, Tahir Ji, Illyong. Role of formal standards in transition to the technology frontier: Korean ICT systems [J]. Telecommunications Policy, 2011, 35 (3): 269 -287.

[13] Fontana, Roberto. Competing technologies and market dominance: standard 'battles' in the local area networking industry [J]. Industrial & Corporate Change, 2008, 17 (6): 1205 -1238.

基于PPP模式的工程项目风险管理研究
——以A市政PPP项目为例

阳 超①

（中交一公局厦门工程有限公司 福建 厦门 361021）

摘 要： PPP作为一种新兴融资模式，在缓解政府财政压力、鼓励社会资本参与基础设施投资建设等方面发挥积极作用。本文以项目公司和施工单位为研究主体，从PPP项目的定义、特征及风险分配原则出发，归纳述评影响PPP项目实施的风险因素，分析项目风险因素在项目实施不同阶段产生的风险影响，并以中交一公局A市政PPP项目为例，识别不同风险因素对项目实施产生的不利影响，提出相应解决措施，为PPP模式下基础设施投资建设项目实施过程中社会资本方的风险管理提供分析框架。

关键词： PPP模式；社会资本；项目公司；风险管理

PPP（Public - Private Partnerships，简称PPP），是指政府和社会资本在基础设施和公共服务领域达成的合作关系，在合作中各有分工，合作参与方利益共享、风险分担[1]。根据不同的划分视角，PPP项目有不同的分类。从市场准入和融资模式的视角看，PPP项目包括管理与租赁、特许经营、未开发项目、资产剥离四类。从社会资本参与基础设施建设的角度分析，PPP项目的主要形式有：ROT（修复—运营—移交）、RLT（修复—租赁—移交）、BROT（建设—修复—运营—移交）、BT（建设—移交）、BOT（建设—运营—移交）、EPC+政府采购等。有学者认为严格意义上讲，社会资本应以民营资本为主。但基于PPP项目建设周期长、融资难度大等特征，目前央企、地方国企和平台公司是社会资本的主要出资方。本文以国有企业作为社会资本方，主要探讨BT、BOT模式、EPC+政府采购模式

① 作者简介：阳超（1985 -），男，湖南邵阳人，硕士，中交一公局厦门工程有限公司经济师。

下，由社会资本控股的项目公司和施工单位的风险管理。

一、PPP 项目特征及风险分配原则

基于 PPP 模式的基础设施投资项目具有投资周期长、投资金额大、杠杆融资比例高，参与主体多、项目管理复杂等特征。政府和社会资本之间的合作表现为伙伴关系、利益共享和风险分担三个方面。一是伙伴关系。主要体现为政府和社会资本之间的契约关系、长期合作关系以及合法的政商关系。二是利益共享。主要体现为公共产品的社会性，PPP 项目不以投资收益经济利益最大化为主要追求，强调的是合理的利润空间。三是风险分担。依据风险分配理论，“风险由最适宜的一方来承担”为原则，即对风险最有控制力的一方多承担风险；风险与回报相匹配；承担风险要有上限[2]。由最善于应对该风险的合作方承担自己有优势方面的伴生风险，使得整个基础设施建设项目的成本最小化。如高速公路、桥梁等 BOT 项目，在运营期车流量不够导致达不到社会资本的预期收益，由公共部门提供现金流补贴；超过了预期收益则由政府和社会资本共享超额的利润，体现了合作过程中“利益共享、风险分担”的原则。比如由社会资本进行施工管理控制，有利于弥补公共部门不具备施工管理优势带来的“官僚主义低效风险”，体现了“风险由最适宜的一方来承担”的原则。

风险分担是项目发起人进行风险管理的重要措施。项目发起人需要在项目的前期与政府机构、贷款银行以及各个参与者进行多次的谈判，并通过签订合同的方式实现项目风险的转移，从而降低自身面临的风险。但是通过实际实践发现，这种方式因谈判时间过长，会带来较高的谈判成本[3]。因此，关于风险分担方面首先需要遵循一定的原则，即需要对风险具有最高控制力的一方控制风险、承担的风险需要与回报成比例关系、承担的风险要有上限。在项目建设、运营期间，以及移交、退出时，需要以合同的形式约定参与各方的权利和义务，通过风险分担的方式将风险转移给最具风险可控制能力的参与方承担，达到共赢的目的。

二、PPP 模式下的工程项目风险识别及管理

（一）PPP 项目风险识别

从社会资本的角度考虑，PPP 项目风险主要来源于以下几个方面：一是项目规模大，以社会资本方控股的项目公司承担着融资建设的义务，需要投入大量资金。二是项目运行周期较长，不确定因素多。PPP 项目周期一般为 10－30 年，时间越长，不确定因素越多。三是项目参与主体多，参与方利益目标不一致导致管理上错综复杂的关系，协调管理难度大，增加项目管理的风险。四是 PPP 模式一

般应用于大型工程项目，对项目公司施工管理、运营管理能力要求高。

关于PPP项目存在的风险因素，国内外学者从不同的参与主体进行了研究。彭桃花、赖国锦（2004）在构建加权平均资本成本模型时考虑到了债务、破产、政策风险等因素的影响，着重介绍了我国PPP项目模式中存在的风险识别与分配问题，最后有针对性地提出了对策措施[4]。Shenctal（2006）将PPP项目实施的风险分为：运营、市场条件变化、金融、场地获取、产业行为、土地开垦、土地和周边环境污染、未预期的场地条件、开发设计和建造、不可抗力风险、私人合作者经验不足、法律政策等10多种。桑美英（2014）认为PPP项目具有投资巨大、杠杆融资高、建设投资期长、融资成本较高等特点，项目发起人还需要建立一个专门的项目公司与政府部门、贷款银行、供应商、承包商、用户等进行法律、融资等各个方面问题的讨论，在这种投资过程中存在着汇率风险、利率风险、通货膨胀风险等[5]。孙学工（2015）等认为，建立有效的风险分担和信用约束机制，收益应与承担的风险相匹配，平衡好各方利益，严格约束政府和企业的不守信行为，有利于保障PPP项目的稳定性和持续性[6]。李文娟、金长宏（2016）认为棚户区改造PPP项目存在政治风险、关系风险、经济与社会风险、建设运营风险以及自然风险[7]。李曦（2016）认为PPP项目参与方多、关系复杂，风险贯穿于项目投资建设运营的整个过程，主要风险要素包括：政治风险、合同风险、建设风险、运营风险、金融风险、移交风险，以及不可抗力风险，项目能否顺利实施很大程度上取决于能否识别各种风险并合理分配各个项目参与方[8]。李彩云、厉伟（2016）将PPP项目风险类型分为三类：一是外部风险，包括通过膨胀、汇率波动、利率波动、原材料价格变动、税制变动和环境污染。二是内部风险，包括工程造价满足度、后期设计变更的概率、工程维护费用满足度、完工准时性、工程成本节约率、资金的有效性、项目资金的到位率。三是关系风险，包括社会资本信用风险、权责分配是否得当、政府的信用风险、合作方沟通的有效性[9]。

综述有关PPP项目风险管理的研究，从社会资本作为PPP项目公司控股方的角度出发，本研究认为项目公司和施工单位在项目实施过程中主要存在政治风险，经济、管理风险，合同、信用风险，建设、运营风险等。

（二）PPP项目风险因素影响及管理措施

1. 政治风险影响及管理。政治风险的影响。政治风险主要包括政策、法律法规的变动对项目产生的风险，以及政府主管部门对PPP项目的综合管理专业化水平不足对项目产生的风险。比如，项目实施过程中政策或者审批情况的变化影响项目的盈利水平，政府换届可能对草签合同中某些条款重新修订，这些变动会导致项目风险的重新分配，可能改变项目的预期收益水平。

政治风险管理。一方面，在项目建设全过程中应该持续监控、收集对项目实施有影响的政策信息，第一时间掌握政策变动信息，为应对政策变动做好铺垫。

如政府换届后，新任政府领导可能对已经签订的合同草案提出异议，需要及时与政府资本方代表沟通，力争避免新任政府制定的新政策、新的合同条款要求对合同履行带来的不利因素。另一方面，加强与公共资本、政府的沟通，维护好政府公共关系，为政策变动带来的调整进行重新谈判提供方便。

2. 经济、管理风险影响及管理。经济管理风险的影响。经济风险体现在融资风险、利率变动及通货膨胀、建设过程中的资金周转风险等。一是融资风险。项目公司是 PPP 项目的融资主体，项目公司的融资行为基于项目的预期收益、资产情况以及政府扶持措施的落实情况，其融资的形式、交易结构的设计、融资的规模以及成本的高低都与项目资产情况密切相关[10]。二是通货膨胀和利率变动的影响。PPP 模式下城市基础设施融资规模较大、建设周期一般较长，期间有可能发生利率波动、汇率波动、通货膨胀及工期波动。当利率上升时，利息增加，形成利率风险；当汇率朝着不利的方向变化时，形成汇率风险；通货膨胀导致资金购买力下降，使融资主体遭受经济损失，形成通货膨胀风险和融资成本风险[11]。管理风险主要指项目建设、运营过程中因管理能力不足而导致的风险。

经济、管理风险管理。一是融资风险管理。根据项目盈利水平进行测算，严格控制融资成本，对影响项目内含报酬率要求的融资成本，在合同条款中合理约定风险分担比例。二是利率风险管理。主要有签订固定利率合同法、利率互换交易法、利率期货套期保值法、利率期权交易法、货币互换交易法。签订固定利率合同是项目发起人与银行签订一个固定利率合同，锁定利息成本。这种方法存在一个弊端，就是无法享受到利率下降带来的成本节约。三是通货膨胀的风险管理。针对通货膨胀的风险管理，主要采用签订物价指数保值条款合同法、签订外汇和物价指数保值条款合同。物价指数保值条款合同是项目发起人在签订合约的过程中将实际产品价格或者物价指数变动情况对合约价格进行调整并列入项目合同中，这种通货膨胀或者汇率变动超出了一定范围时可以直接调整合同中约定的价格或者是延长特许期[12]。四是管理风险管理，要求社会资本加强人力资源和团队建设，提高技术水平和企业核心竞争力，不断总结、积累 PPP 项目的理论成果和实践经验，持续提升对 PPP 项目的管理水平。

3. 合同、信用风险影响及管理。合同、信用风险的影响。PPP 项目多方参与，周期较长，合同中风险分配的方式一定程度上决定了参与方后期面临的风险，合同中不利条款对社会资本方后期运营能否达到预期收益有较大的影响。项目参与方均存在履约风险，包括合同履约能力、履约意愿以及外部环境变化带来的影响。

合同、信用风险管理。合同中的不利条款，要及时辨认，这需要项目的社会资本方委派具有专业能力的代表参与合同的谈判与签订。特别针对合同中存在的隐性风险，要及时辨认并通过合同谈判的形式补充相关规避风险的条款，并以谈判会议纪要的形式形成书面文件，作为合同附件补充资料。比如贷款利率高于基准利率的部分由谁承担，运营期收益达不到预期政府是否给予补贴，这些问题应该在项目实施之前，以合同条款或者会议纪要的形式得以确认。

4. 建设、运营风险影响及管理。建设、运营风险的影响。在项目建设期，一是原材料价格的波动，有可能超出标后预算；设计施工图未能标注的不可预测地质变化，都有可能影响施工成本。二是施工期间不可抗力因素，可能导致工程不能按期完工。三是融资机构人员可能缺少专业能力，导致项目工期拖延或者不能如期运营。四是项目建成投产后，由于经营不善或市场需求等因素发生变化，导致维护与运作管理成本超支，出现严重亏损状态，使得项目收益率降低甚至入不敷出，形成经营收益不足。

建设、运营期风险管理。一是建设期风险管理。建设前的策划期，需要加强对设计图纸的管理，确保建设期能够按图施工；严格调查市场材料价格，采用期货、价格浮动条款等手段，防止材料价格超出预算；跟进征地拆迁情况，确保施工场地，防止征地原因、交叉施工等影响工程进度；加强施工全过程管理，确保工程安全、质量可控，确保如期履约；约定不可抗力因素导致的损失赔偿方案。二是运营期风险管理。运营期主要风险在于收益达不到预期，或者运营、维护保养成本超出计划成本。首先，在项目发起时，应在合同中约定运营、维护期收益不达预期的补偿方式，保障最低收益。其次，加强运营期运营成本控制，确保各项费用支出在计划范围内。最后，可以通过股权转让等方式退出项目运营期，将运营管理交付给专业团队和机构，转移运营期风险。

三、以 A 市政 PPP 项目为例实证分析

（一）项目简介

A 市政 PPP 项目采用“PPP（EPC + 政府采购）”模式，由 A 市人民政府授权 A 市市政管理局作为实施机构和项目采购人。B 控股有限公司作为政府方出资代表，与社会资本（C 公司）共同出资成立项目公司。主要投资的 A 市 PPP 项目建设总投资约为 20 亿元（含建设期利息），合作期限 17 年（建设期暂定 2 年，运维期为 15 年）。A 市政 PPP 项目建设内容包括 E、F、G 三条道路。项目参与各方的主要关系如图 1 所示：

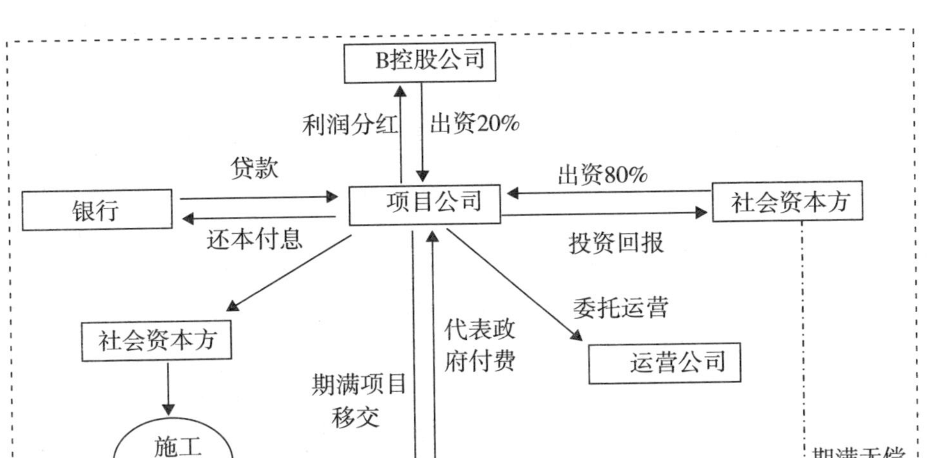

图1　项目参与各方关系图

（二）项目存在的主要风险及对策

根据项目PPP合同相应条款及A市政府对投资项目管理模式、A市建筑市场的调查与了解，从政治风险，经济、管理风险，合同、信用风险，及建设、运营风险四个方面分析A市政PPP项目面临的风险影响，并根据项目公司和施工单位的实际情况，采取不同应对措施。

1. 政治风险影响及应对措施。A市政PPP项目存在的政治风险在于A市政府领导换届带来政策的不确定性，以及因政府对PPP项目管理的规范程度不足而导致的中标合同额、工期的调整等问题。在A市政PPP项目实施过程中，由于社会资本方前期准备不足和信息不对称，这类风险正慢慢凸现出来，具体表现在三个方面：一是E道路存在投资规模调整的风险。因前期准备工作不充分和信息不对称，E道路控规路线与施工范围内的高铁路线发生平交，无法正常施工，存在投资规模调整风险。二是F道路改建政府决策影响项目实施风险较大。F道路项目总投资约15亿元，是本市政PPP项目的重点，未中标前由M市政设计院做的最初可行性研究方案，因防洪标准、中地道方案，未获得市政府审批通过，F道路前期立项、规划、可研等工作尚未开展，存在较大的政策风险。

风险管理措施：针对E道路存在的问题，目前项目公司已经将新的线路设计方案上报A市政府，正在积极与市政府、市政规划局、E道路的商业主体进行协商线路调整事宜，避免投资规模调整。针对F道路存在的问题，项目公司已经制定时间节点，选取实力雄厚的设计单位进行合作，尽快启动该路段施工前的准备工作。

2. 经济、管理风险影响及应对措施。A 市政 PPP 项目在实施过程中存在的经济、管理风险主要包括融资风险、管理风险。因为是国内项目，而且建设期较短，汇率风险的影响较小，所以在这里不作分析。

一是融资风险。A 市政 PPP 项目由社会资本控股，社会资本方承担着项目公司投资过程的融资义务。合同条款约定："融资成本高于同期 5 年以上贷款基准利率（4.9%）的部分由成交供应商自行承担"。这一条款增加了项目公司的融资风险。二是管理风险。项目公司章程规定，B 控股有限公司作为政府资本的代表，是乙方股东之一，在项目公司董事会 5 个席位中占有 2 个席位，对股东会决议有一票否决的权利，可以通过一票否决的形式参与项目公司重大经营事项决策，这可能导致后期建设运营过程中存在干涉项目公司经营管理的风险。

风险管理措施：为了降低融资风险，经过与政府采购方谈判沟通，将融资增加成本由成交供应商承担改为由乙方承担，体现了风险共担的原则，一定程度上降低了融资风险。针对干涉管理的风险，项目公司通过与政府资本方协调，政府资本方同意不参与项目公司的实质运营管理，避免外行指导内行，对工程施工管理造成不利影响。

3. 合同、信用风险影响及应对措施。一是初步设计概算审批风险。根据 A 市其他工程建设单位上报初步设计概算审批情况了解，在概算金额不超可研估算金额前提下，A 市发改委项目管理中心对上报概算审批均按照上报金额下浮 20% 后批复，考虑合同中约定定额下浮 6.1%，最终按照定额将下浮 26% 左右。目前 A 市其他项目公司均僵持在概算审批阶段，与发改委进行沟通。风险管理措施：先将图纸报发改委进行预审，若核减金额较大，将可研估算金额重新上报市政府审批（上报概算金额不能超可研估算金额），可考虑稍微提高初步设计概算金额，留足扣减空间。二是合同条款规定，未经甲方或市政府书面同意，乙方不得引进股东，或进行股权转让或变更，不利于后期退出。风险管理措施：项目公司成立后立即申请股权变更，避免融资、管理、运营风险。三是跟踪审计审批风险。项目施工过程中由 A 市审计局组织全过程跟踪审计，但从目前其他单位已经开展审计工作的项目中了解，过程跟踪审计时，审计单位不对相应的数量、价格进行签证，要最后再签证。存在被克扣的风险。风险管理措施：项目公司设立审计部，专门与审计咨询单位进行对接，同时与审计局沟通，处理好过程审计签证问题。

4. 建设、运营风险影响及应对措施。一是材料市场采购价格与定额站信息价倒挂风险。A 市定额站信息价低于市场采购价格（如：中砂定额站信息价 130 元/m^3，市场采购价格 150 元/m^3）。A 市定额站当月信息价定价规则：按上月 A 市场询价及参照 A 市周边城市价格的平均值。风险管理措施：项目公司与定额站积极沟通，尽可能让定额站发布的信息价接近市场实际采购价格。二是非抗力因素影响的赔偿问题。A 市政项目位于沿海地区，多台风、暴雨，建设期和运营期因台风、暴雨造成设施损害的具体补偿方案，合同条款约定由 A 市政管理局与项目公司协商而定，但缺乏具体实施方案，可能在后期造成实际影响时发生扯皮。风险管理措施：与A市政管理局协商，尽快约定损失赔偿方案。三是运营风险。F道路项目由于配套批发商城，其过往车辆将可预估为重型车辆较多，可给路面带来较多的破坏，最终导致运维期费用增加。风险管理措施：与政府协商运营期由于超标载重的车辆造成破坏的维修费用，纳入运维绩效服务费。与市政府沟通提高道路设计标准，按照厂矿道路标准进行设计。与市政府签订补充协议道路运营期内由于政府批准其他工程建设造成道路损坏，维护费用由政府承担。

四、结语

PPP模式有效实现了政府资源和社会资本的优势互补，开创了政府与社会资本之间共赢的局面。但在PPP项目实施过程中，风险的识别、评估及分配原则是否能平衡各方的利益，直接关系到项目的成败。社会资本出资方作为项目公司的法人代表，对项目实施过程中风险采取有效的管理措施，是实现预期收益的重要保障。PPP项目进行风险分配时，不仅应遵从对风险最有控制力的一方承担相应风险的原则，还应该遵从承担的风险程度与所得回报相匹配，以及承担的风险要有上限的原则，只有实现参与各方的共赢，PPP模式下的工程项目才能走得更远。

注释

[1] 廖睿.PPP操作指南——政府和社会资本合作实务［D］.北京：中国人民大学出版社，2016.

[2] 王雪青，喻刚，邴兴国.PPP项目融资模式风险分担研究［J］.软科学，2007(6)：39-42.

[3] 吴瑾.基础设施PPP项目融资模式风险分担研究［D］.大连：东北财经大学，2013.

[4] 彭桃花，赖国锦.PPP模式的风险分析与对策［J］.中国工程咨询，2004(7)：11-13.

[5] 桑美英.基础设施PPP项目的风险管理研究［D］.西安：长安大学，2014.

[6] 孙学工，刘国艳，杜飞轮等.我国PPP模式发展的现状、问题与对策［J］.宏观经济管理，2015（2）：28-30.

[7] 李文娟，金长宏.基于层次分析法的棚户区改造PPP模式融资风险分析［J］.安徽建筑大学学报，2016（2）：75-81.

[8] 李曦.政府与社会资本合作（PPP）模式研究综述［J］.福建建筑，2016(10)：98-101.

[9] 李彩云，厉伟.基于PPP模式的农村饮用水安全工程融资风险评价实证研究［J］.

江西农业学报，2016（9）：131－134.
[10] 曹红辉，沈宾．基于PPP模式的开发性金融支持与创新机制研究［J］．中国集体经济，2016（7）：141－144.
[11] 牛晓雯．从项目发起人角度看PPP项目融资金融的风险管理［J］．企业改革与管理，2016（1）：106－107.
[12] 王舒．基础设施PPP项目融资风险分担研究［D］重庆：重庆交通大学，2012.

第六篇

商务管理学科建设

在线开放课程建设下的课程教学改革与创新

袁　凌　蒋新玲①

（湖南大学 工商管理学院　湖南 长沙　410082）

摘　要：在线开放课程建设是知识经济时代下实现人才培养目标的新途径，是高等教育信息化深度发展的必然趋势，课程教学作为在线开放课程建设的关键部分，其改革与创新对深化高等教育教学改革，提升在线开放课程建设效果，实现人才培养目标具有重大意义。本文将分析在线开放课程建设的现状以及在线开放课程建设下课程教学的特征与挑战，提出在线开放课程建设下课程教学改革与创新的路径，并重点介绍在线开放课程建设下课程教学的四位一体互动教学模式。

关键词：在线开放课程；教学改革与创新；四位一体；互动教学模式

随着互联网技术与教育教学的深度融合，我国高校课程建设进入了在线开放课程建设的历史新时期[1]29-34。在线开放课程建设是顺应互联网时代下教育教学规律，提升教育教学质量的需要，同时也是展示和共享优质教学资源，提升学校影响力的需要[2]5-7。在在线开放课程建设的历史新时期，学习行为自主化，学习需求多元化，互联网技术已经渗透到课程教学的方方面面，因此，高校课程教学急需进行改革和创新。但是，在线开放课程目前建设得怎么样？应用情况如何？尤其是在线开放课程建设背景下，课程教学如何进行改革与创新成为当下值得我们重点关注的问题。因此本文将深入分析在线开放课程建设现状，归纳在线开放课程建设下课程教学的新特征及其受到的挑战，并对在线开放课程建设下教学改革与创新的路径做出积极探索。同时紧密结合学校教学实践，介绍在线开放课程建

---

① 作者简介：袁凌（1962－），男，湖南慈利人，博士，湖南大学工商管理学院教授，博士生导师；蒋新玲（1992－），女，湖南永州人，湖南大学工商管理学院硕士研究生。

设下课程教学的“四位一体”互动教学模式，为在线开放课程建设下课程教学改革提供参考。

一、在线开放课程建设的现状

（一）教师参与投入有待加强

1. 教师对在线开放课程建设认识不足

由于我国高校传统教学模式固有的面向特定群体特质和时空限制以及在线开放课程建设的政策导向性，一方面，部分教师对在线开放课程的新型教学模式知之甚少，在实现线下传统课堂向在线开放课堂的转变中也缺乏一定的技术基础知识，从而导致教师对在线开放课程中新教学思想和新技术缺乏敏感度和关注度。甚至还有一部分教师担心新兴的在线开放课程建设会对传统大学教育模式的主流地位形成挑战，给自身教学现状带来负面影响，因此固守原有的教育体制和教学模式[3]1-4。另一方面，政策导向型的在线开放课程建设方式导致部分高校、教师一味追求教学政绩工程而盲目申报项目，对于在线开放课程建设的意义和目的、受众的特点和需求等缺乏深入调研和透彻分析[4]102-108。

2. 教师对在线开放课程建设标准理解不到位

由于部分教师对在线开放建设标准认识不到位，简单地将在线开放课程建设视同为“传统课堂教学搬家”，认为在线开放课程就是传统课堂的视频录制和线上传播。实际上在线开放课程以互联网平台为教学载体，与传统课堂教学有着多方面的区别。首先在课程时长标准上，为适应在线学习特征，在线开放课程具有不同于传统课堂的课时安排（一般为20分钟/节）。其次在课程设计上，在线开放课程不仅包括从线上授课到线下答疑互动等构成的系统教学环节，而且更加强调突出教学内容的重点和难点[5]109-111。最后，在教学受众上，传统课堂教学受众具有确定性和单一性，而在线开放课堂则面向不同时间、地点的不同水平人群，对授课教师教学方式要求更高[4]102-108。

3. 教师对在线开放课程建设积极性不高

一方面，由于高校排名的科研指标驱动、教师考评按科研成果导向等原因，部分高校教师存在“轻教学、重科研”的思想。且由于在线开放课程建设初期需要投入较多时间精力，部分教师认为在线开放课程建设投入产出不成正比而敷衍了事；另一方面，大部分高校尚未形成对教师在线开放课程建设的评价机制，缺乏将在线开放课程建设成果与教师教学考评有效结合的考核办法，教师得不到相应支持和激励从而对在线开放课程建设的积极性不高，投入度不够。

4. 教师受制于传统以教为主的教育理念

在建设开放课程的过程中，由于根深蒂固的传统教学模式和教学理念的影响，部分教师仍然固守以教为主的教学思想，课程教学形式因循守旧，没有充分认识到在线开放课堂突破时间地点限制、以学为中心等突出特征，仍然坚持以教为主的教学形式，没有很好地把握学习者的学习诉求，使得在线开放课程教学收效甚微[5]109-111。

（二）在线开放课程建设过程有待优化

1. 在线课程资源组织有待优化。课程资源是在线开放课程的核心构成，现有大部分在线课程并未对各类课程资源的内容以及资源间的关联信息做出必要的说明，也没有进行相应的美工设计和系统加工处理，缺乏适用性和易用性[6]58-60。同时，多数在线开放课程只提供了基本课程资源，而对于拓展课程资源则非常欠缺，资源类型单一特色性不突出，与教学主题和学习需求相差甚远。在线课程资源的组织不合理导致学习者在检索在线课程时缺乏关键关联信息，影响学习者在线学习体验，造成点击量低下，资源得不到有效利用。

2. 在线课程网站建设缺乏持续维护。从在线开放课程的相关网站中可以发现，由于教师投入精力有限或技术、维护资金和维护人员缺乏等原因，多数线上课程网站的内容停滞在申报初时的介绍资料界面，没有做到实时更新。而且在课程网站的互动区很少甚至没有访问、互动记录，教学内容也没有持续跟进[7]72-73，在线课程建设名存实亡。

3. 在线学习过程和学习质量缺乏有效管理。现有大部分在线开放课程采取的是学生自由登录网站进行自主学习的模式，对学生的在线学习过程和学习情况尚未建立相应的监督和评价机制。一方面，在在线课堂的学习过程中由于采取学生自主登录学习模式，现有建设了开放课程的多数高校并未及时记录和监测学生登录学习次数、时长以及随堂在线练习完成情况；另一方面，在学生学习情况的考察上缺乏对学生在线课程学习结果的科学评估机制，学生进行在线课程学习的效果无法得到评价和认证。这都影响在线开放课程在实际教学中作用的发挥和良好在线学习氛围的形成。

4. 教师在线教学工作量缺乏计算标准。在线开放课程教学与传统课堂教学在教学工作量上有着显著差异，传统课堂教学工作量的计算方法不适用于在线课堂教学。从在线课程教学的备课准备到录制线上视频，再到线上和线下教学答疑互动等是一系列的教学环节，无论是在教学时间上还是教学工作量上都有别于传统课堂教学，但教师对在线教学工作量的计算还缺乏科学的计算标准。例如 MOOC 工作量的计算，学校一般是在传统教学课时基础上乘上一个系数，使 MOOC 的工作量达到传统教学课时的 2－3 倍，这样调动了教师的积极性，教师从不愿上到愿意上，但大部分教师承担 MOOC 教学任务的初衷是为了完成教学工作量。

5. 缺乏在线课程建设的教师教学评价体系。在多数现有在线开放课程建设中，还缺乏对教师在线课程中课程建设和教学质量的系统评价体系。目前对在线课程平台任课教师的评价主要以定性为主，缺乏多样化评价主体（如高校、教师、在线学习者）视角及从教学内容安排、教学策略选择、教学效果等多方面评价的定量评价方法[8]92-95。

（三）在线开放课程本身安排有待改进

1. 课程理念先进性不够。从在线开放课程建设模式上，大多数高校在线课程建设缺乏先进教育理念的指导，基本沿用传统课程建设模式。一方面，在内容呈现形式上过于单一和因循守旧，只是简单将线下教材、课件等进行基本数字化处理后上传到在线课程平台上；另一方面，多数在线开放课程建设没有充分把握现代教学媒体的特征，对现代教学媒体功能的开发和应用不足，没有全面发挥现代互联网信息技术在教育教学发展中的积极作用，对网络环境下教学方式与平台运行的特点认识不够。

2. 课程规划科学性不强。由于在线开放建设具有政策导向性特征，各级教育部门在印发课程申报通知、发布课程评价标准和建设规范时延续往年惯例，对于建设什么样的在线开放课程、如何建设在线开放课程并未做出具体科学的规划和部署。高校缺乏申报在线课程建设的规划指导，只能根据自身情况进行建设，从而无法实现在线课程的统筹部署，导致现有多数在线开放课程存在学科分布不合理，出现了立项课程重复建设以及课程覆盖面不全等问题。

3. 课程设计趣味性不浓。现有多数在线开放课程设计趣味性不浓。一是教学设计囿于传统课堂教学思维，仍然采用以教为主的教学设计模式，忽视在线课堂教学中以学为中心的特点。教学活动形式单一，授课方式刻板僵化，难以调动学习者学习兴趣、启发学习者的想象力和创造力。二是学习者对在线开放课程的学习体验不够。现有大部分在线开放课程虽然能够满足学习者的基本学习需求，但是在学习的交互性和乐趣性设计上尚有欠缺，无法提升学习者的学习积极性，更无法保证学习者对学习资源的有效使用。

4. 课程评价有效性不高。我国教育行政部门所制定的现有在线开放课程建设标准重指导而轻应用，课程评价体系缺乏有效性。一方面在缺乏具体指导标准下建立的在线开放课程水平不一，质量参差不齐，加之缺乏具体有效的课程评审标准和课程质量控制约束，导致课程实际应用性不强。另一方面，在线开放课程评价的过程评价实施办法和监督管理长效机制缺乏。多数在线开放项目申请成功后只顾建设推出而忽视管理维护，课程资源更新缓慢甚至没有更新，课程设计形式单一长期不变，在线课程网站模块一直维持最基础的版块，缺乏实时更新，无法吸引学习者重复多次学习，造成教学资源的严重浪费[1]29-34。

二、在线开放课程建设下课程教学的特征与挑战

（一）在线开放课程建设下课程教学的新特征

在线开放课程教学远区别于传统课堂教学，呈现出新的教学特征：

1. 课程学习资源获取途径极大丰富。在线课程教学依托互联网平台实现了突破时间地点限制的教学[5]109-111。随着世界各地高校、教育机构等在互联网教学平台建设上的不断投入，学习者通过互联网可以轻松获取丰富的课程教学资源。例如目前为大家所熟知的MOOC平台以及网易、超星等公司建立的面向大众的课程学习网站等，学习者获取学习资源的途径极大丰富。

2. 课程教学形式不断创新。在线开放课程教学不仅在“教”的形式上不断创新，在“学”的形式上也不断转变。传统课堂教学中以教为主逐渐向以学为中心的教学方式转变。在线课程教学任课教师在教学形式安排上更加突出引导和启发作用，学生学习更加强调自主性、参与性和体验性。教与学实现线上和线下融合互动，教学形式更加灵活多变，翻转课堂教学、混合式教学成为课程教学的新形式，课程教学形式不断创新。

3. 在线课程认证社会认可度提高。随着各大高校、培训机构、以及企业对在线开放课程建设的大力投入，学习者在线课程学习的效果开始显现。一方面某些高校开始将学生在线课程学习纳入学生培养计划中，学生在线学习表现与学分挂钩；另一方面，企业对人才需求的关注点开始不再局限于单纯关注学历学位，而越来越重视受聘者的多元化知识储备和学习能力，学习者在线学习的潜在作用日渐凸显，越来越多的企业开始认可甚至鼓励员工参与在线开放课程学习[5]109-111。

4. 个体教师教学向团队协同转变。传统课程教学中从备课到课程完结，单一任课教师便可以胜任。然而在线开放课程对教学资源和教学形式的要求更高，任课教师难以单独实现微课录制上线、线上线下讨论组创建、教学资源补充等更新和维护工作。且在线开放课程建设不仅需要具备教师的教学知识，还需要一定的计算机和互联网技术操作能力，在线开放课程使得教师组织形式由单一向教学团队协同教学转变[9]106-108。

（二）在线开放课程建设下课程教学的新挑战

1. 传统以教为主的教学模式受到冲击。在线开放课程突破了课程教学中地点、时间的限制，更加强调学习者的自主学习，突出以学习者为中心的启发式、体验式教学。无论是线上课程教学还是线下传统课堂教学，传统教师讲授为主的教学模式越来越难以满足学习者多样化的学习要求，在激起学习者学习积极性和提高学习效果上作用受限，传统以教为主的教学模式受到冲击。

2. 传统教学方法和手段越来越不适用。首先，在线开放课程教学面向的受众层次广、需求差异性大，而传统教学方法和手段多数时候适用于具有定向受众的情况，难以满足学习者的多元化需求。其次，在线开放课程本身特有的线上平台性质对内容传播的要求更高，传统教学方法和手段也必须随之改变。

3. 教师能力边界不断突破。首先，在线开放课堂使得学习者获取学习资源的渠道大大丰富，学习者更加容易对教学内容作出比较和质疑，这无疑对任课教师在知识深度和广度的掌握上要求更高。其次，在线开放课程与传统课堂教学教师自由度存在差异，传统课堂教学教师随意性大，教学时间弹性大，课堂表达自由度大，而在线课程教学受到很多限制，这就要求教师在教学方式设计、教学艺术等方面不断创新以适应变化。最后，在线课程教学不仅要求教师具备教学知识，还要求教师掌握一定的在线内容传播、平台设计等知识。教师能力边界被不断突破。

4. 教学评价要求更具灵活性。从学习者的角度来看，线上教学平台的教学效果难以得到实践上的检验，在线课程提倡自主学习，平台无法逐个追踪和反馈学习者是否真正掌握知识已经在实践中起到的作用。从教师视角来看，在线开放课程教学是一个系统而复杂的教学活动且是项目团队的协同合作，团队化教学成果评价较为棘手，学校一般只认项目负责人，导致团队其他成员积极性不高。这都要求教学评价更具灵活性。

三、在线开放课程建设下课程教学改革与创新的路径选择

（一）更新教师观念

1. 把握课程教学开放的最终目的。课程开放与不开放都是为了传播知识、培养人才，学校教师要坚决摒弃为开放而开放，重申报轻使用等观念，不能只追求开发课程的数量和争夺资源，关键是资源建设、共享和应用。

2. 转变以教为主的教学观念。教师要深入认知在线开放课程教学的特点与功能，了解在线开放课程面向对象的特点、学习需求和学习方式，突破以教为中心的传统教学观念，树立以学为中心的课程教学理念[5]109-111。

3. 转换教师在教学中的角色。教师应该从课程教材的讲解者转换为学生学习文化知识的组织者和引导者。在线开放课程教学更强调对学生的启发式教学，教师应积极转变自身角色，在传授课程教材知识的基础上积极创新突破，不断引导学生在学习过程中主动思考，提升学生学习文化知识的积极性。

4. 坚持教学与科研相结合。教学工作是教师的本职所在，科学研究是教师实现知识创造的重要活动，坚持教学工作与科研工作相结合，是教师实现个人价值的现实需要。

5. 坚持科学研究与教学研究相结合。坚持科学研究与教学研究相结合是学校

人才培养的客观需要。学校人才培养不仅在于科学研究领域对人才的投入和引导，还在于积极推进教学学术研究，不断创新教学模式、方法、手段等，提升教学质量，以适应学生不断变化的学习需求。

（二）创新教学方法

教师应该从单一的“填鸭式”“灌输式”教学方法转变为引导、讨论和合作研究等新型教学方法：

1. 教学方式以启发式和问题式为主。教师要积极转变在课堂教学活动中的角色，从课程知识的讲授者变成学生发现问题的引导者，不断创新教学方式，采取启发式教学如翻转课堂、情境教学等方式，激发学习兴趣，引导学生积极参与思考。

2. 教学内容兼具专业性和多元性。在线开放课堂建设背景下，学习者学习需求更加多元化，教师在教学内容的安排上既需要保证知识的专业性，突出重点，又要注重知识的丰富性，把握前沿，坚持内容精炼性与多元化的统一。

3. 教学目标立足学生需求和兴趣。教师要深入了解学生需求和学习兴趣，并结合学习需求和兴趣进行教学目标设置，寓教于乐，积极培育学生的兴趣和爱好。

4. 教学工具和手段更加丰富多样。教师要学会借助多种教学工具，尤其是网络平台教学工具如任务通关式学习网站、动画课程等。不断丰富和创新教学手段，采取视频教学与沙盘模拟教学、案例教学等多种教学方式的结合，从视、听、行等多个方面增强学生课堂参与度[4]102-108。

（三）开发课程资源

根据学科特点和学生需求开发符合在线学习规律的教学资源。首先，在课程资源的选择上，结合自身学校的类型和特点，筛选特色突出、教师资源丰富的课程资源进行在线课程建设。其次，在教学内容的结构安排上，考虑到在线课程对时间的紧凑性要求，应坚持重点突出、难点问题梳理清晰的思路，针对重点和难点分别做微课程，以便学生重复点击学习，促进知识的消化吸收。最后，在课程资源的共享上，要增强各类资源的共享性，比如教材、视频、教案等要及时与在线课程配套，整合上传到在线课程平台中去，方便学习者对各类教学资源的获取。

四、在线开放课程建设下课程教学改革与创新实践：四位一体互动教学模式

传统的管理类课程教学方法重传授知识而轻学生素质能力的培养，这种教学模式下培养出来的学生显然不能适应新时代的要求。根据管理类课程的特点，我们以培养学生素质和能力为教学出发点和落脚点，应用建构主义理论，全面改革教学方法和手段，以专业教学网站为教学平台，创建了基于网络平台的“理论教学—

案例教学—模拟教学—实习教学”四位一体的互动教学模式，让学生通过网络平台与老师和同学互动，自主建构新知识，这就是工商管理专业在线开放课程建设下课程教学改革与创新的实践，如图1所示。该教学模式主要由以下四个模块组成：

1. 理论教学模块。理论教学是一种传统的教学方法，同时也是教学过程的一个重要环节。在该环节中，决定其教学成功的三大关键因素分别是高质量的教材、学生在课堂中获得的充分而有效的信息和及时解答学生的疑问。

为了保证理论教学环节的顺利进行，我们采取了多项工作帮助学生打牢理论基础：（1）组织力量编写高质量的教材；（2）精心制作电子教案，并将电子教案放到网络平台上，学生可自由下载；（3）制作学生自测系统，学生可以通过网络对所学知识进行在线自测；（4）老师通过BBS课程论坛、ICQ和Email、微信学习小组群等进行答疑。

2. 案例教学模块。案例教学是一种将真实的企业管理情境通过语言、视频、书面等多样化媒介进行课堂再现，组织学生进行分析和讨论，甚至进行案例情境中的角色扮演，以启发学生积极寻求解决实际管理问题的教学方法。

把案例教学这种国际通用的MBA教学方法引进到本科教学当中，形成一套成熟的方法：一是授课内容与案例分析相结合，帮助学生把握重点和难点；二是在讲授完课程内容之后，以大型案例讨论的方式，在讨论的过程中帮助学生复盘全部课程知识，加深理解。案例讨论分为实时课堂讨论和在线课后讨论。在线课后小组讨论的一种重要方式就是在BBS论坛上开设案例讨论区，选定小组长（也可以由老师安排）作为主持人，同学们可以在线上围绕案例内容，进行自由发言，展开激烈讨论。

3. 模拟教学模块。模拟教学是通过让学生在特定的多媒体教学软件中全面模拟企业的各种实际经营管理情境，进行经营管理决策，来巩固和深化学生的管理理论知识，锻炼实操能力。

学院已经建立了战略管理模拟实验室、营销模拟实验室和电子商务网站平台环境模拟实验室三个模拟实验室，老师可以根据自身授课的进度、难度和重点选择开放哪些功能给学生使用、一次模拟安排多少个学生参加、学生如何分组、学生进行哪些方面的决策以及模拟环境的各种参数的调整。学生通过网络就可以在线决策，老师设定的评分标准软件平台能准确快速地实现自动评分。实验项目的组织和实施以企业管理的实际工作环节为依据，模拟实验为学生进入企业管理的前沿阵地提供了生动而实用的“军事演习”机会。

4. 实践教学模块。实践教学也是教学过程中的一个重要环节，是培养学生创新精神和实践能力的重点和必要保证。以实习基地建设和增加实践教学环节为突破口，努力提高本科的实践教学水平。

为了及时了解学生的实习情况，教师在专业教学网站上开设了实习教学专区，学生通过网络向指导老师及时反映当天的实习情况，并可以通过论坛和老师或同学集体讨论实习当中遇到的问题。

综上所述，通过网络平台，将学习课堂进行了有效延伸，学生随时随地都可以通过课程论坛、ICQ 实时答疑和在线自测系统等进行互动学习，理论教学、案例教学、模拟教学和实践教学虽然有着各自的教学内容和教学方式，但它们在网络平台上却有效地实现了整合与统一。

五、结语

在线开放课程建设下的课程教学改革与创新是一个系统而漫长的过程，只有深入分析在线开放课程建设的现状，明确建设过程中出现的问题，准确把握在线开放课程建设下课程教学的特征和面临的挑战，才能够更具针对性地找到教学改革与创新的有效路径。应用实践表明，根据工商管理类专业人才特点提出的基于网络平台"四位一体"互动教学模式在学生职业能力培育上取得了显著成效，这充分说明了在线开放课程建设下课程教学改革和创新必须坚持以学为主的理念，教师要根据各专业特点找准课程教学的落脚点，搞好在线开放课程建设，做到建以致用。

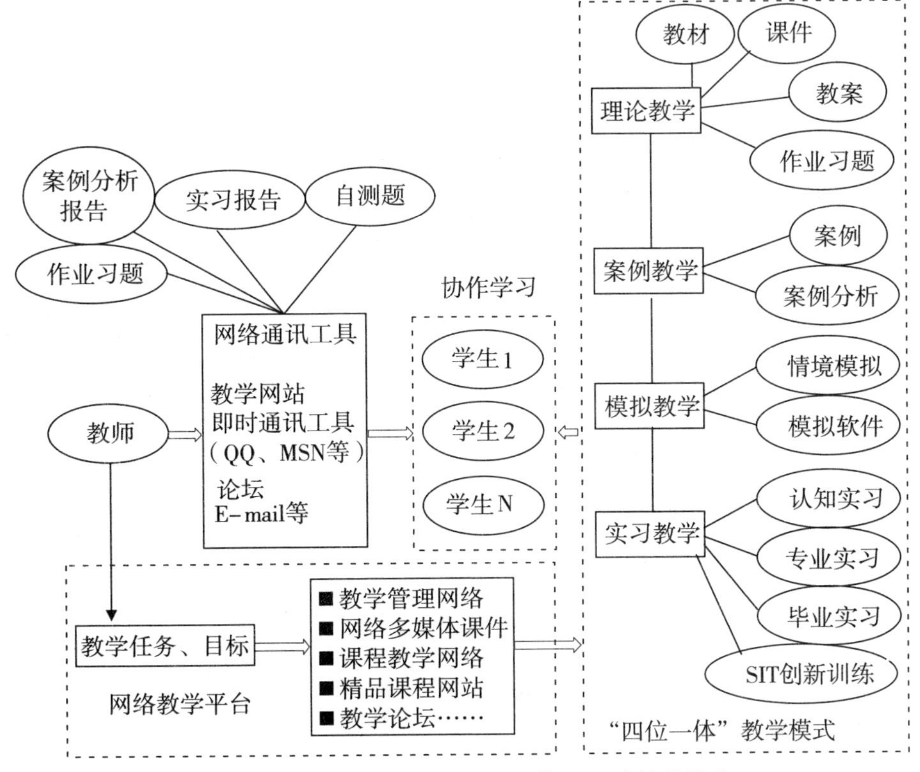

图 1　基于网络平台的"四位一体"互动教学模式

注释

[1] 张郭军，杨方琦．高校精品开放在线课程建设策略研究［J］．渭南师范学院报，2016，31（10）．

[2] 张宇鹏，赵韩强，李亚汉．高校在线开放课程建设现状及对策分析［J］．中国电子教育，2015，(2)．

[3] 冯年华，陈小虎，吴钟鸣．应用型本科高校在线开放课程建设的思考与实践［J］．中国大学教学，2016，(3)．

[4] 徐银波，许小芳．“慕课”对我国精品开放课程建设的启示［J］．重庆高教研究，2016，4（3）．

[5] 田勤思，曹杰，黄志玉，等．应用型本科院校在线开放课程建设与改革的策略研究［J］．重庆科技学院学报（社会科学版），2016，(11)．

[6] 贺超波，付志文，汤庸，等．高校在线课程建设模式改革与实践［J］．高等农业教育，2015，(5)．

[7] 俞福君，雷存喜．开放课程背景下的成教在线课程建设探究［J］．教书育人：高教论坛，2015，(33)．

[8] 杨霖．慕课背景下高校教学改革的挑战及应对［J］．吉首大学学报（自科版），2016，37（6）．

[9] 刘莺，周丽，刘凯，等．在线开放课程建设的研究与实践——以湖南农业大学“信息论基础”课程为例［J］．河北农业大学学报：农林教育版，2016，18（2）．

管理认知、汇编栅格法与《管理学》教学效果实证研究

陈又星[①]

（广东财经大学 工商管理学院　广东 广州　510320）

摘　要： 传统的大学管理专业课程体系的设置具有浓厚的经验色彩，很多课程教授的内容为经验总结的理论，例如《管理学》课程便是如此。传统的《管理学》学习效果的评价是通过笔试以分数的多少来衡量学生的学习效果，人们无法准确理论学习是否改变了其对管理的认知。本文试图从认知心理学和管理认知的角度，借鉴汇编栅格方法重新对《管理学》的教学效果进行比较分析，旨在探索出更能客观反映出理论知识学习效果的教学内容和教学方法，为管理类专业课程体系设置和《管理学》课程教学内容与方法的科学设计提供科学的决策依据。

关键词： 管理认知；汇编栅格法；认知地图

一、引言

传统的《管理学》学习效果的评价是通过笔试以分数的多少来衡量学生的学习效果，但也有一些学者尝试采用了实验数据分析检验《管理学》课程教学法的实际效果，并与其他方法进行比较（赵美英，2013）[1]，但绝大多数大学采用的评价标准依然是以考试分数的多少进行评估不同教学方法带来的效果差异。认知心理学为我们提供了另一个研究视角，即通过《管理学》的教学给学生带来了什么样的管理认知改变？这种改变是否与《管理学》的教学目的相一致？不同教师教授《管理学》是否会带来不同的管理认知？不同专业的学生通过学习《管理学》

① 作者简介：陈又星（1970 - ），男，湖北应城人，管理学博士，广东财经大学工商管理学院副教授，硕士生导师。

其管理认知是否相同？如果不同，如何提供标准化的《管理学》教学方法形成标准化的管理认知？这些问题的提出对于改进现有的《管理学》教学方法和教学效果评估体系具有积极的探索意义。

二、文献回顾与研究假设

（一）文献回顾

管理认知是管理者通过自身的意识活动来对外部知识进行认识并做出相应反应行为的过程（Walsh，1995）[2]。根据辛自强（2007）的观点，管理认知的复杂性包括管理所需解决问题或者是完成任务时考虑涉及要素的水平关系（数量的多少及其关联）和等级关系（复杂性程度）[3]，因此在管理认知测试时需要从这两个角度去设计问题。在体现主体的关系－认知复杂性方面，学者引入了认知地图的概念。认知地图是一种图形表征，它可以使认知主体对于特别的、可选择思想元素的理解得以可视化[4]。汇编栅格法（er－pertory grid method）于1955年由Klely（1955）和Slater等人开发出来并在组织发展、市场研究等方面取得了成效[5]。

（二）基本认识和研究假设

通过对上述文献的分析，可以获得如下的基本认识与假设。基本认识主要有：关于关系复杂性和认知复杂性的研究是心理学中由来已久的重要课题之一。组织的管理更具有复杂性的特点，不同层次的管理者具有不同的关系复杂性和认知复杂性，因此可以尝试借用已有的认知心理学方法研究管理问题。基本研究假设主要有：

假设1：有管理实践活动经验的大学生其管理认知与没有管理活动经验的大学生在管理认知上有显著差异。

假设2：上过《管理学》课程的大学生比没有上过该课程的大学生在管理认知上有显著差异。

假设3：《管理学》课程期末考试成绩好的大学生比该课程期末考试成绩差的学生在管理认知上有明显的差异。

三、研究思路及方法

（一）研究思路

首先，对《管理学》课程的特点及其对学生的认知影响进行深入分析，把握其影响特征，关键是要深入分析其对学生认知产生的影响。其次，结合文献研究和情景研究的内容，提出本研究的理论模型，并提出相应的理论研究假设。又次，确定本研究的相关变量及其定义，在此基础上设计出原始问卷，通过预调查对问卷进行修正后形成正式问卷，之后进行大规模的正式调查以获取研究数据，两次调查均选取在广东财经大学不同专业和不同年级的学生作为调查对象。最后，利用调查所得数据对研究假设进行检验，同时对研究结果进行讨论，特别注重与现有文献和《管理学》教学实践的结合分析。

根据本文所提出的研究问题，将整合认知心理学理论与管理学知识，围绕学生管理关系复杂性认知、认知复杂性认知差异等展开研究，具体的研究内容包括以下三个方面：

其一，现有《管理学》教学方法能够在多大程度上影响到学生管理认知的水平复杂性和等级复杂性。

其二，现有的《管理学》考试结果与学生的管理认知水平之间是否存在差异。

其三，管理实践活动能够在多大程度上影响学生的管理认知。

（二）研究方法

本研究将主要采用角色建构汇编栅格技术（role construct repertory grid techniques）。本文根据此理论进行理论分析、问卷调查和数据统计分析。通过问卷调查获取一手数据之后对数据进行统计分析，所采用的主要工具为 SPSS19.0 统计软件。研究步骤主要如下：

1. 引出管理问题。以班级管理为例，我们对所调查班级的学生（分为班干部、协会干部和普通学生）进行了深度访谈，引导出班级管理活动中常见的 7 大问题：班风不正；学风不正；没有凝聚力；班级制度没有或不健全；不团结；纪律涣散；班级文化建设不善或没有。

2. 引出问题结构。根据 Kelly（1955）的“三项选择法”，并参考关系－认知复杂性模型的理论，找出产生上述班级管理问题的 12 种原因：（1）班级建设没有计划；（2）班长及团支书能力不强；（3）班长及团支书工作态度不积极；（4）班委会成员不团结；（5）班委会成员能力不强；（6）缺乏相应的激励措施；（7）缺乏相应的惩罚措施；（8）缺乏辅导员强有力的支持；（9）缺乏专业教师强有力的支持；（10）缺乏统一认可的努力目标；（11）学校及学院的氛围有很大影响；（12）专业及学习特点的影响等。

3. 建立栅格表格。将前问题和原因按纵、横向排开，形成 7×12 的栅格矩阵设计调查表（参见附件 1）。

4. 问卷调查。以所建立的因果分析调查表为问卷，分别调查 205 名普通大学生（含大一、大二、大三学生）和 814 名学生会干部、协会干部和班级干部（含大一、大二、大三学生）。在问卷调查中，要求被试用结构来对元素逐项评分，从而进行多因素交互作用的因果分析。

5. 结果处理。本文采用 SPSS19. 0 软件对调查数据进行了结果处理。处理主要分成 2 步骤：首先进行信度分析，确定问卷的可靠性，通过后进行因子分析，主要采用主成分分析，确定问卷的一致性效度，其次通过主成分分析后画出被试者的管理认知地图，比较其差异性，从而得出相应的结论。

四、结果与分析

（一）信度分析

通过对问卷调研数据（学生会、协会及班干部）的信度分析，结果见表 1。Cronbach's Alpha 系数为 0. 835 >0. 7，表明问卷的信度可信，具有一致性和稳定性强的特点。

表 1　一致性统计量

Cronbach's Alpha	项数
. 835	12

通过对问卷调研数据（非干部）的信度分析，结果见表 2。Cronbach's Alpha 系数为 0. 712 >0. 7，表明问卷的信度可信，稳定性强。

表 2　一致性统计量

Cronbach's Alpha	项数
. 712	12

（二）主成分分析

通过对调查数据（学生干部数据）的主成分分析，结果见表 3。

表 3　主成分分析（学生干部数据）

成分	初始特征值[a]			提取平方和载入			旋转平方和载入		
	合计	方差的 %	累积 %	合计	方差的 %	累积 %	合计	方差的 %	累积 %
原始 1	7. 171	36. 577	36. 577	7. 171	36. 577	36. 577	5. 937	30. 282	30. 282
2	3. 928	20. 037	56. 614	3. 928	20. 037	56. 614	4. 158	21. 208	51. 490
3	1. 912	9. 755	66. 369	1. 912	9. 755	66. 369	2. 917	14. 879	66. 369
4	1. 301	6. 636	73. 005						

续表

成分	初始特征值[a]			提取平方和载入			旋转平方和载入		
	合计	方差的%	累积%	合计	方差的%	累积%	合计	方差的%	累积%
5	1. 123	5. 730	78. 735						
6	. 939	4. 789	83. 524						
7	. 714	3. 644	87. 169						
8	. 603	3. 076	90. 244						
9	. 569	2. 903	93. 148						
10	. 514	2. 622	95. 770						
11	. 431	2. 198	97. 968						
12	. 398	2. 032	100. 000						

提取方法：主成分方法

由表3所示，提取到3个主成分，其能解释的总比例为66. 369% >60%，说明问卷得到的数据的效度符合统计要求，可以进行后续的数据分析。

通过对调查数据（非学生干部数据）的主成分分析，结果如表4所示：

表4　主成分分析（非学生干部数据）

成分	初始特征值			提取平方和载入			旋转平方和载入		
	合计	方差的%	累积%	合计	方差的%	累积%	合计	方差的%	累积%
1	3. 157	26. 308	26. 308	3. 157	26. 308	26. 308	2. 960	24. 669	24. 669
2	2. 364	19. 699	46. 007	2. 364	19. 699	46. 007	2. 166	18. 054	42. 723
3	1. 551	12. 929	58. 936	1. 551	12. 929	58. 936	1. 946	16. 213	58. 936
4	. 955	7. 961	66. 897						
5	. 830	6. 914	73. 811						
6	. 746	6. 215	80. 026						
7	. 536	4. 469	84. 495						
8	. 485	4. 040	88. 535						
9	. 424	3. 530	92. 065						
10	. 375	3. 129	95. 194						
11	. 354	2. 950	98. 145						
12	. 223	1. 855	100. 000						

提取方法：主成分方法

由表4所示，提取到3个主成分，其能解释的总比例为58.936%＜60%，说明问卷得到的数据的效度低于统计要求，但也提取到了3个主成分，只是解释的比例稍低。

（三）管理认知地图的绘制与分析

根据SPSS19.0的输出结果，我们通过SPSS19.0软件绘制出了普通学生的认知地图（如图1所示）和学生干部的认知地图（如图2所示）。

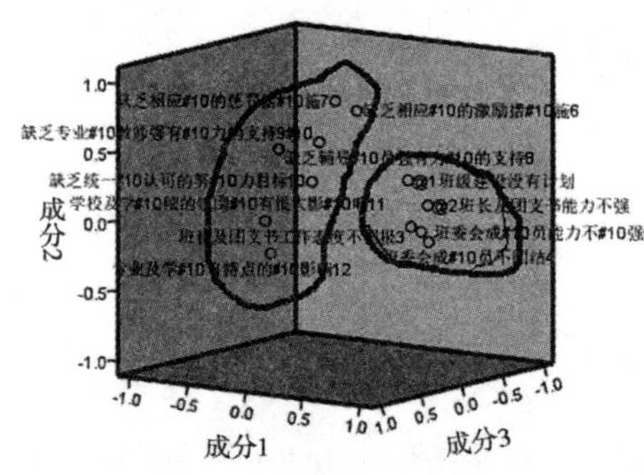

图1　普通大学生管理认知地图

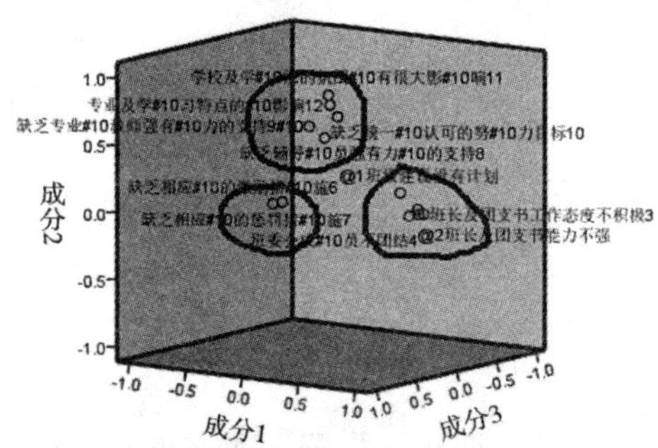

图2　干部类大学生管理认知地图

从干部类大学生的认知地图来看，在位置分布上具有共同点和聚焦性。对问题的聚焦特征比较明显，而普通大学生的认知地图则位置分散较为零散，聚焦性较差。通过对不同管理实践活动大学生的个人认知地图的对比分析，可以认为：干部类大学生所以能呈现较好的管理认知，可能与其经常参加各种不同的管理实践活动有关，其头脑中存在着具有共性特征的认知地图，对他们的管理认知起到了导向作用。

由以上分析证明假设1成立。

（四）《管理学》授课前后的认知地图对比分析

为了验证本研究大学生管理认知假设2，并初步探讨这种认知策略对《管理学》教学的可行性和成效，我们选取了250位大三学过《管理学》课程的干部类大学生和56位大一下学期刚开始学习《管理学》的干部类普通大学生进行同样的问卷调查，数据信度分析结果分别是：大二干部类大学生信度系数0.796，大一干部类大学生信度系数0.779，均大于0.70，符合统计要求；数据效度分析的结果分别是：大二干部类大学生提取到3个主成分，有效解释比例为64.719%，大一干部类普通大学生提取到3个主成分，有效解释比例为63.946%，符合统计要求。根据SPSS19.0的输出结果，我们通过SPSS19.0软件绘制出了大一干部类大学生的认知地图（如图3所示）和大二干部类大学生的认知地图（如图4所示）。

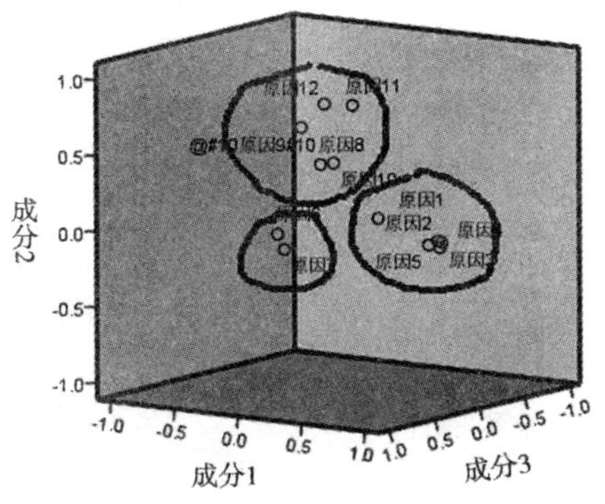

图3　大一干部类大学生管理认知地图

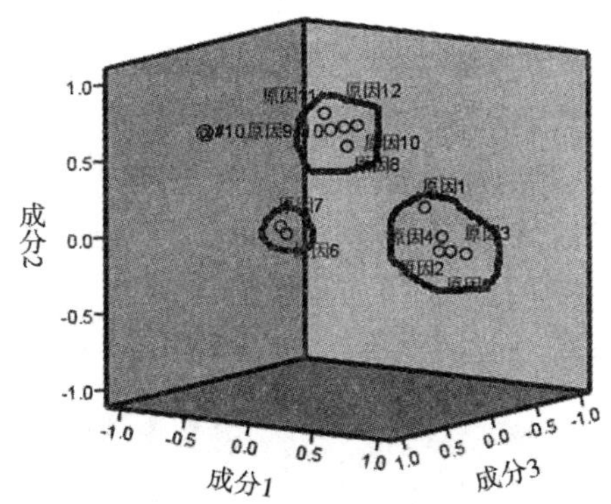

图4　大二干部类大学生的管理认知地图

通过图3和图4的比较我们可以发现，没有上过《管理学》课程的大学生在管理认知上存在着一定的差异，主要是大一干部类大学生的管理认知聚焦度较分散，在管理等级层次上没有形成完全的一致性，而大二干部类学生由于理论的学习和参加了更多的管理活动实践，在管理认知聚焦度较为明显集中，这也反映了《管理学》课程的学习对于改变学生的管理认知是有明显的成效，但在确定这种成效是管理实践活动带来的还是《管理学》课程学习带来的方面需要进一步检验。

以上分析证明关于大学生的管理认知2的假设成立。

（五）《管理学》考试成绩高低的管理认知地图对比分析

为了验证本研究大学生管理认知假设3，并初步探讨这种认知策略对《管理学》教学的可行性和成效，我们选取了某大学工商管理专业的2个班共284位大三学过《管理学》课程的管理类大学生，其中工商管理1班的学生《管理学》课程期末考试平均成绩是78.27，工商管理2班学生《管理学》课程期末考试平均成绩是81.63，数据信度分析结果分别是：工商管理1班调查数据信度系数0.803，工商管理2班数据信度系数是0.796，均大于0.70，符合统计要求；数据效度分析的结果分别是：工商管理1班提取到3个主成分，有效解释比例为64.541%，工商管理2班提取到3个主成分，有效解释比例为64.72%，数据符合统计分析要求。根据SPSS19.0的输出结果，我们通过SPSS19.0软件绘制了工商管理1班学生的认知地图（如图5所示）和工商管理2班学生的认知地图（如图6所示）。

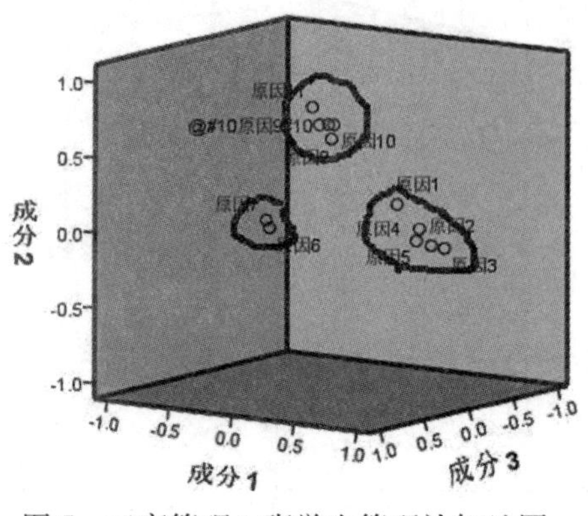

图5　工商管理1班学生管理认知地图

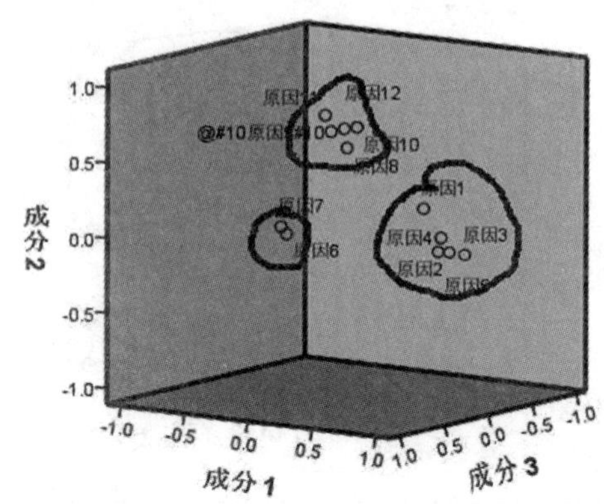

图6　工商管理2班学生管理认知地图

通过图5和图6的比较可以发现，工商管理1班和工商管理2班学生在管理认知上差异并不十分明显，说明现有的《管理学》考试结果与学生的管理认知水平之间是否存在差异并无必然的联系，假设3并不成立。

五、研究结论及展望

通过研究得到如下结论：第一，现有《管理学》教学方法能够影响到学生管理认知的水平复杂性和等级复杂性；第二，管理实践活动能够影响到学生的管理认知，管理实践活动的多少与管理认知有着密切的联系，在强化管理类课程授课的同时，提供必要的管理实践活动对于提高大学生的管理认知水平有着重要的作用；第三，现有的《管理学》考试成绩的微小差异并不带来管理认知上的明显不同。

该研究的启发与进一步研究展望主要有：其一，由于管理研究领域的广阔性，管理认知地图的应用与研究非常广泛，例如战略认知、公司高管管理认知差异与决策选择、公司绩效与管理层认知差异性之间关系等，这些研究是心理学与管理学的交互融合，对管理学研究是一个有益的尝试与领域拓展；其二，为现有的管理类专业课程的设置及其考核提供了一条可供参考的路径选择，传统管理类课程的定性设计，量化分析的成分少，主观和经验成分较大，管理认知地图方法可以提供一条定量分析和考核的路径。

注释

[1] 赵美英.《管理学》教学方法创新及其效果的实证研究［J］. 重庆第二师范学院学报，2013（7）：158－163.

[2] Walsh，J. Managerial and organizational cognition：notes from a trip down memory

lane [J]. Organization Science, 1995 (6): 280 - 321.

[3] 辛自强. 关系 - 表征复杂性模型 [J]. 心理发展与教育, 2007 (3): 122 - 128.

[4] Mayer R E. Mathematics. In R F Dillon, R. J. Sternberg (Eds.) . Cognition and instruction [M]. Orlando: Academic Press, 1986, 127 - 154.

[5] Kelly G A. The psychology of personal constructs [M]. New York: Norton, 1955.

附录:

原因 问题	班级建设没有计划	班长及团支书能力不强	班长及团支书工作态度不积极	班委会成员不团结	班委会成员能力不强	缺乏相应的激励措施	缺乏相应的惩罚措施	缺乏辅导员强有力的支持	缺乏专业教师强有力的支持	缺乏统一认可的努力目标	学校及学院的氛围有很大影响	专业及学习特点的影响
班风不正												
学风不正												
没有凝聚力												
班级制度没有或不健全												
不团结												
纪律涣散												
班级文化建设不善或没有												

基于“翻转课堂”项目教学法的应用与探索
——以《管理学》课程为例①

唐 敏②

（福建师范大学 福清分校 福建 福清 350301）

摘 要：融入翻转课堂教学理念项目教学法，能够克服项目教学法的不足，在有限教学时间内发挥项目教学法的最大功效。以应用型本科院校《管理学》课程的“计划制定”单元教学内容为例，分别从教师和学生角度，重新设计课前、课中、课后教学环节，反思其效果与不足，为《管理学》课程的教学改革提供参考。

关键词：翻转课堂；项目教学法；管理学；教学改革

一、翻转课堂与项目教学法比较分析

（一）定义

翻转课堂教学模式是2007年美国两位高中化学教师乔纳森·伯尔曼和亚伦·萨姆斯提出的，是基于互联网技术下彻底颠覆传统课堂教学结构与教学流程，强调让学生通过实践体验获得更灵活、更为主动学习效果的教学模式。在传统教学模式中，通常是学生在课堂上听教师讲课、课后完成作业。而翻转课堂教学则与传统教学相反，学生先在课前观看微视频，完成测试后，自主发现问题，而后在课上，学生之间、师生之间就问题、学习成果、学习心得等方面进行沟通交流[1]。

---

① 基金项目：福建省教育科学“十二五”规划项目（FJJK15－590）。

② 作者简介：唐敏（1974－），男，福建福清人，福建师范大学福清分校高级讲师。

项目教学法一词，是美国学者基尔帕特里克（Kilpatrick）在1918年一篇同名论文中提出的。它是以学生为主体、教师为主导，师生共同实施一个完整的教学“项目”工作而进行的教学活动；是基于建构主义理论，以学生为中心，以项目带动教学，帮助学生把所学的知识、技能与工作中的具体问题和实践结合起来；学生完成一个项目的全过程，实际上就是让学生掌握知识、形成技能的过程[2]。

（二）比较

项目教学法与翻转课堂两种教学方式都是国际教育技术领域公认的能够促进学生主动积极学习、互动交流的有效模式。二者比较如表1所示：

翻转课堂需要先进的信息技术支撑，教学视频资料丰富，形成网络化教学环境，重现真实工作场景。学生可以根据自身情况自行安排学习时间与学习地点，教师在课前、课中和课后全过程评价与监控，学生在交互中完成学习，大量增加学生之间、师生之间的互动交流时间，教师的角色从传统的知识的传授者转变为学习的促进者和指导者。

根据学习金字塔（Cone of Learning）理论，学习者在两周以后还能记住内容，即平均学习保持率有多少。具体说来，用耳朵听讲授，知识保留5%；用眼去阅读，知识保留10%；视听结合，知识保留20%；用演示的办法，知识保留30%；分组讨论法，知识保留50%；练习操作实践，知识保留75%；向别人讲授相互教、快速使用，知识保留90%[3]。因此，课堂运用单纯“讲授法”，学生对知识的保持率最低，只有5%，且容易使教学内容脱离生产实际。而运用项目教学法或者让学生讲授章节内容，能快速将知识运用到项目中去，使学生的知识的保存率达到90%。项目教学法一方面强调学习过程的完整性，包含工作任务的计划、实施、检查、反馈等环节，使学生学习模拟的工作过程。另一方面强调培养人才能力的完整性，教学不仅传授专业知识与技能，更重要的是培养学生的关键能力以及塑造学生完整的人格。它是行动导向教学方法之一，是实践教学的有效手段。参见表1。

表1　项目教学法与翻转课堂的比较

	项目教学法	翻转课堂
提出背景	受杜威教育思想的影响，1918年，美国学者基尔帕特里克（Kilpatrick）在一篇同名论文中提出。	2007年，美国科罗拉多州高中化学教师Jonathan Bergmann和Aaron Sams。
教学理念	以学生为中心，做中学，培养学生解决问题能力。	以学生为中心，先学后教、重学轻教。

续表

	项目教学法	翻转课堂
教学支持	教学项目是真实或仿真项目任务作为课程实施与考核载体，具有职业典型性和基础性，理论与实践相结合。	网络化教学环境，重现真实工作场景。
学习方式	以团队小组形式，合作共同完成。	学习任务前移、自主学习。
教学流程	信息收集—计划—决策—实施—检查—评价。	微视频开发—学习在课前—课堂上内化吸收—评价反馈—总结。
教学评价	在项目结束时对项目整体工作进行评价。	课前、课中、课后全过程的监督与评价。
优点	学以致用，学习过程完整性，培养人才能力的完整性。	重视课前预习、参与式互动教学，视频资料丰富。
缺点	项目教学时间不足、难以控制，生产情境难以模仿，容易出现“搭便车”现象，学生掌握理论的系统性不足。	对信息技术支持要求高，需要学生花费时间预习和复习，要求学生具有自主性学习意识。

项目教学法与翻转课堂两种方式的教学理念相同，都是以学生为中心，以培养学生能力为目标，鼓励学生自主学习，并独立提出观点，注重教学过程中的互动与交流。不同之处是项目教学法侧重于在做项目的过程中激发人的创造性，翻转课堂注重时间与空间学习的充分利用。翻转课堂比项目教学更强调学习决定权从教师到学生的转移，更强调互联网技术的应用，充分利用课堂内外的学习，提高学习效率，促成个性化学习。

但是项目教学法存在课堂教学时间难以控制，时间紧张，现实生产情境难以模仿等问题。而将“翻转课堂”教学理念融入项目教学法中，可以使学生在课前自主自学，减少教师课堂讲授时间，增加师生学习经验交流与观点的碰撞时间，以弥补项目教学法中课堂教学时间不足的问题。学生对真实的工作场景不了解，可以通过课前观看网络视频了解真实的工作场景，以解决真实工作情境难以模仿的难题。二者的结合，能够改善项目教学法先天不足，促进学生自主探究学习，推动知识构建和思想深度的互动交流，以达到良好的教学效果。

二、在《管理学》课程的应用与探索

笔者在本校14金融班级担任《管理学》课程教师，采用浙江大学邢以群主编的《管理学》第四版教材，选取第六章“计划及其制定”内容，从教师和学生两个角度设计教学课前、课中及课后的过程，为《管理学》课程教学改革提供新思路。

（一）教师教学设计过程

随着管理理论的不断发展，20 世纪 70 年代以后，《管理学》的教材一般认为，管理的基本职能包括计划、组织、领导和控制等方面。计划是最重要的一项职能之一，大学生通过学习《管理学》课程计划篇后，要提升工作计划的制定能力以及个人的时间的有效管理水平。设计思路见表 2：

表 2　基于翻转课堂项目教学法教学设计思路[4]

环节	教师教学活动		学生学习活动
课前准备阶段	根据知识与技能要求，设计项目； 设计《学习任务单》，引导学生课前自学及实践； 收集学习资料，制作 5－10 分钟教学视频，推荐相关阅读资料等； 搭建课程联络管理平台； 项目完成节点的监控与答疑； 设计评价考核指标体系。		课前学生分组（4－6 人）； 了解《学习任务单》内容； 按照任务单要求，阅读资料，观看微视频，包括教材配套视频，补充慕课平台资料等； 完成测试题目，线上线下小组讨论，反馈学习中的盲点、疑点，形成小组方案，完成项目成果。
课堂教学阶段	成果展示	引导学生提问、讨论、辩论。	学生展示项目成果，回答提问，思想碰撞，促进知识内化。
	总结评价	准确点评学生项目成果及小组表现，对学生掌握知识和技能不足部分进行解惑。	组长自评、小组互评。
课后反思阶段	收集分享优秀学生作品，教师总结、反思。		学生反思、总结。

1. 课前准备阶段。教师要对教学内容所涉及的知识点深入了解，所设计的项目要尽量贴近工作的真实情境，让学生置身于真实的或模拟的工作环境中，根据自身经验找到解决问题的方法。计划制定的教学项目可以设计为个人计划时间的管理和工作调研计划制定两个项目任务，通过完成项目任务，以达到教学目的。设计《学习任务单》，让学生按照要求步骤完成相关任务。该教材每个章节均有配套视频资料，只需要通过手机扫描章节上二维码，即可观看相关资料，无须专门花费大量时间精力设计开发微视频。教师还可利用网络上的各种资源，向学生推

荐相关经典管理书籍阅读、视频资料，充实教学课件。教师要设计课程的管理平台，如果条件允许，可以应用 Blackboard MoodleSakai 等课程管理平台，可供学生随时提取。通过平台掌握各小组学习进展情况，预估学生在完成项目过程中可能出现的问题，提前做好课前准备，以应对各种可能的情况。最后，要设计考核指标体系，教师不仅要关注学生的成果，还要关注学生的态度、情感、价值观、团队合作精神等方面指标，以体现考核的公平性及有效性。

2. 课堂教学阶段。本阶段主要任务是让学生展示项目成果，师生共同讨论，解决疑难问题并实现知识内化。可为两个阶段，一是成果展示阶段，二是总结评价阶段。在成果展示阶段，教师要引导学生发起讨论、辩论，充分展开师生之间、生生之间的互动交流。通过经验的交流与思想碰撞，学生逐渐掌握制定计划的步骤、计划包含要素、制定计划可能存在的错误、制定调研计划的方法以及个人时间的管理等知识技能要点。由传统的“一言堂”教学转变为互动讨论式教学，重在让学生体验项目完成过程，总结得与失，培养学生的表达能力、沟通能力、合作精神、创新精神。在总结评价阶段，教师要通过小组互评、教师点评等方式对各项目的优缺点进行准确评价，对学生掌握知识与技能不足部分进行解惑，必要时教师要简述相关理论知识。

3. 课后反思阶段。教师要收集、分享项目成果，对遇到的问题进行归类，针对问题查阅相关资料，然后将相关资料充实到教学课件中。教师要进行教学反思，具体内容包括：项目教学是否达到教学目标？教学效果如何？学生是否掌握预定的知识与技能？项目完成是否存在问题？我是如何解决的？是否帮助学生掌握了正确的学习方法等等。

（二）学生的学习过程设计

教师在布置学习任务之前，根据学生学习能力和基础能力的差异进行合理分组，成立若干个学习团队，每组 4－6 人。如该门课程是公共选修课，学生来自不同专业，相互之间不熟悉，可以采用抽签方式进行分组；每一位成员设定一个模拟角色，例如：总经理、营销部长、秘书、采购部长、人力资源部部长等不同的模拟角色。每个教学项目任务由各个团队分工合作共同完成，使学生逐步得到真实的体验，亲历管理决策活动的全过程。

1. 课前学习应用阶段。学生根据《学习任务单》（见表 3），对学习指南及学习任务进行分析整理，根据自己基础和兴趣选择性地观看视频和学习相关资料。如果通过查看资料和观看视频还存在无法理解的问题，可以通过课程管理平台与同学或老师讨论。学生对知识点有了一定了解后，就进入知识的理解应用阶段。各组组长要对成员进行分工，学生凭借对知识点的理解和对教材中对项目的描述，动手完成各自任务。在完成各自任务过程中有可能遇到无法预想的难题，当靠一个人的力量无法解决，需要小组共同讨论，协商解决，形成小组方案与成果，从而提高学生交流沟通能力以及合作精神。学生在完成项目任务的过程中根据已有的知识经验，主动分析、探索项目背后的理论知识，以培养学生发现问题和解决问题的能力。见表 3.

表 3　学习任务单

一、学习指南
（1）课题名称：《管理学》第六章“计划及其制定”。 参考教材：《管理学》（第四版），主编邢以群，浙江大学出版社，2016 年出版。 （2）达成教学目标 专业能力：理解计划定义；掌握计划构成要素；掌握计划分类；理解制定计划的益处；掌握制定计划的步骤和计划审定方法；了解计划方法的基本原理、优缺点；掌握时间管理的要点并能运用于实践[5]。 方法能力：具有学习能力和解决问题的能力；提升个人时间管理能力及调研计划的撰写能力。 社会能力：提升人际沟通、协调合作和应变能力、良好的语言表达能力、团结互助、友好协作的团队意识。 （3）学习方法建议：阅读教材—观看视频—小组讨论—疑点咨询—小组分工—完成学习任务—成果展示—小组总结反思。 （4）课堂学习形式预告 任务一：各小组展示本组成员个人计划实施一周情况汇报，其他小组提问评分； 任务二：各小组展示“身边管理问题”调研计划，其他小组提问评分； （5）教师总结点评。
二、学习任务
（1）阅读教材第六章内容 P118—P134； （2）手机下载“立方书”应用软件，扫描本章节中二维码，观看教材配套视频资料； （3）观看平台发布的《工作计划一般流程》、《工作计划六要素》、《如何制定部门工作计划》等微视频； （4）完成课后复习题及案例分析题 P133 - P134 及管理平台发布的测试题； （5）阅读拓展：《抢在时间前面的 7 条捷径》，史蒂文·凯斯著，张维迎译，中国青年出版社，2007 年；《如何制定企业经营计划》，（美）保罗·蒂法尼/史蒂夫·彼得森，企业管理出版社，2000 年； （6）每个人制定一周书面详细计划、并检验实施，实施后总结反馈给组长，组长将本组成员实施情况做总结汇报（包括计划制定内容、实施情况、总结反馈）PPT； （7）各小组制定一份“身边管理问题”调研计划，做好组织分工，安排组员 2 周后汇报。（计划书 word 版及 PPT）。
三、学习困惑
各小组组长将本小组学习困惑及问题及时向老师咨询。

2. 课中知识内化阶段。首先，每组派一名代表展示项目成果，交流学习体验，汇报项目完成过程，遇到难题及解决方法。其次，小组互评阶段中，其他小组要对展示小组的知识和技能的掌握程度、探索精神、学习表现、合作表现等方面进行提问与点评。最后，教师要对各组的成果及表现给予准确的评价和讲解，实现成果的交流分享，完成学生知识内化。

3. 课后知识巩固阶段。学生在课堂上完成了知识的理解和应用后，教师要引导各小组学会反思与评价，在总结、反思、评价中完成对知识的巩固。学生具体反思内容包括：学习目标达成情况？学习成果是什么？我是如何完成的？项目实施中我遇到什么难题？是如何解决的？通过项目实践我获得哪些体验？总结得与失等等。

三 教学效果与反思

（一）教学效果调查

授课结束后，笔者面向 14 金融学班级发放问卷调查，发出 71 份，收回有效问卷 71 份。统计结果汇总如下：

1. 项目内容设计的满意度总体较好。根据表 4 数据：大部分同学认为管理学的项目内容设计比较新颖，难度适宜，注重实际性，有一定的实用性和理论性，对课程的教学期望满意度，总的来说比较满意。

表 4 对《管理学》课程项目教学法的印象分统计表

内容	1	2	3	4	5
教学项目内容的新颖性（陈旧至新颖 1－5 分）	0.00%	2.82%	26.76%	39.44%	30.99%
教学项目内容的难易程度（简单的－困难 1－5 分）	4.23%	4.23%	60.56%	25.35%	5.63%
理论性（理论的－实际的 1－5 分）	2.82%	5.63%	33.80%	43.66%	14.08%
实用性（无用的－有用的 1－5 分）	0.00%	7.04%	35.21%	35.21%	22.54%
课程期望（由失望的－满意的 1－5 分）	0.00%	0.00%	32.39%	40.85%	26.76%

2. 项目教学任务安排要适度。根据图 1 数据：学生最喜欢的教学方法依次为：案例教学法、故事教学法、游戏法、启发教学法、项目教学法、团队学习法、全堂灌输法等。案例教学法是学生最喜欢的方法，全堂灌输法是学生最不喜欢的方法，学生欢迎多样化的教学方法。项目教学法受欢迎程度不是最高，经与学生交谈了解，因本课程是为了实践基于翻转课堂的项目教学法的效果，项目教学任务

安排过于频繁，几乎每周均有项目任务，学生感到时间紧、任务重，团队合作出现摩擦，有不愉快的体验。故教师应根据教学内容、任务轻重等因素选取最适当的教学方法，学习任务安排在学生可承受范围内，项目实施中发生问题的及时解决等。

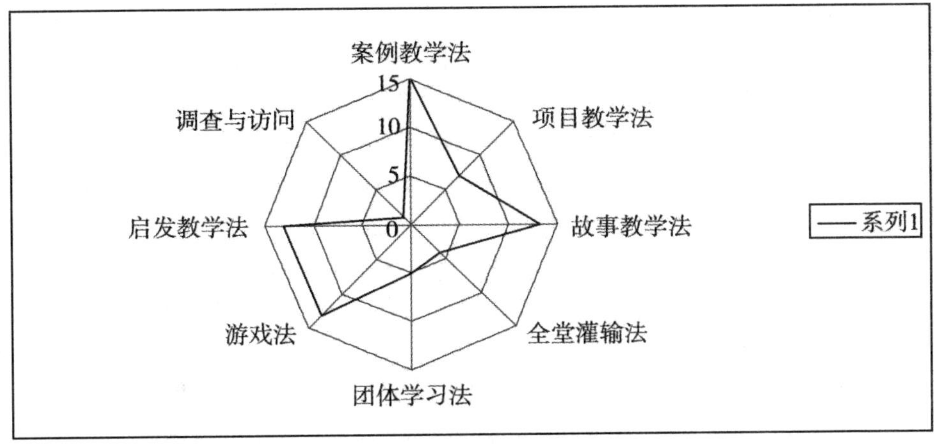

图 1　你最喜欢的教学方法

3. 教学效果满意度较高。根据表 5 数据：对教学相关内容的满意度进行调查，在“满意”程度以上合计达到 80%。本课程采用基于翻转课堂项目教学法为主，案例教学法、游戏法、讲授法为辅，对教学项目的设计满意度为 80%，对本课程最终的学习效果总体上还是比较满意的，达到 84%。对教师的综合评价满意度为 90%。

表 5　教学相关内容满意度调查评价

调查内容	不满意	一般	满意	比较满意	非常满意
你对本课程教学方法（项目教学、案例教学法）的评价	0. 00%	15. 49%	36. 62%	39. 44%	8. 45%
你对教学中实践教学环节（小组汇报、调研等）设计	0. 00%	25. 35%	37. 03%	31. 99%	5. 63%
你对任课教师与学生交流情况	0. 00%	14. 08%	43. 66%	30. 99%	9. 86%
你对本门课程的任课老师的综合评价	0. 00%	2. 41%	33. 39%	41. 66%	22. 54%
你对本课程的学习效果的评价	1. 41%	16. 90%	36. 62%	36. 62%	8. 45%

（二）总结与反思

1. 教学课件的多样化。翻转课堂教学法的运用，对教师信息收集、视频编辑能力有一定要求，浙江大学邢以群主编的《管理学》第四版配套有视频资料，学生只需通过手机扫描二维码即可收看相应章节主编的讲课视频，极大减轻任课教师的工作量。翻转课堂提供教学课件不能仅局限于视频资料，还应包括案例、文献资料、经典管理书籍、中国大学 MOOC 平台资料等，以满足学生学习的欲望。

2. 教学方式的多样化。如果每一课程都采用融入翻转课堂的项目教学法，学生的学习任务相对偏重，估计学生无法承受。调查也表明学生希望多一些案例教学、游戏教学、启发教学法等教学方式，少一点满堂灌的教学方法。建议课程教学不要单一使用某一教学方法，可采用管理经典书籍阅读分享、小组章节讲解、小组课题研究、实验报告、企业名家面对面、课程总结反思等多种的教学方法，增强学生的体验感。

3. 教师素质要求提高。教师要在课程中运用本教学模式，不仅要在教学准备上投入更多精力，精心设计学生的项目内容来调动学生的动机和热情，也需要教师在课堂上有足够的能力把控好教学过程，及时消除教学过程中的不确定因素，要求教师有一定的创造性和应变能力。因此，授课教师既要有丰富的教学经验，又要有一定的管理实践能力，才能胜任本课程的任职要求。

4. 学生理论掌握的系统性。教学项目的设计是教师从对有利于学生的掌握和吸收角度出发，对授课知识和技能，创造性的整合和开发，实现教学内容的融合、拓展和深化。但是如果项目设计有缺陷或者教学过程控制不当，容易造成学生应该掌握理论知识的系统性不足。建议在翻转课堂的练习测试中，强化学生理论的考核，期中、期末考试中适当增加学生理论知识的掌握情况分值，保证学生对应知应会的理论的系统化与完整性。

5. “搭便车”现象的预防纠正。项目教学法在实施过程中容易出现“搭便车”现象。教师大多数根据项目成果进行评分，如果小组整体完成情况好，评分较高，学习能力与意愿差的成员会因小组得分高，产生“搭便车”现象；如果小组整体完成情况得分低，学习能力高的小组成员与其他小组成员比较，造成不能客观公正评判学生的学习表现。笔者建议评价考核体系要不断完善，要小组自评、小组互评与教师评价相结合。一方面要强化项目实施的过程性评分，教师要注重对小组实施过程中的指导，细化项目实施过程中表现的考核指标；另一方面给予组长一定的考核权，由组长根据成员在本次项目作业的贡献度给予评分，在小组最后得分基础上给予每个人不同等级的分数。在最后个人成绩权重比例上，建议小组成绩占 60%，个人成绩占 40%，防止“搭便车”现象。

总之，笔者基于翻转课堂的项目教学法，通过《管理学》课程实践与应用，认为融入翻转课堂教学理念项目教学法，能克服项目教学法的先天不足，能在有限教学单位时间内发挥项目教学法的最大功效。要使本教学模式在本科院校《管理学》课程中得到更好的运用，还需要广大教育工作者不断地探索与实践，在实践中提高，在研究中不断完善。

注释

[1] 宋朝霞，俞启定. 基于翻转课堂的项目式教学模式研究 [J]. 远程教育杂志，2014，(1)：96－104.

[2] 徐朔. 职业教育教学法 [M]. 北京：高等教育出版社，2012：161－161.

[3] 姜艳玲，徐彤. 学习成效金字塔理论在翻转课堂中的应用与实践 [J]. 中国电化教育，2014，(7)：133－138.

[4] 尹秀英. 论翻转课堂教学模式在管理学案例教学中的应用 [J]. 内蒙古教育(职教版)，2016，(7)：74－76.

[5] 邢以群. 管理学第四版 [M]. 浙江大学出版社，2016.

完全学分制下工商管理专业实验教学研究
——以广东财经大学为例

张 明①

（广东财经大学 工商管理学院 广东 广州 510320）

摘 要： 以生为本，尊重学生个性的完全学分制给工商管理专业实验教学带来全新挑战。传统的实验课程体系、实验内容、实验教学组织和实施方式无法满足完全学分制的要求，存在实验课程设置系统性不足、内容更新不及时、实验教学管理模式不适应等问题。应对措施包括：学院与经管中心应共同研讨协商，系统性建设实验课程体系；适时更新实验内容，模拟最新实验场景；优化实验手段，引入先进教学软件；变革传统封闭式实验管理模式为开放式实验教学管理模式。

关键词： 完全学分制；工商管理专业；实验教学

一、引言

“大众创业，万众创新”的时代背景对大学生的综合素质、创新创业能力提出了更高的要求。为充分满足社会对大学毕业生的素质要求及能力要求，我国高校纷纷推出完全学分制教学管理模式。所谓完全学分制，它是在基于充分尊重学生个性，以学生为本，充分发挥学生个人主观能动性的教育理念的一种体现。操作上表现为以学生选课为基础，以学生所获学分的多少来衡量学生的学习量，以累计平均学分绩点作为学生学习成绩优劣的衡量维度，并规定学生必须取得规定学分才能毕业的教学管理制度[1]。完全学分制早在 19 世纪 70 年代就在美国高校开

① 张明（1967 - ），男，湖北蕲春人，管理学博士，广东财经大学工商管理学院讲师。

始实行，而我国高校主要是从 20 世纪 90 年代后期开始在复旦大学、浙江大学等高校开始试行[2]。如今随着社会对大学生素质要求的提升以及高等教育自我创新发展的需要，完全学分制已经在我国高校普遍推行。高校教育管理模式由传统的学年制转化为完全学分制，不仅仅是对教学管理带来重大挑战，更是对传统的学与教的方式方法、内容体系、课程体系建设等带来深远影响。经过充分研讨和准备，广东财经大学将从 2016 级学生开始全面推行完全学分制。为配合完全学分制的推行，工商管理专业实验需要进行整体性、全方位的改革创新，以适应完全学分制下的学生个性化实验要求。

二、工商管理专业实验教学存在问题

工商管理专业是一个综合性的专业，旨在培养学生全面的企业管理的理论思考能力和管理实践能力。在培养学生的理论思考能力方面，可以通过课堂的理论教学进行。但在如何培养综合素质高、具备企业管理实践专业技能、使工商管理专业的学生更好地了解企业管理的职能、企业生产过程和生产活动，将管理理论联系于企业管理实际，克服单纯的理论教学内容抽象、空洞的不足，解决学生下厂实习组织困难、系统性差等问题，是工商管理专业教师长期试图解决的一大难题，也是我国各高校仍然在苦苦探寻之中的重大课题。为克服工商管理学生理论有余、综合不够、能力不足的问题，广东财经大学工商管理专业在实验教学方面进行了一些有益的尝试，但仍然存在诸多问题。

（一）实验课程体系的系统性问题

1. 实验课程体系。从实验项目的性质和作用可将实验分为三个层次：演示性实验、验证性实验和设计探索性实验。演示性实验主要是教师通过实验项目让学生明白某种现象，理解所学的概念和原理，达到加深了解的目的；验证性实验则主要是教师通过实验设计和实验组织，让学生通过实验过程以及实验结果来验证某种过程的结果，使学生明白实验原理、实验过程以及实验结果之间的关系，掌握某种理论知识；而设计性实验则是一种研究性的实验，学生需要根据实验目标来自行设计实验过程，控制相关实验条件，以期达到原定的实验结果。这种实验要求学生有相应的综合分析和判断能力，同时具备创造性组织资源解决问题的能力。上述三种实验对学生专业能力及综合能力的培养层层递进，对学生的能力以及相应的实验资源的配套性要求也越来越高。实验课程体系中应包含这三种实验项目，并且随着学生综合素质的提升而逐渐增加设计性和探索性的实验项目，减少演示性和验证性的实验项目。

2. 工商管理专业实验体系存在的问题。从人才培养以及教学设计上，工商管理专业现在开设有课程实验（如生产运作管理实验、人力资源管理实验）、专业实验（如ERPI、ERPII）、专业综合实验（如工商管理专业综合实验）和跨专业综合实验（如企业行为模拟和校内仿真综合实习）以及校外实训。这些实验项目涵盖有演示性实验、验证性实验以及设计性实验，从理论层面看，目前的工商管理专业实验教学体系是合乎科学的，但由于实验资源的限制，一些实验项目无法开出，如生产运作课程实验、人力资源管理实验等，这些实验内容只能以理论讲授替代，降低了学生对相应课程内容的理解和掌握深度。另外ERPI、ERPII过于偏重演示性和验证性，学生主要是通过操作ERP软件来熟悉企业运营管理的信息化工具，对于为何要使用此类工具以及如何才能更好地使用此类工具等具备探索性的问题解决能力培养帮助不大。而企业行为模拟（48课时）和校内仿真实习（连续5周，合计140课时）两门占用实验课时较多的跨专业综合实验课虽然对学生分析问题、解决问题等综合能力的培养大有益处，但这两门课程的内容设计及场景模拟方面较为相似，使得实验课程有重复之嫌。工商管理专业学生在完成企业行为模拟实验课程之后再进行校内仿真实习实验课程时，其投入的学习热情也迅速递减，有的甚至将在企业行为模拟课程中所习得的经验直接移植于校内仿真实习中，疏于根据新的实验场景重新思考相应的管理问题，使实验效果大打折扣。

（二）实验项目实验内容的更新问题

目前工商管理专业所开设的实验课中，ERPI、ERPII、企业行为模拟、校内仿真综合实习等实验课均在我校开设多年，有着成熟的实验教学内容和实验组织。但正因为实验内容的成熟，导致实验内容的更新不足。ERPI、ERPII、企业行为模拟课程均是基于用友U8而开设的实验课程，企业所应用的ERP软件系统日新月异，并且会根据企业实际的管理需要不断进行更新和二次开发，而我校所使用的软件则是8年以前的旧版本，虽然这些旧版本软件基本能满足学生对于企业运营管理所使用的信息工具以及运营管理流程的了解，但无法反映社会企业新的管理思维和管理手段，知识更新不足。另外，在实验内容的设计上也存在更新不足的问题，如ERPII、企业行为模拟、校内仿真实习等课程的实验内容以及实验场景的设计沿用多年，一直较少更新，使得现行的管理决策模拟环境与现实的企业管理决策环境相关较大。如现在企业的互联网管理思维与智能制造技术等大大地改变了传统的企业管理模式，信息化、大数据化与智能化在企业管理实践中的重要性越来越突出，可以说，缺少了对大数据的采集分析能力和智能制造技术的掌握，管理将只能是纸上谈兵。

（三）实验教学方式问题

现行的工商管理专业实验课程是依据人才培养目标，基于现行的学年学分制而建设开发的。在集中的时间里，学生以行政班为单位完成规定实验内容的实验课程，课程进度统一，时间安排统一，实验课学生来源统一。这种“三统一”的实验组织模式使得实验教学任务较易完成，实验成果也容易判断。实验指导教师只需要根据统一的教学进度计划，向学生布置实验任务，协助学生完成实验任务，之后学生提交实验报告，教师根据学生的平时实验成果及实验报告即可评定学生的实验成绩。但这种实验教学方式在完全学分时将会存在较大的问题，如学生选课的随机性、上课时间的不确定性以及学生来源的多样性等等方面因素将会对实验教学带来较大的冲击。

（四）实验课程建设管理问题

为提升实验资源利用效率，针对实验课程体系广东财经大学采取了校院两级管理机制。在校级层面，学校成立了经济管理实验中心，用以统筹全校经管类实验资源，管理经管类实验课程体系，同时承担经管类跨专业综合实验。在院级层面，各二级学院负责课程实验、专业实验的建设和管理，在涉及实验资源的配置和使用时，需要与经济管理实验中心协商解决。这种管理机制的优点是可以实现全校实验资源的集约使用，避免不同专业实验资源间的多寡不均、忙闲冲突现象的出现，使实验室资源、实验师资的利用更加合理。但这一机制带来的不可避免的问题则是实验课程建设与集中管理的矛盾问题。无论是课程实验、专业实验或是跨专业综合性实验课程，其开设的依据始终是各专业人才培养目标，而不同专业的人才培养目标则是由各二级学院制定并报学校批准。各二级学院在制定专业人才培养目标时，并未能与经济管理中心进行充分的沟通，这也成为其后的实验课程开设以及对实验资源的需求与集中管理的矛盾产生根源。工商管理专业现在开设的实验课程中，ERPI、工商管理专业综合实验两门课程由工管理学院负责建设和管理，而ERPII、企业行为模拟和校内仿真综合实习则由经济管理中心负责建设和管理，而上述实验课程内容的区分性、递进性等并没有得到重视，也缺乏有效的沟通，所以实验课程建设的系统性和时效性无法得到保证。

三、完全学分制下实验教学对策与建议

承认个体差异，尊重学生个性，发挥个体特长，实行完全学分制，培养多元化人才是大势所趋，也是历史必然。完全学分制对现时的学年学分制教学模式带来巨大冲击，无论是实验课程体系、课程内容、教学模式还是教师个体本身也必然随着完全学分制的实施而需进行相应变革。为配合完全学分制的实施，工商管理专业实验教学从管理到实验内容均需要进行相应的变革。

（一）系统建设工商管理专业实验课程体系

1. 建立学院与经济管理中心协调机制，共同研讨建设工商管理专业实验课程。目前工商管理专业的课程实验、专业实验由工商管理学院建设，跨专业综合实验

则由经济管理中心建设，二者在实验课程目的、实验内容及不同实验课程之间的关联性层面沟通不足，这种机制人为地割裂了专业的一致性和人才培养的连续性，使得课程体系的系统性受到破坏。为此应在二者之间建立起有效的沟通机制，共同就课程实验、专业实验以及跨专业实验进行研讨，将演示性实验内容、验证性实验内容以及设计探索性实验内容进行合理设置，避免不同实验课程内容或形式上的重复或冲突，形成工商管理专业实验建设的系统性，并不断加以补充完善。完全学分制下，上实验课的不再是原来的行政班，学生可能来源于不同的专业、不同的年级，为使得不同专业、不同年级但上同一门实验课程的学生获得相同的实验成果，除了明确不同课程的先修后修关系之外，实验课程建设本身的系统性也需要得到保证。

2. 抓紧建设并开出专业课程实验。目前工商管理专业的课程实验严重不足，如人力资源课程实验、生产运作课程实验、流程管理课程实验等均因实验资源不足而未能开出，这使得学生对于专业课程的概念、原理或理论理解不深刻，专业知识掌握不牢固，也影响了其后开设的综合实验效果。

（二）完善并更新实验内容

由于现在的工商管理专业实验课程内容设计完成于多年前，更新较少，更无法完全反映现实的企业管理思维和管理手段，为实验所设置的场景也较为传统，无法体现当今的互联网思维。完全学分制下其他专业学生在修读时可能对于传统的营商环境了解不多，而对当下的企业经营场景了解更为充分，因此也需要对现有的实验内容进行完善和补充，加入时效性元素，并根据企业经营的实际环境，重新设置模拟决策变量，使实验场景动态化，使实验内容与现实环境保持一致性，从而提高实验功效。

（三）优化实验手段

目前工商管理专业实验主要是通过软件操作和学生的角色扮演来完成。但现有软件过于陈旧，无法反映企业管理实际，需要学校投入资源引入先进的软件系统，实现实验内容同步化，实验场景动态化，实验手段信息化，实验方式智能化。现在的实验过程中学生投入过多时间精力在数据的抄写而无暇顾及数据之间的逻辑关系，建议引入智能化的数据分析处理软件，减少机械重复的实验工作，使学生将更多时间精力转移到对管理问题的思考和决策上来。

（四）改变传统的实验教学组织管理模式

目前工商管理专业实验教学采取以行政班级为单位，统一上课时间，统一实验内容、统一实验报告的模式进行实验教学的组织和管理。但随着完全学分制的实验，学生来源会变得多样化，专业背景不一，对实验内容的理解不一，实验时间亦无法统一，这对于实验的组织和实施者是一大挑战，为此必须在实验教学和组织的模式上加以变革，比如采用基于课程管理的滚动式开课，基于实验项目的全学期开课等方式[3]。学校还可以通过引入相关网络实验平台，构建开放式实验教学环境来应对完全学分制的挑战[4]。

五、结语

以生为本，充分尊重学生个性，以促进学生的个性化发展的完全学分制对于目前的工商管理专业实验教学从教学内容设计、教学组织到教学方式甚至是学生的实验成果评价等方面都提出了挑战。为应对这种挑战，学校可从实验课程设计、实验内容建设、实验手段优化以及相应的管理机制等层面进行全方位改革，给学生创造一个真正的完全学分制环境，以培养无论是专业技能还是综合素质都得到大幅提升的优秀人才。

注释

[1] 徐中兵，徐金花．对完全学分制下高校教学管理的思考［J］．河北师范大学学报（教育科学版），2009（2）：90－93.

[2] 范体贵，德力格尔等．高等院校本科完全学分制改革研究——以赤峰学院完全学分制改革为个案［J］．赤峰学院学报（汉文哲学社会科学版），2011（1）：41－45.

[3] 肖毅，宗莲松．完全学分制下开放式实验教学与管理模式探索实践［J］．四川经济管理学院学报，2010（12）：71－73.

[4] 谢印成．构建开放式网络实验教学环境培养高校创新人才［J］．当代教育理论与实践，2011（3）：99－101.

基于“五力”协同创新的电子商务人才培养评价模型及实例分析研究[①]

黄丽娟　廖进球　邹春芳　谢国杰　黄饶裔[②]

（1. 广州大学 工商管理学院　广东 广州　510000；
2. 江西财经大学 校长办公室　江西 南昌　330013；
3. 广州大学 电子商务研究院　广东 广州　510000；
4. 广州大学 附属中学　广东 广州　510000）

摘　要：当前处于创新、创业巅峰的电子商务行业对人才的需求已非传统电子商务专业培养模式所能满足，需要全方位多方协作打造全新的育人模式和构建相应的多层次电商人才培养质量评价推荐机制。电子商务本科专业属于一级学科，其涉及多门交叉学科专业领域，人才培养模式差异很大，如何构建科学、客观的评价标准衡量人才培养质量，以培养符合社会所需要的电商人才，这一直是电商教育界和用人企业所关注的重点难点问题。本文首先阐述了研究背景及意义，然后介绍了“五力”协同创新人才培养的目标及模式，最后基于丰富的实践数据构建BP神经网络模型对该电子商务人才培养模式进行评价和校验。实证结果表明：该评价模型具有健壮性和科学性。鉴于目前研究成果多局限在校企合作、校行合

① 基金项目：2015年度国家社科基金一般项目（15BGL201）；广东省哲学社会科学“十二五”规划项目（GD14CGL05）；2014年广东高校特色创新项目（2014WTSCX057）；2015年广东省电子商务本科专业综合改革试点项目；2015年广东省研究生教育创新计划重点项目（2015JGXM-ZD21）；2014年广东省教育教学成果奖重点培育项目“基于产学研协同创新的电子商务人才培养模式探索与实践”和江西省高等学校教学改革研究课题“大学生网络创业人才的培养模式研究”（JXJG-12-3-16）。

② 作者简介：黄丽娟（1971-），女，江西临川人，广州大学电子商务研究院执行院长，博士生导师，博士后，教授；廖进球（1958-），男，江西信丰人，江西财经大学党委书记，博士生导师，博士，教授；邹春芳（1976-），女，江西九江人，博士，广州大学工商管理学院讲师；谢国杰（1993-），江西吉安人，男，广州大学工商管理学院硕士研究生；黄饶裔（2000-），男，江西临川人，广州大学附属中学。

作等产学研合作领域且评价体系研究定性的比定量多，因此本课题研究是一种有益的尝试与创新。目前该研究成果已在含京东集团、岭南国际电子商务产业园在内的16个合作单位进行了推广及应用，实践校验效果良好。

关键词：五力协同创新；电子商务；教学改革；质量评价；神经网络

一、引言

（一）研究背景及意义

电商专业是实践性极强的一门专业（吕星海，2016），其发展进程远远快于理论总结（曾文娟等，2016），又是一门商业性、操作性、实践性相结合的综合性学科（李雯婷、李京频 2017），其所涉及的学科领域包括管理学、计算机科学、法学和经济学等相关学科（刘喜咏，2015），其专业人才的培养随着技术的进步一直在发生着变化，由以经济、技术、管理、物流营销等四大主要方向为主的传统教学模式发展到以大数据、云计算等相关基础的管理、架构、分析、挖掘人才的新型培养。高校在与学生的教学过程中，要突出课程建设、电商专业知识和专业技能等多种能力的培养，还应加强校企合作，让学生更多地了解电子商务的前沿资讯（刘立，2015）。特别是在经济全球化发展背景下，应增强对电商专业人才跨文化交流、跨境交易等方面能力的培养（梁国平，2017）。

电子商务的发展日新月异，在网络服务的多样性方面，大陆早已走在西方前端（吾谷新闻，2017），特别是“大众创业，万众创新”被提出之后，在960万平方公里上，创业、创新蔚然成风，其中电商创业可谓一枝独秀，但人才匮乏一直成为电子商务实现高速发展的瓶颈（蔚莹等，2017）。并且，各高校在电子商务专业学生的培养中，一贯只重视本专业的知识与技能的传授，忽略了应用能力的训练和实践技能的拓展的培养（李菲和喻光继，2015）。电商专业人才的培养需要更加贴近电商产业的需求，立足当地区域经济发展的需要，电商人才培养模式的创新还需要多方面配套的机制与体制（刘海燕和卓丽杰，2014）。

因此要培养适合电子商务行业需求和有创业、创新能力的电商人才，电子商务专业的教学改革必要且急迫。当前电子商务教学有以下特点：（一）教师不断加强自我学习和培训，但是知识体系和教材仍然落后于行业和技术的步伐；（二）教学方法不断创新，现实模拟、翻转课堂、MOOC等教学形式走进课堂，但不能做到真正与市场接轨；（三）学生的学习结合创新和创业、创意，充满激情和想象，但是大部分仍属于想当然的闭门造车。虽然电子商务的教学与时俱进、正在改革，但是一方面步伐落后于实践，另一方面仅仅是学校教师与学生的自我努力改进，仍不能从根本上满足当前对电子商务人才的需求。电子商务专业的教学改革仍然刻不容缓。

（二）“五力协同创新”培养目标及模式

1. 培养目标

五力协同创新人才培养首要任务是人才培养目标，以市场或者是企业定制的人才培养标准为中心，培养具有创新、创意、创业精神和能力多层次的复合型电子商务人才。而五力协同创新是指：“产、学、研、政、行”（即企业、院校、研究机构、政府、行业协会）这五种力量，协作创新、知识共享；而培养的对象由传统的单层次（本科层次－应用型）拓展到多层次（博士、硕士、本科甚至于中学生－理论和应用复合型）。

2. “五力协同创新”模式

五力协同创新人才培养的协同模式可为：“校－企”合作、“校－校”合作、“校－行”合作、“校－企－行”合作、“校－企－行－政”、“校－企－行－研－政”等N维协同模式。这些人才培养模式对应的具体内容包括：人才培养目标设置、五力协同创新平台规划、三段式培养模式、专业主干课程建设体系、校内实验与校外实践有机结合模式、“N+1”主体互动三位一体教学方式、跨专业知识融合的“创新创业创意”教学平台模式、构建具有针对性和差异性的面向学生个人、学校和地方特色的电子商务人才质量提升机制及实践检验体系等8个方面。

“五力协同创新”模式具有开放性且形式多样化，其应用案例丰富，具体如：（1）校－企合作：广州大学与岭南国际电子商务产业园合作推动的电商人才定向培养模式（即“企业订单式”）探索与实践；（2）校－政合作：广州大学与梅江区政府合作推动的梅江区电子商务与社区信息化服务平台建设及管理；（3）校－校合作：广州大学与华南师范大学多次合作举办教育部电子商务“三创”大赛，拉动学生创新创业能力提升计划等活动；（4）校－企－行－政合作：如共同成立“广东创业就业训练联盟”，推动电商人才孵化基地建设等等。

目前这些模式主要在16个单位展开大量的实践探索和校验，这些所涉及的合作单位包括：“产”来自4个单位（即京东集团广州分公司、广州岭南国际电子商务产业园、广州市三鱼通海集团、广州国际创新城智慧产业创业孵化器）、“学”来自4个单位（广州大学、华南师范大学、广东财经大学、江西财经大学）、“研”来自2个单位（中国大数据和智慧城市研究院、广州大学生创业研究院）、“行”来自3个单位（广东省电子商务行业协会、广东省农村电子商务协会、广东省互联网经济研究会）、“政”来自3个单位（广东省扶贫办、广州市商务局、梅江区政府）。

二、基于神经网络的评价体系构建

（一）神经网络的基本工作原理

人工神经网络（ANN）是生物学与社会科学完美结合的交叉学科，具有强大的模式识别和数据拟合能力。这种边缘性交叉学科，将会在更多领域得到运用，从20世纪80年代开始，关于人工神经网络的模型已经提出了上百种，许多模型仍在不断改进和升级，有关神经网络的学术研究也如日方升（朱大奇，2004）。人类大脑包含的神经元数量达到10^{11}数量级，ANN由大量的人工神经元相互联接进行计算，根据外界的信息改变自身的结构，主要通过调整神经元之间的权值来对输入的数据进行建模。它一般由多个输入和一个输出的非线性单元组成，结构示意图如图1所示，其工作的基本原理见数学表达式（1）：

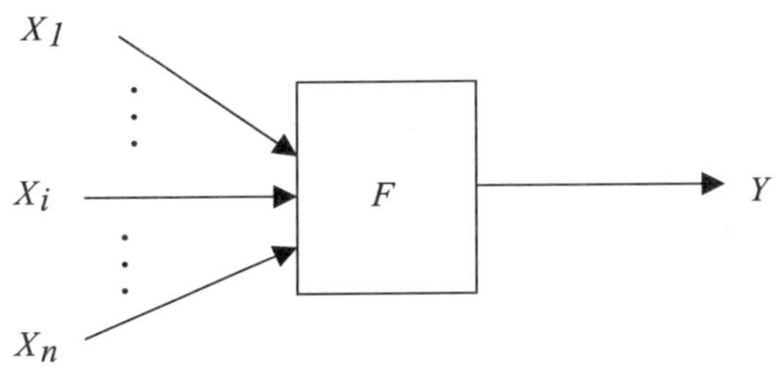

图1　神经元的结构示意图

$$Y = F(\sum w_j x_j) \tag{1}$$

其中，x_j表示输入，Y表示输出，W_j代表权值系数，F代表特性函数，它反映了输入和输出之间的映射关系，通常是非线性函数。ANN是一种在生物神经网络的启示下建立的数据处理模型。它的中心思想是数学模型和算法，主要通过计算机软件进行数据处理。在ANN中，最重要的概念莫过于神经元节点与权值。节点对应有向图中的节点，权值表示节点间相互联接的强度。人工神经网络的可塑性表现在，其连接权值都是可调整的，它将一系列仅具有简单处理能力的节点通过权值相连，当权值调整至恰当值时，就能输出正确的结果。ANN拓扑结构简单示意图如图2所示。

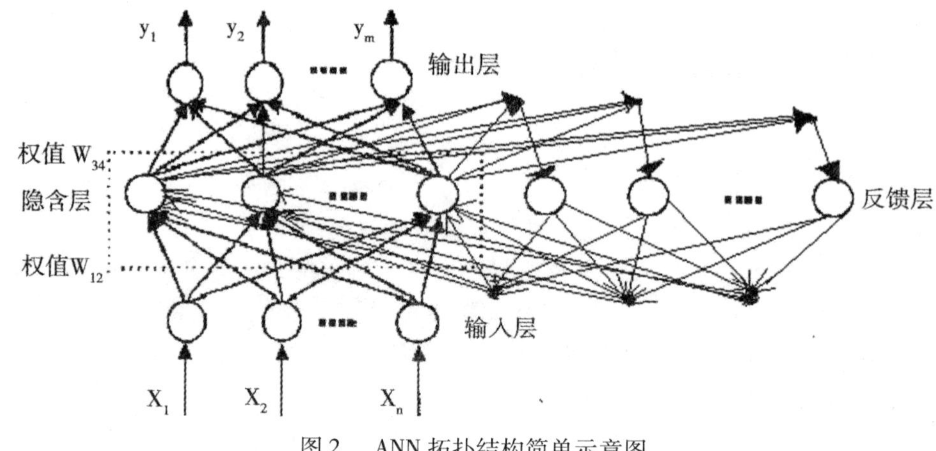

图 2　ANN 拓扑结构简单示意图

（二）评价模型构建及仿真

1. 采用的计算机软件工具。本文采用的是美国 Mathworks 于 2012 年推出的 MATLABR 2012b 神经网络工具箱（Neural Network Toolbox），该工具箱以 ANN 理论为基础，用 Matlab 语言构造出例如 S 型、线性、竞争层、饱和线性等的 ANN 激活函数，使得设计者不需要再对所定网络输出进行计算，可直接对所需的激活函数进行调用。另外，根据各种修正网络权值的规则以及网络的训练过程，可用 Matlab 语言编写出各种网络设计与训练的子程序，这使得实验人员可根据研究的需要去调用有关神经网络的设计训练程序，减少编写实验程序的工作时间，可全身心地投入到需要思考和解决的问题之上，从而提高整个工作过程的效率[4]。

2. 评价因子设置。项目组列出电子商务本科教学改革质量评价影响因素见表 1。这些影响因素主要可归结为环境因素、学生主体因素、教师主体因素和效能因素四大类。

表 1　电子商务教学改革质量评价影响因素

要素编号	要素名称	要素编号	要素名称
S_1	“双师”比例	S_9	男女生比例
S_2	实践理论课时比	S_{10}	入学成绩
S_3	学科竞赛参与率	S_{11}	定制课程比
S_4	本科师生比	S_{12}	实验设施规模
S_5	青年教师比例	S_{13}	教学经费投入
S_6	海外博士比例	S_{14}	教师对外学习交流
S_7	设计开发能力	S_{15}	精品课程建设
S_8	实习基地时数	S_{16}	“三创”能力

3. 神经网络模型设计。由于 BP 神经网络是包含多个隐含层的网络，具备处理线性不可分问题的能力，能够解决多层神经网络的学习问题，在实际学术与实验中 90% 左右的人工神经网络都优先于采用 BP 神经网络（Back - Propagation Network)。因此，本文也采用 BP 神经网络模型。该模型对应有输入层、隐含层、输出层三个层次。具体各个层次的结点数设计如下：

（1）输入层结点数量的确定。根据美国著名教育规划专家 M. A. Keng 教授对输入层节点数量选择的观点，本文电子商务本科教学改革质量评价模型的输入节点应不少于 6 个。因此，本文将根据表 1 选定输入节点数 m = 14，然后将每个因子归一化处理，使其值位于［0，1］。此时，选定 Sigmoid 函数作为神经元的变换函数，如公式（2）所示。

$$f_1(x) = \frac{1}{1 - e^{-x}} \qquad (2)$$

（2）输出层结点数量的确定。输出结点一般情况下为一个，即 n = 1，输出结果因子 Y 为专家评价因子，其输出函数以及误差函数见公式（3）和公式（4）。

$$f_2(x_{i,j}) = \sum_{i,j} (w_{i,j} x_{i,j} + b_{i,j}) + \Delta w_{i,j} * \Delta x_{i,j} \qquad i,j = 1,2,\ldots\ldots,14 \qquad (3)$$

$$E_{l,k} = \frac{1}{l} \sum_{k=1} (O_{l,k} - b_{l,k})^2 \qquad k,l = 1,2,\ldots\ldots,22 \qquad (4)$$

（3）隐含层结点数量的确定。隐含层节点数对 BP 网络的性能有很大影响，一般较多的隐含层节点数可以带来更好的性能，但可能导致训练时间过长；但隐层节点数太少会影响网络训练获取数据信息的能力，导致容错性偏差。单隐层节点数 t 的经验公式如（5）、(6）所示，由两公式可得到 t≈24。

$$t = m + 0.618(m - n), m >= n \qquad (5)$$

$$t = n - 0.618(n - m), m < n \qquad (6)$$

（4）神经网络模型测试与仿真。电子商务本科教学改革质量评价影响参数表存于 SQL Server 2012 的数据库表文件中，样本数据为 8000 条，训练次数 333 次，训练步长为 1，鉴于篇幅问题，本文列出部分参数表如表 2 所示：

表 2　电子商务专业教学改革质量参数表

No	S_1	S_2	S_3	S_4	S_5	S_6	S_7	S_8	Y
1	0.954	0.969	0.859	0.942	0.985	0.975	0.914	0.980	0.966
2	0.877	0.904	0.871	0.918	0.904	0.916	0.858	0.866	0.901
3	0.739	0.709	0.759	0.764	0.737	0.778	0.749	0.799	0.787
4	0.622	0.614	0.649	0.650	0.709	0.653	0.619	0.622	0.699
5	0.564	0.567	0.589	0.555	0.567	0.579	0.593	0.565	0.588
6	0.430	0.409	0.409	0.406	0.412	0.448	0.417	0.432	0.421

续表

No	S_1	S_2	S_3	S_4	S_5	S_6	S_7	S_8	Y
7	0. 318	0. 322	0. 298	0. 310	0. 311	0. 309	0. 300	0. 302	0. 306
8	0. 248	0. 209	0. 383	0. 279	0. 236	0. 245	0. 238	0. 200	0. 286
9	0. 176	0. 163	0. 182	0. 175	0. 138	0. 159	0. 148	0. 173	0. 155
10	0. 091	0. 136	0. 120	0. 115	0. 117	0. 093	0. 108	0. 083	0. 105
…	…	…		…	…	…	…		…
No	S_9	S_{10}	S_{11}	S_{12}	S_{13}	S_{14}	S_{15}	S_{16}	Y
1	0. 963	0. 899	0. 874	0. 995	0. 911	0. 863	0. 986	0. 987	0. 966
2	0. 881	0. 922	0. 875	0. 913	0. 800	0. 894	0. 878	0. 880	0. 901
3	0. 782	0. 799	0. 808	0. 778	0. 745	0. 711	0. 839	0. 809	0. 787
4	0. 656	0. 667	0. 683	0. 699	0. 678	0. 639	0. 684	0. 683	0. 699
5	0. 551	0. 515	0. 560	0. 541	0. 533	0. 514	0. 528	0. 560	0. 588
6	0. 488	0. 424	0. 418	0. 488	0. 428	0. 425	0. 461	0. 427	0. 421
7	0. 338	0. 366	0. 342	0. 403	0. 364	0. 416	0. 399	0. 340	0. 323
8	0. 263	0. 274	0. 276	0. 377	0. 280	0. 228	0. 290	0. 216	0. 286
9	0. 157	0. 151	0. 196	0. 166	0. 157	0. 143	0. 152	0. 145	0. 155
10	0. 116	0. 126	0. 098	0. 119	0. 117	0. 097	0. 105	0. 087	0. 105
…	…	…	…	…	…	…	…	…	…

神经网络在学习中，可分为有监督学习和无监督学习两种，本文采用的是有监督学习的 BP 神经网络方法[5]。整个数据处理与仿真可分为如下三个阶段：第一阶段为预处理阶段，通过 *premnms* 或 *prestd* 函数对输入参数及目标参数集进行归一化处理，使其落入［-1，1］之间，然后通过 newff 函数辅助生成 BP 网络结构；第二阶段为 BP 网络训练阶段，通过 *train* 函数利用表中的前 5000 行样本数据进行模拟训练，不断地对利用方差 E_k 自动地调整权值和阈值，使得输出目标值 Y' 与样本值 Y 趋向一致，从而 BP 网络获取了相应的知识；最后一个阶段为模拟仿真阶段，本文调用 *sim* 函数将表中的后 3000 行数据作为实际数据输入，以模拟仿真实际输出。由于所测试的神经元误差曲面只有一个位势极小点。因此，可认定所构建模型结构处于比较稳定的状态。

三、结论及实例分析

（一）实例分析

将表 2 中的部分数据分别进行时间序列法、回归分析法和神经网络法建模运算分析，不同运算方法所得结果比较如表 3 所示。

表 3　不同计算方法的平均相对误差比较

样本序号	时间序列法	回归分析法	神经网络法
No：6000 - 8000	23.6%	29.6%	4.86%

表 3 的不同算法结果比较表明，神经网络法的建模仿真效果优于时间序列法和回归分析法。其平均相对误差值为 4.86%，低于 5%，说明神经网络模型更符合实际电子商务本科教学改革质量评估的要求。以 Y 值落定区间步长为 0.2 可对应打出电子商务本科教学改革质量的 5 个档次，见表 4 所示意。

表 4　电子商务教学改革质量评估的 5 个档次表

Y 值范围	[0，0.2]	(0.2，0.4)	(0.4，0.6)	(0.6，0.8)	[0.8，1.0]
档　次	差	一般	中	良	优

以中国的东、中部各选一个高校进行电子商务本科教学改革质量评价为例，并将这两个高校电子商务教学改革质量评估的相关数据导入上文建好的 BP 神经网络模型，经过模型运算所得的输出目标值与电子商务教学改革质量评估档次等级如表 5 所示。

表 5　广州大学电子商务教学改革质量评价档次表

<table>
<tr><td>No</td><td>S_1</td><td>S_2</td><td>S_3</td><td>S_4</td><td>S_5</td><td>S_6</td><td>S_7</td><td>S_8</td><td>Y</td><td>档次</td></tr>
<tr><td>1</td><td>0.927</td><td>0.991</td><td>0.923</td><td>0.998</td><td>0.934</td><td>0.927</td><td>0.908</td><td>0.945</td><td rowspan="3">0.988</td><td rowspan="3">优秀</td></tr>
<tr><td>No</td><td>S_9</td><td>S_{10}</td><td>S_{11}</td><td>S_{12}</td><td>S_{13}</td><td>S_{14}</td><td>S_{15}</td><td>S_{16}</td></tr>
<tr><td>2</td><td>0.986</td><td>0.945</td><td>0.967</td><td>0.871</td><td>0.996</td><td>0.968</td><td>0.975</td><td>0.914</td></tr>
</table>

（二）研究小结

1. 研究方法体系创新。

①方法体系创新：基于钱学森综合集成研讨厅体系构建“模式设计—实践探索—评价模型仿真——模式再设计”的闭环自调适研究方法体系，最终形成研究

成果从理论到实践、再从实践到理论的不断校验和提升。

②具体方法创新：基于神经网络模型构建3层次16个指标的电商教学改革质量评价体系，其与传统专家评价模型不同，是充分利用丰富的实践数据而非专家数据构建、训练和检验该模型，且是进行有组织的网络智能学习，因此研究结果更客观、更有价值。

2. 协同方式多样化。

①与传统"三力"（产、学、研）协同育人模式不同，本研究成果是从"五力"（产、学、研、政、行）协同创新角度开展多层次（本、硕、博甚至中学生）多层次电商人才培养模式和实践探讨。

②"五力"协同创新模式为"校－企"合作、"校－校"合作、"校－行"合作、"校－企－行"合作、"校－企－行－政"、"校－企－行－研－政"等多维方式之一或组合。

3. 模型验证结果可行有效。

①研究方法上突破了原始定性分析的单一评价方法，构建3层次16个指标的电商教学改革质量评价体系，并基于该评价体系构建BP模型对电子商务本科教学改革质量进行案例评估。这种方法与传统专家评价模型不同，是充分利用丰富的实践数据而非专家数据构建、训练和检验该模型，且是进行有组织的网络智能学习，因此研究结果更客观、科学、公正，更具实践价值。

②本研究数据源来自于16个合作单位，数据丰富可靠，而这些基于实例数据的模型检验结果也证明"产、学、研、政、行"五力协同创新培养电子商务专业人才方法可行有效。

4. 应用效果显著。

经过两年的实践探索，该研究成果运用效果显著，主要体现在两个方面：

①以"委员会＋联盟＋基地"模式为基础，成功构建广州大学电子商务"五力协同"创新育人平台，具体如：一是，创建由32位国内著名电商专家组成的"广州大学电商专业顾问委员会"；二是，与京东、唯品会、广东电商协会、高校共同成立"广东创业就业训练联盟"；三是，拥有15个电子商务优质实习实训基地，并荣获广东省高校电子商务人才孵化基地称号。

②以学科竞赛为载体、"五力"协同驱动多层次多学科多专业知识融合创新培养复合性、多层次电子商务应用人才，学生创新创业成绩斐然，具体体现在：近两年指导学生创新创业团队获得省级以上大奖至少20项，参赛师生获共青团团中央学校部杜汇良部长接见；创新创业成果被新华网、广州信息时报等多家媒体报道；被遴选为广东省三所高校之一参加东博会高校创新创业成果展。

5. 具有可推广性

研究成果的应用从传统的单一层次（本科）、单一专业（电子商务专业）和单一学校（广州大学）的教学领域，积极推广到多层次（博士、硕士、本科甚至中学生）、多专业（电子商务、物流、市场营销、工商管理等）、多学校（中山大学、华南农业大学、广大附中等）的教学、科研、服务社会多领域的协同创新发展。具体如：

①科研领域：作为首席专家单位多次联合中大、华农、阿里研究院等共同申报国家重大项目，已形成多学校、多层次协同科研师生科研创新团队；

②教学领域：与华工、华师、广工等多位导师协同，通过互相选听课方式、论坛方式、创业大赛等构建多层次协同育人模式；并通过跨专业综合教学平台实现了研究成果在不同专业的应用；

③社会领域：不仅重视学生的专业素养及其技能培养，更重视学生的社会责任感和服务社会能力的培养。具体如，通过组织多校师生（含广州大学附属中学）共同参与电商公益事业（如广东农村精准扶贫、“互联网 +”推动传统外贸企业转型升级）以培养学生社会责任感和服务社会能力。

然而，电子商务涉及多门交叉学科专业领域（如电子商务专业本科生可授予工商管理、工科、经济学、法律等学位），不同层次不同类型的学校人才培养模式差异很大，且传统培养模式多限于单一或局部合作模式（如单一学校培养模式、校企局部合作模式等）。因此，如何构建更加科学、开放、创新和更具实践价值的电商人才培养模式及其评价体系，这一直是电商教育界和用人企业所关注的重点难点问题。未来本课题组还将和同仁一道就这些重点难点问题开展进一步的深入研究和探讨。

注释

[1] 曾文娟，高海波，徐含笑．MOOC 时代下电子商务概论课程教学探索与实践［J］．理论观察，2016（9）：176－177.

[2] 邹华胜，冯伶，李蓉．我国电子商务人才培养模式创新研究［J］．山东师范大学学报（自然科学版），2016（12）：72－75.

[3] 吕星海．以创业为导向的电商专业实践教学改革探讨［J］．经济师，2016（11）：190－191.

[4] 罗良清，吴家宇．基于 BP 神经网络的电子政务绩效评价方法［J］．统计与决策，2015．（11）：73－75.

[5] 王冰，郭东强．基于 BP 神经网络的企业内部知识转移绩效综合评价研究立及应用研究［J］．情报科学，2016（01）：141－154.

[6] 程波，贾国柱．改进 AHP－BP 神经网络算法研究——以建筑企业循环经济评价为例［J］．管理评论，2015（01）：36－47.

[7] 朱大奇．人工神经网络研究现状及其展望［J］．江南大学学报（自然科学版），2004（02）：104－110.

［8］周开利，康耀红．神经网络模型及其 MATLAB 仿真程序设计［M］．清华大学出版社，2005.

［9］蔚莹，刘希龙，赵明轩等．基于 QFD 模型和双向聚类技术的电子商务专业学生能力分析——以中高职电子商务专业“三位一体”在线教育平台为例［J］．中国远程教育，2017（02）：33 – 44 + 79 – 80.

［10］刘立．企业对于大学电子商务专业能力需求分析［J］．当代经济，2015（19）：102 – 103.

［11］李菲，喻光继．以企业需求为导向的应用型电子商务专业人才培养模式研究［J］．电子商务，2015（11）：72 – 73.

［12］刘海燕，卓丽杰．关于电子商务专业人才培养新模式的探讨［J］．经济研究导刊，2014（01）：66 – 67.

［13］梁国平．基于产教融合模式的高职跨境电子商务人才培养初探［J］．电子商务，2017（01）：70 – 71.

基于"讲-探-创"混合模式的电子商务专业教学设计

邹春芳①

（广州大学 工商管理学院　广东 广州　51006）

摘　要：我校电子商务教学改革项目——基于"产学研"协同创新电子商务专业本科教学改革，经过一段时间的探索与实践，在十个产学研合作单位的共同努力下，已经培养了两届毕业学生，学生就业（加创业）率实现100%，用人单位反映良好。在继续加强与产业及研究机构的合作基础上，该专业进一步开创性提出基于"讲-探-创"混合模式的专业课程教学方案设计，培养立足理论，面向未来的电子商务专业人才。

关键词：教学模式；电子商务；创新

一、引言

据商务部通报，2014年电子商务已在我国社会消费品零售（总额26.2万亿元）中占据了半壁江山（包括B2B和网络零售13万亿元），目前电子商务已进入各行各业，城市日用品基本实现电子商务全覆盖，而农村电商、跨境电商等领域正由蓝海变成红海。2016年10月马云在云栖大会提出的"五新"概念，我国电子商务的发展可谓一日千里，领先于世界电商发展。

相较于电子商务在实践中发展日新月异，电子商务专业的教学却因教师知识更迭不及时、教材更新不及时以及教学与实践脱节等原因而步履艰难。关于电子商务专业的教学研究及改革实践是近几年教学改革的热点问题，其中大部分文章

① 邹春芳（1976-），女，江西九江人，博士，广州大学工商管理学院讲师。

都强调了实践的作用（朱闻亚，2007）；并建议使用大数据、云计算等数据处理工具来提升电子商务专业的教学（王洁等，2016）的应用；李枫林等（2006）就中外电子商务专业的课程设置和授课方式进行比较，提出了借鉴国外的课程设置和实践经验；琚春华等（2011）认为电子商务人才需求各有不同，需要分类培养；黄丽娟等（2017）、侯治平等（2017）则认为应该通过多方协作的方式对电商人才进行培养。这些研究在各自学校推广实践中促进了电子商务专业的教学发展，是很有意义的尝试。

我校就电子商务专业人才培养提出了“产学研”协同创新的教学改革模式，本文基于我校教改方案，在以校方担任主要人才培养任务的考量上，进一步提出“讲-探-创”的教学课程设计，作为对我校电子商务教学改革的一个有益补充。

二、基于“讲、探、创”混合模式的教学设计内涵

“讲”指“讲授”，是在教育中，教师通过口头语言向学生讲授知识和技能，描绘情境、叙化事实、解释概念、论证原理和阐明规律的过程，是形成最早、应用最广的教学方法，是使用其他教学方法时必须结合使用的方法。电子商务专业的“讲”指的是教师在课程设置中前面五分之三的时间用于专业知识的讲解，让学生对于未来的探索和创新创业做好知识和心理准备。在讲授过程中，教师应结合电子商务专业的特点，借用“多媒体”、“可视化”等信息技术，提高学生的学习兴趣和直观感受。

“探”指“探索、探究”，是对专业学科的现状与发展提出问题、猜想与假设，制定解决问题的计划与设计实验、分析与论证、反思与交流。这种“探索、探究”一方面强化了学生在“讲授”阶段所学的内容，另一方面有助于学生发现新的事物。社会化电子商务实践在某种程度上，总是领先于学校的教育，而学生在未来数年走向社会工作时，所学到的知识可能远远不够，或者部分被淘汰了，这就导致一方面社会对电子商务人才的需求有很大的缺口，另一方面电子商务专业的学生的就业形势并不乐观。在本模式设计中，课程的五分之一的时间用于教师与学生一起探究电子商务发展的方向和技术。

“创”指“创新、创业”，是师生共同协作，将所“讲”所“探”运用于实践中，在校园阶段培养学生的“创新、创业”精神与能力一方面培育学生不甘平庸、不怕失败、追求卓越的人生态度，另一方面引导学生理解创业的社会价值，提高学生服务社会的意识和能力，提升社会责任感，真正实现“德能”兼备、全面发展。电商专业的“创”是指在电子商务专业学生培养课程设计过程中，必须有五分之一的时间用于“创新、创业”实践过程，可以通过创新、创业的大赛或者是电商（模拟）创业。

“讲-探-创”混合模式电子商务专业教学基于电商专业既有理论性，又更需

要与实践相结合的特性，既实现了专业理论知识的传播，也吻合了电子商务实践日新月异的变化，此模式共分为五个阶段，在“讲－探－创”过程中教师始终参与学生的交流和探讨，一起设想设计，并以学生的（在校）创业和（毕业）就业为评价指标，如果学生积极参与度高，创业、就业率良好，此设计将推广开来，如果反映不佳，此设计则可能停止或者修改，每个阶段流程如图1所示。

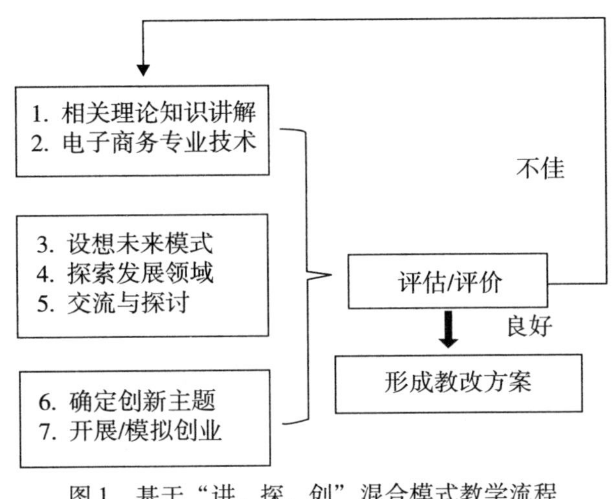

图1　基于“讲、探、创”混合模式教学流程

三、小结

“讲－探－创”混合模式的电子商务专业教学设计，是以教师带领学生共同设计探讨电子商务专业和产业发展方向的教学尝试，目的是为了培养理论知识丰富、实践技能熟练的电子商务人才。这种以实现“师生共建共享”的电子商务创新创业方案对于电子商务专业的师生都是巨大的挑战，也会激发更大的学习和科研兴趣。一方面提高了我校电子商务专业学生的职业能力和素质，另一方面也会推动我国社会电子商务的发展。

注释

[1] 王琴．基于WWT平台的天文教学模式研究［D］．华中师范大学，2016.

[2] 朱闻亚．基于“专业－就业－创业”的电子商务专业教学体系研究［J］．中国高教研究，2012.（02）：107－110.

[3] 李枫林，刘滔，徐静．中外电子商务专业人才培养的比较研究［J］．图书情报工作，2008.（06）：73－75.

［4］琚春华，刘东升，周怡．电子商务专业分类人才培养体系的探索［J］．中国高教研究，2011．（03）：87－89．
［5］黄丽娟，邹春芳，朱慧．基于产学研协同创新的电子商务专业教学改革研究［J］．广西师范学院学报（哲学社科版），2017．（01）：108－112．
［6］侯治平，黄少杰，李隽波．电子商务专业政企校合作创新人才培养模式研究［J］．中国管理信息化，2017．（01）：229－230．
［7］敖谦，刘华，贾善德．混合学习下“案例一任务”驱动教学模式研究［J］．可现代教育技术，2013．23（3）：122－126．

后　　记

全国高校商务管理研究会第32次年会于2017年7月22日至23日在华侨大学召开。华侨大学贾益民校长、关一凡书记、吴季怀副校长、彭霈副校长等校领导对会议的召开十分重视，给予了大力支持和具体帮助。

本次会议由华侨大学工商管理学院承办。孙锐院长对会议的顺利召开给予直接指导和精心安排，姚培生书记、郑文智副院长、EDP教育中心主任刘闲月博士、办公室主任隋昌鹏等对会议的顺利召开给予有力支持和具体帮助，在此表示衷心的感谢。

《中国商务管理创新研究（2017）》（会议论文集）由华侨大学工商管理学院吕庆华教授及其团队完成统稿任务。其中，闽南师范大学林炳坤博士负责校对参考文献和中国知网（CNKI）文本复制检测工作，黄益军、龚诗婕、郝鹭捷等博士生帮忙润色修改多篇论文。

会议论文集的出版得到华侨大学工商管理学院学术著作专项资金的资助，在此致以诚挚的谢意。

本书的顺利出版，离不开北京人文在线文化艺术有限公司、九州出版社领导和同仁尤其是范继义同志的通力合作和支持，对他们的辛勤工作致以由衷的感谢！

论文集统稿时间短，出版时间紧，疏漏和错误在所难免，敬请全国高校商务管理研究会同仁及广大读者批评指正。

吕庆华

2017年6月于华侨大学南区